北辛村志

滕州市官桥镇北辛村志编纂委员会 编

（约前 5300—2017）

图书在版编目（CIP）数据

北辛村志 / 滕州市官桥镇北辛村志编纂委员会编
. --北京：方志出版社，2018.1
ISBN 978-7-5144-2954-1

Ⅰ. ①北… Ⅱ. ①滕… Ⅲ. ①村史-滕州 Ⅳ.
①Z295.25

中国版本图书馆CIP数据核字（2018）第029614号

·齐鲁名村志·

北辛村志

编　　者：滕州市官桥镇北辛村志编纂委员会
责任编辑：张　颢
出 版 人：冀祥德
出 版 者：方志出版社
地址　北京市朝阳区潘家园东里9号（国家方志馆4层）
邮编　100021
网址　http://www.fzph.org
发　　行：方志出版社图书经销中心
电话（010）67110500
经　　销：各地新华书店
印　　刷：济南黄氏印务有限公司
开　　本：787×1092　1/16
印　　张：29
字　　数：498千字
版　　次：2018年1月第1版　2018年1月第1次印刷
印　　数：0001～1000册
ISBN 978-7-5144-2954-1　定价：298.00元

齐鲁名镇名村志丛书编纂委员会

主　　任　刘爱军

副 主 任　王兴合　翟世林　李　刚

委　　员　李经发　高克力　毕建国
王巍波　杜金华　季胜林
魏永阳　张树礼　王天宇
耿祥星　李世恩　李贞锋
刘志强　李其常　刘延勇
王占锋　田文建　于在水
蒋庆立　杜　泉　徐　尉
高　宏　李　坤

《北辛村志（约前 5300—2017）》编纂委员会

顾　问	彭成太	张　涛	渠开选	孙井泉	赵逢柏	陈伟泰	马金安
主　任	王德科						
副主任	张志合	孙井泉	张庆海	任振堂	李作胜	王立洪	
委　员	高汉君	彭士坡	彭士民	彭成海	黄炳山	黄现伟	杨家忠
	刘文斌	刘景玉	杜修海	夏允全	夏维才	蒋道松	姜德华
	孙晋全	贾德成	张连善	张广文	张庆军	张庆会	李兴海
	李世凡	李世清	李世德	李世岐	李道斌	李道广	李洪君
	任振坤	任振群	任士兰	任士民	任士岩	任士政	任士安
	任士琛	任士耀	任泽玉	任泽洪	任泽连	任泽善	王传益
	王立庆	王立玉	王立巨	王立涛	王立运	王洪祥	王汉仁
	王文仁	王全仁	王迎仁	王恒仁	王芝仁	王科仁	王光辉
	王斌仁	王　成	王坤仁	王德安	王德财		

《北辛村志（约前 5300—2017）》编审人员

主　编	王光辉						
副主编	姜　岚	任士琛	张连善	王立洪	李作胜		
摄　影	李作胜	孙井泉	沙朝佩	徐守运	任士琛		
审　稿	渠开选	孙井泉	张　涛	郑娟娟	王正伟	任振堂	李道斌
	张庆海	王德科	张广文	彭成海	任泽洪	胡乐义	王　成
	张志标	张志臣	任士营	任士本	刘景祥	王　真	任士东
	王立瀛	高敬先	杜修山	夏允全			

总序

地方志为一方之全史，横陈百科、包罗万象。绵延不断的地方志编修是中华民族特有的文化基因，作为服务当代、垂鉴后世的重要文化事业，在赓续传统、传承文明、资政育人等方面具有重要作用。近年来，在省委、省政府的正确领导和中指组的精心指导下，山东省史志事业围绕一个目标、提高两个站位、突破三个重点、落实“六全”任务，促进山东史志事业实现创新发展、持续发展、领先发展。在省市县三级志书编修走在全国前列的基础上，山东的修志工作不断拓展领域，逐步向乡镇（街道）、村（社区）等基层延伸。

齐鲁大地素有“孔孟之乡、礼仪之邦”的美誉，是中华民族古老文明的重要发祥地之一。在山东，不仅孕育了以孔子、孟子为代表对中华文明甚至是世界文明都产生深远影响的儒家文化，还形成了东夷文化、齐文化、鲁文化、莒文化以及泰山文化、黄河文化、海洋文化、运河文化等地域性特色文化。源远流长、异彩纷呈的不同文化融汇发展，熔铸形成了博大精深、独具特色的齐鲁文化。文化是支撑经济社会发展的软实力。近四十年来，改革开放的时代思想不断吸纳优秀传统文化，在山东的城镇、乡村谱写出时代华章。山东的新型城镇化建设不断取得新成绩，朝着城乡一体化发展新格局阔步迈进。深化乡镇行政管理体制改革，逐步培育新生中小城市和特色小镇；以美丽乡村标准化建设为抓手，新农村建设提档升级，出现一批宜居宜业宜游的新农村；深化城乡精神文明创建，乡村文明行动深入推进，移风易俗广泛开展，乡村特色文化呈现出勃勃生机。

齐鲁大地自古就有重视修志的传统。经济文化的繁荣昌盛，既使乡镇村志编修成为广大人民群众的精神需求，又为之奠定了坚实的物质基础。在当前全力推进新型城镇化建设的新形势下，如何做好乡镇村志编修与经济文化建设结合的文章，成为史志工作面临的一大课题。目前，乡镇村志编修在全省蓬勃开展，渐成燎原之势，累计出版1000多部。正确引导和规范管理乡镇村志编修工作，全省各级史志机构责无旁贷。山东的新型城镇化和新农村建设走在全国前列，史志工作走在全国前列，名镇名村志编修也理应走在全国前列。正是在这种背景下，省史志办制定印发了《齐鲁名镇名村志文化工程实施方案》，以传承和弘扬齐鲁优秀传统文化，更好地服务新型城镇化和新农村建设。齐鲁名镇名村是全省1826个乡镇（街道）、7万多个村庄（社区）的典型代表，编修齐鲁名镇名村志系列丛书，对传承乡村文脉、重塑文化特色，展示乡村发展脉络、探索乡村发展经验，丰富史志工作内容、完善史志成果体系具有重要意义。这是提升新型城镇化和新农村建设历史文化内涵的重要举措，也是促进史志事业转型升级的创新性工程。

新时代开启新征程，新气象孕育新希望，新作为遵循新思想。习近平总书记在十九大报告中强调指出："深入挖掘中华优秀传统文化蕴含的思想观念、人文精神、道德规范，结合时代要求继承创新，让中华文化展现出永久魅力和时代风采。"十九大报告提出的"实施乡村振兴战略"，要求"加强农村基层工作，健全自治、法治、德治相结合的乡村治理体系。"齐鲁名镇名村志丛书的编纂工作，坚持深入贯彻党的十九大精神，以习近平新时代中国特色社会主义思想为指引，牢固树立"四个自信"，切实增强"四个意识"，坚持辩证唯物主义和历史唯物主义的立场、观点和方法，全面、客观、系统地记述全省新型城镇化进程和社会主义新农村建设取得的伟大成就。讲好新时代的乡村故事，传承中华优秀传统文化，弘扬社会主义核心价值观，培育群众的爱乡爱国情怀，传播干事创业的正能量，为实施乡村振兴战略作出独具特色的历史贡献，是这一系列丛书的价值所在。

"修志问道，以启未来"。编修齐鲁名镇名村志系列丛书，资政存史、泽被后世，善莫大焉、功莫大焉。

是为序。

山东省人民政府办公厅党组成员
山东省地方史志办公室主任 刘彦军

2017年12月

序

沐浴祖国大地第二轮社会主义新方志编纂的强劲东风，恰逢《中国名村志》《齐鲁名村志》启动编修的历史机遇，拥有7300多年悠久历史和璀璨文明的北辛村于2016年底开始了首部村志的创修工作。在村庄历史资料匮乏、没有修志启动资金等不利情况下，村志编修人员不辞劳苦、废寝忘食，逐户走访人口户籍资料，定向征集知名人物传略、简介资料，多方查询北辛考古文物及其研究资料，不到10个月时间相继完成40余万字的村志总撰稿、送审稿，难能可贵，可喜可贺！

北辛原始部落遗址位于古薛河中游背山面水的冲积平原，是黄淮地区发现最早的新石器时代遗址，比著名的大汶口遗址早了1300多年。20世纪70年代后期，从北辛遗址考古发掘出来的各种石器、陶器、骨器、蚌器等农业生产工具、生活用具以及窖藏谷物、家禽遗骸等看，当时的农耕生产初具规模、捕鱼技术比较先进、畜牧业具备雏形、制陶业较为先进。北辛先民创造的北辛文化，是黄河文化与泰山文化冲撞、结合的产物，上承古老的东夷文化，下拓精深的齐鲁文化，直接孕育了辉煌的古薛文化，不仅直接催生了墨家文化，而且间接修正了儒家文化，是中华文化的最早源头之一，也是古薛文化的唯一原点。

《北辛村志》立足于北辛村庄，贴近百姓生活，占用绝大部分篇幅记述了北辛村的基本村情、村域经济、庙碑祖林、碑记族谱、北辛大族、民俗风情、村民生活、村籍人物等，特别是对2017年村籍居民16个姓氏、540户、3054人基本信息的列表记述，拉近了村志与村民的距离，增强了村民的亲切感，也使村志接上了地气。而对村庄党政主要负责人、村籍北辛小学毕业生获得大专以上学历人员200余人基本情况的列表展示，尤其是村庄各行各业100余名知名人物的传略或简介，进一步增强了村志的文化氛围和人文厚度。

《北辛村志》根据中国名村志文化工程办公室“记述地域范围以下限年份的行政辖区为主。为体现名村在更大区域内的意义，可以从更开阔的区域视野记述与该村相关的内容”等有关名村志编修要求，村志放眼古薛国，尽量吸收北辛文化、古薛文化的营养，除对北辛文化及其原生区杰出历史人物奚仲、仲虺、孟尝君、毛遂、叔孙通、公孙弘、鲁班、墨子等人物生平事迹浓墨重彩记述外，还将北辛遗址考古专家吴汝祚、高广仁、胡秉华、万树瀛等人以及北辛文化研究、保护、传承学者孙井泉、石敬东、王剑锋等人基本情况、学术成就分别记入人物传略或人物简介之中。

《北辛村志》的篇目拟订，受益于中国名村志文化工程办公室的倾情指导。根据名村志编修忽略一般、突出特色的有关要求，村志未设立大事记，仅设立大事纪略纲目；村志也未设立传统的农业纲目，仅以特色产品代替，记述了村庄最具特色的配制良种、沙土地瓜、黏谷子、黄烟、水芹、十字河野鱼、花红果与“天生”“花皮秋”梨等稀有农产品，而对小麦、玉米等传统农产品几乎只字未提。

《北辛村志》的精心打磨，离不开各级史志工作者、文史工作者、民俗工作者的悉心审阅指导。山东省史志办召开齐鲁名镇名村志评审会对该志送审稿予以重点评议，并选派省史志业务咨询专家组成员、省史志办市县志指导处调研员李天程博士，省史志办市县志指导处主任科员罗毅进行审核把关。枣庄市史志办、滕州市史志办、官桥镇志办均选派骨干人员对该志总撰稿、送审稿进行超前审阅，枣庄市史志、文史、民俗专家渠开选、孙井泉、张涛、郑娟娟等人应邀进行通审，提出资料、体例、文字等方面的意见、建议数百条。在此，谨向所有为村志编修工作付出辛苦劳动的领导、同志们致以最崇高的敬意与谢意！

枣庄上海商会副会长、上海凯大建设工程有限公司总经理　王成

2017 年 12 月

凡例

一、《北辛村志》坚持以马克思列宁主义、毛泽东思想、邓小平理论、“三个代表”重要思想、科学发展观、习近平新时代中国特色社会主义思想为指导，坚持辩证唯物主义和历史唯物主义的立场、观点和方法，记述山东省滕州市北辛村的历史和现状，力求思想性、科学性、资料性的统一。

二、该志为创修。上限肇自事物发端，下限止于2017年，根据“贯通古今、详今略古”的原则，重点记述北辛文化以及近现代以来，特别是改革开放以来的村庄发展历史。志书体裁采用述、记、志、传、图、表、录等，以志为主，诸体并用。

三、该志采用纲目体结构，以事物属性结合社会分工横排门类，设纲、类、条目等层次。志首设村庄名片、概述，卷末设附录、参考文献、编后记，专志设基本村情、村域经济、北辛文化、庙碑祖林、碑记族谱、遗址保护与旅游开发、北辛大族、民俗风情、村民生活、人物、大事纪略等11个纲目。

四、文字表述，采用现代语体文、记述体，汉字使用依照国家语言文字委员会于1986年公布的规范简化字。纪事坚持秉笔直书、述而不作，只记事实，不作议论，寓观点于材料之中。

五、纪年方式，中华人民共和国成立后的纪年，均采用公元纪年；中华人民共和国成立前使用历史纪年或民国纪年，括注公元纪年。公元纪年采取阿拉伯数字记法，历史、民国纪年则采取汉字书写记法。历史地名、机构、职官等均书当时称谓。

六、数字、标点用法，分别以2011年国家相关部门颁布的《出版物上数字用法》《标点符号用法》为准，计量单位采用国务院1984年颁布的《中华人民共和国法定计量单位》。

七、遵循“生不立传”的原则，入人物传的人物，以为北辛村有贡献和影响者为主，兼收受北辛文化影响以及为发掘北辛文物、传播北辛文化做出贡献的客籍人物，入传人物以生年先后排列顺序。为彰显为北辛村发展、北辛文化宣传做出贡献或在方方面面具有一定影响力的在世人物，设人物简介类目，简介人物亦以生年先后排列顺序。所录人物直书其名，必要时姓名前加以职务和职称，褒贬寓于事实记述之中。

八、本志资料来源于各级档案、各姓族谱、历史文献图书等，当事者或后来人口述回忆资料及第三者采访资料，均经审核后载入。户籍人口数据以入户收集数据为主；个别村民未有填报的数据，以村委会保存的户籍数据为准。

北辛名片

- 第六批全国重点文物保护单位北辛文化遗址
- 第二批省级重点文物保护单位北辛文化遗址
- “十二五”全国重点文保工程北辛遗址保护与整治工程
- 黄淮地区发现最早的新石器时代北辛文化遗址
- 最早的部落村落——距今 7300 年前的北辛部落村落
- 最早的农耕文明——石斧、石铲、石磨盘、鹿角锄、蚌镰等农具及粟类作物
- 最早的畜牧业雏形——家猪型骨架
- 最早的渔业生产——能够织网撒鱼的陶网坠
- 最早的制陶工艺——红顶钵、指甲印纹钵等北辛土陶
- 最早的文字符号——一件陶器底部发现的一对酷似鸟足的刻画符号
- 最早的厨房革命——能够烧、熬、煮、蒸的带盖三足鼎等各式盛器
- 最早的酿酒技术——盛酒的蒜头壶
- 最早的穿衣文明——骨针、石纺轮及编织物印纹遗物
- 最早的丧葬礼仪——留有气眼的婴儿葬棺，反映最原始“灵魂不死”的观念和丧葬习俗
- 最早的房屋建筑——半地穴式茅草屋
- 最早的母系氏族——氏族成员按母系血统确定亲属关系，妇女在氏族中地位很高

- 最早的共产主义萌芽——氏族成员财务归公，集体劳动，分工合作，有活同干，有饭同吃
- 最早的大汶口文化——北辛文化遗址耕土层下开口发现大汶口文化遗存
- 最早的古薛国文化——北辛先民沿着古薛河一路向西发展，最终建成古薛国，诞生古薛国文化
- 最早的城邦文化——北辛文化遗址西 4.5 公里处西康留遗址，有北辛文化、大汶口文化遗存，是古国古城创立之处

2016年11月15日，中部战区装备部某部主任、著名书画家孙开桐将军（左八），枣庄市委常委、滕州市委书记董沂峰（左九）等领导参加北辛遗址保护与整治工程奠基开工仪式

2005年12月10日，省政协副主席王志民（右四）带领省文物专家一行三人在枣庄市副市长王亚（右五）、政协副主席孙兰昌（右二）等领导陪同下到北辛遗址考察

2009年8月19日，枣庄市委常委、滕州市委书记王忠林（前排右二）在官桥镇党委书记张子玉（前排右一）陪同下到北辛遗址调研历史文化保护与开发工作

2017年6月21日，滕州市委常委、宣传部部长朱晏辰（左二）在官桥镇党委书记陈伟泰（右二）、镇长马金安（左一）陪同下到北辛遗址调研遗址保护与整治工程进展情况

北辛遗址后的薛河故道“河中河”

北辛遗址东侧的十字河洪林大桥

村南十字河北岸油菜花

村庄沿河林荫大道

村庄西南十字河橡胶坝

北辛遗址国保碑、省保碑

建于 1992 年的北辛遗址碑亭

建于 2006 年的北辛遗址碑坊

北辛遗址保护与整治工程规划图

2017 年建设中的北辛遗址博物馆

2017 年建设中的北辛遗址展馆

北辛遗址原始部落展示区

北辛遗址出土的 7300 多年前的珍贵文物

北辛土陶盖鼎

北辛土陶红顶钵

新石器时代的石磨盘

北辛遗址陶器发掘现场

丰富多彩的农产品

北辛水芹

过尺豆角

土豆丰收

黄梨熟了

火红的辣椒

蛋鸡养殖

古薛河散养白鹅

工商业发展变迁

兴建于 20 世纪 80 年代的北辛砖窑厂

村民王立运创办的机械制造公司

村民杜修山购置的施工机械

村民张广武建筑工程队为村民起高平房

村民王兴仁经营的红炉作坊

20世纪五六十年代的北辛供销社

北辛集市

村民任振满在枣庄经营的种业公司

村民王德华经营的德安批发超市

村民王彦仁正在制作馓子

村民王德科在木石开办的宾馆、鸡汤馆

村庄社会事业

1995 年修建的北辛小学教学楼

21 世纪学生上学有校车

幼儿园小朋友做课间操

2005 年扩建的村卫生室

村庄供电设施

村委会院内的健身器材

城乡环卫一体化

1966 年 2 月，北辛村贫下中农积极分子、军属李兆秀（前左一）参加全省贫下中农农业先进集体代表会议

1981 年 8 月，空军福州场站政委彭成太（中）欢迎国民党空军第六联队督查室少校考核官黄植诚（右）驾机起义投诚

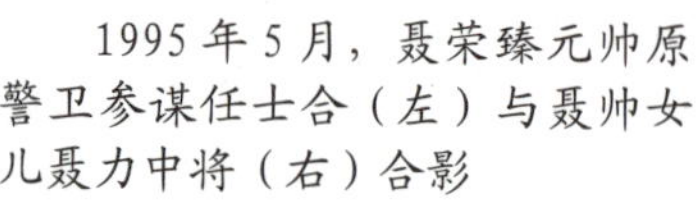

1995 年 5 月，聂荣臻元帅原警卫参谋任士合（左）与聂帅女儿聂力中将（右）合影

2017年4月，村志主要编写人员任士琛（左一）、王光辉（左四）、张连善（右一）陪同枣庄知名文化学者柏恕斌（右三）、梁化乐（右二）、渠开选（左三）、沙朝佩（左二）考察北辛遗址

2016年11月，村“两委”成员张志合（右三）、王德科（左三）、张庆海（右二）、张志友（左二）、王德鼎（右一）、刘新勤（左一）参加北辛遗址保护与整治工程开工动员大会

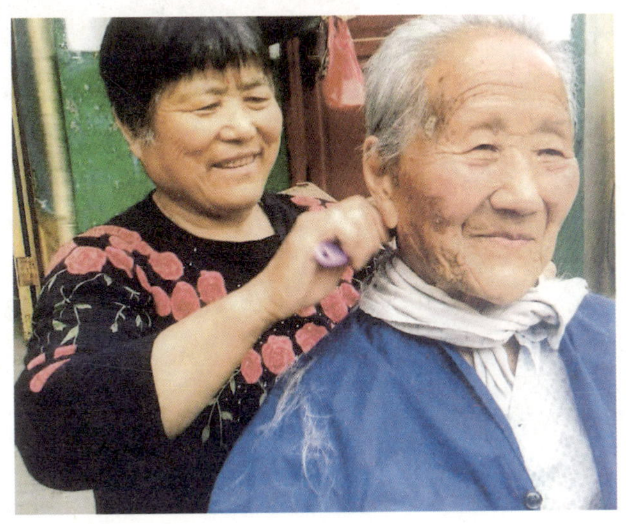

北辛好媳妇刘心兰为96岁婆母张景荣剪理头发

2016年12月8日，省民俗专家、枣庄文化学者孙井泉（中）应邀参加《北辛村志》编修工作启动会议

2017年10月19日，《北辛村志》参加首批齐鲁名镇名村志志稿评审会

省史志办市县志指导处调研员李天程博士评议《北辛村志》

《北辛村志》主编王光辉向与会专家汇报村志编修工作

2017年7月28日，在北辛遗址举办的滕州市第七届全民健身运动会暨官桥镇首届历史文化旅游节

2017年清明节，北辛王氏宗亲举行祭祖、揭碑仪式，各姓氏特邀嘉宾及王氏宗亲代表近500人参加

村民在村委会大院参加报告会

书画作品

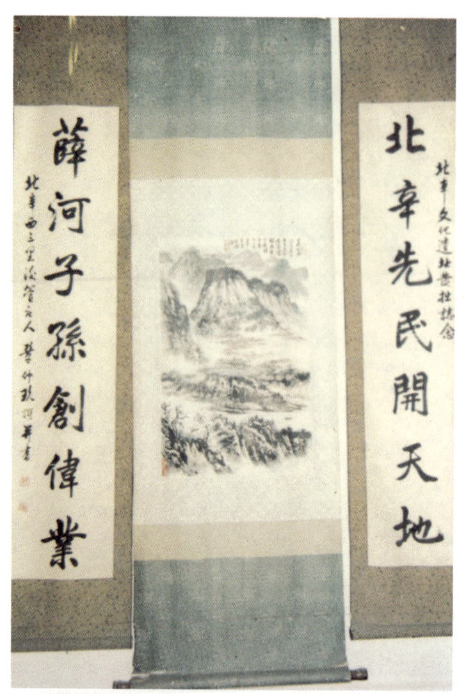

空军潍坊场站原政委、乡贤巩仲玖撰书的对联，官桥镇知名教师张永铨所画中堂

村民任振祥 80 岁书法作品

洛陽城裏見秋風欲作家書意萬重復恐匆匆說不盡行人臨發又開封

古之善書者必先楷法漸而至於行草亦不離乎楷正張芝與旭變怪不常出於筆墨蹊徑之外神逸有餘而與羲獻異矣襄近年粗知其意而力已不及烏足道哉

書論一則 丁酉年蔣濤書

青年书法教师蒋涛书法作品

农民画家任振水绘画作品

目录

概述

GAISHU

北辛原始部落形成时期当在7300多年前的新石器时代早期。从20世纪70年代的考古发掘文物中，枣庄著名学者孙井泉等人率先提出并得到众多史前研究专家肯定的北辛文化16项文化之最、文明之源，简单说来即是：农业初具规模，畜牧业已近雏形，捕鱼技术相当高超，手工业较为发达，制陶技术比较先进，住房结构较为合理等等。

之后，随着沧海桑田的历史巨变，延至唐朝时期又有先民来此定居，村中关帝庙中的一尊唐代造像石及一株20世纪70年代枯死的唐槐便是明证。明朝初年以来各姓氏先民的陆续到来，距今又有600余年的历史。600年间，村民以农耕为主，在兵荒马乱中艰难度日，繁衍生息。民国年间，北辛村设立乡级政权，成为周边村庄的行政中心，军阀混战、日军蹂躏，这片土地发生了许多可歌可泣的动人故事。20世纪50年代起，随着北辛小学、北辛医务室的成立及其发展壮大，北辛村党政群团组织的建立，国营八一煤矿及乡镇（公社）企业的兴建或改制，北辛文化遗址的考古发掘以及北辛文化的确立并向全世界宣布，北辛村在政治、经济、教育、文化等方面开始转变，村容村貌及村民的生活方式、精神风貌也在悄然发生变化。其间，有成功、失败，也有经验、教训，值得回顾、思索。

得天独厚的自然条件

北辛村地处鲁南，位于古滕国与古薛国之间，是全国、山东省重点文物保护单位北辛文化遗址所在地。西北距滕州市城区约22.5公里，西南距薛国故址（俗谓薛城里）约6公里，距古临城驿（即薛城城区中心）约15公里。西去约6公里处的津浦铁路西侧，有历史上“毛遂自遂”“脱颖而出”的毛遂之墓，西偏南约5公里的前掌大村有全国重点文物保护单位商代贵族墓群。可以说，这里历史悠久，文化底蕴深厚。

北辛村村西5公里，有“南京通北京”的大官路，史称“九省通衢”。历史上，大官路曾为村民农闲时肩挑背扛进行短途贩运、物资交流提供了方便。村西南约20公里有大运河的夏镇码头和常口朝阳港。村西约6公里，有建于清末的津浦铁路（后称京沪铁路）以及官桥火车站，村民欲北赴县城、省城或南去徐州、上海等地，甚至更远的地方，十分方便。20 世纪 30 年代前后，村民有走投无路者，曾搭上火车去南方大城市谋生。1986 年，新修从县城善国路通往官桥镇驻地的滕官公路与以后修建的羊庄至官桥驻地的羊官公路相接，从村北面经过，滕州 4 路城乡公交车约 10 分钟一班，村民进城上店极为方便。2004 年，新修京福（后称京台）高速公路在村西 4 公里处通过，村西北约 8 公里处设有高速公路滕州南出口，这为村民车辆远行提供了便利条件。2011 年 6 月，建成开通的京沪高铁在村东 1 公里处通过，村西北约 20 公里处设有高铁滕州站，更为村民快速远行提供了方便。2016 年下半年，345 省道、薛城新城至滕州的 BRT 专线动工兴建，预计 2018 年竣工通车。

北辛村村南 2 公里，有海拔 202.2 米的龙山，状似卧龙，“龙头”伸向薛河饮水，故名为龙山头，为山东丘陵向西南延伸的一部分。村东约 20 公里为群山连绵的抱犊崮山区，村西约 20 公里有南四湖之昭阳湖，以及京杭大运河。北辛村正处于这山与水的连接地带，是东连抱犊崮山区西接微山湖湖区交通线上的重要连接点和休憩地。发源于山亭区水泉、徐庄一带，拥有西江、东江等众多支流的薛河（古称薛水，近称十字河）原本在村北蜿蜒流淌，20 世纪 50 年代后期经改道取直后绕村庄南部一路向西南流入微山湖。可以说，北辛村面山近水，且地处平原，拥有村民赖以生存的肥沃土地。

但是，不能不认识到，这些有利的因素在一个相当长的时期内没有得到充分的利用，一些封建迷信思想的影响和禁锢等不利因素反而制约着村庄的发展，影响着村民的生活。

离村不远的津浦铁路和大官道，给村民带来交通便利的同时，也给村民带来了灾难。远的不说，只就 20 世纪 20 年代的直奉战争，30 年代的日军入侵，40 年代的土匪猖獗和国民党还乡团的骚扰等等，都给村庄百姓带来太多太重的苦痛。战争打响，人民生命财产受到极大威胁，大人小孩东躲西藏，土地荒芜，颗粒无收；日军侵犯，村民扶老携少，逃往东山里，俗谓“逃反”；日伪军强征民夫开挖西起官桥车站东至北辛、土城村的一条深 3 米、宽 6 米、长约 15 公里的封锁沟，并在北辛村等沿沟村庄筑建炮楼，五次推行“治安强化运动”，“封锁蚕食”山区抗日根据地，村民王广利被北辛炮楼的日伪军开枪打死，任守岩遭日军抓夫后下落不明，王立海、刘长海、刘长友等人被日伪军子弹打伤后留下终身残疾；国民党还乡团为非作歹，鱼肉乡里，抢粮抓丁，倒租倒算，弄得百姓不得安宁；土匪骚扰，抢掠财产，抓人勒索，人心惶惶，鸡犬不宁，甚至少数青年受到蛊惑腐蚀，走向歧路，死于非命。

中华人民共和国成立后，村民开始自觉或不自觉地利用有利的自然条件，克服不利因素，发展经济、教育、文化。1952 年，进行土地改革，村民有了自己的土地，生产的积极性得到提高。20 世纪 70 年代初，改造连片丰产方，垦荒古薛河滩，打机井、修灌溉渠，扩大灌溉面积，提高抗旱能力。这一切，为北辛村农业经济的发展以及庄稼的旱涝保收，打下了基础。20 世纪 80 年代后，利用临近矿区的优势，以及便利的交通优势，北辛村民发展运输业、建筑业以及其他工副业等，逐渐走上致富路。

北辛文化的昔日辉煌

北辛村，是北辛文化的发祥地。北辛文化博大精深，以人文为中心，又涵摄万物。既如千层之塔，层层叠叠，非登高不能望其远；又似万仞之渊，浩浩渺渺，非潜游不能探其深。

北辛文化的源起与发展，经历了漫长的历史过程。作为人类社会的一种现实存在，最早产生于居住在薛河流域及附近地域的先民中。就迄今的考古发现，北辛文化自新石器遗存的产生年代算起，已有 10000 年以上的可知历史；自北辛文化遗址的产生年代算起，具有 7300 多年以上的可察历史。

北辛文化中孕育了文明形态的主流因子，为中国农业发展史和民族部落发展史的进一步深入研究提供了重要的历史资料，也为祖国璀璨的原始文化增添了新的一笔。她是华夏民族辉煌历史文明的典型代表，是中华文化的重要组成部分。

北辛文化作为一种综合的文化形态，最晚肇始于距今 7300 多年前的新石器时代，那时文明的关键要素文字、金属冶炼术、城市均未出现，还处于历史学意义上文明时代的前夜。但是，文明的元素在那时已经有了全面的积累，“刻画符号”奠定了文字产生的基础，“烧陶的温度”预示着金属冶炼术的产生，逐渐成熟的“定居模式”揭示了城市产生的开始。而且，从出土器物的文化内涵分析看，先民们在那个时代跨地域的最初文化交流已经开始。就近年出土器物中所体现的文化内容看，北辛文化区域中“儿童瓮棺葬”的形制、“红顶钵”彩陶的手法带有中原文化影响的痕迹，而在中原文化区域的陶鼎器构造上则能看出北辛文化的影响痕迹。

北辛文化在其核心区域积淀了极为丰富的文化资源，写下了中华始祖文明浓墨重彩的一页，创造了十分巨大的社会价值。首先，北辛文化直接孕育、催生了墨家文化。墨家思想产生于北辛文化原生区域是历史的必然，这是北辛文化的独特性质所决定的。墨家的思想文化虽未能被各个时代的统治阶级所接受，但是她的根脉却深植于民间为人们所认知，所尊崇。在侠义之士的信仰中，在农民起义的纲领中，在老百姓质朴的民俗中，都能找到她深深的思想烙印。其次，北辛文化间接孕育并修正了儒家文化。儒家文化，是在继承、发展、完善了源起于北辛文化中的“礼”文化的基础上产生的，是在北辛文化原生区域的先贤们的直接推动下成为统治阶级的理论工具的。“奚仲入夏”“契入中原”“仲虺、伊尹兴商”以及商族后裔孔子等在北辛文化区域对儒学的创立与推动，叔孙通、公孙弘等儒生把儒家文化植入汉王朝中央政权等等事例都印证了这一点。最后，北辛文化奠定了中国古代自然科学的理论及实践基础。考古实践证明，北辛文化原生区域是中国最早迎来文明曙光并创造出辉煌文化成就的地区之一；历史文献记载，北辛文化原生区域是诞生中国最早科学技术理论及大量发明创造人才的地区。

北辛文化的后世影响

远古时期的文化尽管粗糙、零散，却反映其最初的文化特征。在滕州地区先后发掘的北辛遗址、西康留遗址、岗上遗址、吕楼遗址、前掌大遗址、薛国故城遗址、滕国故城遗址等历史遗存中，乃至今天的发展成就中，我们可以清晰地找到北辛文化发展、形成的轨迹。

从出土器物的文化内涵分析来看，远在那个时代乃至其后的 2000 多年间，先民们跨地域的最初文化交流已经开始。北辛文化在历经约3000年的发展演变后，与华夏大地上其他早期区域文化同时推进、催生了历史学中的“文明时代”。据近年来的考古发现和研究，在此期间北辛文化曾与其他区域文化有过频繁的交流、碰撞，丰富提高了各自的文化内容，并有力地促进了中原“夏文化”的发展。在“中原文化”东来之前，北辛文化是那时“东夷”文化群体乃至中华文化群体中重要的构成部分和最活跃的因素之一，其自身的文化也产生了分流与转变，既发展固守了自己本土的“薛”文化，又补充丰富了“东夷”文化，支持协助了“夏”文化，孕育催生了“商”文化和“鲁”文化。

在其后1000多年（约公元前21世纪—公元前11世纪）间，北辛文化与东来的中原“夏、商、周”文化进行了更为全面的交流融合，在相互促进的过程中共生、壮大，从而衍生出具有不同时间、地域特点的薛国文化、滕国文化、小邾（郳）国文化等次级文化类别。其中的薛国文化是北辛文化的直接延续和核心内容，滕国文化、小邾（郳）国文化是当地北辛文化与中原文化的交流而产生的文化类型。在此期间，北辛文化在与中原文化的交流碰撞中是互有攻守，显示出相当的文化融合能力。在许多古代传世文献和出土文物的文字中，我们可以很容易地找到两种文化相互影响、和谐共生的影子。其中有文献资料对于奚仲任夏“车正”“夏桀讨有施氏”“妺（mò）喜”入夏、“契居蕃”带领部族迁徙、仲虺担任商汤的“左相”、周封叔绣于滕、周封任畛于薛等事件的记载，还有出土甲骨文、金文对于“薛”“郳”“滕”的记载，都说明了当时的政治、文化频繁交流碰撞的情况。在中原文化强势东来时，北辛文化在政治体制上处于相对守势，在其他方面是均衡甚至是强势的。夏代奚仲在车辆与服饰礼仪方面对于中原文化的促进、商族首领契带领部族自“蕃”西入中原为以后“商”的建立奠定的社会文化基础，“仲虺”“伊尹”辅助“汤”入主中原等内容，体现了北辛文化与中原文化碰撞中所显现的坚韧与厚重。商代的中原文化，在某种程度上说已经是包括北辛文化内容的东夷文化在中原地区与其他区域文化交流变异的结果。在武王伐纣后，中原文化在与北辛文化的交流碰撞中更加强势，许多“北辛文化圈”的其他“土著”政权纷纷瓦解，得以“硕果仅存”的薛国却再次展现了自身文化的力量，取得了文化交流的均势。例如，考古工作者发现了薛国贵族墓地“前掌大遗址”出土的文物与相距不远的其他周初封国（滕、小邾、鄫等）的出土文物在文化元素上表现出的不同风格，即是这种力量的有力佐证。

在随后的约 1000 年（约公元前 11 世纪至公元前 1 世纪）间，中原文化在制度和物质形态上的优势地位更为明显，北辛文化核心区域内包括薛国在内的其他非中原文化圈的方国政权逐渐被消灭、同化殆尽，华夏大地上逐渐形成了统一的国家。

面对不可逆转的历史潮流，北辛文化的各种力量在与中原文化的交流碰撞中再次展现出柔软的身段，在吸纳、包容、妥协、屈服的过程中延续、融合了自身的文化内容，从而成为了中华文化的重要组成部分之一。自汉代以后，随着统一的多民族国家的最终形成，北辛文化完全融入中华文化的发展长河之中成为一支极富活力的涓涓细流。特别是改革开放之后，北辛文化在新的历史时期迸发出强劲张力，逐渐提升到前所未有的高度。

蒸蒸日上的经济发展

北辛村的经济，在一个漫长时期的历史过程中，以农耕为主，村民日出而作，日落而归，日复一日，年复一年，衣食皆从土地中来。那时，虽然人均占有土地最多时能达 0.23 公顷，但耕作技术落后，再加上无力抗拒的租税以及水旱虫等自然灾害，十年就有六年歉收。正常年景交租后农家所剩粮食仅供一年的口粮，但若遇灾荒年，到了次年春天的农历 2—4 月俗谓“青黄不接”之时，口粮不足，只好以稀饭（俗谓“稀糊涂”）和野菜充饥，严重时只好卖儿鬻女，逃荒讨饭，甚至移居外乡。总之，几百年间，广大村民一直是在饥寒交迫的贫穷线上挣扎。

在历史的各个时期，先民们试图摆脱贫困走向富裕，或从勤俭持家开始，增加土地牲畜，或从经营副业入手，积累资本，但持续时间都不是很长。至清末民初的几百年间，北辛村也先后几次出现过“望族”，置田地数顷，建瓦房数十间。但三两代后即又衰败下去，复为普通人家。这里原因颇多，值得人们深思。遇到官司缠身，花费大量银钱，这是其中原因之一，但文化教育的落后，缺乏政治的远见，甚至稍富即奢，不能不说是深层次的原因。

1949 年中华人民共和国成立后，经过土地改革、农业合作化和人民公社化的集体经济过程，到20世纪80年代的土地联产承包，几十年间，农村经济一步步向前发展。十字河获得彻底治理，高低不平的土地得以平整，特别是耕作制度的改革，良种培育推广，化肥施用，科学灭草，农机广泛使用，深口机井及其完善的配套措施，人们抗拒自然灾害的能力大大增强，粮食生产实现旱涝保丰收，产量大大提高。至20世纪末，主要作物小麦由新中国成立前的亩产50公斤左右增产到600公斤，增长11倍以上；高产的玉米已代替高粱，由新中国成立前的高粱亩产100公斤左右到21世纪初的玉米亩产650公斤以上。至此，粮食生产实现由满足生活口粮到提供商品粮的转变，卖余粮成了农民的主要经济收入之一；还有更为可喜的，由于从耕作、播种、施肥、除草，一直到收获全部实现机械化、科学化，农业进入社会化大生产，农民摆脱了繁重的体力劳动，腾出更多的时间和精力从事其他行业，或进城打工，或从事商业、加工业，增加经济收入，由此过上了富裕的日子。

除农业外，历史上村民中也有人曾认识到商业经济的重要性。自清朝起，村民纷纷习操红炉、木工、泥瓦工匠业，开办馒头、豆腐、点心、油条、麻花、馓子、粥、辣汤等手工业作坊20余家，北辛集市上饮食、猪肉、河鱼、蔬菜、百货等一应俱全，商业贸易十分活跃。北辛村民早有从事商业运输的愿望和行动，多是短途小资本的贩运，呈时隐时现状态。至20世纪70年代，特别是80年代后，商业活动得以大发展。村民除在村内陆续开办几家百货超市、饭店及油条、馓子、粥、辣汤等餐饮铺外，还到附近的木石、滕州、薛城、枣庄以及远地青岛、哈尔滨等城市从事百货批发零售、餐饮等经营活动，从中走出了王德安、王德科、王海仁、任振满、李作福、黄现法、彭明才、张庆忠、高文先等十余名家产数百万元甚至数千万元的民营企业家。

早在清末民国年间，北辛村泥瓦工、木工，从事修盖房屋、打做棺材、制做家具等服务。村民李振柱水泥制作做工精致，曾被驻扎枣庄、陶庄的日军雇去垒砌水澡堂。20世纪60年代起，北辛村建筑、木工技术人员开始走出家门，从事建筑、木工业活动，但不成规模。70年代，随着公社建筑公司的兴起及其发展壮大，杨传富、杜修启、李道生、张新善等从事建筑、木工劳动的村民越来越多。80年代，村庄有小型建筑队出现，李洪君等木工技术人员前往枣庄、滕州等地承包零星工程。之后，个体泥瓦匠与建筑队同时并存，李道生、张广武、张广思、夏允全等人先后成立建筑队、建筑公司，到城乡各地承揽建筑工程，建筑收入成为北辛村民的一项重要收入。

20 世纪 80 年代起，村庄水泥制品企业以及金属加工焊接等行业也在兴起，张志友在村西生产水泥砌块、预制板等产品，任泽付在村东生产钢铁铸造等产品。90 年代，从北辛走出的能人增多，他们纷纷在上海、无锡等城市及薛城、陶庄、滕州、木石、桑村等周边城镇创办企业，从事钢铁制造、客货运输等行业，从中涌现了王成、王立运等资产数千万元甚至过亿元的民营企业家。

至 2005 年，北辛村民的工商业及其他副业的收入，已超过农业的收入，这标志着北辛村已从单一的农业经济向农副结合、多业并举的道路上迈进了一大步。

与时俱进的社会事业

经济发展的水平，直接影响并决定着教育、文化的发展水平。经济发展缓慢，教育、文化就滞后；经济发展加快，教育、文化就兴起。

在一个相当长的时期内，北辛村民温饱问题得不到解决，教育、文化自然就会落后。虽然一些有识之士，坚信“忠厚传家，诗书继世”，试图创办私塾学堂，力争让其子女入塾读书，但仅要求“能识大路旁的几个字，会打打算盘”就行。至于读书求功名入仕，更是不敢奢望的事情。清末以前，北辛各姓氏仅考取一二十名文武庠生、太学生，未听说有考取举人、进士等大的有功名的人员。至 20 世纪 40 年代，废私塾兴“洋学堂”，邻村轩辕庄、大康留村有了小学，全村儿童少年中能入学的也只有这个学龄段人数的很少一部分，且能读到初小四年级也就算“到顶”了，而大多数未能入学的儿童少年，只能跟随父辈在田间拾柴捞禾、割草放羊。至 1948 年，村内儿童少年能读书到高小六年级的只有区区数人，个别侥幸读到初中的又因战事频繁，不等毕业就中途辍学了。也就是这批读到高小、初中的人员，到了中华人民共和国成立后，成为村内第一批有文化的人，在之后的农业生产合作化、人民公社化时期担负着文化人的工作。未得到读书的人，自然就成了文盲，成了后来扫盲的对象。

1950 年 3 月，滕南第一所完全小学北辛小学创办，校长时耿伦由省教育厅厅长直接任命，设立 5 个班级，学生 146 人。后学校规模不断扩大，招生范围由最初的北辛、王庄（后改称王园村），逐步扩大周边 15 个村庄，鼎盛时期学校设立 14 个班级，学生 400 余人。北辛完全小学的开办，为更多的孩子读书提供了方便。此后，随着村民生活水平的不断提高，去学校上学的学生渐渐多了起来，入学年龄也从八九岁提前一两岁，且有女孩子开始入学。北辛小学开始有杨传富、彭成太等学生先后考入滕县中学（后改称滕县一中）和临城中学（后改称滕县二中、枣庄八中），直至三年初中毕业。特别是 1958 年滕县五中和官桥农中相继建成后，李世海、王立巨、张连善、任士兰、李作胜、张广文等先后入学，且开始有女生王立云、樊华考入初中，成为北辛村首批女中学生。20 世纪 60 年代，北辛村始有张存善等学生考入滕县一中、枣庄八中等学校高中。70 年代，滕县五中开始招收高中学生，王秀玲、李世德、李世岐、王恒仁、王会仁、李世民、王秀兰等人先后考入。1971 年，北辛小学开始增设初中班（俗谓“小学带帽”，1980 年初中班不再招生）。1995 年，上级拨款为北辛小学盖起 2 座教学楼，并陆续配置电视、电脑等现代化教学设备。

由于北辛小学的发展壮大，带动起全村青少年读初中、高中的热情和积极性。加上经济的发展，村民愿意投资更多的钱供子女上学，最后达到初中普及，优秀的高中毕业生升入大中专的人数也逐年增多。1977 年国家恢复高考后的当年，北辛就有张志启升入中等专业学校，1979 年毕业后由国家分配工作。这是继 1950 年张广善师范毕业后相隔 29 年又有经国家统考的中专毕业生。之后，1983 年始有王光辉考入大学专科，1986 年始有王洪祥考入大学本科，1999 年始有李珊考上硕士研究生，2007 年始有李祥宝考上博士研究生。自中华人民共和国成立至 2017 年，直接由北辛村走出的（不含已落户外地的第二代子女和嫁入北辛村的媳妇）大专以上学历学生 204 人，其中本科生 70 余人、硕士研究生 10 人、博士研究生 3 人，国家计划内统招生占 70%以上。

文化、卫生事业的发展同教育一样，是受经济制约的。经济上贫困，文化、卫生就落后；经济上富强，文化、卫生就会前进。在旧中国，在一个文盲充斥的村庄，文化活动也只能在一个浅层次上自娱自乐，在医药卫生方面虽然也有张福田、王广臣、姜学亮等人陆续为村民行医看病，但服务范围不够广泛、服务层次仍然较低。20 世纪 60 年代，在集体经济中兴起的“赤脚医生”，开始改变着全村医药卫生面貌。至2017年，在李作胜、李世清、刘守贞、姜德华、任士磊等几代医务工作者的共同努力下，村卫生室由小到大，由弱到强，由低水平到高水平，特别是农村新型合作医疗制度的建立，彻底告别了农村“缺医少药”的状况，实现了村民“小病不出村”、大病也能入院及时治疗的目标。1949年中华人民共和国成立后，特别是到60年代至70年代，群众文化活动一度兴起，且卓有成效。1952年，村投资2000余元，建立北辛梆子剧团，曾到刘村、邓寨、大庙、木石、轩辕庄等地演出《对花枪》《燕王征北》《白马关》《包公案》等剧目。70年代，北辛大队组织业余文艺宣传队，赶排“八大样板戏”汇演，除在本村演出外，还先后到八一矿、莱村矿等地演出。1977年年底，北辛文艺宣传队主要演员王晓棠代表官桥公社参加滕县农业学大寨汇报演出，演唱的豫剧《朝阳沟》选段获二等奖，受到滕县领导的接见。当然，后来随着广播电视的发展与普及，群众性的文化活动没有继续发展下去。

总之，进入21世纪，北辛村随着经济的发展，教育、文化、卫生都发生了根本变化。同时，人的认识水平和思想面貌也有了很大变化，更多的人从一个封闭狭小的天地里走了出来，逐渐站得高一点，看得远一点，不良的习惯不断地得到克服，户与户之间互相理解帮助，人与人之间的关系更加和谐顺畅。

回顾过去，豪情满怀；展望未来，令人憧憬。2016年底，北辛文化遗址保护与整治工程、首部《北辛村志》编修等重点文化工程的相继展开，为北辛经济转型升级、跨越发展带来了前所未有的重大机遇。勤劳朴实的北辛人民将继续发扬艰苦奋斗、自强不息的进取精神，锐意前行、不断开拓的创新精神，兼收并蓄、海纳百川的开放精神，为建设美丽幸福新北辛而努力奋斗。北辛的明天一定更加美好，人民的生活一定会更加美满安康！

北辛村志

（前 5300—2017）

BEIXINBUCUNZHI

■

基本村情

JIBENCUNQING

……

北辛村位于“滕南薛北”，处于古代滕国、薛国的中间，位置优越，交通便利。大约七八千年前的新石器时代早期，即有先民在龙山脚下、古薛河畔繁衍生息。大汶口、龙山、商周、秦汉、唐宋元等时期均有文化遗存，表明在历史的各个时期均有先民在此定居并繁衍生息。唐朝时期建立村落，隶属官桥镇。明清时期，分属滕县礼教乡康留社、孝七保。民国时期，分属韩庄乡、第五区。中华人民共和国成立后，先后隶属第五区、官桥乡、官桥公社、官桥镇等。北辛村连同西距 0.5 公里的王园村四面环水，土地平整肥沃，水浇条件良好，有利于北方作物的丰产高产。这里铁路、公路交通纵横稠密，方圆数公里内建有津浦铁路、京沪高铁、京台高速公路、羊庄至官桥公路、陶庄至官桥公路等，非常有利于货物运输及人员往来，推动了村庄经济的发展和社会事业的进步。

建置沿革

隶属区划

大约 7300 多年前，薛河流域的北辛古代先民，由氏族社会的村落逐步进入部族社会阶段。此期历经北辛文化、大汶口文化两个阶段，持续时间 1000 多年。

北辛于唐代形成村落，隶属唐初始建的官桥镇。明正统（1436—1449）年间，村庄属山东布政司济宁府滕县礼教乡康留社。清康熙十一年（1672）、清嘉庆癸酉年（1813），分属山东布政司兖州府滕县巽七保、孝七保。民国十九至三十七年（1931—1949），属滕县二区韩村乡。1949 年中华人民共和国成立后，属尼山专区滕县五区北辛乡，后属滕县专区、济宁专区滕县韩村乡、官桥乡轩庄片、红专人民公社官桥乡、官桥人民公社轩庄片、官桥人民公社轩庄管理区、官桥区轩庄人民公社、官桥人民公社轩庄管理区。1979 年 1 月，属枣庄市滕县官桥人民公社轩庄管理区。1984 年 4 月，属枣庄市滕县官桥镇轩庄办事处。1988 年 3 月至今，属枣庄市滕州市官桥镇轩庄办事处。

村名由来

村庄由来有两说。一说：北辛于唐代形成村落，村中一尊关帝庙中的唐代造像石、一株 20 世纪 70 年代枯死的唐槐便是明证。据传说，唐代辛氏兄弟二人来此定居，并分居南北二处，各自形成村落。北边的村庄取名北辛，南边的村庄便叫南辛。之后，辛姓族人不知去向。明清时期，随着大规模的移民搬迁，彭姓、冯姓、仝姓、王姓、李姓、任姓、张姓等姓氏先人先后到村庄定居，村庄人口不断增多，规模渐渐扩大。至今村民流传歌谣：篷（彭）破了，需要缝（冯），必须有人（任）补。后来，冯姓、仝姓族人不知何故迁出，村庄再无二姓氏人家居住。

又一说：北辛村，方圆几十里的村民至今仍习惯称之为“北奚（奚 xī）村”。据山东省民俗专家孙井泉等人考证，概因村庄位于造车始祖、夏朝车正奚仲的故乡奚村正北 6 公里并与奚村关系密切之故。现在村中第二大姓任姓为奚仲的后人，其先祖于公元前 279 年迁入村西 3 公里的大康留村，约 1767 年又辗转由王宫村迁居北辛。

区位面积

北辛村位于北纬 34.9 度，东经 117.2 度，滕州市东南部。西北距滕州市区 22.5 公里，西距省级中心镇官桥镇驻地 5 公里，西南距柴胡店镇驻地 6 公里、薛城区城区 15 公里，北距木石镇驻地 8 公里，东北距羊庄镇驻地 8 公里。

村庄南临龙山，北依薛水，背山面水，环境优越。山前平原，土地肥沃，水源丰沛，适宜作物生产。远古时期，先民山上狩猎，水中捕鱼，土中种植、家中养殖，创造了光辉灿烂的新石器文化。近现代时期，村庄南、北两面及村内遍植梨树、桃树、杏树、花红果树等各种果树，春暖花开时节姹紫嫣红、五彩斑斓，整个村庄犹如一个大花园，十分美丽漂亮。直到 20 世纪 80 年代初期，由于分田到户、村庄扩建，大队所属果园相继遭到毁坏，各种果树少有种植。

村东 1 公里龙山脚下、十字河畔通行的京沪高铁

村庄南隔十字河与柴胡店镇龙头、南辛村相望，西邻蔬菜种植村王园，西南依后管庄村，北连坝上村。村西由连接王园、大康留、东西康留的水泥路直抵官桥镇政府驻地，村西、村东各有一条往北直通坝上村的水泥大道，可连接滕州市区至八一矿、洪林村的 4 路公交车线路，村东、村南有一条十字河北岸岸堤公路连通陶庄至官桥公路、刘村万亩梨园。村东 1 公里建有京沪高铁，村西 4 公里、6 公里分别建有京台高速公路、津浦铁路，村北 8 公里分别建有枣庄至木石高速公路、枣庄至滕州公路，分别距京沪高铁、京台高速公路、津浦铁路、枣木高速公路入口或车站 20 公里、8 公里、6 公里、8 公里。公路、铁路交通发达，便于客货运输。

全村占地约 153.33 公顷，其中村庄占地约 60 公顷，耕地约 93.33 公顷。

自然环境

北辛村自古便是东连抱犊崮山区、西至微山湖重要交通线的中间联络点和休憩地，地理位置十分重要。古薛河水在村庄北部、西部静静流淌，20 世纪 50 年代改道疏通的十字河水在村庄东面、南面流过并直接通向微山湖。十字河是枣庄市唯一一条没有污染的内陆大河，村庄东西两端分别建有石坝、橡胶坝，拦蓄河水浇灌两岸农田。村西南 2 公里处便是闻名遐迩的刘村万亩梨园，每年的梨花会、采摘节盛况空前。村南 2 公里有龙山摩崖石刻、4 公里有黄连山影视基地、7 公里有奚仲祠，村西南 5 公里有国家重点文物保护单位前掌大商代车马坑，村西 6 公里有孟尝君墓、毛遂墓、国家级重点文物保护单位薛国故城，自然、人文景观密集优美。

村庄北面、西面毗邻薛河故道、东水西调灌渠"河中河"，东面、南面十字河绕村而过，四面环水，一马平川，自然生态独特优美。土壤以二级地居多，质地良好，灌溉条件优越，基本无水涝影响，适宜北方各种农作物生长。

地形

北辛村地形，大部分为东南龙山山前平原，少部分为薛河故道冲积平原，村庄位于镇域东南部，地形东北高、西南低。村子连同村西 0.5 公里的王园村四周被十字河、灌溉渠（又称"河中河"）、古薛河环绕，整个村子犹如一艘方形大船。据说，很久以前，北辛村一带连降暴雨十几日，羊庄、官桥洪涝成灾，平地积水数米深，从北辛到羊庄赶集的村民被洪水围困在了距北辛 5 公里的圣山山顶。此时，圣山顶上冲击了许多苇草，山下浊浪翻滚、洪水滔滔，数公里之内的村庄早已被洪水淹没不见了踪迹。村民想起家中年迈的父母、年幼的孩子活活被洪水

村西一望无际的麦田

吞噬，不免仰天长叹、放声痛哭。一周后洪水退去，等村民回到北辛一看，村庄依然如故，家人一切安好，村子毫无洪水淹没的痕迹。从此以后，北辛是块船地、水涨地高的传说不胫而走，而且越传越远。据专家测定，北辛村比西去6公里镇驻地官桥村高出水平面4米。北辛四面环水，从古至今也确实没有遭受过大的涝灾。

土壤

北辛村土壤主要分为褐土、潮土两大类，其中褐土居多。褐土分布在村庄西部山前洪积冲积物上，属黄褐色轻中壤土质，呈微碱性，质地细，偏黏，保水，有潜在力，适宜多种农作物，面积约60公顷。该土壤为二类地，土壤质地良好，基本无障碍层次；灌溉条件好，基本无水涝影响；粮食作物亩产粮食750～1000公斤，是高产稳产地块。潮土，又叫河潮土，俗称黄土，沙质土壤，为二类地，分布在村庄南部及村后薛河故道，系冲洪积而成，呈中性，土层厚，地下水浅，土壤供肥力强，适宜性广、强，能高产、稳产，面积约33.33公顷。

河流

流经村庄河流有十字河、薛河故道。

十字河　古称薛水，近代称薛河，因上游经薛山而得名。明万历年间因此河穿越运河入微山湖一段河道呈“十”字交叉，又称为十字河，1957年由山东省政府动员6.9万民工开挖北辛村前往西南入微山湖的14公里新薛河，此河统称为十字河。该河发源于山亭区水泉、徐庄一带，上游主要有西江、东江两大支流，两支流在海子村汇合后向西南经滕州市羊庄镇，至官桥镇西洪林村入北辛村境，绕村子东部、南部至管庄，然后一路向西经柴胡店、张汪镇境入微山湖。流经村庄河道3公里，河道宽100～200米。该河系山洪河道，最大流量每秒2770立方米，最小流量每秒0.2立方米，河口泄洪能力为每秒1800立方米。村庄东北、西南分别建有石坝、橡胶坝各1座，其中西南管庄橡胶坝宽110米、高3.6米，蓄水能力130余万立方米，可改善农田灌溉条件2133公顷。

薛河故道　故道包括东起北辛村西至西康留村和王园村西至管庄河口两段干

村西薛河故道“河中河”

河，总长约 7.5 公里，其中北辛村境内 2 公里，河道宽 150 ~ 200 米，河岸高约 4 ~ 8 米。20 世纪 70 年代，官桥公社进行战山河会战，故道上方被覆盖数米黄土，河道变成良田。90 年代，因官桥镇西部地下水贫乏、农田常年缺水，该镇发动数万劳力在北辛村北部、西部，兴建东起北辛西至官桥西的引十字河水灌溉渠（又称“河中河”）1 条，灌渠长约 8.5 公里，可灌溉农田 400 公顷。

气候特征

北辛村属温带季风性气候，在一定程度上受到海洋方面的影响。其气候特点：四季分明，冷热季和干湿季区别明显。春季少雨多风易旱，多西南风；夏季和早秋炎热多雨易涝；晚秋少雨多旱；冬季干燥寒冷，多西北风，雨雪稀少。

气温

年平均气温为 12.6 摄氏度，其中 7 月最高，平均 26.9 度；1 月最低，平均零下 1.8 度。极地最高气温为 1952 年 6 月 5 日的 39.1 度，极地最低气温为 1957 年 1 月

18 日的零下 21.8 度。冰冻期约 2 个月（12 月下半月—2 月上半月），地表冰冻深度不超过 0.3 米。平均无霜期为 197 天。

日照

年平均日照 2384.4 小时，全年太阳总辐射量为每立方厘米 118 千卡。4—10 月，每月日照在 200 小时以上，太阳总辐射量在每立方厘米 10 千卡以上；11 月至次年 2 月，每月日照在 200 小时以下，太阳总辐射量在每立方厘米 8 千卡以下。

降雨量

年平均降雨量为 800 毫米，其中春季为 120 毫米左右，夏季在 500 毫米以上，秋季为 130 毫米左右，冬季为 40 毫米左右。全年降水量，主要集中在 6—9 月的汛期，降水量 630 ～ 700 毫米，占年降水量的 75%；3—5 月的春季回暖快，降水少，多风，蒸发量大，易旱；冬、春两季平均无雨雪日数为 62 天，最长连续无雨雪日数达 147 天。

人　口

唐代初建村时，规模不大，人口不多，后随彭、冯、王、李、任、张等姓氏居民的迁入及繁衍生息，人口增长较快，至 20 世纪 90 年代，已成为全镇仅次于官桥、前掌大等村的第四大人口村。

人口数量

唐朝时期，村庄仅有几十人。元朝初年，人口增至 100 余人。元末，受元军镇压农民起义军的影响，加之连年天灾、疫病流行，人口减少大半。明洪武年间

（1368—1398），太祖朱元璋为恢复生产，几次迁山西“丁多田少”“少丁无田”之民到滕县垦荒，彭姓、王姓等姓氏先民陆续到北辛安家，村民快速增长。至明万历十三年（1585），村民增至200余人。明末，战祸四起，人口一度下降。清初，实行“盛世滋生人丁，永不加税”政策，人口增长较快。之后，随着李、任、张、蒋、黄、高、姜、夏、杜等姓氏宗亲的相继迁居，村庄人口增长速度加快。清乾隆四十五年（1780）村中耸立的重修关帝庙碑，刻有当年捐款修建关帝庙的293人的姓名。其中不乏北辛及其周边村庄的善捐者，包括北辛王氏十一世祖王璐、任氏一百三十八世祖任涵以及彭氏先祖彭宗武、彭扬武、彭法武等人的名字赫然在列。清光绪元年（1875），村民增至400余人。民国年间，人口增减不定。日伪时期，连遭天灾战祸，人口减少。

中华人民共和国成立后，经济恢复发展，人口很快增至600余人。1958年，人口增至700余人。20世纪60年代，开始实行计划生育，人口实现有序增长。1985年，全村共有14个姓氏，总人口1942人，为全镇第六大人口村。其中，王姓680人，任姓513人，张姓226人，李姓167人，黄姓81人，彭姓79人，杜姓49人，刘姓37人，夏姓28人，蒋姓20人，高姓20人，杨姓14人，姜姓11人，孙姓7人。1990年，第四次全国人口普查，北辛村总人口2580余人，跃升为全镇第四大人口村。2017年，全村户籍登记有16个姓氏，540户，3054人。其中，王姓有168户（包括户主虽非王姓但为王姓配偶的家庭，其他姓氏统计亦相同），1015人；任姓有181户，835人；张姓有54户，329人；李姓有44户，340人；黄姓有15户，75人；彭姓有23户，154人；杜姓有14户，74人；刘姓有8户，43人；夏姓有8户，39人；蒋姓有8户，27人；高姓有5户，40人；杨姓有4户，20人；姜姓有5户，38人；孙姓有1户，14人；贾姓有1户，7人；侯姓有1户，4人。

人口迁入

明洪武二年（1369），王氏一世祖王从善由山西洪洞县喜鹊窝迁居山东滕县东南大赵庄村，后迁至后石湾村，五世祖王荣吉迁居北辛村。之后子孙后代遍及鲁南，繁衍生息18代，人丁10余万人。清康熙元年（1662），李氏一世祖、沛邑庠生李承乾兄弟析产，分摊北辛寄生地 10 余顷，遂携家眷由欢城李家集来北辛定居，后世子孙另外分居张汪镇孟庄、沛县朱桥等地，已传世 14 代，人丁 1000 余人。大约清乾隆三十二年（1767），任氏一百三十八世祖任默、任涵受北辛彭氏之邀由王宫村迁居北辛村，至今已历 11 代，人丁 800 余人。大约清嘉庆二十一年（1816），张姓宗亲一脉两支由轩辕庄迁居北辛，至今已历 9 代，人丁 150 余人。大约清道光十五年（1835），黄氏宗亲一脉两支由望河庄迁居北辛村，至今已历 8 代，人丁 70 余人。1885 年，王传益、王传德的先祖由桑村迁居北辛村，至今已传 7 代，人丁 40 余人。清光绪三十二年（1906），高氏二十二世祖高友之随祖父由高村迁居北辛村，至今已历 7 代，人丁约 40 人。清宣统元年（1909），北辛姜氏始祖姜学亮出生 7 个月后父亲突然去世，随母亲迁居北辛外祖父家生活，至今已历 5 代，人丁 38 人。1923 年，北辛杜姓宗亲为始祖杜兴邦立碑纪念。自该始祖由柴胡店迁至北辛村定居起，至今已历 7 世，人丁 74 人。

人口迁出

因北辛耕地有限，难于养活更多村民，自明朝后期起便有各姓氏居民举家外迁。据不完全统计，截至 2017 年，迁往外地的北辛村民已繁衍生息近 5000 人，约为当前全村在籍户口人数的 2 倍。

大约明泰昌元年（1620），北辛王氏九世祖王成豹携家人迁居羊庄东王庄村，已传世 13 代，人丁近 2000 人。清康熙十九年（1680），北辛王氏十世祖王廷彦携妻子、儿子、侄子逃荒落户至 40 公里外沧浪渊畔焦山村，已传世 13 代，人丁 2000 余人。清乾隆二十六年（1761），李氏长房五世祖李景运携家眷迁往张汪镇孟庄村定居。经两代后，又由七世祖长房李灿带着二子由孟庄村迁至沛县张庄镇朱桥村、胡寨乡沽头村居住。两支脉繁衍人丁 600 余人。大约清道光四年（1824），北辛彭氏十二世祖彭文雅从北辛迁居南山头，大约 1891 年其三子彭怀珠、四子彭怀玉由南山头迁居沛县胡寨镇蔡坝村、俞庄，大约 1917 年其次子彭怀谊长子彭修元由南山头迁居前莱村，大约 1925 年彭怀谊四子彭修连由南山头迁居前公桥村，该公支已传世 8 代，人丁 400 余人。大约清同治五年（1866），北辛王氏十一世祖王吉玄孙王秉元携子孙由北辛逃荒落户至小石楼，80 多年前又有分支由小石楼迁至张范，已传世 7 代，人丁近 100 人。大约清同治七年（1868），北辛李氏长房长支后裔、七世祖李俭携三子由北辛迁居南沙河古石，至今传世 7 代，人丁近 30 人。

大约清光绪十七年（1891），北辛王氏十一世祖王璐次房玄孙王秉乾携子孙由北辛迁居西凫山，已传世 5 代，人丁 50 余人。大约清光绪十八年（1892），北辛任氏一百四十二世任台文由北辛逃荒落户到安徽灵璧县固镇，已传世 5 代，人丁 20 余人。大约 1893 年，北辛任氏一百四十三世任守凤由北辛举家迁至枣庄煤矿下井，已传世 5 代，人丁 30 余人，其中三子任振坤一家于 1960 年回到北辛生活。大约民国三年（1914），北辛王氏十一世祖王立来孙王心杰、王心懋各有分支由北辛迁居齐村等地，已历 6 代，人丁 50 余人。20 世纪 60 年代，北辛李氏长房三支后裔、十一世李作梁迁居沙岗，已传世 3 代，人丁数人；该支十二世李世美迁居绍兴，已传世 3 代，人丁数人。

落户外地

中华人民共和国成立后，北辛村青年通过考学、参军、投亲、招工、经商等方式，前往上海、北京等城市及周边地区生活，后携全家落户外地。

1950 年，张广善中师毕业后，任教于山亭店子小学并担任校长，后任店子公社党委秘书、石竹管区党总支书记、公社计生办主任等职。张广善由此成为北辛村国家分配安排大中专毕业生工作的第一人。之后，王广会、党同玉、张广文等人大中专、技校毕业后均由国家安排工作，后他们中的一些人在三年经济困难时期响应国家号召自愿回村务农，失去留城工作的机会。20 世纪 70 年代起，随着李世清、李道斌、任泽玉等由工农兵推荐大中专生，张志启、王立涛、王淑君、王光辉、王洪祥、王英、李勇、李瑛、李琳、李珊等国家恢复招生考试后考上大中专生，以及自谋工作在外地的村籍大中专生越来越多，村庄有志青年纷纷在外地成家立业。其中，李士清滕县卫校毕业后举家迁移至济宁，李道斌济宁医学院毕业后和任泽玉、王淑君、王英等人自愿回到家乡滕州工作，张志启南京铁路运输学校毕业后分配在徐州铁路分局工作，李勇中国政法大学博士毕业、李珊中国科学院过程工程研究所硕士毕业留在北京工作，其他还有李祥宝、李权、李纲、李瑛、王斌仁、王坤仁、王哲、王大瑞、王德昂、张文全、张珂等一批高学历人才分别经国家分配或地方招聘安排在上海、济南、烟台以及滕州、薛城等地工作。至2017年，在外地工作的村籍大专及其以上学历人员共计300余人，其中北辛小学毕业生204人。

1953年，张福政从部队转业安排到滕县烟厂工作，成为全村部队转业和退伍安置的第一人。之后，部队副师级干部彭成太，正团级干部任士合，副团级干部姜德宇、王鹏，营级干部任振朝、彭春英，部队复员转业人员及志愿兵安置士官王福仁、王安仁、刘长海、任振尧、王立和、张士昌、姜立选、任泽福（大）、任泽海、任泽福、李洪福、王德峰、王月、张华、黄现东、任泽舫、任建华等人陆续从部队退伍转业，并被国家安置在各地工作，其家属子女也被落户到安置地。至2017年，全村部队转业和退伍安置人员100余人。

20世纪50年代，北辛村200多名男女青年积极参加煤炭、钢铁会战，王广尧、王广舜、王传喜、王立瀛、王立庆、王立玉、王立怀、王运仁、李振松、李作太、李世言、任振斗、任艳秋、任士云、王美玲、王天荣、张井尧、夏维胜等人先后被国家安排在国营煤矿、机械制造厂、建筑工程公司以及学校等企事业单位工作，张兴文、任振林因为特别能吃苦、特别能劳动被火线入党。其中，王立瀛、王立庆等人举家迁往兖州、邹城等地，王广尧、王广舜、王传喜、王立迎、王立庆、王立玉等人的子女多被安排或接班顶替在煤矿、学校、党政机关等单位工作。之后，王立铎、姜立竟、李作祥、姜立宽、李道勤、孙晋山等人分别在上海、福建等省市以及滕县、薛城等地参加工作，家属、子女大多在外地落户生活；张井言、任士福、任士安、蒋全明、任士新、任振松、任士国、任泽君等人因煤矿占地补偿安置等情况，陆续被招工到国营煤矿工作。20世纪70年代起，随着公社、镇办企业的异军兴起，王立忠、王立会、王秀兰、王庆仁、王文仁、王术仁、王进仁、王团仁、张良善、张金善、张森善、张新善、张庆友、张庆海、张庆柱、杜修海、杜修启、彭成海、王立刚、李世坦、李世银、李道生、黄现平等人分别被安排在煤矿、水泥厂、建筑公司、农机修造厂、拖拉机站等企业工作。该部分人员虽然大多数户口未被农转非迁走，但一些人享受职工退休养老待遇。80年代，随着改革开放、放开搞活，村民进城经商、办企业以及务工人员的激增，不少村民举家迁移到城市生活。在八一煤矿、薛城、柴胡店经商办企业的王立运、彭守瑞、王东仁、李作奎、李伟、李明、王超仁、王省仁等人，举家迁到薛城；在木石驻地、滕州城区、桑村等地经商的王德安、王德科、王海仁、任士利、任士耀、王恩、王德河、王德

华、黄现法、张志和、张庆忠、彭明才等人，均在滕州城区购置住房，有的还买了门市房；在枣庄经商的任振满、李作福、王普仁、王莉等人，均在枣庄市区购买商品住房，李作福创办的雨丝理发店红极一时，徒弟遍及枣庄；在陶庄从事水电安装等经营的高敬先等人，分别在滕州、陶庄购置房产；在上海经商办企业的王成、张志标等人，在上海市区购置房产；在青岛经营海产品生意的高文先等人，在哈尔滨经营市政照明灯具的高祖龙等人，也都把新家安置在外地。

人口构成

性别、年龄构成　2017年，北辛村总人口3054人。其中，男性1525人，女性1529人，男女性别比99.74。0～14岁，总计453人，其中男性248人、女性205人。15～29岁，总计578人，其中男性289人、女性289人。30～59岁，总计1570人，其中男性779人、女性791人。60～79岁，总计404人，其中男性189人、女性215人。80～100岁，总计49人，其中男性20人、女性29人。

2017年北辛村人口年龄结构表

表1　　单位：人

年龄	合计	男	女	年龄	合计	男	女	年龄	合计	男	女
0～4	192	100	92	35～39	298	148	150	70～74	68	32	36
5～9	149	81	68	40～44	260	144	116	75～79	63	26	37
10～14	112	67	45	45～49	218	107	111	80～84	28	11	17
15～19	88	50	38	50～54	196	94	102	85～89	14	7	7
20～24	167	82	85	55～59	167	82	85	90～94	5	2	3
25～29	323	157	166	60～64	153	74	79	95～100	2	0	2
30～34	431	204	227	65～69	120	57	63	100以上	0	0	0

民族、学历构成　至2017年，在北辛村总人口中，除李道广在中铁北京房桥公司工作的次子媳李雨为蒙古族外，其余人口均为汉族。

2017年，北辛村六周岁以上人口合计2827人，其中男性1406人、女性1421人。未上学217人，其中男性130人、女性87人。小学学历921人，其中男性376

人、女性 545 人。初中学历 883 人，其中男性 465 人、女性 418 人。高中、中专学历 438 人，其中男性 236 人、女性 202 人。大学专科学历 190 人，其中男性 102 人、女性 88 人。大学本科学历 151 人，其中男性 86 人、女性 65 人。硕士研究生学历 22 人，其中男性 7 人、女性 15 人。博士研究生学历 5 人，其中男性 4 人、女性 1 人。

户型、代际构成 2017 年，北辛村共计 540 户 3054 人，平均每户 5.65 人。其中，家庭人口在 3 人以下的户有 100 户，占总户数的 18.52%；4 ~ 7 人的户有 332 户，占总户数的 61.48%；8 人以上的户有 108 户，占总户数的 20%。

是年，全村一代人口之家 39 户，占总户数的 7.22%。二代人口之家 188 户，占总户数的 34.81%。三代人口之家 287 户，占总户数的 53.15%。四代人口之家 26 户，占总户数的 4.81%。

村庄建设

农田水利建设

水利工程 明清时期，官府开始兴建薛河防洪工程。明嘉靖四十四年（1565），修筑薛河大堤。清道光九年（1829），挑挖薛河告成。中华人民共和国成立后，国家及村庄更加重视十字河水利工程及农田水利建设。1955 年，北辛村妇女主任彭兰台组织 35 人的打井队，三班轮作，日夜不停，率先打出 1 眼灌溉井，县人民政府奖励水车 1 架。1957—1958 年，国家投资 766 万元，动用 6.9 万民工开挖新薛河，整修薛河下游堤防，北辛被占用耕地 20 余公顷。薛河故道北辛段不再从村后蜿蜒西行，代之而起的是河面宽阔的十字河从村南一路向西直奔前行，并在两岸筑坝，防止洪水暴涨造成水患。1963 年，国家投资，在村西南管庄村前兴建水文站，之后又建起拦河坝、调节闸等水利设施。1976 年起，官桥公社成立 3 个机械打井专业队，辗转北辛村，陆续打出村西北、西、西南、南、东北机井 13 眼，另在村东、村南沿十字河建提水站 2 座，充分保证全村 93.33 公顷耕地灌溉用水。20 世纪 90 年代，因官桥西部农田常年缺水，官桥镇发动数万名劳力在北辛村北兴建东起北辛西至官桥西的

20 世纪 90 年代薛河故道“河中河”挖掘现场

引十字河水灌溉渠（又称“河中河”）1 条，灌渠长约 8.5 公里，可灌溉农田 400 公顷。2016 年 9 月，国家投资兴建的十字河管庄拦河闸除险加固工程通过检查验收。该工程新建橡胶坝、水泵房、调节闸及交通桥各 1 座，配套建设管理房、防汛仓库、配电房、启闭机房等设施，其中橡胶坝长 110 米、高 3.6 米。工程防洪标准达到庄里水库建成后 50 年一遇、庄里水库建成前 20 年一遇，通过拦蓄地表径流，恢复拦蓄水量 130 万立方米，改善 2133.33 公顷农田农业灌溉条件。

农田基本建设 1973 年，大队组织人员平整田间坟头，然后划分丰产方。后逐渐将各生产队零星土地连成一片，村西 8 个生产队土地由北往南依次为一、二生产队，三、四生产队、五、六生产队，七、八生产队。1974 年冬，北辛大队在村北薛河故道开展以土压沙、开垦荒地会战，凭借肩挑车拉，在近 1 公里的河沙上面覆盖黄土两三米，造出良田 6.67 公顷。次年，官桥公社在北辛召开现场会，学习北辛战山河经验，组成公社级战山河战斗队，掀起全公社战山河的热潮。

水、电、路建设

用水 历史上，北辛村民以饮用村中夏家、高家等姓氏挖掘的井水为主。之后，村民打水井多眼。20 世纪 50 年代起，村民纷纷在自家菜园地挖掘水井，摇动辘轳水斗提水浇园。农业生产合作社时，开始安装水车浇地。六七十年代，村民家家在自家院落内打压水井取水。2006 年，村庄在上级政府资助及统一组织下，利用村西土地庙北侧的新打深水机井，配以其他水利设施，村民用上清洁卫生的自来水，各家各户的压水井不再使用。

用电 1962 年，北辛村由邻村南辛村接通电源开始通电，大队安装广播喇叭和打面机。1964 年，改用八一煤矿电源。因八一煤矿占用北辛村东部四个生产队部分耕地和无偿取用薛河故道河沙，大队部及居民开始时无偿用电，后改为低价用电。村庄电工初为王广会，接任者为黄现明，最后为王德臣、王纯存。20 世纪 70 年代后，几经电路整修和电网改造，建配电房，村民用电日趋规范，范围覆盖所有村民。2016 年，村中东西大路安装路灯。

道路硬化 村庄丁字形大街历史上为土路，且高低不平，出行不便。20 世纪 80 年代起，开始实施主要街道硬化。首先硬化的是村中东西大街 1 条水泥路；90 年代，先后硬化村东、村西往北连接羊庄至官桥公路的 2 条水泥路，分别长 1000 米、700 米，路宽 5 米；21 世纪初，又在村北北辛文化遗址南侧硬化东西水泥路，路长 1000 米、宽 6 米。之后村东、村西南北大路又分别向南延伸 200 米、1000 米，并与十字河北岸岸堤公路相接。至此，村中主要道路及四周道路全部实行硬化。村内各家各户南北街道由村民自发组织硬化。最初硬化费用为每户 400 元，后随原材料及工人工资的上涨，每户费用不断增加至 600 元、700 元、800 元、900 元、1000 元。2016 年，村委会组织施工队，将村中东西大道两侧剩余未被硬化的近 30 条南北街道全部进行水泥硬化，施工街道总长 5000 余米、总面积 1.6 万平方米。当时村庄除垫付部分林地、公用地、无主宅基地等道路硬化费外，每户村民收费 1000 元。到此为止，全村大街小巷全部实现硬化，道路建设、村容村貌等又上一个新台阶。

通讯网络和电影

广播电视通讯 1964 年，大队部安装扩音设备，除广播大队通知等之外，不定时播放中央和省广播电台的新闻和文艺节目。1971 年，大队安装有线广播喇叭，收听县和公社广播站播放的节目。1981 年，村民王德伟家中始有黑白电视机。

1982 年，村民王广尧始有彩色电视机。1994 年，村民李作胜安装有线电话。2002 年，村内接通有线电视。2007 年，滕州市委组织部远程教育中心为北辛村免费提供一套有线网络。至 2017 年，全村农户有电视机 900 余部、有线网络 300 余台、座机电话 500 余部、手机 1600 余部。

电影 1951 年，官桥村和官桥火车站始有电影放映，村中青年人前去观看。1957 年，县流动电影放映队首次到北辛村放映电影《白毛女》。20 世纪 60 年代，公社电影队成立后，村内每年放映电影 5 ~ 6 次，地点在学校院内，村民购票后观看。1985 年，北辛村购买 6.85 毫米放映机，自建村办电影队，为全镇 10 个村办电影队之一，每月播放电影 2 ~ 4 次。放映员为王德科、彭明合。后受家庭电视普及影响，村办电影队撤销。

环境卫生

2012 年，官桥镇把“最美乡村”建设作为惠民利民的重大举措，在巩固提升文明幸福村建设的基础上，率先打造一批如诗如画、设施现代的生态特色新农村。北辛村结合村情民意，继续抓好村庄环境综合整治、公共服务设施完善等工作，村庄绿化美化靓化进一步升级、文体娱乐项目得到普及。

2013 年后，官桥镇围绕“清洁官桥、美丽乡村”，强力推进城乡环卫一体化建设，坚持做到人员、设备、资金、制度“四个到位”，开展“三清六化”(“三清”即指“清污、清障、清垃圾”，“六化”即指“道路硬化、村庄绿化、路灯亮化、卫生洁化、水源净化、环境美化”）集中整治行动，改善人居环境，提高群众幸福指数。北辛村累计投入 10 万元，用于镇村环卫基础设施建设。配置清运车 6 辆、垃圾池 3 个、密闭式垃圾转运箱 6 个、流动式垃圾箱 20 余个，村保洁员由 2 人增至 7 人。

2014 年后，村容村貌均有较大改观，村庄办公服务大厅、卫生室、供销超市等惠农服务设施进一步配套，村文化大院、娱乐室、远程电教室、多功能活动室、人口学校、文化长廊、文体广场均实施升级改造，达到城镇化设施建设标准。2016 年 2 月，北辛村获得官桥镇党委、政府授予的 2015 年城乡环卫一体化标准村称号。

北辛村志

（前 5300—2017）

BEIXINBUCUNZHI

村域经济

CUNYUJINGJI

北辛农业种植养殖、手工业生产历史悠久。北辛遗址出土的石铲、蚌镰、石磨盘等工具和炭化的粟粒，表明当时的社会生活已进入定居锄耕阶段；完整的家猪型头骨和圈粪，说明已经有了畜牧饲养业；精致的陶器、骨针、线坠及陶片上的席纹等，证明工艺技术也有了相当高的水平；出土的半地穴式房屋结构的柱洞，说明当时的建房技术较为科学，住房既能抵御风霜雨雪，又能防备野兽侵袭，其生存条件有了较大改善。中华人民共和国成立后，村内手工业，多在农闲时开办，其他时间也以不影响农事为前提。其中木业、建筑业等在技术和人员数量上与周围邻村相比占据优势。20世纪80年代后，木业、建筑业、钢铁铸造业等得到快速发展，从事建筑及建筑材料业、木业人员较多，且收入占家庭收入的比例逐年加大。

餐饮业和集市贸易自古比较繁荣。北辛集市为早市，以餐饮食品多、全而闻名方圆几十里，被人们比喻为“吃集”。集市上粥、辣汤、羊肉汤、牛肉汤、豆腐脑等二三十种食品一应俱全，五六家猪肉牛肉铺、十几家鱼铺所卖的肉、鱼常常在早市没散时提前销售一空。正因为北辛集市发达、人流量大、便于职业掩护，这里很早就成为中共党员秘密活动的联络点。

长期以来，农业一直是村民的主要劳作方向和经济收入来源，农民吃、穿、住等日常生活所需物资皆来源于土地。中华人民共和国成立后，对土地所有制以及其他生产资料所有制进行了几次大的变革，加之大力实施科学种田、发展新型农机具等，农业生产力得到极大发展，农作物品种不断更新换代，小麦、玉米等粮食作物产量成十倍增长，杂交高粱、玉米制种以及沙土地瓜、黏谷、黄烟、水芹、花红果、“天生”“花皮秋”梨等特色农产品、水果种植均有不同程度的发展。北辛由此成为全市首屈一指的玉米制种专业村，北辛水芹、花红果、“天生”“花皮秋”梨等闻名市内外。1979年起，北辛大队农业技术员任振满连续6次被评为枣庄市先进工作者；北辛大队农业技术员、果园负责人王立堂因农业技术优异，上调公社任农业网长，后在官桥农业中学进行小麦栽培研究，1984年8月受特邀参加中国农业科学院在北京香山召开的“全国小麦生态学术研究会”。

现代化工业从无到有，由村境到村外，经历一个不断发展壮大的过程。1985年，北辛村集体建起一座机制砖窑厂，实现村庄现代化企业零的突破。随后，村民张志友在村西兴建水泥预制厂，任泽付在村东创办钢铁铸造厂，张庆海、任泽强等人在自家院落建起机械化养鸡场，王立运、王成等人分别在八一煤矿、上海等地创办滕州市成金机械制造公司、上海凯大建设工程公司。

特色产品

配制良种

1966 年起，北辛大队农业技术员王立堂在大队果行种植良种试验田，面积约 0.2 公顷，培育玉米、高粱、小麦等七八个品种，其中高粱杂交制种亩产 150 多公斤。

1970 年起，王立堂开展杂交高粱制种，先在五、六生产队推行，后扩展至七、八生产队，面积由 6.67 公顷增至 13.33 公顷，亩产 300 多公斤，按 0.5 公斤换 1.5 公斤比例交给公社种子站进行大面积种植，解决 4 个生产队吃饭问题。此种杂交高粱秸秆短而粗壮、粱穗大而高产，一代种亩产超过 500 公斤；缺点是粮质粗糙、口感差。该良种在农民基本解决温饱问题之后，不太受欢迎，1974 年后不再配制。

1975 年，已调任官桥公社农业网长的王立堂，指导北辛大队农业技术员任振满培育配制“鲁原单 4 号”玉米良种。该品种迅速在全大队推广，面积增至 66.67 公顷，亩产由最初的 150 公斤增至 200 多公斤。该良种按 0.5 公斤换 1.5 公斤比例交给公社种子站进行大面积种植，生产队及村民收入快速增长。

20 世纪 80 年代，任振满积极寻求滕县种子公司的技术支持，县种子公司提供“掖单二号”等玉米良种，长期派驻技术员向农民传授合理密植、人工授粉等配育经验，亩产良种由 300 多公斤增至 400 多公斤。良种仍按 0.5 公斤换 1.5 公斤比例交给县种子站进行大面积种植，村民收入大增。

20 世纪 90 年中期，北辛村成为枣庄市首屈一指的玉米良种配制大村，枣庄市委曾给北辛村党支部、村委发来感谢信，充分肯定北辛村为全市玉米良种配制推广做出的突出贡献。北辛村农业技术员任振满连续 6 次获评枣庄市先进工作者，并当选枣庄市第九届人大代表。

1999 年，受玉米良种价格下行等方面的影响，北辛村完全停止玉米良种配制工作。

稀有农产品

沙土地瓜 村境大约三分之一的土地为沙土地，极其适合地瓜生长。北辛沙土地瓜一般为红皮白瓤，少量为白皮红瓤，皮薄、瓤甜，口感极好，自古深受农民喜爱。

中华人民共和国成立前为农民主要生活用粮，常年种植 20 余公顷，每亩产鲜地瓜 500 ~ 600 公斤。新中国成立后，引进新品种“胜利百号”等，亩产鲜地瓜 1000 多公斤。之后，栽种面积扩大至 30 余公顷，又先后引进“丰收白”“徐薯 18”等品种，产量不断提高，每亩产鲜地瓜 2000 公斤左右，最多时达 2500 公斤。贮藏方式鲜藏逐步减少，以晒瓜干为主。霜降前后的夜晚，北辛田间灯火闪亮，家家忙于切晒地瓜干。冬天，家家屋内堆积地瓜干，煎饼、稀饭的原料皆来自地瓜干。

20 世纪 70 年代中期后，因大面积配制玉米良种，沙土地瓜栽植面积逐步减少。80 年代起，全村不再栽种。

黏谷子 中华人民共和国成立前，全村黏谷子播种面积一般在 13 公顷左右，约占全部谷子播种总面积的三分之一。分为春季单种、秋季与绿豆间作两个时段播种，多种在地势较高的黄土地里，亩产 200 公斤。黏谷子为紫秆紫皮，轧出面黏性大，可在春节期间特别是腊月二十三祭灶时做黏糕或黏窝窝。

20 世纪 60 年代后，黏谷子亩产增至 300 公斤，但种植面积开始减少。70 年代中后期，基本不种。

黄烟 为村民传统经济作物之一，自古即有种植，只在地势较高的地头、边角等处零星种植，且大多为自用。烟叶熟时，摘下系于绳上，放在阴凉处晾干，吸食时将烟叶搓碎装进旱烟袋点着即可。

中华人民共和国成立后，种植面积逐渐扩大，每个生产队栽种夏季烟 0.7 公顷左右，品种先后有“金星”“上黄脖”等。黄烟所需肥料为豆饼，由公社供销社供应。是时，每个生产队均建有黄烟炕房，并有两名专管人员。夏季雨季，社员在生产队屋院捋烟叶是主要农活。先把每片烟叶划分等级，放到木模内捋平捆把，然后卖到公社黄烟站，收入为生产队重要经济来源，多用来购买农药和农机具等。

20 世纪 70 年代中期，黄烟种植数量减少。80 年代，不再种植。

水芹 村境地下水丰富，水质清冽、甘甜，极其适合水芹的生长。村民明清时期开始种植水芹，面积呈不断增长态势。

20 世纪六七十年代，村民自家菜园水井林立，三五户村民自发组织打井一眼。每天村民轮番在水井上摇动辘轳为水芹浇水，井水很少干涸，即使有时井水少了，稍等一二十分钟井水又会泉涌上来。

水芹生长期一般 30 天，亩产量 2000 ~ 3000 公斤，高峰期全村种植 7 公顷，总产量 30 万公斤左右。北辛水芹实梗，株长 30 ~ 40 厘米，食用味佳，销往枣庄、陶庄、西集、羊庄、木石等地，颇受用户欢迎。特别是羊庄、木石等集市，如若没有北辛水芹等蔬菜供应，市上蔬菜便会青黄不接，萧条许多。

十字河野鱼 十字河是枣庄唯一未被污染的河流，水质优良、水草丰富，是野生鲫鱼、草鱼、鲤鱼、胖头鱼、白鲢、鲫花、螃蟹、河虾等鱼虾类的理想栖息地。该水域生长的鱼以肉质细腻、口感绝佳著称，历来深受食客的喜爱，尤其是个头不大的餐条、叉口、撅嘴鲢子，更是人们的最爱。北辛集市的野生河鱼历来供不应求，往往天不亮便被人们抢购一空。十字河两岸的洪林、北辛餐馆擅长烹饪野生河鱼，食客络绎不绝。北辛村东任守顺、任守荣、任振川、任振福、任士良、任士后、任士征、任士兰、任泽巨等渔户世代具有撒网捕鱼的传统，经常沿十字河以捕鱼为业。其中，任振川被人称为“渔王”，曾在微山湖潜入水下数米深打捞日军沉

村民李道才在村前十字河泛舟捕鱼

船留下的焦炭。20 世纪六七十年代，北辛渔户曾在西洪林西十字河底石板上建梁子数十个用于捕鱼，后建洪林大桥，捕鱼梁子被毁。20 世纪 80 年代后，北辛渔户经常到微山湖撒网捕鱼，收入可观。

花红果与“天生”“花皮秋”梨 北辛村南、村北为沙质土壤，适应花红果与“天生”“花皮秋”梨等果树生长。村民早有种植果树的传统，许多家庭形成果行。

农业生产合作社后，村集体将家庭零散果行整合为村南、村北两片果园，总面积 13.5 公顷，长期组成 20 人左右的果行管理专业队。村南果园以种植酸甜可口的花红果树为主，花红果树种植面积 4 公顷，常年产量 2 万公斤，多数果品通过公社供销社收购站销往香港等地。村北果园以种植“天生”“花皮秋”“二糙子”等梨树为主，面积 7 公顷，常年产量二三万公斤，多数果品通过公社供销社收购站销往北京、上海等城市。在高度计划经济年代，北辛果园 20 余名员工在杜承志、王立堂、任士岩、王会晶等历任队长带领下通过辛勤劳动，通过卖果品为村庄换回化肥、农药等急需农业生产资料。

20 世纪 70 年代中期后，花红果树老化死亡，梨树受“退林还田”影响大半砍去，已有百年历史的北辛果园不复存在。

个体手工业与民办中小企业

手工业及其作坊

历史上，北辛村内手工作坊有铁匠炉（俗称红炉）、木工、泥瓦匠和烹饪、馒头、豆腐、点心、油条、馓子、粥、辣汤等食品加工点 20 余家。1956 年，随着国家对手工业者的社会主义改造，大多数作坊被取消。

红炉作坊 由村中集市唐槐树旁王宝田（因排行老二，俗称“王二铁匠”），村南刘广金、刘文斌父子两家开办，主要为本村及周边村民打造农用工具，产品以坚固耐用颇受村民喜欢。20 世纪 60 年代中期，北辛大队在集市唐槐树旁成立铁业社，建立 3 盘红炉，员工七八人，常年生产农业工具。负责人为王立平，大师傅为刘广金，会计先后有任振堂、任振平、张广文等人。其中，张广文中专毕业并在滕县饮食服务公司华清三池工作四年后，受刘广金等人再三邀请，放弃正式工作投身铁业社建设中。21 世纪初，村民王兴仁办起红炉作坊，从事铁器制造加工。

木工作坊 由村东任振存、村北李道中在自家庭院开办，王立运在八一煤矿矿区开办。其中，任振存经常应约为村中故去的人打造棺材；李道中长子李洪君、次子李洪伟子承父业，并将木工生意做到枣庄、上海等地。

泥瓦匠 村西李继岭、李振柱父子，王立生、王伟仁、王连仁父子，及后起之秀李道生、张广武、夏允全等人泥瓦工手艺闻名村内外，李振柱曾被侵枣日本人雇去建造澡堂。

烹饪师傅 王心武（排行老三，俗称“王三厨子”）最负盛名。其烹饪技艺非同一般，徒弟众多。传承人王立荣、王立振、王立义、王斌仁等人，时常被本村村民及周边乡邻请去操办红白宴席。

馒头加工 村中王心平、王广梅、王立群等人善作手工馒头（俗称“王氏馒头”），以劲道足、口感佳著称，远近几十里闻名。其中，创始人王心平为人耿直刚强，凭借一技之长让兄弟五人中的唯一一支得以生存下来；其子王广梅、王广尧、王广舜，其孙王立群、王立巨、王立久等人承袭祖业，或独立经营，或应聘国营企业、事业单位食堂工作。几十年间，王氏馒头匠人除自家经营外，逢本村或周边村民遇有红白事，常被请去帮忙，不取分文报酬。

杆秤制作 村西王恒仁擅长制作杆秤。王恒仁高中毕业后，曾在北辛小学担任数学教师多年，后到亲戚家学习杆秤制作技艺，获得枣庄市非物质文化遗产传承人称号。

专业队

卸大木专业队 20 世纪 60 年代起，国营八一煤矿井下木材需求量增大，北辛大队以任振吉为首成立人工卸大木专业队，常年队员 30 人左右，负责从火车上卸下矿上所需木材。该队收入大部分上交大队，生产队给予工分补助；少部分留作队员生活补助。卸大木，劳动强度大、危险性高，稍有大意，即会发生伤亡事故。其中，队员王传德在事故中殒命，王立英等人或伤腿或伤胳膊，造成终身残疾。80

年代后，随着机械化程度提高，该专业队取消。

毛驴车运输专业队 20世纪70年代，北辛大队办起毛驴车运输专业队，有地排车近20辆，主要向煤矿、建筑工地等运输灰砖、方石、河沙等。运输队长先后为王立灿、张志友，负责业务联系、结账等工作；主要队员有黄炳山、张贵善等人。运输队收入按一定比例上交大队，生产队给予工分补助；剩余资金用于队员生活补贴及毛驴饲料购置。

生产制造业

砖窑场（厂） 1962年起，北辛大队第三、五、六、九、十、十一等生产队利用古薛河道河沙丰富、河潮土适宜生产泥砖生产的优势，相继建起烧制灰砖的砖窑场5座（十队与十一队合建）。20世纪70年代后，各窑场停办。1985年，北辛村经联社主任王立巨在村委会无资金的困难情况下，通过向邻村轩辕庄、坝上村借钱、砖（该两大队砖窑厂均有存砖）等方式，在村庄西北原五、六队砖窑场的旧址上兴建占地1.4公顷的机制砖窑厂。建成后，先由李道学、王迎仁、李道田三人合股经营，后分别转给黄现伟、王景仁及王德永、王德洋、王德洪合股经营，最后由

村民王传善经营的电气焊修配部

王德洪独家经营。进入 21 世纪，砖窑厂停办。

水泥预制厂　1986 年，北辛村民张志友在村西自家院子里兴建水泥预制品厂，生产预制楼板、空心砖等产品。20 世纪 90 年代后，预制厂生产规模不断扩大，厂房搬迁至机制砖窑厂南 0.5 公里处。

钢铁铸造厂　20 世纪 80 年代，村民王传善部队复员回家后，一直从事电气焊修配工作。90 年代至今，村民任泽付在村东自家庭院创办钢铁铸造厂，生产方式灵活多变，能随时根据用户提供的样品或要求进行生产。

机械制造厂　20 世纪 80 年代起，王立运在经营煤炭销售致富后，转行发展钢铁机械制造业，生产采煤设备、建筑工程用机械设备、钢铁铸件等。21 世纪初，成立股份制企业滕州市成金机械制造公司，担任企业法人。至 2014 年 3 月，公司股份资金扩充至 3000 万元，成为鲁南地区唯一一家生产铸钢锚、大型铸钢件的专业厂家。

其他

20 世纪 80 年代，村民王立灿多方筹资相继购置 2 台 50 马力拖拉机，农忙时为村民耕耙土地，农闲时进行煤炭或建筑材料运输。

20 世纪 90 年代，村民张庆海、任泽强分别在村南、村西自家庭院，建起机械化养鸡场，分别年养蛋鸡、肉鸡 1500 ~ 2000 只。

集市贸易与商业

集市贸易

北辛村集市兴起于唐代，辐射方圆几十个村庄，为天天集市，人流量过千人。因该集开市较早，又称“早集”“夜猫子集”“露水集”。“文化大革命”之后，改为十天四个集，开集日为农历的二、七、五、十。

村民王进仁经营的集市菜店

北辛集市位于村中东西大街中段，市场面积300平方米，以餐饮食品多且全而闻名方圆几十里，被人民比喻为“吃集”。集市上粥、辣汤、羊肉汤、牛肉汤、豆腐脑、豆沫、馄饨、蒸包、煎包、挎包火烧、馒头、油条、馓子、麻花等一应俱全，五六家猪肉牛肉铺、十几家鱼铺所卖的肉、鱼常常在早市没散时提前销售一空。正因为北辛集市发达、人流量大、便于掩护，这里很早就成为中共秘密活动的联络点。

新中国成立后，特别是国营八一煤矿建成后，随着八一市场的规模壮大，北辛集市人流量呈不断下降趋势。20世纪80年代，伴随着羊庄至官桥公路的建成通车，东部三个洪林上山采石人员商品需求量增大，洪林市场自发形成，北辛集市的市场功能则逐步削弱。

商业

20世纪40年代，村民王立成在北辛街开设商店（俗称“铺子”），经营日用百货。50年代，张景运等人在街上开设百货铺子。60年代，官桥供销合作社在北辛街中部北侧、小学西邻开设中心店，经营日用百货。70年代，中心店迁往坝上

村民黄现法在滕州经营的日用品商店

村，北辛遂改为代销点，由村民王会晶、张士臣、任士来三人负责经营。80 年代后，改为个体商店，分别由张士臣、任士来独自经营，后张士臣停业，任士来经营至 90 年代歇业。90 年代起，村东任士岩，村西王德华、王德财，村中王广会、王亚运等人先后办起个体商店或超市。21 世纪起，王德华前往木石接管其兄王德安的大型超市，王广会、王亚运的商店相继停业，仅剩下王德财、任士岩等人的超市继续经营。

20 世纪 70 年代起，北辛村民王德安、王东仁、黄现法、彭明才、张庆忠、王德科、王海仁等人分别走出北辛，在木石、薛城、滕州等地兴办大型超市、饭店、宾馆等，凭借灵活经营、诚实守信率先发家致富，王德安成为千万富翁，王东仁、黄现法、王德科、王海仁等人的家产达到数百万元。

北辛村志

（前 5300—2017）

BEIXINBUCUNZHI

■

北辛文化

BEIXINWENHUA

······

1964年春，中国社会科学院考古研究所山东队会同滕县文化馆，沿薛河两岸进行文物普查，发现了北辛遗址的文化面貌与众不同，并进行定点标号。1978年秋和1979年春，中国科学院考古所山东队和滕县博物馆对北辛遗址进行累计85天的考古发掘，共揭露面积2583平方米，共计出土新石器时代较早时期文物2000余件，主要有石器、陶器、骨器、角器、牙器、蚌器等。其中，石器1000多件，以磨制为主，石铲数量达千件；陶器均为手制，以夹砂黄褐陶和泥质红陶为主，有少量黑陶，其中的盖鼎、指甲印纹钵和红顶钵为北辛文化的典型器物。北辛出土的陶器被考古界命名为北辛土陶，是北辛文化的典型代表，也是北辛文化的重要组成部分。北辛遗址出土的文物，据碳14测定，其文化年代在距今7300年至6300年之间，并以其独特的文化面貌被考古界命名为北辛文化。

北辛文化是黄淮地区原始社会较早时期的文化遗址，因该文化遗址在滕州市官桥镇北辛村最早发现和发掘，1980年被考古界定名为北辛文化，1982年向全世界公布并被编入历史教科书。主要遗址有山东滕州北辛、兖州王因、泰安大汶口、江苏邳县大墩子、连云港市二涧村和淮安青莲岗等。碳14测定这种文化的年代在公元前5300年至前4300年之间，其后发展为大汶口文化。北辛文化上承古老的后李文化，下拓驰名的大汶口文化，孕育了辉煌的古薛文化，代表了海岱地区历史的先进文化，是华夏文明的重要组成部分。

北辛遗址

遗址位置

北辛遗址位于北辛村北薛河故道南岸突起的土岗上，村民俗称“寨墙里”的一块田地里。此处海拔高度100余米，地势平坦、土地肥沃。遗址东西长约750多米，南北宽约100米，总面积7.5万平方米，堆积层厚达1.5米以上。

这里是丘陵与平原的过渡地带，南依龙山，三面被古薛河环抱，是古代居民从事生产活动的良好地区。从薛河流域的环境来看，这里是一个有山、有水、有丘陵和平原的好地方。在其东面，有绵延不断的抱犊崮、沂蒙群山，森林资源丰富，可采伐，可狩猎；在其西面，有滔滔不绝的泗水而南达江淮，北接济水和黄河，舟楫交通非常便利；同时，丰富的水产资源，可捕捞，可采摘，适宜渔业生产；放眼南北，是广袤辽阔的平原，沃野数百里，薛河横卧境内，自东向西流入泗水（明后期注入微山湖），与京杭大运河汇合，中游环绕古薛国为护城河。其上游支流纵横密布，下游湖泊沼泽延绵，不仅便于农业灌溉，又利于防洪排涝，适宜农业的发展。

北辛遗址地理位置很重要，正处在古薛河中游的南岸高地上。北辛先民的母亲河古薛河两岸密布着先秦至原始社会的众多古遗址，以至于在商周至战国又孕育出一个古薛国。穿越历史时空，溯流 7000 年前，遥望北辛先民，从莽莽山林中走出来，选择薛河中游这片河岸高地定居，一个伟大的母系氏族部落在这里繁衍生息，创造了最早的农耕文明。

古迹普查

1964 年春，中国社会科学院考古研究所山东队会同滕县文化馆，对官桥境内进行古迹普查，测定沿薛河故道的魏楼、狄庄、前掌大、康留、轩辕庄、坝上、北辛均有文化遗址。当时考古队在北辛遗址上采集到一批和大汶口文化风格不同的陶片，推测其年代可能要早于大汶口文化，暂且定名为“北辛类型”。1969 年，北辛小学教师李道斌等人在村后古薛河道发现石磨盘等文物，及时上书北京考古研究院，再一次引起考古界的重视，并最终促成 1978 年秋、1979 年春两次对北辛遗址的大规模考古发掘。

考古发掘

1978 年秋和 1979 年春，中国科学院考古研究所山东队和滕县博物馆两次对北辛遗址进行考古发掘。在 7.5 万平方米中，两次发掘共揭露面积 2583 平方米。遗址的地层堆积分为四层（有的探方缺第四层），除第一层为厚 15 ～ 35 厘米的耕土层之外，其余三层均为北辛文化堆积。第二层为红褐色土，内含较多的红烧土块，厚 45 ～ 75 厘米。出土陶片中以夹砂黄褐陶为多，器物表面有窄堆纹组成各种纹

考古专家吴汝祚教授现场指导考古发掘工作

饰，器形以鼎、钵为主。第三层为红烧土堆积，厚25～75厘米。出土陶片中多夹砂黄褐陶，器物表面有窄堆纹各种纹饰，器形以钵为多，鼎次之。第四层为灰褐色土，厚15～50厘米。出土陶片有少量的堆纹、指甲纹、剔刺纹等，器形以钵为主，釜、罐、鼎次之。打制石器有石斧和长方形敲砸器，是利用打下来的石片加工制成，两侧制作较粗，刃部加工较细。此外，还发现少量在耕土层下开口的大汶口文化遗存，为一个柱洞、一个窖穴和一座墓葬。墓葬为长方形土坑竖穴墓，呈东西向，葬式为仰身直肢，头向东，随葬一黑陶高柄杯。出土器物以陶器为主，另有一件残蚌刀。陶器有夹砂和泥质两种，纹饰以篮纹为主器形，有高柄杯、壶、盘、勺、小罐等。

遗址坑穴、碑亭

北辛文化遗迹主要为灰坑，共发现60多个，形制主要是口大底小的椭圆形，少数为圆形和不规则形，口径2.6米，宽1.8米，深1.2米，坑壁不规则，底部凹凸不平。有的在坑近底部放有猪的头骨或猪下颚骨，有石板覆盖。此外，还发现2个窖穴、2座瓮棺葬。窖穴在耕土层下露口，平面呈椭圆形，相当平坦的生土底，为口径略小于底径的袋坑。2处瓮棺葬相距1.7米，均在耕土层下露出墓口。墓坑都是东西向，平面略呈椭圆形，葬具为两个器口相对的深腹圆底罐，内置婴儿骨架，方向为头东脚西。其中一个婴儿骨架上面覆盖一件残陶鼎灶，鼎两侧放一件骨镞。

1992 年春，官桥镇政府和北辛村联合投资 20 万元，建成北辛遗址纪念馆第一期工程——双檐碑亭。1996 年后，相继建设北辛文化遗址市保、省保、国保标志碑，并在遗址南侧及东西分别整修硬化水泥道路 3 条。2006 年，又投资近 10 万元，在北辛文化遗址东北羊（庄）官（桥）公路南侧兴建北辛文化遗址牌坊。

出土文物

20 世纪 70 年代末进行的北辛遗址考古发掘，共计出土新石器时期较早时代遗物 2000 余件，主要有石器、陶器、骨器、角器、牙器、蚌器等。

石器 数量 1000 多件，以磨制为主，但存在相当多的打制石器。打制石器一般以粉砂岩或花岗片麻岩为石材，采用直接打制法，造型规整，已达定型化阶段。器形有斧、刀、敲砸器和盘状器等，其中石斧最多，人们用它砍伐树木、开垦耕地。磨制石器多数通体磨光，主要采用矽质灰岩，少数为泥质灰岩。器形中石铲数量多达千件，其平面有长方形、梯形、舌形、圆角形等多种，这种铲安柄后可以作翻土工具，另外有镰、锛、凿、磨盘、磨棒、磨饼、匕首和杵等。较具特色的器物为长方形大石铲、圆头三角形磨盘。

石磨盘、磨棒

陶器（北辛土陶） 北辛出土的陶器被考古界命名为北辛土陶，是北辛文化的典型代表，也是北辛文化的重要组成部分。从出土的大量丰富多姿的陶器来看，北辛先民制陶作坊已有专门的分工，制陶技艺较为先进，手工业较为发达。北辛土陶均为手制，以夹砂黄褐陶和泥质红陶为主，有少量黑陶。夹砂陶多为在黏土中夹细砂，能降低陶坯的变形与破裂。陶色以黄褐色为主，多不纯正，黄褐色陶器上，常夹杂有小块的灰黄色或浅黄色或黄褐色。泥质陶以红陶为主，陶色纯正。有的钵，在口部外侧有一周红色，其下为青灰色，即人们所说的

蒜头壶

“红顶钵”。主要器形有鼎、罐、钵、壶、碗、盘、器盖、勺、支座和三足釜，其中以三足釜最多，特点非常突出。中晚期的陶器制作规整，胎壁变薄，器物表面增加很多纹饰。北辛陶器的纹饰有堆纹、篦纹、乳钉纹、压划纹、指甲纹、锥刺纹、席纹等，是北辛制陶文化的特点和标志。盖鼎、指甲印纹钵和红顶钵为北辛文化的典型器物。

骨、角、牙器　数量多，制作精致，多数经过截、劈、削、刮、磨等多道工艺程序。器形有镞、鱼镖、鹿角锄、凿、匕、刮削器、梭形器、锥、针和笄等。

蚌器　多采用厚壳蚌加以打磨制成。器形有铲、镰、镞和蚌饰，铲、镰和镞的形态十分规整而定型化，与后来的同类器形基本没有差别。

圆锥顶房屋　从房屋的结构造形和营建技术分析，其建筑均为木骨泥墙锥形屋顶，平面呈椭圆形，每一居室面积约 5 平方米，为半地穴居式，地面以下部分穴坑挖深 60 ～ 70 厘米，坑底经过夯实，为保持穴坑干燥，均经过陶烧。沿坑穴周围发现有柱基，从残存的腐蚀质遗物分析确定为木柱，一般为 6 根，柱距约 80 厘米，柱子洞距穴坑边沿一般为 20 ～ 30 厘米，直径 20 ～ 30 厘米，柱基深 40 厘米。柱洞从纵剖面看洞底呈弧状，据分析鉴定，底部的土层均曾用木棒或石棒砸捣夯实，夯土层上一般尚存有 20 厘米厚，经过夯捣的砂砾石基础；也有的是仅挖深 20 余厘米的柱坑，洞底只铺设一块约 5 厘米厚的石片，有的仅是夯实基柱洞。地面以上柱子高度约 200 ～ 250 厘米。

骨、角、牙器

从发掘的红烧土块看，有两木棒垂直或斜交用草绳

绑扎的痕迹。据分析北辛先民在周围柱子顶上，用草绳绑扎横木棒联接，而两柱间用树条编篱笆里外糊泥形成墙壁。屋盖是用草绳绑扎在木柱上的斜木杆形成圆锥顶，上面结扎树枝糊泥草苫。房屋建造虽不太坚固，但能起到遮风避雨、防止野兽侵袭的作用。

居室门一般是南向，也有北向或斜向的。据分析这是在人类共同生产、共同消费的生活环境中，形成的由许多小屋，环绕着中心一座公用大屋的格局。有些南向小屋亦可能是一对配偶的居住用房。从门口进入室内，有的是 2 ~ 3 级阶梯式台阶，亦有外窄里宽的斜坡式台阶。门外均有曲尺形挡风墙，一般开口向东。北辛先民处在原始社会，火种已是人们赖以生存和发展希望，所以，房屋中间均设有用石块堆砌成的火塘，深 20 厘米以上，面积一般为 30 ~ 40 平方厘米，用于烘烤、烧煮食物和取暖。北辛遗址的居住建筑为单体房屋，与其时期相近的河南仰韶、庙儿沟遗址，陕西半坡、姜寨遗址相比较，北辛遗址比它们早 1000 余年。其相对年代也早于大汶口文化。在发掘的北辛一号房基偏西北方向，有一根柱子往里凹进，房外留出的空地为陶棺葬穴，坑穴为椭圆形，面积约 0.35 平方米，残存深度一般在 35 厘米上下。从中发掘一具陶棺，这是用陶器埋葬死婴之地。在发掘的窖穴中，有积存的碳化谷物，厚度达 15 ~ 20 厘米，是当时人们砌筑的储粮仓囤。其形状一般为椭圆形，通径长 40 ~ 60 厘米，深度一般在 150 厘米上下，最深的一个不超过 200 厘米。在发掘出的有两具完整小猪骨骼的地方，有圈养遗址，似是利用自然坑洼地作为猪圈，因而平面形状不规则，但也进行过修葺，有放置工具的土台，有供猪避雨的壁洞。猪圈的深度一般为 1 米多，有一处最深的达 3 米，较浅的猪圈地面以上埋有木柱绑扎成栅栏。为便于饲养，圈坑有加工的供上下的坡道。由此可见北辛先民的石制工具和木瓦石工技术，已用于家庭饲养建筑。北辛遗址出土的文物，据碳 14 测定，其文化年代在距今 7300 年至 6300 年之间。发掘者将北辛遗址的北辛文化分为三个时期，并估计早期大约距今 7300 年至 6800 年，中期大约距今 6800 年至 6500 年，晚期大约距今 6500 年至 6300 年。北辛文化独特的文化内涵，反映了自身特有的文化面貌，被视为目前中国东南沿海最早的文化遗址，对东夷文化及此后发展起来的齐鲁文化的渊源，提供十分可贵的科学资料。该遗址的情况曾在《考古》《考古学报》《中国新闻》及香港《大公报》等报刊发表。1980 年《考古》第一期发表《山东滕县古文化遗址调查》一文，并将其独特文化现象命名为北辛文化。北辛文化的发现与研究，将鲁南、苏北、皖北地区的史前考古向前推进一大步，有重要的学术价值。北辛遗址，1980 年被枣庄市政府公布为“市级重点文物保护单位”，1992 年被山东省政府公布为“省级重点文物保护单位”，2006 年又被国务院公布为“全国重点文物保护单位”。

北辛文化的内涵及价值

北辛文化的命名

由于最早在江苏省淮安市青莲岗发现了距今七八千年的新石器时代早期遗存，考古界曾定名为青莲岗文化，后因该文化以滕州市官桥镇北辛遗址最为典型，遂重新定名为北辛文化，1982 年向全世界公布并编入历史教科书。该类遗址是黄河下游一种原始社会较早期的文化遗址，分布在环鲁中南山地周围的兖州、曲阜、泰安、平阴、长清、济南、章丘、邹平、汶上、张店、青州、莒县、临沭、兰陵和滕州等地，主要遗址有山东滕州北辛、兖州王因、泰安大汶口、江苏邳县大墩子、连云港市二涧村和淮安青莲岗等。碳 14 测定这种文化的年代在公元前 5300 年至前 4300 年之间，其后发展为大汶口文化。

北辛文化的经济以农业种植为主，遗址出土了配套齐全的农耕工具和粟类颗粒。从翻地的石铲、鹿角锄、播种用的尖状角器，到收割用的蚌镰，脱粒用的石磨盘、石磨棒等，对研究当时的农业生产状况起到了很重要的作用。同时从出土的陶器来看，其工艺较为原始，陶质有夹沙陶和泥质陶两种，纹饰有附加堆纹、划纹、指甲印纹等，手工业在北辛时期也出现了萌芽。遗址中还发现家猪型的头骨，由此证明当时已经开始有意识的饲养家猪。

北辛遗址的发掘与北辛文化的命名，是海岱文化区新石器时代的一次重要发现，是山东大汶口文化发展的源头，将山东的史前考古向前推进了一大步，具有重大的历史意义。

北辛文化的地域性

北辛文化体现出的地域性特质，是具有地方特色的文化，并以发达的陶器制品，向人们展示了灿烂的新石器时代文化的类型。北辛盖鼎是距今 7300 年前的母系氏族社会繁盛时期所生产的典型陶器，是北辛文化中最具有代表性的原始陶制炊具，手工制作痕迹明显，其貌不扬，但对于北辛文化却有着至关重要意义。通高 37.5 厘米，口径 23.5 厘米。口微敛，腹深微鼓，下收成尖底，圆锥状高足。口沿外有一周锯齿状窄条堆纹和两两对称的四个小鼻。有盖，呈覆盆状，上置弧形提手。盖与腹部均饰短窄条堆纹组成的曲折纹，壁上残存加工时所留细篦状痕。器形朴实，装饰简练，为北辛文化的典型器物。1979 年于滕县北辛遗址出土，藏于滕州市博物馆。一方面讲北辛先民的生活质量提高，生活物资范围变得广泛；从另一方面讲开创了制陶艺术的先河，是后来演变为象征权力的礼器“鼎”的雏形。有些陶器上还有篦纹、划纹、堆纹等装饰图纹，体现了人类早期的审美意识。

距今 7300 年前的北辛文化，比大汶口文化早 1000 多年，其文物为中华东方文明找到渊源。北辛土陶是北辛文化的重要组成部分。从以往出土的大量丰富多姿的陶器来看，北辛先民制陶作坊已有专门的分工，制陶技艺较为先进，手工业较为发达。

北辛文化的特征

表现在北辛文化中的农业特征，一是粟粒碳化颗粒的发现，二是大量磨制生产工具的出土。在一些窖穴的底部，发现了粟类作物的颗粒，这些碳化了的粟颗粒，是中国北方发现较早的农作物之一，这说明了农业生产是他们生活资料的主要来源，也是定居生活赖以生存的重要保障。粟是耐旱作物，从地理环境、土质和气候方面观察，北辛文化所处的地带是非常有利于古代人类的居住和古老的农业生产的。因为这一地区的降水量集中于夏季，不及南方年降水量平均，所以，北辛文化的居民很自然地选择具有耐旱早熟之特点的粟作为主要农作物。它的发现不仅证实了中国有发达的原始农业，同时还证实中国是世界上农业发展最早的国家之一。发现的农业生产工具，石制的有斧、铲、刀；鹿角制的锄等。斧多为打制，主要的平面呈梯形或长方形，是开垦荒地砍伐树木的工具。铲，体形扁薄，平面有呈长方形的，梯形和舌形的，有呈圃角方形的，有呈横长方形的，有的在其刃部遗留有使用痕迹，通体磨光，是翻土播种的工具。石刀，分打制和磨制两种，打制的大多利用石片加工制成，略呈长方形；磨制的有略呈长方形的，半月形的，可能作为一种收割工具。鹿角锄主要是利用鹿角的分叉处，把短枝的一侧磨成斜面刃，长枝的一侧为柄部。另外，还有的截取鹿角的一段，将上部进行修整，可安柄。这种鹿角锄，可能为种植时开沟播种或挖坑点种用，也可以作为中耕松土之用。石磨盘、石磨棒和石磨饼为配套器物，是一套粮食加工工具。磨盘的形状有方形的，有近似鞋底形下有矮足的，经过磨制而成，有的盘面因经长期使用作弧形下凹。这些工具都是在原始生产过程中必不可少的，这样就为原始农业的较快发展奠定了良好的基础。北辛文化的陶器以夹砂黄褐陶和泥质红陶为主，有少量黑陶。夹砂陶火候较低，陶胎较厚；泥质陶火候较高，质地细腻。全部陶器都是手制的，尚处在原始阶段，出土的器皿种类单调，造形简单，主要有鼎、釜、罐、钵、壶等。这些陶器均为当时人们的生活用具。编织、缝纫和制骨等手工业也有了初步发展，在出土的两件残陶器的底部清晰地印有规整的席纹。磨制精细的骨针和陶纺轮的出现，使利用野生纤维和动物毛绒纺线编织，缝制穿着成为可能。因此可以说当时的北辛先民已由身披兽皮、腰围树叶的时代进入穿衣阶段。北辛先民除对农业生产劳动外，狩猎、捕捞和采集仍是不可缺少的生存手段。遗址中出土的骨镞、鹿角矛形器、弹丸、骨鱼镖、陶网坠、骨梭，以及数量相当多的兽骨、鱼骨和贝壳，经鉴定，有猪、牛、梅花鹿、獐、四不像、貉、獾、鸡、龟、青鱼、丽蚌、中国田螺等种类。这些动物除猪已经是人工驯养外，其余皆为野生动物，都反映了这一事实。综上所述，在距今 7000 多年以前的时代，自然气候和地理环境都与现在有着很大的差异，北辛先民在那样的条件下。在这块古老的土地上，用粗笨的生产工具发展生产，过着较稳定的定居生活，却是一件了不起的事情。

北辛文化的内容

北辛文化的内容广博，主要包括以下三个方面。

物质形态的文化内容 制造文化：在某种程度上说就是包含手工业及科学技术内容的文化分类。自 7000 多年前的石器、陶器制造，4000 多年前舟、车的发明制造，2000 多年前“木鸢”“云梯”，直到今天的“旋转接头”“数控机床”“机床之乡”，北辛文化当中的制造文化生生不息，不断创造出新的辉煌。

建筑文化：自 7000 多年前的半穴居式房屋，到 2000 多年前薛国故城、滕国故城，直至今天“建筑之乡”的建筑大军，北辛文化当中的建筑文化历久弥新，依然散发着勃勃的生机。

农业文化：自 7000 多年前的“刀耕火种”、2000 多年前的“井田阡陌”，直到今天的“马铃薯之乡”“玉米育种基地”；北辛文化当中的农业文化代代相承，不断收获着丰硕的果实。

制度、行为形态的文化内容 城市文化：自 7000 多年前的“部落”、4000 多年前的“邦国”、2000 多年前的“方国”，到以后的“郡县”，直到今天人民当家作主的新政府，城市文化与时俱进，呈现出美好和谐的新气象。

亲缘文化：自 7000 多年前的“母系血缘”，4000 多年前的“父系血缘”，2000 多年以来的“宗族血缘”“姓氏血缘”，直至今天平等互助的社会大家庭，北辛文化中的“亲缘文化”革故鼎新，更加趋于感恩兼爱。

民俗文化：自大约 3000 多年前开始，北辛文化中的民俗文化开始出现，所谓“人居其地，习以成性，谓之俗焉。”经过数千年的发展变化，因时顺势，传承不绝，时隐时现。直至今天，丰富多彩的民俗风情作为鲜活的、兼有物质和非物质的文化遗产已经进入社会文化主流的视野，成为新时期村庄文化的组成部分。

“士”文化：“士”是知识分子在中国的最初形态，“士”文化兴起于春秋、战国时期，其主要传统是：士不可不弘毅；仁为己任；富贵不能淫、贫贱不能移、威武不能屈。墨子、孟尝君、毛遂、冯谖、叔孙通、公孙弘等就是“士”文化的积极倡导者和躬身实践者，因而留下了“狡兔三窟”“鸡鸣狗盗”“毛遂自荐”“焚券市义”等脍炙人口的故事。现代社会已经进入一个新的时代，知识分子在建设有中国特色社会主义的伟大事业中，继承和发扬“士”文化的优良传统，以强烈的事业心和责任感，坚持真理、勇于探索，刻苦钻研、开拓创新。

“礼”文化：自古以来中国就以“礼仪之邦”著称于世，并以其宏大的理论体系，形成完整的伦理道德、生活行为规范。这个完整的伦理道德、生活行为规范就构成了一种“礼”文化。北辛文化中的“礼”文化最早应起源于先民的生活劳动之中，发展形成于奚仲的“车服礼仪”制度，其后的仲虺、孔子、孟子、叔孙通、公孙弘等人都曾经在此领域做出过特殊的贡献。“礼”文化在后来逐渐被统治阶级所采纳成为中央政权的主流思想，“礼”文化作为中国优秀传统文化的主要构成部分，数千年来一直影响和塑造着中华民族的心理性格，成为中华文化的典型标志之一。

意识、心理形态的文化内容 北辛文化孕育了朴素的东方原始哲学，诞生了至今仍闪耀着不朽光辉的墨家思想。特别是以墨家逻辑体系为主要组成内容的中国古典逻辑体系，是对人类文化的形成发生作用的世界三大逻辑体系之一，曾对中国古代文明发展起了重大作用，推动中华民族理性思维的进步，影响了本民族的文化的思维方式。

北辛文化的文明和地位

北辛先民，在这里创造了7300年的文明史，是中华民族历史上最先进的文化地区。总的来说，北辛文化代表了海岱地区历史的先进文化，创造了16个文化之最、文明之源。

最早的部族村落在这里出现 7300年前，北辛先民选择薛河中游平原的这片河岸高地定居，从出土的半地穴式房屋结构的柱洞来看，当时的建房技术较为科学，既能抵御风霜雨雪，又能防备野兽侵袭，其生存条件有了较大改善。

最早的农耕文明在这里出现 从北辛遗址出土的石斧、石铲、石磨盘、鹿角锄、蚌镰等文物来看，当时的农业生产从播种、收割到加工、贮藏均有一套较为完备的工具；还在一个窖穴中，出土了碳化谷物。表明远在7300年前，勤劳智慧的北辛先民已经在这里大面积垦荒拓地，培育出农作物，掌握了初步的农业生产技术，粮食生产已成为人们的主要生活来源，原始农业已近雏形，为定居生活奠定基础。

最早的家庭养殖在这里出现 从北辛遗址出土的家猪型骨架来看，北辛先民较早完成动物驯化，家庭饲养猪羊鸡狗较为普遍，最早的畜牧业雏形已经出现。

最早的渔业生产在这里出现 从出土的陶网坠更足以证明北辛先民已经能够织网撒鱼，捕捞技术在当时相当高超。

最早的制陶工艺在这里出现 在使用的陶器中，不仅讲究生活的实用性，而且讲究观赏的艺术性，如红顶钵、指甲印纹钵、蒜头壶、泥条纹、刻划纹器具等。从出土的大量打磨器、削刮器到丰富多姿的陶器来看，北辛先民制陶作坊已有专门的分工，制陶技艺较为先进，手工业较为发达。

最早的文字符号在这里出现 在一件陶器的底部，发现一对酷似鸟足的刻划符号，被考古学家和文字学家誉为“文字的起源”“文明的曙光”。

最早的厨房革命在这里出现 在北辛遗址出土的大量陶器中，带盖的三足鼎被誉为是当时的厨房革命，从烧、熬、煮、蒸的鼎具和各式盛具一应俱全，表明北辛先民熟食生活水平的提高。

最早的酿酒技术在这里出现 北辛遗址出土的典型器物——蒜头壶，是当时的盛酒器，说明当时已经掌握酿酒技术，粮食通过发酵，蒸馏成酒。

最早的穿衣文明在这里出现 在北辛遗址出土的文物中，发现大量的骨针、石纺轮及编织物印纹遗物，充分说明北辛先民已经初步掌握缝纫技术，能够把动物绒毛和植物纤维捻成线，缝制成衣服，进入穿衣的文明阶段。

最早的丧葬礼仪在这里出现 北辛遗址发掘的墓葬虽然不多，但在成人墓葬中已经有了随葬品，在发掘的瓮棺葬中，葬具中为一婴儿，掩埋在居住区附近，瓮棺底有气眼，反映了最原始的“灵魂不死”的观念和丧葬习俗。

最早的房屋建筑在这里出现 7300年前，北辛先民选择薛河中游平原的这片河岸高地定居，从出土的半地穴式房屋结构的柱洞来看，当时的建房技术较为科学，既能抵御风霜雨雪，又能防备野兽侵袭，其生存条件有了较大改善。

最早的母系氏族在这里出现 北辛先民建立的氏族部落，氏族成员是按母系的血统来确定亲属关系。当时的妇女在氏族中的地位很高。她们繁衍后代，最早发现并培育种子，驯养家畜，作陶制器，纺线做衣。

最早的共产主义萌芽在这里出现 在北辛氏族部落里，土地、房屋、牲畜以及打猎、捕捞、采集来的食物都是公有的。氏族成员集体劳动，互相协作，即“有活同干，有饭同吃”，团结和睦，过着原始共产主义式的生活。

最早的古薛文化在这里出现 深受北辛文化影响的古薛文化，沿着古薛河一路传播开来，最终形成薛国故城，这里也便成为夏朝车正奚仲始封国，商汤左相仲虺继封国，西周任姓诸侯国，战国时齐相田婴、田文封邑，古徐州的首府。

最早的城邦文化在这里出现 北辛遗址中的大汶口文化遗存，表明这里是最早的父权社会衍生地，最早的军事联盟部落中心，最早的古国古城创立之处。

最早的大汶口文化在这里出现 在北辛遗址的考古发掘中，还发现少量在耕土层下开口的大汶口文化遗存，为 1 个柱洞、1 个窖穴和 1 座墓葬。其中，墓葬为长方形土坑竖穴墓，呈东西向，葬式为仰身直肢，头向东，随葬一黑陶高柄杯。出土的上述文物据科学方法测定为距今 6300 年至 5000 年，即大汶口文化时期。

北辛文化在中国文化发展史上的作用

北辛文化是黄河文化与泰山文化冲撞、结合的产物，是中华文化的重要组成部分，在中华文化发展史上有着特殊重要的地位。

中华文化的最早源头之一 自从 1964 年中国考古队发现北辛遗址以后，直到 1978 年秋、1979 年春，又在该遗址中出土 2000 余件石器、陶器、骨器等文物，并经碳 14 测定所有文物均属于新石器时代的最早时期，比大汶口文化还要早 1000 多年。由于北辛遗址具有独特的文化面貌，是一定历史时期的特定代表，故以北辛文化命名。由此证明，北辛文化是中华文化千百年来传承的最早源头之一。

北辛文化时期，人类社会已由氏族社会阶段开始逐步进入部族社会阶段，北辛文化的出现使得中华文化起源的地域得到有效的扩展，又把中华文明的开端推向另一个更为久远的历史当中，其无疑就是中华文化最早的源头之一。

中华文化的重要组成部分 北辛遗址地势平坦、土壤肥沃，是古代先民主要生产活动的地区。作为历史时期最重要的母亲河，薛河在孕育东夷妊薛氏族的同时也滋养了最早的东方农耕文明。从各种农用工具和窖藏谷物的出土可以看到，当时的农耕生产初具规模；从出土的陶网坠、鱼镖等看，当时的捕鱼技术相对比较先进。出土的家禽遗骸中可以发现，当时畜牧养殖业具备雏形。从出土的盖鼎、红顶钵、红陶壶等来看，当时的制陶烧陶技术较为先进，其中的红顶钵则为东方彩陶的产生奠定了基础；更为惊艳的是一件陶器的底部酷似鸟足的符号，被历史学家誉为“文字的起源”。从而很容易看出：北辛遗址可以说是保存较为完整的早期文明社会的范本，北辛文化中孕育了文明形态的主流因子，为中国农业发展史和民族部落的发展史的进一步深入研究提供了重要的历史资料，也为祖国璀璨的原始文化增添了新的一笔。她是中华民族辉煌历史文明的典型代表，是中华文化的重要组成部分。

中华文化发展过程中的历史承接作用　中国大陆东夷民族的新石器文化，目前确定下来的考古学谱系：北辛文化、大汶口文化、龙山文化3个相连的阶段。北辛文化时期，原始农耕有所发展，石器磨制逐步精细化；而“东夷人”的村落和半地穴式圆形房屋建筑表明，他们已走向定居生活。同时，多类型陶器的大量出土，也印证“东夷人”饮食结构的改善，这点对促进人体的进化和文化的创造有着重要的贡献。20世纪80年代初，考古学者在山东地域还发现沂沭细石器文化，据考究，该文化可能就是北辛文化的源头。这一关键结论的提出，最终将临沭的旧石器文化龙山文化成功地连接起来，组成中国史前山东地区文化的完整序列。北辛文化上承古老的东夷文化，下拓齐鲁文化，博大精深，是一套完整的东夷族文化链条。同时，其对世界文明发展史的研究也有着巨大的作用。

北辛遗址的考古价值和北辛文化的学术价值

北辛遗址所在的薛河流域部落，是中华大地上人类生活最早的地域之一，是中华文明升起第一缕曙光的地方。一是从出土的石铲、石斧、磨盘、磨棒、鹿角锄、蚌镰和窖藏的谷物来看，当时的农业生产从耕作、播种到收割、加工，已有一套较为完备的工具，原始农业初具规模，农业生产已是他们生活资料的重要来源，也是定居生活得以巩固的重要保障。二是通过出土的家猪型动物骨架和鸡狗等遗骸来看，当时的家畜驯化已经开始，畜牧养殖业已近雏形。三是从出土的陶网坠、鱼镖来看，当时的捕鱼技术相当高超。四是从出土的骨针、石纺轮来看，当时开始用野生纤维和动物绒毛进行纺线和编织，北辛先民从身披兽皮过渡到穿衣的文明阶段。五是从出土的骨器、牙器、蚌器来看，当时的生产工具中截、削、劈、刮等器物初步成形，手工业较为发达。六是从出土的盖鼎、红顶钵、指甲印纹钵、红陶壶来看，当时的制陶技术比较先进，这些器物不仅讲究生活的实用性，而且还讲究审美的艺术性，特别是红顶钵，为东方的彩陶找到渊源。七是从出土的 1 件陶器的底部发现一对酷似鸟足的刻画符号，被文字学家和历史学家誉为“文字的起源”“文明的曙光”。八是从出土的居住区的柱础来看，当时的房屋结构较为合理。从北辛遗址地层堆积上来看，北辛先民在这里经历 3 个阶段，生活了 1000 多年，他们之所以选择这块山前平原、三面临河、土地肥沃的地方定居，说明这里自然资源丰富，地理环境优越，是最适宜人类居住的地方。

北辛遗址是黄河下游一种原始社会较早期的文化遗址，环鲁中南山地周围的兖州、曲阜、泰安、平阴、长清、济南、章丘、邹平、汶上、张店、青州、莒县、临沭、兰陵和滕州等地，都发现距今七八千年的新石器时代早期遗存。北辛文化的年代，经碳 14 测定的数据共有 10 个。其中最早的一个数据为距今 7585+90 年（ZK90），最晚数据为 6345+140 年（ZK640）。这些碳 14 数据表明，北辛文化的年代大约为距今 7500 年至 6200 年，跨越年代为 1300 年之久。北辛文化以其久远的历史、独特的内涵、广泛的影响力，越来越引起学术界的重视。研究表明，北辛文化是中华文化的重要组成部分，她在整个中华文化的形成、发展进程中发挥了重要的作用。1982 年向全世界公布并编入历史教科书。

北辛文化所承载的内涵十分丰富，具有较高的考古价值和学术价值，有待于人们进一步开发研究，让传统的、优秀的历史文化得到传承和弘扬。

北辛文化与大汶口文化的异同

二者均是东夷文化的杰出代表　东夷文化是中华文化的重要源头之一，大致是沿着后李文化（距今约 8500—7500 年）—北辛文化（约距今 7500—6200 年）—大汶口文化（约距今 6200—4600 年）—龙山文化（约距今 4600—4000 年）—岳石文化（约距今 4000—3500 年）的序列自成系统发展的，其中尤以北辛文化、大汶口文化、龙山文化最有代表性。

北辛文化生成于地处平原与丘陵交接地带，地势平坦，土地肥沃的古滕县薛河故道北辛村，是黄淮地区发现最早的新石器时代遗址。北辛文化上承山东大地迄今发现的最早新石器文化的后李文化，下传大汶口文化，在东夷文化中具有举足轻重的地位。主要分布于泰沂山系南北两侧一带，包括了除胶东半岛以外的山东大汶口文化大部分地区。考古表明，北辛文化由于农耕生活的发展，男子社会地位逐步提高，社会形态处于由母系社会向父系社会的过渡阶段。大汶口文化渊源于北辛文化，因首先发现于泰山南麓（距泰安市 30 公里）的大汶口而得名。主要分布在山东泰山周围地区，北濒渤海、南抵苏皖、西进河南。大汶口文化是新石器时代中晚期重要遗存之一，以特点鲜明的陶器和陶器文字的出现为主要特征。大汶口文化是东夷文化的大发展时期，社会进步明显，尤其是中、晚期社会完成由母系氏族社会向父系氏族社会的过渡，为从野蛮时代向文明时代飞跃的大转型提供了充足条件。原有的原始氏族公有制开始瓦解，以私有制为基础的新的阶级社会即将开始。

二者均对东夷文化具有突出贡献 大量的考古发现和史料记载表明，在石器及陶器制造、制造工具、文字记载等诸多判断文明水平的要素方面，包括北辛文化、大汶口文化在内的东夷文化均走在前列，东夷文化为中华文化做出了巨大贡献。

北辛文化时期，原始农耕已有所发展，磨制石器日趋精细。而村落和半地穴式圆形房屋的建筑表明，这时东夷人早已走向定居生活。与此相应的是多种类型的泥条盘筑陶器的大量出土，可用以印证东夷人熟食技术的进步和饮食结构的改善，这对促进人体的进化和文化创造的多层次、多角度展开具有划时代的意义。在北辛文化时期，东夷人开始制作陶器。到大汶口—龙山文化时期，全面、准确地掌握了陶土的选择、成型、烧制等一系列极为复杂的过程，制作出多种极具艺术美感的陶器。特别是这一时期出现的薄如纸、明如镜、黑如漆的蛋壳陶，制作之精美，技术之高超，在整个中华史前文化中处于遥遥领先的地位。除利用天然黏土外，东夷人还使用高岭土作原料，曾烧制少量表里很白净的陶，为原始瓷器的出现做最初尝试。

从北辛遗址考古发掘中，发现骨质和蚌质的箭镞，从实物资料上说明东夷人发明弓箭传说的可信度。从北辛遗址中出土的一件陶器的底部发现一对酷似鸟足的刻画符号，被文字学家和历史学家誉为"最早的文字符号"。大汶口遗址中出土的单个图形文字，表明至此已形成比较成熟的文字。北辛文化时期出现的高柄杯，可能就是一种酒器。据此推断，中国酿酒业的产生有可能始于比大汶口文化更早的北辛文化时期。

二者文明程度不同 北辛文化是黄河下游一种原始社会较早期的文化遗址，环鲁中南山地周围的兖州、曲阜、泰安、平阴、长清、济南、章丘、邹平、汶上、张店、青州、莒县、临沭、兰陵和滕州等地，都发现了距今七八千年的新石器时代早期遗存。

大汶口文化，主要分布山东、苏北、皖北和豫东的汶河、泗河、沂河、淄河、淮河下游的广大地区。典型遗址有泰安大汶口、滕县岗上、曲阜西夏侯、邹县野店、兖州王因、邳县刘林、大墩子、诸城县呈子、日照县东海峪和胶县三里河等遗址。其年代在大约公元前4040—前2240年，可以区分为早、中、晚三个时期，早期以红陶为主，有泥质、加砂陶，器型有鼎、鬶、盉、豆、尊、单耳杯、觚形杯、高领罐、背水壶等，纹饰有划纹、弦纹、篮纹、圆圈纹、三角印纹、镂孔等，彩陶较少。遗址内涵丰富，有墓葬、房址、窖坑等。生产工具有磨制精致的石斧、石锛、石凿和磨制骨器，骨针磨制精细。墓葬以仰卧伸直葬为主，有普遍随葬獐牙的风习，居民盛行青春期拔牙的风俗，这是中国东南沿海古代先民拔牙习俗的发源地。发现许多刻划符号。早期有反映氏族成员间牢固血缘关系的同性合葬墓，中、晚期有属于父权制确立后葬俗的夫妻合葬墓。北辛文化是在考古学文化谱系中的命名，一定程度上阐释了东夷先民史前文明辉煌的发展历程。她是中华文明的源点之一，东夷文明的源点之一，就迄今为止的考古发现而言，也可以说是古薛国文明产生的唯一原点。

在大约七八千年前，生活在气候湿润的薛河流域的北辛先民进入考古学中的北辛文化时期。他们居住在带有“挡风墙”的半地穴式的房子里，虽然不是太坚固却足可以遮风挡雨，抵御野兽的侵袭，进入了定居生活。农业生产进入锄耕阶段，种植作物是主要的生活来源，进入原始农业社会。生产工具趋于多样化，使用达定型阶段的打制和磨制石器，有斧、铲、刀、磨盘、磨棒、锛、凿、弹丸、石杵敲砸器、盘状器、研磨器等。各种原始陶器走进他们的生活，有手制的夹砂陶和泥质陶两种，已进入新石器时代晚期的有陶期。他们有了原始的审美意识萌芽，用压划纹、锥刺纹、篦刮纹、指甲纹、曲折纹、带状彩纹、堆纹等组成横列人字纹、正倒三角形、重叠“W”字纹构成各种图案，装饰他们的生活用具，釜形锥足鼎、敞口浅腹釜、小口短颈双耳罐、深腹圜底罐、浅腹或深腹平底钵、深腹红顶碗等等器物上面都留下他们质朴的美学创造。某些器物中有了类似文字雏形的原始刻画符号，呈现出文明的曙光。那时的社会基本是平等的，尽管有了些不甚明显的农耕、饲养、狩猎、捕鱼、纺织、制造等生产分工，但是大家在艰苦的生活环境中没有出现等级差别。总体来说，他们的社会形态已经是母系氏族社会发展到最成熟的阶段。

到了距今6000年前左右，北辛先民进入大汶口文化时期。此时的先民居住条件有了明显改善，大多数都是纯地面建筑，而且有了窗子。他们聚族而居，有了公共空间，还挖了共同抵御外敌的壕沟设施，出现以现在的西康留遗址地域范围为中心的最初聚落形态模式。他们的制陶技术较前提高很大，学会用轮制作黑陶、白陶等更为细腻的器物，种类也更为丰富多样，出现较多的原始几何图形，接近文字系统的原始阶段。他们学会在石器、骨器、玉器上雕刻，同时出现较为复杂的陶器彩绘。他们的社会形态从母系氏族公社阶段发展到父系氏族公社阶段，男子成为社会生产的主要担当者，而妇女则退居其次，从事纺织等家内劳动。私有制已经出现，出现富有者和贫穷者，而且贫富分化日趋严重，开始向阶级社会迈进。

又过了大约2500年，距今近4000年前左右，薛河沿岸的先民们进入龙山文化的中、后期。他们的聚落具备“中心聚落形态”模式，出现古薛“都市”的原始雏形。他们有了国的名字“薛”，建立在家族基础之上的分散权力出现集中的倾向并得到普遍加强和发展，在“王权”的主导下，军事力量不断扩大，新的社会关系正在酝酿之中。社会形态进入所谓“中心聚落”“酋邦”“邦国”“古国”的阶段，本地区的文明开始形成并与华夏大地上不同地域的文明进行较为广泛地交流碰撞，同时地处中原的强势文明“夏”已经形成，古薛国文明在某种程度上为中原文明的强大引力所吸引。此时，即是古文献记载当中“尧、舜、禹时代”“番禺为舟”“奚仲作车”的时代。

北辛村志

（前 5300—2017）

BEIXINBUCUNZHI

■

庙碑祖林

MIAOBEIZULIN

······

北辛村最著名的庙宇，当属创建于唐代的关帝庙、土地庙。关帝庙香火一直十分旺盛，吸引方圆数十里的善男信女前来焚香许愿还愿。碑碣最出名的则是唐代造像石，石上人像虽经千年风吹日晒，仍然清晰可见。建于清咸丰年间的寨圩，曾在战乱年间保护村民免遭侵袭等方面发挥重要作用。姓氏祖林历经战乱和平坟造田、建房，村内及村外田野之处均被毁坏，保留下来的大都在村庄四周。

庙 宇

唐代关帝庙

关帝庙位于北辛集市正中路北，始建于唐代后期，清乾隆四十五年（1711）重修，是祭祀三国时蜀汉名将关羽的场所。原有前后大殿各 3 间，供奉关公、观音像；东西廊房 12 间，庙碑 6 碣，庙地 0.8 公顷。旧时每年正月初一有香火庙会一天，平时因紧邻集市、人流众多，香火一直旺盛。1950 年 3 月，该庙改建为北辛小学。1952 年，庙宇最后一名住持何顺逝世，葬于村西道人林。庙宇西侧 50 米处，原有一株唐代古槐，树冠硕大，枯死于 20 世纪 70 年代中期。2016 年底，客商计划投资 150 万元，在其原址重建关帝庙，规划建设面积 2400 平方米。

土地庙

原土地庙始建于唐代，位于村西南，20 世纪 60 年代中期“破四旧、立四新”时废弃。2004 年，村民 114 人捐款 9450 元，王田仁、王团仁、任士国 3 人献地，在村庄西南新建一座土地庙，解决了村民举行丧葬祭奠仪式时“请魂”“擢汤”无固定场所的问题。

碑碣、寨圩

唐代造像石

唐代造像石

原位于村内关帝庙南集市正中南侧，后被任姓村民移至村东主干道南侧，并以水泥浇筑加固。造像石为基本方形，长、宽各 1 米多，上雕 3 名人像图案，中下刻楷书 10 余字，俗称“像石”“石婆婆”。20 世纪 90 年代，被不法文物贩子开动铲车、汽车深夜盗走。后村民按照原造像石形状、画面内容，雕刻一碣仿造像石，立于村东旧址。

“石婆婆”像石

原关帝庙西侧和村西主干道北侧分别树立一“石婆婆”像石，年代不详。关帝庙西侧“石婆婆”像石头部造型清晰可见，应为一尊女性崇拜石。村西“石婆婆”像石头部造型不太明晰，有的学者认为是一尊佛像石。该像石前面放有 3 个村民叩拜请香的香炉，曾有一些村民认她为干娘，经常烧香请愿。此外，村东原有一块头身分离，但头部女性形象鲜明的画像石，也被不法文物贩子盗走。

明清石碑

原关帝庙有古碑 6 通，后存 5 通。其中，清乾隆四十五年（1780）十月所立石碑，刻有邑增广生员王觐撰文并书丹的《重修关帝庙记》，并附有 65 个姓氏 293

人的捐款名单。庙记文字气势恢宏，文采飞扬，描述北辛关帝庙优越独特的地理位置、优美秀丽的自然风光以及灵验神奇的天人感应。另外，现存北辛李姓始祖、清朝庠生李承乾墓碑 1 通，任姓沟西分支坝上粉行祖林石碑 1 通，彭姓清雍正十三年（1735）二世祖彭芝祖碑 1 通，王姓清咸丰九年（1859）十世祖王廷英墓碑 1 通，刘姓祖林石碑 1 通，仝姓祖林古碑 7 通均遭毁坏，蒋姓祖林石碑 1 通已埋于地下。

清代寨圩

北辛寨圩建于清朝咸丰前期大规模建寨抵御太平军进攻时期，大体依庄修建。北面依托古薛河，并在现北辛遗址东南不远处建有北门；南面依托十字河北岸，东、西面环墙挑濠，以吊桥与寨外相通，西面中间建有西门。寨门砖石结构，宽约 4 米，高约 5 米。西门墙下原有两块汉画像石，后被滕州汉画像石馆收藏。寨圩大致呈椭圆形，周长 3000 余米，高约 5 米，上宽约 3 米，下宽约 5 米，外陡内缓，墙上建有垛口，用于放置枪炮、刀矛等武器。墙体由黄土、白灰层层版筑夯实而成，坚固耐用。中华人民共和国成立后，随着村民增加、村庄扩建，东、西、南三面寨墙相继被扒倒建房。20 世纪 70 年代，北面的寨墙也被扒倒，寨土被用于盖沙造田。至 2017 年，薛河故道南侧尚有寨墙的断壁残垣，隐约可以窥见些许轮廓。

姓氏祖林

北辛村常驻姓氏 16 家，多数有祖林。后随着农业生产合作社的发展，尤其是农业生产承包责任制的落实，许多在农田的祖林不同程度受到损毁，位于村庄附近空闲地的一些祖林得以保全下来。至 2017 年，村庄主要祖林尚有村西王氏五世祖荣吉公槐树林，村西北王氏十一世祖璐公松树林，村北家后王氏十世祖廷英公及李氏、刘氏等姓氏杨树林，以及任氏、彭氏、蒋氏、高氏等姓氏无树木或少数木祖林多处。

王氏五世祖荣吉公林地建于 1957 年，系当年国家开挖村南十字河时，王氏族人响应国家号召，将五世祖荣吉公以下 20 余座先祖尸骨迁移安葬形成。1958 年 1 月，王氏族人自发捐款，为荣吉公立碑祭祀，后在祖林内外植刺槐数百棵。

王氏十一世祖璐公林地原为王氏松树林，建于清朝初期。当年为十一世祖璐公安葬处，后人自发捐款购置松苗 40 余株，形成远近闻名、蔚为壮观的 0.4 公顷松林。1974 年，林中松树树龄约在 300 年以上，树高 10 米，树干直径 30 ~ 40 厘米。“文化大革命”期间，族人唯恐“树大招风”，便偷偷将该片松林以 7700 元作价卖给微山县造船厂，松林遭到破坏，甚为惋惜。2006 年，前往上海创办企业、率先发家致富的长房长支后裔王成捐款购置松苗 200 余棵，再次建起松林。2016 年 11 月，王氏族人经过广泛商议，将位于五世祖茔前空间狭窄的八世族世芳公，九世祖成龙公、成凤公及其各位老太君坟茔，迁葬至十一世祖璐公茔墓之后，并在茔前耸立 3 通 4 米高碑、4 通功德碑。

王氏十世祖廷英公林地，位于村西北王氏后人家后，清咸丰九年（1859）立有 1 通当地石材 2 米石碑，原在茔墓后方生长一株树高 15 米、直径 3 米的大榆树，故原称榆树林。其周边为一片白杨林，植有白杨树 300 余株，种植年代不详。该树林连同东西李姓、刘姓等姓氏白杨坟林，形成南北约 40 米、东西近 600 米的白杨林带，共计树木 1000 余株。2010 年，村民李道斌携侄洪君等人在李氏祖林分别为其父世荣公、其兄道中公树立 3 米许高碑。2016 年，王氏族人鉴于廷英公祖碑石材粗糙，又在原碑前面耸立 1 通高约 4 米的新碑。

任氏沟西一脉祖林位于邻村坝上村东，原有一处粉行，俗称粉行林，面积约 0.6 公顷，无树木。彭家林位于村东南十字河北岸，面积约 0.6 公顷，无树木。蒋家林位于村西南，坟头五六个，面积近 0.7 公顷，无树木。高家林位于蒋家林西，面积 0.07 公顷，无树木。仝家林有村西、村南 2 处，面积分别为约 0.07 公顷、0.33 公顷，坟头众多，有石碑 7 通，无树木。村西仝家林后划为五、六生产队牛屋院，后被平坟划分给农民建起排房。从仝家林的坟头及规模看，猜想当年一定人丁兴旺，不知何故，至今全村竟无一户仝姓人家。该姓氏后人是举家外迁了，还是后继无人了，北辛老人们无法作出回答，至今是个悬案。

北辛村志

（前5300—2017）

BEIXINBUCUNZHI

碑记族谱

BEIJIZUPU

北辛村知名碑记，当属清代乾隆年间的《重修关帝庙记》，以及20世纪90年代的《北辛遗址碑记》。前者由滕县增广生员王觐撰文并书丹，妙语连珠，文采飞扬，以诗一般的语言，描绘了关帝庙的雄奇形胜、优美环境、天人感应。后者由乡贤王兆元、张新亮撰文，倪道延书丹，以诗词体裁，讴歌了7300年前北辛先民的丰功伟绩及重大贡献。姓氏族谱，在概况记述8个姓氏编修族谱基本情况后，重点选介了任、李、王3个姓氏宗族考略或族谱序言资料。

碑　记

重修关帝庙记

自先王以神道设教，梵宇元宫所在皆有，而关帝庙尤多于天下。以关帝之为神昭昭也，刚大塞乎天地，赤诚洽乎苍黎，尝即世之为关帝建庙者观之，或通都巨邑，闬闳高大，栋宇辉煌，而关帝不以为宠；抑或僻村隘巷，基以数尺，葺以茅茨，而关帝不以为亵。凡水旱疾疫，皆有祷辄（即简化字“辄”，下同）应，关帝之神之在天下，盖如日月经天，江河行地，岂以庙貌之广狭华朴为去留哉？北辛村有关帝庙旧矣，其形胜则众山森列以拱北，一川迅驶而流西，其地脉接琅琊、达太原，蜿积与磅礴而郁积，与关帝之气概、心迹，俨有合者。关帝之神得毋倍眷恋于是乎？且环宇多芳园，当夫花开三月，碧桃兴，常棣掩映，与关帝之至情至性，更脉之其有触，关帝之神之倍眷恋于是也审矣。里人夙蒙关帝佑，敬信弥笃，适见山门渐敝，殿宇榱桷，有挠折者，盖尾级砖有残缺者，争先输赏。庙之僧悟来，敏于鸠工，立为整饬，聿新以致如在之诚，而关帝之神之昭昭，于是，更非关庙貌广狭华朴之谂也已。

邑增广生员王觐撰文并书丹

大清乾隆四十五年岁次庚子十月立

住持悟来，徒真义、真乐，玉工于秉福、姚有成

注：文中标点加注及部分繁体字的简化处理由枣庄市古文字研究学者陈汝德完成。

北辛遗址碑记

历史长河，溯流七千三百载，
北辛先民，群居于此。
依龙山，傍薛水，
引火烧荒，石木垦地，
捕鱼狩猎，作陶制器，
赖有限智力，争繁衍生息。
问泱泱华夏，
母系氏族村落所见曾几？
在陕半坡村，在浙河姆渡，
在鲁乃北辛。
一朝出土，闻名遐迩，
中华文化，光彩熠熠。
赞劳动创造世界，人民推动历史，
前人留下土地，后人奋斗不息。
有感于怀，立石为记。

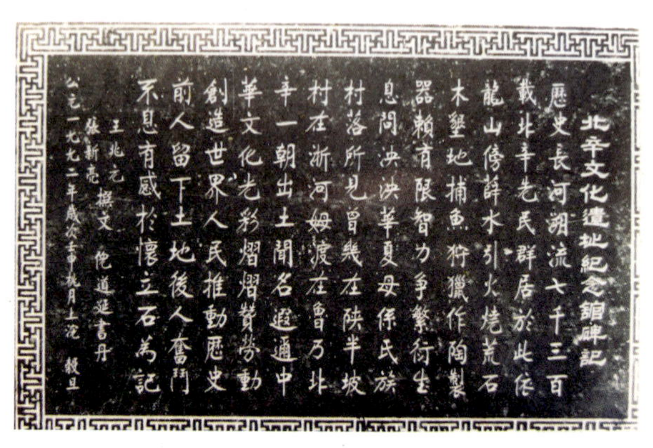
北辛文化遺址紀念館碑記
歷史長河溯流七千三百
載北辛先民群居於此依
龍山傍薛水引火燒荒石
木墾地捕魚狩獵作陶製
器賴有限智力爭繁衍生
息問泱泱華夏母係氏族
村落所見曾幾在陝半坡
村在浙河姆渡在魯乃北
辛一朝出土聞名遐邇中
華文化光彩熠熠贊勞動
創造世界人民推動歷史
前人留下土地後人奮鬥
不息有感於懷立石為記
王兆元
張新亮 撰文 倪道延書丹
公元一九九二年歲次壬申桃月上浣 穀旦

王兆元　张新亮　撰文
倪道延　书丹
公元一九九二年岁次壬申桃月上浣谷旦

皇清沛邑庠生讳承乾字子健李二公暨淑配赵孺人之墓碑记

夫木有本，水有源，人之于祖亦犹是也。乃观水知源，观木知本，可以人而不知源本乎？吾李氏聚族，而居于斯者已数百年矣。始祖名讳，孙皆茫然。但闻先叔伯言，自沛邑李家集来此，迄今已九世。孙欲谋及通族竖碑记名，因无考寝其事。宣统年孙就馆于田陈村，与李家集接壤，课读之暇，得览先族旧茔，于断碣残碑之中，考证确切。始知我始祖名讳，并知年未及冠，即得采芹。因兄弟析产，分摊北辛寄庄地十余顷，于康熙年携家来居遂卜葬于兹焉。孙思北辛至李家集，相去不过四十里，由始祖至今，相传不过八九世，而竟遗忘如是，若数传而后不知又将何如也？得毋始祖之灵爽。不昧默，令孙悉考始祖确实耶。孙解馆后与合族商议，为我始祖建题名碑，并将世系支派，分镌于碑侧。自兹以后，庶不致数典而忘祖也。

九世孙　继全　敬志

蓝翎五品衔候选府经历附贡生俞肇珂　顿首拜题

重修北辛王氏五世祖荣吉公墓碑记

北辛王氏宗族，祖籍山西，原系太原世家望族。明初朝廷屡诏移民，始祖从善公于洪武二年举家徙鲁。后裔繁延，几经播迁，迨五世祖星庭讳荣吉公始居北辛。公治家耕读为本，勤谨俭节，且能和亲睦邻，故而家道日盛，世代兴隆。公卒葬北辛十字河阳。公历一九五七年国家兴修水利，河床拓宽，濒及祖茔。由是，族孙广金、立启倡导，立义操办，遂将星庭公及后五世列祖移葬北辛西南，依序安厝于兹。九世祖伯仲三人：北辛成龙公长支，焦山头成凤公二支，东王庄成豹公三支。今经阖族公议重修祖碑，述及此事，特拟斯文，以昭后昆，岁在乙亥。

乡人任士淦　拜撰

公元一九九五年吉月中澣

大明武庠生、八世祖王二公讳世芳字兰斋、德配田孺人之墓碑记

吾王氏出自山西太原府，始祖昆仲三人，长兄于老家拒守祖业，次兄从政公与吾始祖从善公于大明洪武二年由洪洞县喜鹊窝，迁至山东滕县一带居焉。吾始祖择居滕治东南大赵庄为家，卒葬于角嘴山阳。居三世继迁后石湾。五世祖荣吉公从后石湾迁居官桥北辛，育有五子、十一孙、二十四曾孙。从此，北辛王氏人丁兴旺，距今传世十八代，人口十余万人。

八世祖世芳公系荣吉公第五子溪公长子嘉语公之次子，为大明武庠生，育有三子、七孙、十七曾孙、二十三玄孙、四十七来孙。因北辛耕土有限，九世祖兄弟三人成家后，为了生计，分居开来。长子成龙公、次子成凤公株守北辛，卒葬于北辛；三子成豹公迁至羊庄东王庄，卒葬于东王庄西南；成凤公长子廷彦公携兄弟廷彩公、廷彧公及子侄由东王庄迁至焦山头，次子廷彬公由北辛迁至东王庄，分别卒葬于焦山、东王庄。自八世祖起，历经四百余年，传世十五代，人丁六千余人，分布七十多个村庄、五十余个城市。其中，各行各业不乏翘楚之才，官至厅局、县团级有之，博士后、博士、硕士有之，教授、副教授有之，资产过亿元、千万元企业家有之，各方能工巧匠亦有之。北辛老三支骨肉相连、血浓于水，虽分居各地，但精诚团结、互通有无、联系频繁，遇有非常之事，必挺身而出、鼎力相助。在缺医少教、兵荒马乱的艰难岁月，长支为二支送来医生与教师，三支成为二支躲避天灾人祸的港湾。当长支、二支食不果腹之时，三支从嘴里省下山果、杂粮及时相送，以解饥荒之困。北辛王氏先后六修家谱、数次祭祖团拜，其浓浓手足之情，在枣滕两地传为佳话。

从五世祖荣吉公到九世祖成龙公、成凤公，共有五辈二十余位先祖葬于十字河南岸的王家老茔。一九五七年，国家兴修水利，拓宽加固十字河，上级有关部门通知吾族迁徙祖茔。当时有北辛广金、立启倡导，立义总操办，青山前锡文、峄城黄庄克东、东王庄心富、焦山广荣、北辛广奎、立振等人共襄盛举，率族人把列祖列宗的墓茔逐一迁至北辛村西。由于当时条件有限，墓园面积太小，墓地排列密集，只给五世祖荣吉公立了一碣小碑，其余先祖，除了一小堆黄土外，没有任何标记。

世芳公是北辛老三支的直系祖先，为使先祖灵魂有一个理想安息之地，为后人提供一处缅怀凭吊之所，经北辛王氏宗亲理事会商议，在北辛村西北王氏祖林之后新建世芳公等先祖陵园，并将世芳公、成龙公、成凤公等先祖及各位老太君的神灵招至陵园内安息。北辛王氏宗亲理事会长王成及老三支分会会长立法、泉仁、德科分别召开数次族人代表会商议募捐事宜，并在广厚、广提、立洪、立法（侯宅子）、光辉、福仁等人协助下前往沂南、嘉祥、枣庄等地考察石材、碑厂，签订刻碑合同；众族人纷纷响应，踊跃捐地、捐款、献智、出力，墓园、碑铭得以顺利建造并如期竣工。为褒此大孝之举，陵园内特立功德碑四通，将北辛王氏宗亲理事会名单，以及各支捐款者名单，镌刻勒石，永存后世，以昭日月，以启后昆。

巍巍龙山，涛涛薛水，见证八世祖创业之艰辛，记录老三支血脉相连之亲情，铭记历代守业者薪火相传之壮举。当前，正值国泰民安、王氏家族兴旺发达之时，吾辈更应该发扬团结互助、自强不息之精神，争做对家庭、社会有益之人，多做对家族、国家有利之事，以实际行动告慰八世祖在天之灵，衷心祝愿吾族后裔福禄昌盛、薪火永续。

十七世孙广厚、十九世孙光辉　敬撰

公元二〇一七年清明

北辛王氏先祖墓园整修记

吾王氏始祖从善公自明洪武二年从山西太原府洪洞县东迁滕邑，始居大赵庄，居三世继迁后石湾。五世祖荣吉公从后石湾迁居北辛。八世祖世芳公系荣吉公第五子溪公长子嘉语公之次子，育有三子、七孙、十七曾孙。九世祖成龙、成凤、成豹公及十世祖廷英、廷彦、廷彬、廷彩、廷栋、廷柱公及其后人，分居北辛、西凫山、齐村、小石楼、张范、焦山、青山前、天齐庙、十里泉、大西庄、柿树园、东王庄、涝坡、前毛堌、龙头等七十多个村庄、五十余座城市，历经四百余年，传世十五代，人丁六千余人。

从五世祖荣吉公到九世祖成龙公、成凤公，共有五辈二十余位先祖葬于十字河北岸的王家老茔。一九五七年，国家兴修水利，拓宽加固十字河，上级有关部门通知吾族迁徙祖茔。当时有北辛广金、立启倡导，立义总操办，青山前锡文、峄城黄庄克东、东王庄心富、焦山广荣、北辛广奎、立振等人共襄盛举，率族人把列祖列宗的墓茔逐一迁至北辛村西。由于当时条件有限，墓园面积太小，墓地排列密集，只给五世祖荣吉公立了一碣小碑，其余先祖，除了一小堆黄土外，没有任何标记。

九世祖成豹公自明朝泰昌年间从北辛迁居东王庄，卒后葬于东王庄西南，坟前树立一碣矮碑。后因村庄拓展，祖茔湮灭。二〇一二年，由东王庄心法、广厚、广提、立民、王伟、清仁、泉仁、德福等人发起、操办，众族人踊跃捐资五万元兴建的成豹公等先祖陵园顺利落成，并将成豹公及其两子、五孙、九曾孙的神灵招至陵园内安息。

一九六二年，历经“三年经济困难时期”之后，温饱问题尚未完全解决，焦山心友、心志、心鸾、广荣、广居，里南峪心培，青山前心修，北辛广奎诸人，勒紧裤腰带，凭借肩挑人扛，为十世祖廷彦公矗立一通三米高碑，并栽植部分苍松翠柏。鉴于石材粗粝，“文革”又遭推倒厄运，部分碑文字迹模糊不清，二〇一四年由焦山广居首倡整修墓园、再立高碑，涡口广元、洪门立美、枣庄立法等人应者云集，短短三个月捐款近七万元，二〇一五年清明节前夕，墓园落成，一通四点二米高碑及两通十一世祖碑、两通功德碑耸立。在此之前，十世祖廷彩公、十一世祖言公、十三世祖允功公等高碑，均在柿树园、青山前等各支掌门人及众多热心族人共同努力下相继矗立。

二〇一二年清明、二〇一六年春节，北辛王氏族人前后举行两次大规模祭祖、团拜活动，五百余人次参加，一致决定在北辛西北祖林北侧新建八世祖世芳公陵园，并将九世祖成龙、成凤公及各位老太君的神灵招至陵园内安息。北辛王氏宗亲理事会长王成及老三支分会会长立法、泉仁、德科分别召开数次族人代表会商议募捐事宜，并在广厚、广提、立洪、立法（侯宅子）、光辉、福仁等人协助下前往沂南、嘉祥、枣庄等地考察石材、碑厂，签订刻碑合同；各分支掌门人及广大爱心族人纷纷响应，踊跃捐地、捐款、献智、出力，墓园、碑铭得以顺利建造并如期竣工。为褒此大孝之举，陵园内特立功德碑四通，将北辛王氏宗亲理事会名单，以及各支捐款者名单，镌刻勒石，永存后世。

公元二〇一七年清明敬立

族谱

北辛村已知任氏、王氏、彭氏、杜氏、高氏、张氏、李氏、夏氏等姓氏均编修过族谱，有的进行过数次续修。任氏先后八修族谱，记载任姓作为古薛第一大姓绵延2200余年、传世149代的历史。王氏先后六修族谱，记载自明朝洪武二年（1369）始祖父子三人从山西移民迁徙至滕县600余年、传世23代的历史。彭氏族谱在“文化大革命”期间被毁，依据其中的记载，其始祖于明朝洪武元年由胶城（山东胶县县城）迁至北辛定居。杜氏先后七修族谱，记载自公元222年至今近1800年的历史。高氏先后二修族谱，记载迄今800余年先祖由内蒙古辗转迁徙至山东滕州、经民族融合由蒙古族变为汉族的历史。张氏先后三修族谱，记载先祖于明朝弘治年间由顺天河间府迁居滕县的历史。李氏于2000年11月首次创修族谱，记载始祖于清朝康熙年间由沛县李家集迁居北辛的历史。

任氏宗族考略（碑刻）

考吾任姓远溯黄帝。黄帝二十五子，其得姓者十四人。黄帝少子禺阳始封于任遂有任姓。《山海经》云：禺阳后有禺虢，禺虢生瑶梁，瑶梁生番禺，番禺生奚仲，奚仲生吉光。番禺为舟，奚仲造车，舟车问世，乃利交通。大禹治水，封奚仲车服大夫，赐薛地，立为国。奚仲十二世孙曰仲虺，商汤左相。汤灭夏桀，虺作汤诰以谕天下，天下遂得安宁。奚仲卒葬南山之巅，山名奚公山；仲虺终寝东山之麓，冢曰虺嵋堆。仲虺后有畴有挚，代不失职。周文王西伯昌之母曰太妊，故而武王封任畛复国于薛。嗣后薛定侯、献公谷、襄侯定、薛伯比、薛伯夷等相继宰薛。奚仲传六十四世，至愍侯宏薛为宋灭。国有盛衰兴亡，人有安危聚散。世道沧桑，族人播迁，泱泱华夏悠悠千古，奚公苗裔遍及神州。春秋任子不齐字子选，自薛游鲁，师事孔子，通六艺，精诗礼，遂于乐，列七十二贤，世存任子遗书，汉高祖追封任城伯。宋代任公宏祖居古薛康留疃，声震滕邑。其孙标公为敦武校尉，徐州兵马监押。金国围城，标公精忠报国，以身殉节，忠骨长埋古峄郭里，不泯民族浩然正气。元代任公居敬官至监察御史礼部尚书，因创滕县性善书院教化乡党而饮誉乡里。尚书子择善乃翰林院编修，才文雅思，佳文《天庆宫记》传诵至今。今逢盛世，滕薛峄沂族人联手续谱，不惟梳理脉络世系，且已涉猎史籍古志，钩沉辑佚，丰富家乘资料，据以考稽：薛愍侯宏至宋任公宏，历千三百八十五载，传四十七世。任公宏迄于今，又历八百七十余载，续传三十八世。至“昌”辈凡百四十九世。修谱之际，刊石勒铭，冀以家乘文化惠及子孙，知我本源，兴我家族，强我中华，告慰先祖在天之灵，幸甚幸甚，岁在甲戌。

族人世淦撰文　邑人孙井泉篆额书丹

李氏族谱（陇西堂）建谱序言

（节选）

我李氏族谱的建立是以清宣统二年（1910）立的祖碑为依据。碑的正面刻有

始祖名讳。碑文详述了我李氏从清康熙年以来的变迁情况，东西厢条和碑的正面，世系支脉、各房先祖名讳，分镌详实。是今日建谱之基础。在清宣统二年，由北辛九世祖继全会同族人，经过筹划，建碑题名，为我们留下了家庭世系的资料，使我们今日建谱才能有其遵循。保存家史之功应归于九世祖继全。

今日建立族谱，由十世孙振家、振松，十一世孙作太、作胜、大功，十二世孙世光、世彦、世海、世蕃、世德、世江，十三世孙道中、道成、道山、道德、道学、道庭、道国、道祥、道仁、道泉等，共同组成建谱班子，负责组织领导，筹划设计。分别负责采集、整理、传送、汇编、筹资付印等工作。具体由世彦撰序，道泉、道山汇编资料，执笔编纂，道成负责审修定稿校对监印。我族人等，对建立族谱的重要性、必要性，认识明确而深刻，达到高度的共识。因此，都能积极响应，主动配合，致使建谱工作进展顺利。建谱成员，特别是编纂人道泉、道山，从炎夏到寒冬，废寝忘食，顶风冒雪，奋战数月，于二〇〇〇年十一月脱稿。其族谱内容包括下面五个方面：

一、族碑的正面照、族碑碑文、族碑联对、建谱序言、世字序列、世系表格、墓穴坐标、建谱成员留影等。

二、李氏世字十六个。先辈在族碑上镌世字十六个字，即相（勇）继（秀）振（化）作（大），世道洪祥，传家尚善，心存邦昌。

今天世字已用到祥字，下面还有八个世字没有开始使用，考虑到下面的世字已经不多，今经族人充分协商，再续世字十六个字，即兴泽惠德，仁正耀光，元宪常庆，明广中良。前后相合，共世字三十二个。今后凡我族男丁，均须按世字起名讳，不得乱起，以免造成世系紊乱。

三、凡族中男丁，在谱中皆载明住址、出生年月、文化程度、工作单位，以及淑配人之姓名、住址、出生年月、文化程度等。凡我族生之女，均注明名讳，所适之人的姓名、出生年月、住址、文化程度、工作单位等。族中人员一律按世排列，上下衔接，左右照应，关系详明，一目了然。

四、谱中载有世系表。始祖之后，因人丁稀少，故以世列表，后因分支繁多，人丁猛增，以房列表。前者以世为经，以房为纬，后者以房为经，以世为纬，达到世世有表，房房有表。使其能够经纬分明，脉络清晰，情况详明，易于阅读。

五、谱中载入坟墓图表。先祖陵墓因年深久远，常有迷失，想祭祖而无处。此为子孙对先祖之不敬不孝。为避免陵墓再次迷失，故把祖先陵墓按世按房，绘图入册。注明墓穴坐标标记，与四境相临之尺寸，墓中人之名讳，墓与墓之间之距离，都有详细的记载。即使坟头平掉，按标记和尺寸也能准确地找出先祖墓穴。

鉴于现有资料及编撰人员的水平受限，讹误和不足之处，在所难免。竭诚期望族人和亲邻好友，继续提供补充资料和宝贵意见。以便再次续修时，予以更正或补充。特别期望族人协同建谱班子成员，遵循先祖遗留的线索，与李家集族人一起继续努力，研讨史料，探索渊源，补修谱志。使我们李氏族谱更加完善，更加圆满。以孝先祖，以慰后人。

族人让我作序，因才疏学浅，难尽人意。拙笔撰文，叙其缘起和概况以为序。

十二世孙世彦　沐手敬书

公元二〇〇〇年十一月

王氏族谱（世芳公支分谱）序言

吾王氏出自山西太原，始祖昆仲三人，均于大明洪武二年（1369），由太原府洪洞县喜鹊窝，迁至山东滕县一带居焉。吾始祖从善公择居于滕治东南大赵庄为家焉，卒葬于角嘴山阳。居三世继迁后石湾。天佑我族，春秋绵延，支繁丁多。五世祖荣吉公从后石湾迁居官桥北辛，并卒葬于北辛十字河北岸（新谱中附荣吉公墓考，北辛村西有 1958 年立荣吉公墓碑）。荣吉公育五子，分别是延、渠、洞、汉、溪。由于北辛耕土有限，延、渠、洞、汉四公均迁往别处，只留溪公株守家园。溪公育有五子，分别是嘉语、嘉诲、嘉训、嘉政、嘉彦（失考）。为了生计，嘉语公株守北辛，其余各公迁往别处。嘉语公有三子，长曰世周，次曰世芳，三曰世槐。因生活所迫，世周公迁石棚，世槐公迁木石，世芳公株守北辛。世芳公字兰斋，明武庠生，育有三子，长子成龙，次子成凤，三子成豹。吾王氏耕读传家，家风淳朴，睦邻亲友，教子有方，故人丁兴旺。因家园耕土有限，为了后代的生计，成龙公株守家园，育有一子六孙，日后成龙公卒葬于北辛村南，成凤公、成豹公迁至羊庄东王庄。成凤公育有四子，长子廷彦，次子廷彬，三子廷彩，四子廷彧，日后廷彦公，廷彩公、廷彧公迁焦山，廷彬公迁居青山前。成豹公育有二子七孙，世居东王庄。从八世祖世芳公算起，现已传至二十二世，计十五代历四百余年矣。吾王氏曾四修族谱，前三次皆是手写草谱，唯有一九六二年的四修之谱，才付印成册，但当时水平有限，四修之谱，谬误较多，人名写错有之，人名遗漏有之，张冠李戴有之，还有许多迁徙外地的世芳公后裔宗支谱上无名。特别需要说明的是，吾世芳公后裔祖传班辈排序共二十字（从十世开始，廷玉士允敬，锡（秉）心广立仁，德纯宜宗本，忠厚富恩明，一九五八年所立的荣吉公墓碑上有记载）。这二十字的班辈排序是吾先祖四百五十年前开始起用的。世芳公后世子孙，恪守祖训，在班辈用字上，一脉相承，从无紊乱。厚恐代远年湮，宗支失迷，班次紊乱，遂与族叔心法，族弟广提，族侄立民、王伟，族孙清仁、泉仁，族重孙德福等共同倡议，在四修之谱的基础上，再修吾世芳公支系分谱。众族人纷纷响应，北辛长支、焦山二支族人也积极参与，齐心协力，共襄此举。成帙付梓，刊印成册，分发各支，使我族世系井然不紊，按谱一查，方知皆为一本，虽居异地，宗支分明，班次清晰，永无失宗紊次之虞，以启后世木本水源，敬宗追远之思。此修本谱之由也，但由于水平有限，新谱中不当之处，望族众赐教。

十七世孙广厚　谨识

公元二〇一三年二月二十八日

北辛村志

（前 5300—2017）

BEIXINBUCUNZHI

遗址保护与旅游开发

YIZHIBAOHUYULVYOUKAIFA

鉴于北辛遗址毗邻村庄，有些村民缺乏保护意识，在遗址之上随意取土、建造水泥预制厂等，各级政府大力倡导遗址保护，并付出了辛勤努力。官桥镇、北辛村早在1992年春即联合投资20万元建成北辛遗址纪念馆第一期工程——双檐碑亭，官桥镇政府于2006年起先后投资800余万元，建设文化遗址大型标志牌坊和国家、省级重点文物保护标志碑，实施北辛遗址路和十字河文化旅游路硬化工程。2009年，滕州市又向上级文物保护主管部门上报《北辛—薛国故城大遗址片区保护规划》。2010年7月、2012年8月、2012年11月，滕州市文广新局分别组织召开《北辛—薛国故城大遗址片区保护规划》专家咨询会、《北辛遗址及薛城遗址保护规划及展示设施方案》设计汇报会、《山东滕州薛故城、北辛遗址文物保护规划》专家论证会。2014年6月，《北辛遗址保护规划及展示方案》获国家文物局批复，并先后获得专项资金526万元；同年，北辛遗址保护设施建设项目在国家发改委完成立项工作，并争取到国家和省发改部门专项资金380万元。北辛遗址保护与整治工程被列入国家"十二五"重点支持的150处大遗址项目库，成为全国重点文保工程。2016年底，该工程基本完成附着物清理工作并正式开工。文化旅游开发，随之兴起。

遗址保护

北辛遗址保护区规划

2009年起，官桥镇经过数次考察论证，向上级文物保护主管部门上报《北辛—薛国故城大遗址片区保护规划》。

2010年，滕州市文广新局委托清华大学建筑设计研究院有限公司、文化遗产保护研究所进行北辛遗址、薛国故城遗址规划编制和展示项目的设计工作。同年7月3日，北辛—薛国故城大遗址片区保护规划专家咨询会召开，来自山东省文物局、省文物考古研究所、中国社科院考古研究所、山东大学东方考古研究中心、国家博物馆考古部、清华大学建筑与城市研究所和枣庄市文管会的专家、学者应邀出席会议。与会专家听取该片区遗址群的情况和关于遗址保护的规划纲要介绍，分别就北辛—古薛文化的内涵价值、学术定位以及相关遗址的保护、开发等措施各抒己见，并就项目申报等提出意见和建议。12月，山东省“曲阜片区”大遗址保护正式通过《国家文化遗产保护“十二五”规划》，并被纳入国家“十二五”大遗址保护“五片四线一圈”战略。北辛遗址、薛城遗址包含在这一片区中，并被列入国家重点支持的150处大遗址项目库。通过大遗址保护项目的实施，将使北辛文化得到更加深入系统的挖掘、研究、展示和利用。

2011年4月7日，国家文物局专门行文批复山东省文物局《关于保护北辛遗址、薛城遗址规划编制工作立项的报告》，同意滕州市北辛遗址、薛城遗址保护规划立项。批复要求滕州市进一步加强基础资料整理和相关考古调查，及时组织具有相关资质的规划编制单位和专业考古研究单位合作开展规划的编制工作。在文保工作中应根据遗址本体和环境整体保护的需要，合理确定规划范围，明确保护目标，并注意协调规划范围内其他相关遗址的保护。

2012年8月29日，滕州市举行《北辛遗址及薛城遗址保护规划及展示设施方案》设计汇报会。清华大学城市规划设计研究院刘煜等在会上分别汇报北辛遗址、薛城遗址保护规划及展示设施方案设计，与会人员分别发言，提出意见和建议。滕州市副市长张宪依参加会议，并对规划和设计工作提出要求：一是规划设计方应根据汇报会上各方所提的意见和建议，尽快完善遗址保护规划，并逐级上报审批；二是遗址利用规划要按照文物展示的需要做，要与国家支持的文物保护项目结合起来，争取国家资金扶持；三是市文广新局、张汪镇、官桥镇要强化措施加大对两个国家级文物保护单位的文物本体保护力度，依法制止一切对文物的破坏活动；四是市有关部门要明确责任，搞好配合、协调，全力支持大遗址保护与利用规划编制工作，确保该项工作扎实推进，顺利完成。

2012年11月22日，《山东滕州薛故城、北辛遗址文物保护规划》专家论证会在济南翰林大酒店召开，山东省文物局副局长孙世勤，枣庄市文管办主任周传臣、滕州市文广新局局长贾福军出席论证会。与会专家听取规划设计单位关于薛城、北辛遗址保护规划编制情况的汇报，对规划文本进行深入研究，认为该规划内容较为全面，设计思路基本可行，原则上予以通过，并在论证意见上签名。同时提出进一步完善文本、细化内容，提高可操作性等修改意见。

2013年，滕州市启动该两大保护工程项目筹划、方案设计工作及基础设施建设、环境整治等前期工作。2014年5月6日，中国社会科学院社会成果开发中心主任李传章一行到北辛文化遗址调研。是年，《北辛遗址保护规划及展示方案》获国家文物局批复，北辛遗址保护设施建设项目在国家发改委完成立项工作。2015年，滕州市文广新局委托山东海岱文化遗产保护服务中心完成遗址考古勘探工作，委托曲阜市安怀堂文物工程设计有限公司编制《北辛遗址保护与整治方案深化设计》，受托方绘制完成施工图纸，并顺利通过省文物局组织的专家评审。2016年8月，滕州市文广新局通过政府采购、公开招标，确定滕州市建筑集团公司、曲阜三孔古建筑工程公司分别为一标段、二标段的工程中标施工单位，另分别委派工程监理单位；联合市国土局等有关单位完成工程涉及区域内的土地测绘及附着物调查摸底工作。

北辛遗址保护区实施

2006年，北辛遗址被命名为国家级重点文物保护单位后，滕州市、官桥镇高度重视北辛文化遗址保护与开发，全面推进文化设施、文化标志和文化景区建设。官桥镇先后投资800余万元，安装文化遗址大型标志牌坊和国家级重点文物保护标志碑；实施北辛遗址路和十字河文化旅游路硬化工程；先后注册成立北辛文化传承公司、北辛文化研究会和北辛文化等品牌商标，开通北辛遗址网站；委托清华大学编制北辛遗址保护建设规划，完成北辛文化遗址纪念馆设计方案。

2014年6月，《北辛遗址保护规则及展示方案》获国家文物局批复，先后获得专项资金526万元；同年，北辛遗址保护设施建设项目在国家发改委完成立项工作，并争取到国家和省发改部门专项资金380万元。截至2016年底，北辛遗址保护与整治工程，累计争取到位上级专项资金906万元，被列入国家“十二五”重点支持的150处大遗址项目库，成为全国重点文保工程。2015年，滕州市文广新局委托曲阜市安怀堂文物工程设计有限公司编制的《北辛遗址保护与整治方案深化设计》，顺利通过省文物局组织的专家评审。

2016年11月15日，北辛遗址保护与整治工程开工仪式在北辛村举行，中部战区装备部某部主任、著名书画家孙开桐将军，枣庄市委常委、滕州市委书记董沂峰，滕州市委副书记、代市长刘文强，滕州市人大常委会主任杨位明，滕州

2016 年 11 月 15 日，中部战区装备部某部主任孙开桐将军（左八），枣庄市委常委、滕州市委书记董沂峰（左九），滕州市委副书记兼代市长刘文强（左七），滕州市人大常委会主任杨位明（左十），滕州市政协主席李健（左六）等领导参加北辛遗址保护与整治工程开工动员大会

市政协主席李健，枣庄市文物局副局长胡丽萍，滕州市委常委、市委办公室主任丁伟，滕州市政府副市长张宪依出席，市直有关部门负责人，官桥镇干部群众代表，规划施工方代表参加。滕州市文广新局局长刘书巨汇报工程前期准备情况，施工方代表曲阜三孔古建筑工程管理处项目部主任柳智逸发言。该工程总投资 630 万元，分两个标段实施，计划在保护区外东北方向建设北辛遗址管理房 1 处，建筑面积约 5000 平方米；规划建设遗址保护与整治、展示区面积约 7 万平方米。至年底，青苗补偿、土地整平工作顺利完成。

2017 年 1 月，官桥镇成立北辛遗址保护与整治工作领导小组，下设摸底核查、清理补偿、巡查保护、政策咨询和信访维稳 5 个工作组，全方位跟踪服务，保证项目零障碍推进、高标准施工。5 月，土建工程动工。至 8 月，建筑面积约 5000 平方米的北辛遗址管理房主体框架基本完成，原始部落展示区茅草房建设初见成效。

旅游开发

总体构想

充分利用和发掘北辛遗址的丰厚文化内涵，以及北辛村的依山傍水优美的自然风光，规划建设以北辛遗址保护区为核心，以新老薛河为观光带，以北辛始祖文化区、薛故城古徐文化区、前掌大车马坑文化区“一核两带三区”。形成“北辛—古薛”一日游，连接“曲阜—徐州”的旅游线，让“地下的”变为“地上的”，让“地上的”变为特色的，让特色的变为人们心中的。因此开发建设北辛文化旅游区，既有现实意义，又有历史意义，既有社会效益，又有经济效益。

旅游项目

北辛遗址旅游定位为原始部落民俗村，可规划为人文景观和自然景观相结合，观赏与互动相结合的综合项目。其规划建设方案为：

建设薛河水上游览和薛故河游乐园。开通从十字河翻板闸至洪林大桥的水上通道，然后进入薛故河游乐园，游人可划木船、橡皮舟、小汽艇等交通工具往返。薛河故道可拓宽，砌石坡，栽垂柳、设观鱼亭、钓鱼台、撒鱼场、汲水工具游乐园。

建北辛文化陈列馆、古代石器展馆和民俗博物馆。在现在的北辛遗址双檐碑亭后建设陈列馆，陈列部分出土文物，开挖文化层探沟，塑北辛人雕像群，建古代石器展览，建半地穴式茅棚为主的鲁南民居展馆和鲁南民俗文物博物馆。

开设农家旅馆和观光农业项目。利用北辛村三面临水和制种专业村的地方特色，建鲁南民居旅馆、农家乐饭店，开发小河鱼等地方名吃，让游人与村民同吃同住，体验农家生活，学撒网钓鱼，推石碾石磨，摇辘轳浇园，感受先人劳作情形，使其成为让游人既能了解历史文化又能领略自然风光的休闲观光胜地。

旅游服务

北辛遗址公园展示区尚没有建成，北辛旅游未有形成业态。旅游作为未来北辛村发展的一项朝阳产业，宜逐步完善各项配套服务设施，打造史前文化旅游品牌。将北辛文化与历史、民俗、道教、儒教等文化结合，不断推出洞穴探险、水上漂流、极限运动等新的体验项目，打造在国内有一定影响的康体旅游基地。顺应自驾游、驴行、自行车骑行等旅游新趋势，建设汽车旅馆和青年旅馆。顺应休闲、养生、度假等新潮流，建设配套齐全的农家乐。进一步完善旅游交通设施，实施“畅通旅游”工程。同时，做好旅游标识标牌、接待中心、公共厕所等设施建设，并努力与国际接轨。切实提高宣传营销的实效，加大创意推广。积极利用电影、电视剧、微博等媒体宣传推广北辛旅游，邀请知名导演打造一批以北辛特色文化为题材的经典影视片。加强网络在线营销，积极开发和完善电子商务平台。加强行业监管，提高旅游服务质量。使游客至上的服务理念深入人心，成为全民共识。全面提高旅游企业服务质量，实行旅游业全面质量管理计划，完善质量标准，对景区、旅行社、饭店、运输等进行质量认证。严格整顿旅游市场秩序，切实保证游客安全。

景点、景区

北辛遗址地理位置重要，它正处在古薛河中游的南岸高地上。薛河两岸密布先秦至原始社会众多古遗址，从上游的虎国於菟城、小邾国倪犁莱城，中游的滥国昌虑城、薛国故城，下游的上邳国虺（欢）城、戚城等，此外还镶嵌着范蠡湖、土城、奚仲祠、毛遂墓、孟尝君陵园、薛国故城墙保护工程、魏楼银杏园、古薛国官桥汉文化园、西王宫、西康留、前掌大、奚公山、奚邑等国家、省、市级重点文保单位及旅游景点。新薛河又称十字河，这是全市唯一一条无污染的清水河，小河鱼成了这里的特产名吃。村西南 2 公里隔河相望，有刘村万亩梨园，每逢阳春三月，游客如云；东南 2 公里龙山顶有唐代摩崖石刻，号称“小龙门”；村南 4 公里有黄连山风景区和葫芦套影视基地；西北 3 公里有繁华的八一矿区；东北村界有新薛河的洪林大桥，这里山青水秀，景色怡人。

北辛村志

（前 5300—2017）

BEIXINBUCUNZHI

北辛大族

BEIXINDAZU

唐朝，由辛氏兄弟在北辛立村，后辛氏家族不知去向。明朝初年的两次大规模移民，彭氏、王氏、冯氏、仝氏等姓氏先祖先后到北辛生活。只是不知何故，冯氏、仝氏家族后来不知去向，只留下仝氏的两块祖林及一些石碑。清朝起，李氏、任氏、张氏、黄氏、杜氏、高氏、蒋氏、夏氏、刘氏、杨氏、姜氏、孙氏等姓氏先祖陆续迁入北辛，并繁衍生息。就其人口数量，王氏、任氏、李氏、张氏、彭氏为北辛村的五大姓氏。

王氏家族

王氏为姓，系由爵位而来，意指“帝王之裔”或“王家之后”。太原王氏追本溯源，是人文始祖轩辕黄帝的后裔。根据王氏文化研究会论断，约生于丙申周灵王七年（前 565），卒于壬子周灵王二十三年（前 549），避居于太原的周灵王废太子晋，被奉为王氏的系姓始祖，所以后世又称之为王子晋、王子乔。王姓在其后三四千年的发展中，创造了辉煌的家族文化，诞生了无数的政治、文艺、科技名人。

据 2012 年公布的第六次全国人口普查结果，王姓总人口 8890 万人，为全国第二大姓。2013 年 5 月，依据中华伏羲文化研究会华夏姓氏源流研究中心综合分析发布的中国最新版“百家姓”排行榜，王姓以 9500 多万人居全国之首，一跃成为中国第一大姓。

北辛王氏由四个分支组成。最大的一个分支是后石湾王氏分支八世祖王世芳一脉，约占北辛王氏总人口的八成。该分支先祖王从善于大明洪武二年由洪洞县喜鹊窝，迁居山东滕县大赵庄，居三世继迁后石湾，五世祖王荣吉从后石湾迁居官桥北辛。王世芳系王荣吉第五子王溪长子王嘉语之次子，为大明武庠生，育有三子、七孙、十七曾孙、二十三玄孙、四十七来孙。因北辛耕土有限，九世祖兄弟三人成家后，为了生计，分居开来。长子王成龙、次子王成凤株守北辛，卒葬于北辛；三子王成豹迁至羊庄东王庄，卒葬于东王庄西南；王成凤长子王廷彦携兄弟王廷彩、王廷彧及子侄由东王庄迁至焦山头，次子王廷彬由北辛迁至东王庄，分别卒葬于焦山、东王庄。自八世祖起，历经 400 余年，传世 15 代，人丁 6000 余人，分布 70 多个村庄、50 余个城市。其中，各行各业不乏翘楚之才。北辛王氏先后六修家谱、数次祭祖团拜，其浓浓手足之情，在枣滕两地传为佳话。九世祖王成龙为八世祖王世芳之长子，守业北辛，育有一子、六孙、七曾孙、九玄孙、十四来孙，迄今繁衍生息 14 代，人口近 2000 人。族人以北辛村为根据地，向外辐射至西凫山、齐村、小石楼、张范等村，以及滕州、薛城、枣庄、山亭、南京、上海、广州、济南、北京、沈阳等城市。革命战争年代，王氏儿女踊跃参军支前，王立琛 1943 年参加鲁南三纵八师，1947 年在微山县两城作战中牺牲，成为革命烈士；王立启为北辛村第一位中共党员，任职于北辛乡长、官桥公社副社长等职，享受县级离休待遇；本族媳妇彭兰台就任北辛乡妇代会主任，组织妇女拥军支前、发展农业生产，多次受到县政府表彰。社会主义建设时期，王姓子女数百人次先后参加煤炭会战、钢铁会战、玉米良种选配、基层政权建设，王立玉成为闻名枣庄矿务局的劳动模范，王广尧、王广舜、王立瀛、王立庆、王立怀、王运仁等人转为企事业单位正式职工，王立昌、王心亭、王汉仁、王立灿、王立巨、王立运、王德永、王余仁、王德科、王芳仁等人先后当选村庄主要负责人。改革开放时期，王姓优秀儿女考学、参军、务工者数百人，20 余人考入军校、大学本科，王真、王鹏等人职务升至师、团级，王秀华、王淑君、王光辉、王英、王斌、王坤仁等人职称升至教授、副教授级，王英、王真、王丰慧等人学位攻读至硕士研究生，王成、王立运、王德安、王德科、王德永、王东仁、王海仁、王恩等人资产达到过亿元、数百上千万元。此外，王氏家族还涌现了私塾名师王秉翰、烹饪能手王心武、手工馒头知名匠人王心平与王广梅、民间泥塑工匠王立斗、制秤行业枣庄市非物质文化遗产传承人王恒仁、公安部表彰的滕州市刑警队政治指导员王福仁、滕县第十届人大代表王秀兰、滕州市第十二届政协委员王玉玲、良种培育能手王立堂、滕州市十佳法律工作者王立洪、枣庄矿业集团铁运处副总工程师王斌、枣庄市五一劳动奖章获得者王大瑞以及王立涛、王大军、王坤仁、王斌、王涛、王德峰、王哲、王月、王帅等各行各业对社会、家族做出一定贡献的突出人才。北辛王氏王世芳后裔常怀敬祖、孝祖之心，时刻想着为先祖立碑、建陵园。从 1958 年起，踊跃捐款 50 余万元，先后兴建五世祖王荣吉、焦山十世祖王廷彦、东王庄九世祖王成豹、北辛九世祖王成龙等陵园。

第二个分支是同属于后石湾王氏的羊庄镇寒山前张庄一脉，其先祖先由后石湾迁居寒山前，因受吴姓欺凌、官司落败后迁居张庄，19 世纪 40 年代又由张庄迁居北辛以种菜为生，迄今已传 7 世，人口 20 余人。三世弟兄三人，长子王宝德年轻时曾参加奉系北洋军；次子王宝田俗称“二铁匠”，在村中唐槐旁开铁匠铺，以打铁为生；三子王宝贵一生老实，以种地为生。四世王坤、王立友等人初高中毕业后，或在乡镇企业务工，或从事建筑工艺，生活殷实。王昆之子王春潮，王立喜之子王强、之女王娟、子媳王爱华等人大学本科或硕士研究生毕业，分别在中铁二十三局、济南启辰汽车销售公司、济南法院等单位工作。

第三个分支是 1885 年由桑村迁居北辛的一个支脉，迄今已传 7 世，人口 40 余人。其中，王传德担任生产队队长多年；王传益长期经商；王传喜在国营八一煤矿工作直至退休；王传善部队复员后经营电气焊生意；王洪祥为恢复高考后村庄第一个本科大学生，并在高中期间加入中国共产党，大学期间担任学生会主席等职；王洪福从建筑公司预算员做起，后任项目经理等职；王洪社、王洪礼等人分别在滕州牧工商集团、枣矿集团工作，事业有成。

第四个分支是大约清咸丰年间由管庄迁居北辛的一个支脉，迄今已传 7 世，人口 60 余人。其中，王立伟于 1951 年率先报名参加中国人民志愿军，并入朝作战；王立和随后参加中国人民志愿军，回国后由国家安排工作；王全仁、王存仁长期担任生产队队长，前者后从事蔬菜种植经营；王会晶担任大队团支部书记、经营百货生意多年，后举家迁至滕县城，受聘担任滕州一建机械厂助理工程师、工程师；王如仁为砖窑厂师傅；王景仁承包经营北辛砖窑厂数年；王芳、王德峰等人大专毕业后，分别在滕州食品厂、滕州光谱太阳能厂工作。

任氏家族

任氏出自姬姓，为黄帝少子禹阳的后代，以国名为氏。据《唐书·宰相世系表》及《左传正义》所载，任氏是 5000 年前黄帝赐封的 12 个基本姓氏之一，是一个十分古老而又具有光荣传统的姓氏。周朝时的谢、章、薛、奚、舒、吕、祝、终、泉、毕、过等 10 多个姓氏，都是任姓后裔的封国，最初就是由任姓分支出来的。

明清时期的《滕县志》把大康留任氏列于全县氏族之首，并称："任氏，奚仲裔。世为薛人，自殷仲虺、臣扈、祖己、祖伊，而后传至元代居敬、择善最著。"大康留村头古槐已逾千年，碑石上刻着"史载夏车正奚仲始封薛，后裔一脉迁居薛城艮方康留墉"。还刻有如下碑文："禺阳始封任，奚仲更封薛，奚仲乃吾皇祖，任姓发祥薛国"。"康留任氏数千年，史志有载碑有刻，古薛第一姓，代代如是说。"考古学家胡秉华考定古薛大康留早在夏代就已成村落。他在《薛国年表》中，也把大康留村列为重要的夏代文化遗址。

据《任氏宗族考略》（碑刻）及《任氏族谱》记载，黄帝之少子禺阳在得姓以后，六传至夏朝车夫大夫（车正）奚仲，再封于薛（今山东省滕县南），立为国。奚仲十二世孙仲虺，为商汤左相，作诰以安天下。周文王西伯昌之母曰太妊，故而武王封任畛复国于薛。奚仲传六十四世至愍侯宏，薛为宋灭。汉高祖追封任城伯。宋代任宏居古薛仓留墉（今大康留村），声振滕邑。其孙任标为敦武校尉、徐州兵马监押，抗击金兵，以身殉国。元代任居敬，官至监察御史、礼部尚书，因创建滕县性善书院而饮誉乡里。尚书子任择善为翰林院编修，佳文《天庆宫记》传颂至今。自奚仲起传至"昌"字辈，历经大约4000年，传世149代。全国任姓总人口大约420万人，居全国大姓第59位。

北辛任氏先祖为任氏一百三十八世祖任默、任涵，大约清乾隆三十二年（1767），受北辛彭氏之邀由王宫村迁居北辛村，至今已历11代，人丁1000余人。

北辛任氏为耕读世家，读书之人辈出。旧中国，任秀山、任守义等受私塾教育程度较高的文化人先后在村内创办私塾学堂，有识之士任志文、任守礼、任守义、任振荃等人或腾出住房用于学堂，或出资出粮聘请塾师提供各种帮助，知名学生有任守礼、任斌、任振美、任振玉、任振祥、任振亚、任振堂等人。其中，任斌父亲为抗日烈士，母亲刘振芸为中共地下党员张光中发展的外围堡垒户，任斌从小便接受革命思想的熏陶，成人后参加中国人民志愿军入朝作战，回国转业后曾任乌鲁木齐教育厅工会主席等职，子女也多安排在国营单位工作。任振美1938年跟随苏鲁人民义勇纵队司令员张光中参加革命，解放后由军医转业滕县，创办滕县中医院，并担任院长。任振玉于20世纪40年代参加革命，解放后从部队转业至汶上县，担任汶上县人民医院院长。任振祥古文字功底扎实，黄埔军校南京分校毕业后，供职于汪精卫的警卫班，解放后担任北辛小学教师、"冬学"教师。任振堂1949年参加工作，后任麓水县三区会计、峄县九区文书，农业合作化时回村担任初级社会计、铁业社会计等职务。任振亚部队转业后赴云南支边，历任开远汽车站材料科科长、个旧市汽车站站长等职，获评云南省交通厅劳动模范。任振水潜心书画创作40余年，擅长山水花鸟，作品被多家单位收藏。

中华人民共和国成立后，尤其是北辛完全小学的创建，为任氏培养了诸多有用之才，仅考取大学本科近20人、硕士研究生3人、博士研究生1人。任士兰、任泽玉、任泽洪、任振福、任士琛、任士民、任士洪、任艳华等人均是北辛小学培养的优秀毕业生，先后在北辛小学担任民办教师，其中绝大多数人通过考学、转正等方式成为国家干部或公办教师。任士兰北辛小学毕业后考入滕县五中，长期担任民师，后转为公办教师。任泽玉于1973年被群众推荐就读于山东省体育学校（现为山东体育学院），作为优秀毕业生，分配到山东省直属481军工单位工作，1985年调入鲁南水泥厂，历任秘书科、招待所、总务科、物业部等部门主要领导职务。任士琛于1981年考入滕县师范学校，担任班长、学生会委员，毕业后先后在滕县第四中学（现枣庄三十一中）、枣庄矿务局八一煤矿职工子弟学校任教，晋升中学高级教师职称，获得“全国优秀园丁”等称号。任士民于1980年以民办教师身份首批考取滕县师范学校，学习期间任班长、学生会主席等职。毕业后先后担任羊庄镇王杭学区校长、羊庄镇教委办主任（教育组长）、滕州市第七中学（当时是完中）校长等职，晋升中学高级教师职称，担任羊庄镇教委办主任时总结的校舍改造先进经验被《光明日报》《中国青年报》《枣庄日报》等多家报纸报道。

由北辛小学培养后输送到人民军队并取得优良成绩的任氏军官、士官、军人10余人。1951年，任振安、任振尧、任士合等人参加中国人民志愿军入朝作战。其中，任士合归国后被部队送到河北省石家庄军官学校学习，1961年起担任聂荣臻元帅警卫参谋多年。任振朝、任真荣、任振尧分别以营教导员、营级干部、排级干部身份从部队转业地方。任振斗为部队篮球运动员，身高近2米，1969年因公殉职。1980年、1981年，任泽海、任泽福分别应征入伍，随后参加中越边境自卫反击作战。任泽海为全村第一位志愿兵士官，12年后转业至滕州市交通局工作；任泽福战场立三等功，转业至鲁南化肥厂工作。1982年，任奖金由部队复员，在滕县工商局工作，后转正。1983年10月，高中毕业生任明应征入伍到武汉军区警卫营，1986年7月考入重庆解放军后勤工程学院，毕业分配到广州军区41军

121师后勤部任营房助理员，1993年转业到山东鲁南水泥厂营销公司任区域经理，2011年任枣庄盖泽炉窑工程公司市场部经理。其他部队转业士官还有任建华、任泽舫等人。任泽舫被安置在付村煤矿煤建公司工作，2017年获得枣庄矿业集团劳动模范称号。

20世纪50年代，北辛村任姓男女青年积极参加煤炭、钢铁会战，任振斗、任艳秋、任士云等人先后被国家安排在国营煤矿、建筑工程公司等企事业单位工作。60年代起，因国营八一煤矿占用北辛村东四个生产队部分耕地，任泽福、任士安、任士新、任振松、任士国、任泽君等人作为占地补偿安置，陆续被招工到国营煤矿工作。70年代后，因考学、经商、打工等原因去外地工作的任氏居民众多。其中，曾任大队农业技术员，后任大队长、村委会主任，被评为枣庄市先进工作者，当选枣庄市人大代表的任振满，带领兄弟子侄任振运、任振昌、任士信、任士德等人分别在枣庄、滕州、薛城经营名优农作物蔬菜良种自育自繁及销售业务；曾任大队党支部副书记的部队复员军人任士利在滕州市区经营餐饮生意；任泽明、任泽辉分别在济宁西郊月满大江、枣庄中央广场经营苏大姐火锅城，生意红火。

李氏家族

据《新唐书·宗室世家》云：李氏出自嬴姓，始祖为轩辕黄帝的重孙子帝颛顼高阳氏，发源地为古陇西，即今甘肃临洮。“李”原为“理”，后改为“李”。为区别其他同音姓，常说“十八子李”或“木子李”。李姓是当今中国乃至世界第一大姓，总人口9530万人，加上旅居海外的李姓，共计1.07亿人。

北辛李氏以沛县欢城李家集迁徙李氏为主，其他支脉李氏还有从上屯村迁徙北辛李氏以及从坝上村迁徙北辛李氏，前者已传6世，人丁三四十人，后者已传4世，人丁二三十人。

沛县欢城李家集迁徙一脉始祖为清朝沛县庠生李承乾，于清朝康熙元年（1662）携家眷由欢城李家集迁至北辛村定居，后世子孙分居北辛、张汪孟庄、沛县朱桥、沽头村等地，已传世14代，人丁近1000人，其中男丁300余人。

李氏始祖读书人出身，十分重视教育，后代有学问的人不乏其人。九世李继全秀才出身，开办私塾教书育人，成名学生有外孙姜学亮、嫡孙李作喜等多人，曾遍察李家集祖林断碣残碑，探清始祖渊源，为始祖建题碑名做出巨大贡献。

中华人民共和国成立后，李作胜、李世凡、李道勤、李道兰、李世海、李世清、李道斌、李世德、李道广等人初高中毕业后，有的直接进了银行成为国家职员，有的回到北辛或做卫生保健员（后来的“赤脚医生”），或当民办教师，或任村干部，后来他们中的一些人成为国家干部。其中，李世清、李道斌分别被推荐成为大中专生，双双晋升副主任医师，工作中取得骄人成绩。李瑛、李琳、李姿等10余人在国家恢复招生考试后考取大学本科，李勇、李祥宝2人博士研究生毕业，李珊、李帅、李华虎、李静茹等4人硕士研究生毕业。其中，李勇为中国政法大学法学博士研究生，任中国政法大学资产管理处副处长，北京融显律师事务所合伙人律师；李祥宝为上海交通大学自动化控制博士研究生，任上海国家大数据研发中心总工程师；李珊为中国科学院过程工程研究所硕士研究生，任国家知识产权局专利局审查室主任。

此外，北辛李氏子孙在参军、务工、经商等方面也代有贤人。抗战时期，李世美、李作宝报名参军。李世美为抗日英雄，转业浙江绍兴市公安局工作，子孙均在公检法单位工作；李作宝参加战斗几十次，从部队转业后先后担任济宁、木石汽车站、滕县汽车站站长等职务。抗美援朝期间，李世传等人自愿参军，后由国家安排工作。和平时期，李世洋、李洪福等人应征入伍，复员后均由国家安排工作。20世纪50年代，李振松、李作太、李作祥、李世言等人积极参加煤炭、钢铁会战，先后被国家安排在国营煤矿、建筑工程公司等企事业单位工作。70年代起，李作胜、李世坦、李世银、李世玉、李兴海、李道生等人分别被安排在公社、镇办煤矿、水泥厂、建筑公司等企业工作。虽然大多数人员没有农转非迁徙户口，但一些人享受职工退休养老待遇。80年代，随着改革开放的兴起，在薛城、滕州、枣庄、临沂、烟台、青岛等地进城经商、办企业以及务工的李作奎、李伟、李明、李世超、李兵、李华龙、李靖、李道田、李政、李现军、李兴福、李道友、李怀全、李春、李常、李帅、李洪福、李洪宽、李大红、李洪宏、李洪恩、李洪国、李贺、李道存等人，富裕后举家迁移到城市生活。李作福到枣庄从事理发生意，白手起家，创办的雨丝理发店红极一时，徒弟遍及枣庄。

张氏家族

张姓始祖为黄帝之后挥，是黄帝少昊青阳氏第五子，自幼聪明过人，爱动脑筋。他从星星的组合中得到启发，发明了弓，于是黄帝封挥为专门制造弓的官“弓正”。张姓是当今中国姓氏排行第三位的大姓，总人口 8480 万人。

北辛张氏主要由轩辕庄张氏、西岗菜园村张氏、山亭横岭埠张氏等支脉迁徙组成，总人口 300 余人，其中大学本科 10 余人、硕士研究生 5 人。

西岗菜园村张氏先祖于清康熙年间（1662—1722）迁居北辛，迄今人丁 100 余人。其中，张井湖 1944 年参加鲁南三纵八师，1947 年在微山县两城作战中牺牲，为革命烈士；张井尧、张井言、张志昌等人，或参加煤炭会战后转为国营煤矿职工，或因八一矿占地招工进入国营煤矿工作；张志启为恢复高考后第一个高中中专生，南京铁路运输学校毕业后，被分配到徐州铁路分局工作；张志恒、张广苓等人分别长期担任农业生产队队长、会计等职；张志和高中毕业后先在北辛小学担任民办教师，后进滕县县城经营餐饮生意；张志标等人前往上海等地经营渣土运输业务，率先致富。

山亭横岭埠张氏先祖原由明万历年间（1573—1620）迁居滕西小屯，后由小屯迁居横岭埠，清光绪年间（1875—1908）又由横岭埠迁居北辛，迄今已繁衍 6 世，人口 30 余人。其中，张广斌先在北辛大队担任团支部书记、民兵连指导员、大队革委会主任等职，后担任官桥公社农场场长等职；张广文于 1960 年滕县财经干部学校毕业后，分配到滕县华清三池工作，1963 年辞职回村在铁业社工作，后担任“冬学”、北辛小学教师，1974 年后长期担任北辛大队现金保管、会计等职；张广武、张广思等人先后成立建筑队、建筑公司，并担任队长、经理；张华于滕州一中高中上学期间担任学生会副主席，后参军入伍转为士官，现转业到枣庄日报社工作，担任餐饮部主任、《生活周刊》主编。

轩辕庄张氏，据滕州市轩辕庄《张氏家谱》记载：“大明弘治年间，张氏由顺天河间府来滕，则以轩辕庄为家，吾族虽旺，村名未更。”大约清嘉庆二十一年（1816），张姓宗亲一脉张德言、张德哲两支由轩辕庄迁居北辛，至今已历 9 代，人口大约 150 人。轩辕庄张氏北辛始迁祖之一的张德言，为清朝太学生，非常重视对后代的文化教育，其曾孙张永幹考取滕县庠员。张氏后世子孙张福田、张福杰、张广善等人私塾学习成绩优良。张福田后学习中医治病救人，尤擅长接种牛痘，医德高尚，受到邻里敬仰。张广善于 1950 年师范毕业后，先后担任滕县（山亭区）店子小学校长、店子公社党委秘书、石竹管区党总支书记、店子公社计生办主任等职。张存善于滕县二中高中毕业后，正赶上“文化大革命”开始停止高考，只得回到北辛小学担任民师，后任校长。之后以全省考试第一名的成绩应聘到河南省重点中学郑州市第十三中学担任高中化学教师。张连善中学毕业后一直担任民师，后晋升小学一级教师职称。张文全、张珂、张历响等人硕士研究生或大学本科毕业后，或应聘到上海普陀医院工作，或选录到烟台市委组织部、北京铁路局工作。张氏后裔还通过参军、务工、经商等方式，获得生活的改善与提高。张福正在淮海战役中两次荣立二等功，多次获得嘉奖，1953 年转业安排到滕县烟厂工作。张祥善于 1946 年担任村庄儿童团团长，之后连续 30 多年担任村党支部书记、大队长等职。张良善等人参加中国人民志愿军入朝作战，回国后被安置在官桥公社农机厂、拖拉机站工作。张金山、张森善、张新善、张庆友、张庆海、张庆柱等人，于 20 世纪 70 年代起纷纷到公社办煤矿、建筑公司等企业工作，许多人享受退休养老待遇。张庆忠等人于 90 年代到滕州市区批发市场经营百货生意，并率先致富。

彭氏家族

彭姓出自颛顼帝的后裔，彭祖为彭姓的得姓始祖。殷商时诸侯国大彭，即今天的江苏省徐州市铜山县境内，是彭姓的发源地，其后彭姓的繁衍播迁，均是出自此支。另据载，彭姓亦为明朝洪洞县大槐树迁民姓氏之一。自清代开始，彭姓广布全国各地。彭姓是当今中国姓氏排行第三十九位的大姓，总人口大约 640 万人。

根据彭氏后裔对“文化大革命”期间被焚的《彭氏族谱》回忆，以及 2011 年编纂的《彭氏族谱（谦益堂支谱）》记载，彭氏始祖彭廷徵于明初洪武元年（1368）由山东胶城（山东胶县驻地）迁至北辛村定居，至今已历 19 代。北辛始祖彭廷徵祖茔位于村南十字河南岸龙峰北侧，原有碑石遗失。二世祖彭芝坟茔位于村西。之后，三迁家族陵茔位于村东。彭氏四世祖彭振琏，生有长子彭琚、次子彭璀。依据立于村中清雍正十三年（1735）三月祖碑记载，彭琚生有宗武、允武、杨武、隆武、孔武、英武、法武七子。清朝时期，北辛彭氏为名门望族，鼎盛时期京中有文武官员13人，故有七大门八大家之说。因北辛耕土有限，彭氏后世子孙播迁柴胡店镇龙头村、木石镇南山头、沛县胡寨镇蔡坝村及俞庄村、张汪镇彭庄村以及官桥镇的前莱村、前公桥村、官桥村、车站村等村庄。

北辛村彭氏耕读传家，重视人才的培养教育。清朝，彭氏能有13人同时在北京做官，足以看出当时彭氏家族对私塾教育的重视程度。直至清末，彭修照担任私塾老师，彭守吉、彭修善等有识之士，或腾出住房用于学堂，或出资出粮聘请塾师，为培养彭修俭、彭守善等家族子弟提供各种帮助。中华人民共和国成立后，北辛完全小学创办成立，为彭氏子女教育提供条件。彭士坡、彭成福、彭成太、彭士民、彭明星、彭明才、彭成海、彭守钦、彭守瑞、彭守明等人，先后在北辛小学上完小学或初中，之后或选择上高一级学校继续深造，或选择参军、务工、经商。彭成福于1951年参加中国人民志愿军入朝作战，手部负伤致残，荣立二等功，回国后长期担任村庄党支部副书记等职。彭成太于1960年滕县二中初中毕业后，进入空军某航空学校机械专业班学习，毕业后历任空军航空兵某部飞机机械员、机械师、机械分队长、连政治指导员、飞行大队政治委员、飞行团政治处主任、团副政治委员、空军福州场站政治委员、航空兵某师副政治委员等职，1988年从部队转业担任枣庄市纪律检查委员会副书记、监察局局长等职。彭明才、彭守瑞等人分别在滕州、薛城等地经商办企业，率先致富。彭成海长期担任官桥公社农机修造厂领导职务，后承包该厂，并成功进行改制。彭春英由部队转业后担任上海市虹口区四川路街道人大副主任。彭守明长期担任民办教师，后考取滕州师范学校，转为国家公办教师。彭氏子女近10人考取大学本科，彭宝莹大学毕业后担任山东能源新矿集团鄂庄矿运转工区副区长。

彭成太的母亲李兆秀于20世纪60年代，作为军属长期安排以廉明礼为组长的工作队生活，因各方面工作积极，被评为贫下中农积极分子，并于1966年参加全省农业先进集体、贫下中农代表会议。女儿彭成花长期担任本公社东官庄大队大队长、党支部书记等职，大搞农田水利建设，1986年当选滕县政协委员。彭成海的爱人李道玉于20世纪七八十年代成为村庄唯一的女拖拉机手，后又被群众推荐脱产进修学习一年。

北辛村志

（前 5300—2017）

BEIXINBUCUNZHI

民俗风情

MINSUFENGQING

北辛文化是东夷文化和古薛文化的源头，北辛等地长期受到东夷、古薛文化的熏陶和影响。商、周王朝曾数度对包括枣庄、滕州在内的古徐夷人进行镇压，但古徐夷人从未被完全征服，仍然保留了本地的传统文化特征。这种文化特征表现在风土民情上，“地域近鲁，民风淳朴；民风近楚，轻剽任气”。当今北辛村，无论是节日习俗还是婚嫁丧葬习俗，都体现着鲁南民间习俗的特点，既有历史上传习下来的繁文缛节，也有随时代变化而不断改进的新俗，既有合情合理的东西，也有其封建性的糟粕。

生活习俗

结婚

定亲 传统上，男女双方要有中间人（俗谓“媒人”）牵线搭桥，媒人也多是当事一方或双方亲属好友，有的是媒人主动说合，有的是由当事方所托。如果男方条件弱时，男方多对媒人酬谢。介绍后，双方父母互相到对方住处附近调查了解情况（俗谓“打听”），特别是女方对男方家庭状况打听较普遍。待双方认为合适，就互传男女方出生年月等信息（俗谓“传帖”，或叫“下启”）。下启时，男方要备酒席和聘礼，媒人和入席人即成为当然的证婚人，标志着婚姻的合法性。新中国成立后，贯彻《婚姻法》，实行婚姻登记制度，男女双方到乡镇（公社）政府登记并领取结婚证书方为婚姻合法，受到法律保护。20 世纪 50 年代，一段时间内“下启”与婚姻登记重叠进行。登记时，双方连同媒人要到饭店聚会，男方赠送聘礼衣物。聘礼衣物随时代变化，种类数量也不断变化，由“小三件”（自行车、缝纫机、收音机）逐渐到“大三件”（电视机、洗衣机、冰箱）。之后，始有自找对象的，但为数甚少，多为在城镇生活和工作的青年。

择日 传统上，确定结婚日期要请算命先生根据男女生日属相选定（俗谓“看日子”）。20 世纪六七十年代后，剔除其属相、生辰八字等因素，选定在“三八节”“五一节”“国庆节”、元旦等节日结婚渐多。

准备喜事　一是建房。传统上新房多为院中东西厢房，或正房的偏间。20世纪七八十年代后，多要独立建新房，独门独院。这多是在定亲前就建好，建房成为父母的一大经济负担。二是邀客。择日后，要告知亲戚友人，以及本族亲属，然后亲戚友人和族人送礼金礼品，主家发喜帖。结婚前一至二天，要把主要亲戚如姥姥、姑姑、姐姐等请来（俗谓“叫客”，“客”读“kěi”）“看媳妇”。来客皆备喜礼，并送毛毯、被面等物品，张挂于屋内或喜棚内。三是贴喜对子和磕头。喜对子多“囍”字样，磕头包括到祖茔给去逝的先人磕头，给本族长者磕头。给去世先人磕头时，一般要烧火纸（俗谓“纸钱”）、燃放鞭炮，并在其坟上压一红纸，俗称“上喜坟”。

迎娶　传统上男方备（租赁）花轿，去女方接娶。20世纪50年代后，花轿被废，遂改为彩车，即用花布搭起的地排车或牛车。80年代后，彩车由拖拉机替代。再后，拖拉机改为敞篷汽车，后来敞篷汽车改为轿车。

结婚典礼　传统婚礼繁琐，包括磕头拜天地、揭蒙脸红子、喝交心酒、喝疙瘩汤长春面、洞房坐帐以及“滚喜床”“闹洞房”等，之后随时代变化，逐项被废，代之兴起的是新式婚礼，多仿城市做法。

迎新娘车队

结婚典礼拜父母

喜宴 婚礼结束后，备宴席招待所有亲戚朋友和族人。传统上，是“八果四肴十大碗”。八果，即八碟五色果饯；四肴，即四盘凉菜，两荤两素，荤多是猪头下水，素多是海菜鹿角、松花蛋、黄瓜等；十大碗，一是鸡，清炖，条件差时，鸡丝下垫江米饭。其余的多为扣碗酥菜，先上酥山药，再就是酥鱼、酥土豆、炸丸子等，最后上炒肉丝和红烧肉。20 世纪 70 年代后，随着生活水平的提高，席桌标准不断提高。先是在“十大碗”基础上，最后加两个大碗，一是清蒸鸡，二是糖醋鱼或红烧鱼（俗谓“整鸡整鱼”），也有滑肉丝、滑鱼丝、滑丸子的。再发展，就是“两大件”，八果四肴不变，两个大件即两个大碗，每一个大碗后跟四个小碗，咸跟咸，甜跟甜，最后八个汤碗（俗谓“压桌”）。至 21 世纪，变化更大，出现“四个六”（即 6 个冷盘、6 个炒菜、6 个大碗菜、6 个甜菜共 24 道菜）“六个六”（即“四个六”外再加“二个六”炒菜或碗菜共 36 道菜）等。厨师，在 20 世纪 70 年代前后，一般是请本村的王立振、王立义等人；八九十年代，为王斌仁、王佰仁等人；2000 年后，为王刚、王久仁、王香仁、任士奇等人。

出嫁

备妆 传统上，女儿出嫁，娘家父母要陪送嫁妆。一是家具，一般是3件或5件，包括箱柜、橱、桌、椅或大小杌子等。陪送8件的十分罕见。20世纪80年代后，家具多改为大衣橱柜、组合橱柜等。二是日常用品，包括首饰，灯具，餐具茶具如碗筷，梳妆用具如菱花镜等（俗谓“盒底”）。80年代后，多陪送自行车、缝纫机、收录机等。90年代后，多为彩色电视机、洗衣机、电冰箱等。三是衣物等，其中也有男方提前送来的。

填箱 女儿出嫁前，父母要告知亲友，亲友闻讯要送礼，包括礼金、衣物等（俗谓“填箱”）。必不可少的是“果子”，即糕点。传统上糕点是装在木盒内，后改为纸盒，及至后来完全用饼干代替。衣物和“果子”要装入箱子内，带入婆家。

发嫁 结婚当日，女方穿戴婚服，由男方的轿或车接走。是时，族人亲友送行至村外。女方家母亲、大娘、婶子或嫂子作为“送女客（kěi）”，后增加年轻姑娘为伴娘，另挑选护送（或抬）嫁妆的男性人员一并到男方。至时，男方要招待和开“赏钱”。

回门 传统上，女儿出嫁后，隔一天备车接回（俗谓“叫客”kěi），三天后送回，此谓“叫二送三”。此种接送方式需持续二次至三次，接送人员要有变化，女方家叔叔、大爷、哥哥、弟弟甚至近门男性亲属轮番参与，俗谓“叫头趟”“叫二趟”“叫三趟”。男方要备有比喜宴更隆重的酒席。20世纪七八十年代后，改为当日叫当日送，“叫头趟”“叫二趟”“叫三趟”合并或改为同一天分梯次进行，节省人力物力。

生育

报喜 婴儿出生后三天，男方要派人通知女方娘家（俗谓“报喜”）。若是男孩，报喜时带一本书；若是女孩，报喜时带一枝花。是时，双方即确定姥姥家前往看望的具体日期。报喜后，无论男方或女方亲友，闻讯即开始送礼物，包括鸡蛋、红糖、衣物等，以表祝贺。

姥姥家“送粥米”

送粥米 传统上，一般男孩出生 12 天，女孩出生 9 天，姥姥家备好礼物前去看望（俗谓“送粥米”，“粥”读“zhǔ”）。所送物品主要有鸡蛋、红糖、小米、面粉、挂面，以及布料、衣物等，东西装在篼子内，上蒙彩布，红带扎紧。另有一只公鸡，一只母鸡。若男孩留下母鸡，若女孩留下公鸡。20 世纪 80 年代后，所送物品增多，除必须的鸡蛋、红糖外，要有童车、童床等。当天，男方要备酒席，除招待女方来人外，还要招待本村本族送礼物的人员（俗谓请“喝糖茶”）。

散糖茶 传统上，送粥米当日，要用红糖和粉面（即淀粉）熬成甜粥（俗谓“糖茶”），到大街上散发，叫“散糖茶”。等女方客人走后，主家往亲族邻居各家散发红鸡蛋，即用红颜色染成的煮熟的鸡蛋。

叫满月 孩子出生一月，姥姥家要备车把产妇母子接回娘家（俗谓“叫满月”）。送回时，姥姥家为婴儿缝制衣衫（俗谓“退毛衫”）。路上，产妇要手执桃枝，上系铜钱和染红的花生。

看花和掉疙疤 20 世纪 50 年代前，春天幼儿兴种牛痘疫苗，预防天花。是时，姥姥家要派人带礼物前去看望（俗谓“看花”），表示关心。麦后，还有带烧饼、油条等前去看望（俗谓“掉疙疤”）。之后，幼儿不再种牛痘，也就没有看花等习俗了。

建房

院落 村庄沿河而设，人们亲族相聚而居。中华人民共和国成立前，富裕人家以四合院为单元，数院相连，族人紧邻居住。一般人家院落布局亦以四合院格局为常见。院内北屋为正房，两端留风道。前方两侧设配房，略矮。南屋多为三间。一般在院子东南或西南方向启门。正房前植石榴树。左边门窗间设香台。锅屋、茅厕、猪圈、石磨均依院门方位而定。院内一般无井，院墙较高。20 世纪 60 年代后，虽仍以堂屋为主体建筑，但多无配房，锅屋、茅厕等附设建筑物仍循旧习。大门多独立，常建门楼以壮观瞻。门内影壁，或画彩画，或植青竹。20 世纪 70 年代末，民宅多设压水井于院内。院墙渐低，仅以障目为准。农村择地建宅，常请人看风水。风水先生用罗盘测方位、测朝向，再选“黄道吉日”动土、奠基。一般以宽敞、向阳、地势前倾、远离坟地的地方为宅院。20 世纪 50 年代，田园入社，民宅建筑多缘旧宅而起。60 年代，实行宅园合一，农民多于村外开设新宅。70 年代，村庄实行排房规划，择宅之风渐消。但关于建设民宅的禁忌习俗，在民间仍有较深的影响。

房屋 农民建造房屋，上梁是重要一环。上梁之日以前，亲眷们都要送礼。这一天，主人家要请齐木匠、泥水匠及帮工、亲友，晚上要宴请这些人，表示庆贺。20 世纪 50 年代，村庄建房仍多是草房。60 年代，新房多为堂屋，一改两窗一门旧制，始兴两门一窗。渐有两山开气窗的人家。瓦房增多，以青色机制大板瓦为主，水泥瓦虽供市，行销不畅。70 年代，时尚青砖到顶的瓦房，基石增至一米以上，外墙水泥抹缝，内墙抹白灰，三合一灰土铺地。时兴玻璃窗（后墙始有后窗），窗户多安钢筋防盗。进入 80 年代，建房多为带厦檐平房，时兴刷涂料，外墙刮沙灰，水泥铺地。90 年代起，两层小平楼亦相当普遍。

住宿 通常以堂屋为正房，左为上房，老人住东间。中为明间，两边设隔山，靠墙安条几，条几前放八仙桌，上摆茶具，左右置座椅。正上方挂中堂，隔山悬镜框、壁镜、条幅、年画为饰。明间为待客或家人聊天之所。西间常放置粮食、什物，子女成人后居于此，儿辈分居于配房，已婚子孙多分居于外。20 世纪 60 年代后，成婚即分居者逐渐增多。新建堂屋多为三间两门一窗，东面两间相通，有夹山相隔，明间待客，暗间父母、老人居住。无父母，或父母别居，则小夫妻居东间，西间或为仓房或为厨房。客人留宿，常于西间搭铺。

慰病

当族人、亲友等患病时，村民前往探望、慰问是人之常情，也是一种礼节。探望病人时，首先应选择适当时机，过午不看病人，初一、十五也不看病人，尽量避开病人休息和医疗时间。由于病人的饮食和睡眠比常人更为重要，所以不宜在早晨、中午、深夜以及病人吃饭或休息时间前往探视。如果是探望住院的病人，还应在医院规定的时间内前往。若病人正在休息，应不予打扰，可稍候或留言相告。衣着要整洁，不要穿富有刺激性色彩的衣服。走路要轻，不能打扰其他病人的休息。

丧葬

停灵 传统上，病人临危之时，由亲属给病人更换衣服（即“寿衣”）。然后从屋里间移至外间（即“明间”），躺卧在秫秸织就的箔子（俗谓“停灵箔”）上，亲属守候周围。若遇有来不及更换衣服或架至灵箔上的，在病人停止呼吸（俗谓“咽气”）后，仍要按上述习俗进行。

在灵箔上，尸体头南脚北停放，白带束双脚，白纸或白布蒙面蒙身。头前点燃油灯（俗谓“长明灯”），摆面饼（俗谓“打狗饼子”），放米饭馒头（俗谓“倒头饭”），竖谷草（俗谓“影身草”）。然后，子女（俗谓“孝子孝女”）中为长兄持棍（多用挑水的钩担），站在椅子上高喊“西南大路去”（俗谓“喊路”，也称“指路”），然后全家号啕大哭一场。此后，所有院门贴上白纸，盖住原来的门神与对联（俗谓“封门”）。大门外挂纸幡，以告知外人家有丧事。直至 21 世纪，此俗变化不大。

议丧和报丧 停灵后，即派人到死者的亲戚家口头通报死讯。亲戚闻讯后立即前来哭吊。同时，邀请族人及本村年长且有威望者前来商议发丧事宜，确定发丧时间及规格，拟定讣告（俗谓“报丧帖”），并派人送至亲戚家中。传统上，出殡日期要请阴阳先生择日子，后来逐步简化，一般是死后 3 天或 5 天内。出殡规格一般有三种情况：一是丧事从简，不发帖，不办酒席，甚至不让亲戚知道（俗谓“偷埋”）。20 世纪 50 年代前，贫困人家多采取此举。二是帖只送直系亲戚，朋友的礼不收，原来没有来往的不收，收礼待客有一定的限度，此谓“动至亲”。70 年代前，多采取此举。三是收礼待客不受限制，亲戚中的有关近族可以随帖来“行来往”，此谓“全动客”。

入殓　一般人在“咽气”后 3 日内要装入棺内，即入殓（俗谓“盛殓”）。入殓前，子女要为死者洗面，如是女丧，娘家人要到场。棺木质地规格有别。传统上，一般是杨木或柳木，多采自家庭院前后树木；好的是楸木或柏木，但较罕见。棺木的厚度，好的为“五五”或“六六”，即木工尺 5 寸 5 或 6 寸 6，但少见。20 世纪 50 年代前，有少数贫穷户，买不起棺木，直接用苇席卷埋。50 年代后，一度提倡水泥棺，但未推行开。70 年代前后，进行丧葬改革，死后三日内即火化，但多数情况是火化后骨灰仍放入棺内。

出殡　出殡要用两天。

开门。头一天下午，火炮三响，鼓乐奏起，表示出殡开始（俗谓“开门”）。20 世纪 50 年代前，多数家庭出殡请不起乐队（俗谓“喇叭”），六七十年代，提倡移风易俗，也很少请喇叭。80 年代后，请喇叭的渐多，并配以火炮。

请魂送魂。至晚，在乐队声中，族人结对，扶孝子前去土地庙“擢汤”、叩拜（俗谓“请魂”）。之后，再去村前一大路上“送盘缠”，孝子登椅高喊“西南大路去”，然后恸哭，同时焚烧由死者女儿纸扎的轿、牛（适女丧）或马（适男丧）等，即“社火”。

亲戚吊唁。出殡当天，亲戚按帖前往吊唁。首先到“外柜处”上账，即送交并登记葬礼，包括纸箔、帐幔、供品和礼金等。然后去灵棚叩拜哭奠。叩拜需按亲戚远近轻重，分别行五叩、七叩或九叩礼，礼毕，孝子跪拜致谢。最后入席招待。村中亲朋好友有的随礼，有的呈送 1 刀或半刀（若孝子父母双亡 1 刀纸，若仍有一人健在则半刀纸）火纸，俗称“烧素纸”，不吃丧席。

起灵和路祭。一般至午后，酒席招待完毕，即抬棺至大街或大路，亲戚依次行礼叩拜，意为与死者辞行（俗谓“路祭”）。礼毕，有架孝子人员举棺前烧纸用的陶盆（俗谓“老盆”）于孝子头顶，并摔于棺前（俗谓“顶老盆”），抬棺起，男女亲眷大哭，孝男随棺赴林，孝女坐地恸哭。

挖穴和砌墓。传统上，墓穴多为土坑，少有砌墓的。墓分全砖墓和砖石墓。全砖墓为券顶，砖石墓底部、中部和上部均为石板（俗谓“三道腰骨”）。20 世纪 50 年代前，砌墓为少数，50 年代后，更少有砌墓的。80 年代后，砌墓的渐多。

下葬。抬棺至墓穴前，孝子打扫后，下棺入穴，然后封土为坟，孝子哀棍埋入坟内。

谢纸。传统上，葬后第二天，孝子在主事人的带领下，到非本姓的吊唁者门前叩谢。20 世纪五六十年代后，此俗渐免。有在外工作的回家办丧事，对同事吊唁专印“谢帖”。

圆坟　传统上，殡葬后三日，死者儿女亲眷带纸箔香烛等到坟前祭奠（俗谓“圆坟”）。20 世纪七八十年代后，圆坟改为当日傍晚进行。

“五七”、百天和周年　此为埋葬后的三次祭奠。“五七”，即死后 35 天，百天即死后 100 天，周年即死后 1 周年（按农历计算）。传统上祭奠活动比较简单，烧纸箔后恸哭，后逐渐发展为摆供、烧香、焚纸等。

传统节日

除夕

农历十二月（即腊月）三十日（大月）或二十九日（小月），统称“大年三十”，为一年的最后一天。此日，或前一至二日，一切活动皆为过年做准备。

贴对子、门神　对子，也叫对联。传统上，无论穷人家还是富人家，过年时首要的是采买红对纸，请本村善写毛笔字的文化人书写。20 世纪 50 年代前，对子内容有歌颂太平、赞扬美好春天的，有祈福平安、祝愿福寿康宁的，有劝人忠善、诗书勤俭的，常见的有“四时春作首，五福寿为先”“向阳门第春常在（或书香门第春常在），积善人家庆有余”“耕读传家远，诗书继世长”“福如东海长流水，寿比南山不老松”“阳春千里到，花木四时新”“风来花自舞，春入鸟能言”“五风十雨皆为瑞，万紫千红总是春”等等。除此外，大门外（一般对着大门）贴“出门见喜”，大门内（一般是影壁墙）贴“满院春光”，堂屋后墙贴“吉星高照”，主卧室床后贴“身卧福地”或“身体安康”，粮食囤上贴“粮食满囤”或“仓龙引进”等。另外室内外显眼处和主要家具上遍贴“福”字。50 年代后，提倡新春联，根据当时政治经济形势，多自编或从新农历书选取。60 年代中期后，多写毛泽东诗词中联句，如“四海翻腾云水怒，五洲震荡风雷激”“红雨随意翻作浪，青山着意化为桥”“风雨送春归，飞雪迎春到”等等。至 80 年代后，兴起印刷品，“福”字居多，对子内容多为适时编写的词句，如“富贵满堂”“大发财源”“家和万事兴”等。门神，流行于 50 年代前，为木版印刷品。大门（即迎街门）为拿刀枪的武将，传为秦琼、尉迟敬德像；堂屋（主房屋）门为寿星图，怀抱宝葫芦，膝下有童子，并有“三星在户，五世其昌”等字样；内房门多为表达“状元及第”“吉庆有余”画等。50 年代后，门神被认为有封建迷信内容而渐稀，集市卖的渐少，以至消失。与门神同时贴的，还有财神、天神和灶神（即谓“灶王爷”）等。贴对子、贴门神的时间多在午饭前，或者前一天。贴的顺序是从大门开始。70 年代后，新型的年画流行，内容多为风景或电影明星照，贴于室内，门上多贴对联。

备年食　一是油炸菜（俗谓“酥菜”），从传统上一直延续下来，历久不衰。一般“酥”的有土豆、山药、鸡、鱼和萝卜丸子等，酥多少由年景和家庭经济状况决定。二是准备水饺馅子（俗谓“剁馅子”）。馅子以萝卜为主，伴以猪肉、葱、姜等。三是炒花生、折糖等。但此二项随农作物种植的变化，渐渐减少，花生多买成品，糖果也由逐年变化的水果糖代替。

祭祖上坟　上坟一般在除夕当天或前一天，多在下午。上坟一般焚烧火纸和金银箔，纸上打有圆形孔，成古代铜钱样。上坟，意为给故去的先人送钱，希望阴间的先人与人间同时过年。至晚，开始在堂屋祖像前以及庭院中点香，意为敬神。

吃团圆饭和守夜　传统上，至晚，全家团聚包水饺，吃水饺，老少同席，畅谈家常，喜笑颜开。20 世纪 80 年代后，随生活水平提高，边饮酒边看中央电视台春节晚会节目。至午夜零时，放鞭炮，意为迎来新的一年。传统上还有守夜的习俗，即一夜不睡，迎接黎明。

春节

农历正月初一，习惯上人们把春节仍称“过年”，为一年内最大的节日。

摆供敬神　一般在除夕夜就摆好供品。传统上摆两份，一是堂屋正中桌上，敬的是先祖；二是院中“香台”上，敬的是天神。此外，做生意的人家，还敬财神。供品主要是酥菜和五色糕点，伴以香烛等。黎明前，点放鞭炮，全家跪拜。

拜年　上供后，晚辈向长辈拜年，长辈给压岁钱。传统上拜年要磕头，20 世纪 50 年代，提倡移风易俗，宣传不磕头，但效果甚微。给长辈拜年后，男青少年结对，由近及远，到亲族邻居家拜年。各家皆备烟酒招待，小孩子则吃花生糖果。妇女在早饭后拜年，特别是新结婚的媳妇，将由嫂或婶带领到亲族和邻居家拜年。如做生意顺利或有对神灵许过愿的，早饭后，妇女要举香烛果肴到村中关帝庙上供跪拜。

除夕摆供敬先祖

吃水饺　传统上吃水饺是“过年”标志，再贫穷也要千方百计吃上水饺。20 世纪 80 年代后，尽管生活水平提高，人们对吃水饺的概念淡化，但过年的第一顿饭必须吃水饺。是时，家有老人的，多以老人吃多少水饺来衡量健康水平。

看亲戚 从正月初二开始，断续至初十前后，为亲友互相看望的时期。特别是新结婚的青年，要到女方家拜年。此时，礼物要讲究丰盛。传统上多以糖、糕点（俗谓“果子”）等。20 世纪 80 年代后，看亲戚多改在春节之前，礼品也大大改变，多以奶制品、老年补品等为主。

元宵节

农历正月十五（俗谓“灯节”），实为“春节”的后续，也标志着春节的结束。

传统上，中午要吃水饺，下午要蒸面灯。面灯由小麦、高粱、谷子、大豆等杂面捏成，形状分生肖灯、月份灯、勺子把灯等。生肖灯添油点燃后分别放置在牛栏、鸡舍、猪圈等处，月份灯蒸出后看蒸馏水的多少预测全年各月的旱涝，放置在门旁及院中各个角落，勺子把灯放置在锅台上。20 世纪 80 年代后，随杂面原料的缺少，蒸面灯的户也在逐步减少。

至晚，儿童提灯笼到大街游玩。五六十年代前，灯多为自己制作，用的是秫秸竹签，外糊薄白纸，内放蜡烛或面灯。同时，儿童玩的还有俗叫“滴滴金”“起火”“地老鼠”等土法制作的玩物。70 年代后，由于生活水平的提高和原料的缺少，灯笼不再自制，多从集市购买塑料灯，内装电池。

元宵节后，即正月十六日，为闺女回娘家日。是时，新出嫁闺女或有婴幼儿的，娘家要备车去“叫”，年龄稍大的可自行回娘家。娘家把过年留下的食品拿出给闺女和外孙（女）食用。20 世纪 50 年代前，村内兴玩高跷时，十六日晚要表演一场，给叫来的客“回报演出”。

二月二

农历二月初二日。俗谓“二月二”。传统上，在天未明时，各家各户要“围仓囤”，即在院内院外空地上一圈又一圈地撒上青灰（灶膛内草木灰），意为粮食囤。中间挖穴，内放五谷。20 世纪 80 年代后，庭院多用水泥硬化，且草木灰也少见，此俗渐废。另要炒“蝎子爪”，即锅炒黄豆。黄豆用食盐浸泡，或用食糖拌炒。意为黏住蝎子的爪，不让乱爬蜇人。还要早饭食面条，同时把正月十五留下的面灯切细伴入其中。

清明节

具体时间就是农历二十四节气的“清明”那一天。前一天或前两天，到祖茔给逝去先人上坟。当天早晨，家家门上插柳枝。

端午节

农历五月初五，即为“端午节”。节前，提前为儿童缝制“五毒”兜肚，在白布上绣蝎子、蟾蜍、蜈蚣、蜥蜴和蛇，即谓“五毒”，意为穿上此兜肚即可避免害虫侵害。节日当日晨，趁孩童未醒，大人在其手腕上系五色丝线，至之后的雨天剪下放入水中，也为避邪意。门上插艾棵，艾棵多采自老林。此风始终保持。制作“刀草药”，即在早晨太阳未出之时，采集艾棵、青麦苗、毛眼棵、猪耳朵棵（即“车前子草”）和白蒿（即“茵陈”）等五种植物，放入碓中捣碎，晒干，捻成粉，作为夏季手脚划破时消炎用。此俗在 20 世纪 50 年代后即少。早饭食煮鸡蛋，此俗始终保持。至于食粽子，80 年代前，很少，后慢慢兴起。

六月初一

农历六月初一，又称“小年”。新麦子已收，家家磨面蒸韭菜馅大包子。少数家庭摆供敬天，供品多为桃、杏、沙果等五色鲜果。

七月十五

农历七月十五日，包容的节俗比较复杂，既是民间的鬼节，又是道家的中元节，佛教的盂兰盆节，僧道俗三流合一。当地百姓多在此日祭拜先人，并为他们送去冥币。

中秋节

农历八月十五日，又称“八月节”。过节规模仅次于春节，特别是亲友间的“礼尚往来”。节前，新出嫁的女儿，要给父母送“节礼”，礼品随物质生活水平的提高不断提高。20 世纪 50 年代前，以酒和月饼为主，之后，礼品档次提高，数量增加。80 年代后，酒需品牌的，鸡鱼不可缺。其他亲戚朋友之间也多在节前互送礼品。节日当日上午，传统上多吃炖猪肉、麦子煎饼，晚上吃月饼和自产的枣和石榴等水果。70 年代后，晚上家人多饮酒赏月，或参加朋友间聚会。

十月一

农历十月初一。前一日，或前二日，家家备火纸和金银箔等到祖茔给逝去的先人上坟，出嫁的闺女也多回娘家参与其中。

腊八

农历十二月初八，俗称腊月初八，即“腊八”。早饭家家煮小米红枣粥，俗谓“腊八粥”。20 世纪 70 年代后，田中不种谷子，用大米替代小米。80 年代起，物资生活丰富，“腊八粥”食材更加多样。

祭灶

农历十二月二十三日，为祭祀灶王爷的日子。传统上，白天打扫庭院，开始为过年做准备。晚上，把蒸好的黏窝窝放在灶旁，点上香烛，用秫秸扎个马，然后揭下墙上贴的灶王爷年画，口中念“上天言好事”后焚烧，意为“打发灶老爷上天”。20 世纪 70 年代后，田里不种黏谷，不再蒸黏窝窝。灶王爷年画没有销售，此俗渐渐淡化。80 年代后，祭灶风俗又兴起。

儿歌　民谣　谚语　歇后语

民间歌谣

是指民间口头流传的诗歌或歌曲，并在口头流传中不断经过集体加工而形成，常用比兴、夸张、重叠、谐音、双关语等表现手法，是民间文学的一种体裁。其种类繁多，按内容和功能分类，大致有劳动歌、仪礼歌、时政歌、生活歌、情歌和儿歌、历史人物和历史故事歌、杂歌、曲谱等。

一些儿歌民谣，幽默风趣，让人喜闻乐见，至今仍在流传。譬如，《小板凳》："小板凳儿歪歪，里边坐着乖乖。乖乖出来买菜，里边坐着奶奶。奶奶出来烧香，里边坐着姑娘。姑娘出来磕头，里边坐着孙猴。孙猴出来作揖，里边坐着公鸡。公鸡出来打鸣，里边坐着草绳。草绳出来扎腰，里边坐着老雕。老雕出来打食儿，板凳里边没人儿。"当然小板凳里是无法坐人的，这不过是唱来哄小孩子睡觉的。一边摇着摇篮一边拉着长音唱，唱着唱着孩子就睡着了。

再如，《小巴狗上南山》："小巴狗，上南山，割荆条，编簸篮。筛大米，做干饭。奶奶吃，老爷看。急得巴狗啃锅沿。巴狗巴狗你别急，剩下锅巴是你的。"

另有一首《楝子花开》，则是说住姥姥家的孩子，因为老在姥姥家住着，住得太久了，怕舅妈厌烦，自我解嘲的。歌词是："楝子树，开白花，起小在俺姥娘（即姥姥）家，姥娘疼俺，妗子（舅妈）瞅俺。妗子妗子你别瞅，楝子开花俺就走。楝子楝子你别开，俺在姥娘家再过几天儿。"

还有两个小孩拉手玩的儿歌《炸果子》："炸，炸，炸果子，腰里别着皮索子。翻开，正开，咕噜过来。"二个人手拉手翻过去，一个背着另一个问："天上有什么？"另一个回答道："星星，月亮。"上边的问下边的那一个："地下有什么？"下面的回答道："瓦碴。"

再有风趣的礼仪歌《撒帐歌》："一把栗子两把枣，闺女小子往家跑。一起金，二起银，三起摇钱树，四起聚宝盆。"歌词中"栗"与"立"同音，"枣"与"早"

同音，首句是指早立子、儿女成群之意。

此外，还有广为流传的宋真宗写的《劝学诗》："富家不用买良田，书中自有千钟粟。安房不用架高梁，书中自有黄金屋。娶妻莫恨无良媒，书中自有颜如玉。出门莫恨无随人，书中车马多如簇。男儿欲遂平生志，六经勤向窗前读。"诗歌中既有劝人勤学苦读的用意，也将读书、做官、发财之间的关系写得清楚明白。但不论怎么说，学而优则仕，总比不学无术、只顾投机钻营和贪赃枉法要好。因此，时人又唱道："谁不爱，黄金屋；谁不羡，千钟粟；但他们也深知儿孙自有儿孙福，何必为官去贪污；且富贵有余乐，贫贱不堪忧。"

民间小调

又称为小曲、俗曲等，是在农村和城市集镇上广泛流传的民间歌曲，亦为民谣的一种形式。该小调常用"四季""五更""十二月"等形式连为多段分节歌，曲调旋律性强，节奏规整匀称，艺术手法丰富多样，情感表达比较委婉，寄抒情于叙事之中，反映的也多为表现爱情和家庭生活哲理等方面的内容，因此很受人们的欢迎。流传较广的民间小调有"对花""小黑驴""十二孝""哭灵""十二月哭妈""金兀术反中原""打狼段""恶大妮""宇宙千山树叶青""小蚂蚱""打碾庄""下四川""二郎山"，等等。据专家考证，被国家公布为第一批非物质文化遗产的拉魂腔"柳琴戏"，就是清代嘉庆、道光年间民间艺人借鉴柳子戏的"山坡羊""耍孩"以及"溜山腔""拉纤号子"等民间小调演变而成的。过去，民间小调广泛流传，不少人都能哼上几曲，但近年来，会演唱民间小调的人越来越少，几近到了濒临失传的地步。

一首名叫《五更调》的反映丈夫被征兵、妻子思念丈夫的民间小调，歌词大意是："一嘛一更里，本是黑了天，俺在房里泪涟涟，埋怨一声再埋怨，征兵只管征，不该征俺的男！大风折去并头莲，俺二人不得团圆……"

民间小调《摘石榴》采取男女对唱的形式，运用诙谐幽默、清新自然的语言，写出了相亲相爱的恋人炙手可热的感情。歌词中"好妹妹你本是我的心头肉，一日不见如隔三秋，我愿意和妹妹偕老到白头……""情郎哥说的话妹妹听不够，妹妹我想哥哥常常把泪流，我愿意嫁给您偕老到白头……""听说你挨打我心难受，小妹妹挨骂如割我的肉，不如跟我一道下扬州……”“听说下扬州正中我心头，打起个小包袱跟哥一道，一下扬州再也不回头……”一类的语言真挚感人。

民间小调《盼情人》的歌词如泣如诉、婉转动人，如“正月里盼情人迎春花儿开，小为奴在房中两眼泪痴呆。怨一声情郎哥为啥还不来，撇下小奴家守空房泪珠挂满腮。”“五月里盼情人睡也睡不着觉，白盼到黑黑盼到明绣房守孤灯。埋怨情郎哥当初不该把我爱，你如今把我撇小奴可怎生？”“六月里盼情人荷花又开放，咱二人红罗帐里赛过鸳鸯。交心酒喝了不醉一直喝到东方晓，知心话说不尽不觉天大亮。”

民间谚语

为在群众中间广泛流传的固定语句，大多反映人民生活和斗争经验，并且使用通俗简单的语言反映出深刻的道理。谚语作为一种独特的语言形式，有其自己的特点，大致归纳为以下三个方面：（一）精练性，（二）口语性，（三）声律美。如：“七月底，八月半，蚊子还在脚底蹿”“七月核桃八月梨，九月柿子上满集”“麦顶芒种秋顶秋（分），过了霜降刨芋头”“七月七，可怜日，百鸟填河渡织女”“三百六十行，行行出状元”“谦虚的人学十当一，骄傲的人学一当十”“不怕学不成，就怕心不诚”“有雨天边亮，无雨顶上光”“有福同享，有难同当”“邻居好，赛金宝”“远亲不如近邻，近邻不抵对门”“老乡见老乡，两眼泪汪汪”“在家靠父母，出门靠朋友”“交人交心，浇花浇根”“岁寒知松柏，患难见真情”“路遥知马力，日久见人心”“酒逢知己千杯少，话不投机半句多”“有缘千里来相会，无缘对面不相识”“多个朋友多条路，多个冤家多堵墙”“宁喝朋友的白水，不吃敌人的蜂蜜”“人多计谋广，柴多火焰高”“朋友千个少，敌人一个多”“仇人相见，分外眼红”“弱敌不可轻，强敌不可畏”“饭后百步走，能活九十九”“吃饭先喝汤，不要开药方”“机不可失，时不再来”“天黄有雨，人黄有痞”“花儿凋谢不再开，光阴一去不再来”“今朝有事今朝做，莫将忙事待明天”“一寸光阴一寸金，寸金难买寸光阴”“台上三分钟，台下十年功”“三百六十行，行行出状元”“世上无难事，只怕有心人”“玉不琢，不成器；人不学，不知道”，等等。

如若细分，关于展示集体力量的谚语有：“众人种树树成林，大家栽花花才

香”“众人一条心，黄土变成金”“众人是个圣人”“众人扶船能过山”“只要人手多，石磨挪过河”“鱼不能离水，雁不能离群”“硬树要靠大家砍，难事要靠大家做”“一只眼看不远，千只眼看穿天”“一人做事不到，二人谋事有余”“一人智谋短，众人计谋长”“一人知识有限，众人智慧无穷”“一人一条计，三人一台戏”“一人一根绳，刹腰挡西风；众人一股绳，拉倒紫禁城”“一人一个脑，做事没商讨；十人十个脑，办法一大套”“一人踏不倒地上草，众人踩出阳关道”“三个臭皮匠，顶个诸葛亮”“一人难挑千斤担，众人能移万座山”“一人难唱一台戏”“一人计短，百人计长”“人心齐，泰山移”“砖连砖成墙，瓦连瓦成房”“一人知识有限，众人智慧无穷”“一颗星星布不满天，一块石头垒不成山”“一箭易断，十箭难折” “不怕巨浪高，只怕桨不齐”“柴多火旺，水涨船高”“一花独放不是春，百花齐放春满园”等。

关于幽默风趣的谚语有：“冻死迎风站，饿死打嗝得”“好鞋不踩臭狗屎”“说归说，听归听，老鼠不听猫念经”“上梁不正下梁歪，下梁不正倒下来”“不吸烟不喝酒，病魔见了绕道走”“人前若爱争长短，人后必然说是非”“今日有酒今朝醉，明天倒灶喝凉水”“桃三杏四梨五年，葡萄两年就换钱”“只有上不去的天，没有过不去的河”“秀才饿死不卖书，壮士穷途不卖剑”“男人好吃要背账，女人好吃要上当”“一天省下一两粮，十年要用仓来装”“一家之计在于和，一生之计在于勤”“人在福中不知福，船在水中不知流”“命里有时终需有，命里无时莫强求”“天冷不冻织女手，荒年不饿勤耕人”“狐狸总要露尾巴，毒蛇总要吐舌头”“一个鸡蛋吃不饱，一身臭名背到老”等。

关于人情世故的谚语有：“在家千日好，出外一时难”“南里北里去行好，不如在家孝敬老”“跟着好人行好事，跟着坏人学做贼”“穷人三件宝，丑妻薄地破棉袄”“人喜会说的，狗喜刷锅的”“人敬我一尺，我敬人一丈”“不听老人言，吃亏在眼前”“好儿不图分家产，好女不图嫁上衣”“人过留名，雁过留声”“亲戚不共财，共财断往来”“有理走遍天下，无理寸步难行”“响鼓不用重锤，明理不用细讲”“不怕不识货，就怕货比货”“有志不在年高，无志空活百岁”“人行好事，莫问前程”“吃亏人常在，赚巧死得快”“手中无钱难要脸，眼前无路早回头”“天有阴晴圆缺，人有旦夕祸福”好儿不要多，一个顶十个”“知恩报恩天下少，反眼无情世间多”“冤家路窄，朋友路宽”“衣不如新，人不如故”“一面倒不如两面看”“一口吃不了一个胖子”“一回生两回熟”“一朝天子一朝臣”“相聚不珍重，别后空懊悔”“相逢何必曾相识”“县官不如现管”“世上没有不散的宴席”“外甥狗外甥狗，吃完饭就要走”“头十年看父教子；后十年看子敬父”“条条大路通北京”“天有阴晴，物有盛衰”“天有不测风云，人有旦夕祸福”“天下大势分久必合，合久必分”等。

关于团结友爱的谚语有：“救人一命，胜造七级浮屠”“众星捧月”“冤家宜解不宜结”“有盐同咸，无盐同淡”“一家有事大家帮”“一家人不说两家话”“一个好汉三个帮，一个篱笆三根桩”“一方有难八方支援”“一朵鲜花不是春，万紫千红春满园”“团结就是力量”“土帮土成墙，人帮人成城”“头雁先飞，群雁齐追”“离开了和睦，就别想幸福”“天下无不是的父母，最难得者是兄弟”“天时不如地利，地利不如人和”“双拳难敌四手”“十指连心”等。

歇后语

是有近似于谜面、谜底的两部分组成的带有隐语性质的口头用语。前一部分是比喻或说出一个事物，像谜语里的“谜面”；后一部分像“谜底”，是真意所在。两部分之间有间歇，间歇之后的部分常常不说出来，让人猜想它的含义，所以叫歇后语。如：“大海里捞针——无处寻找”“飞蛾扑火——自取灭亡”“大路上的电杆——靠边站”“小葱拌豆腐——一清二白”“八月十五的月亮——年年圆”“孔夫子搬家——尽是书（输）”“吃冰棍拉冰棍——没话（化）”“吃了二十五只老鼠——百爪挠心”“坐着飞机吹喇叭——响（想）得高”“罗锅子上山——前（钱）紧”“李双双死男人——没喜旺（希望）了”“脱裤子放屁——找麻烦”“嘴上抹石灰——白说”“老公公背儿媳妇上山——出力不讨好”“十一个人分两伙——人五人六”“黄鼠狼给鸡拜年——不安好心”“强扭的瓜——不甜”“捋胡子过河——牵须（谦虚）过渡（度）”“姊妹俩出嫁——各人打算个人的”“粪坑里的石头——又臭又硬”“老鼠掉进汤锅里——坏了一锅汤”“老牛掉进枯井里——有劲无处使”“肉包子打狗——有去无回”“癞蛤蟆垫桌腿——硬撑”“西瓜掉进油篓里——又圆又滑”“老鼠钻进风箱里——两头受气”“老虎的屁股——摸不得”“丈母娘的嫂子——大岳母（约莫）”“神老妈子摇头——没经念了”“疤瘌眼照镜子——找难看”“秃子头上的虱子——明摆着”“拾麦打烧饼——干赚”“光腚打铁——偎不上”“竹篮子打水——一场空”“老头吃柿子——光拣软烘的捏”“癞蛤蟆想吃天鹅肉——痴心妄想”“井里的

蛤蟆——没见多大的天”“西边出太阳——不可能”“木偶跳舞——自有牵线人”“东边日出西边雨——倒是无晴（情）却有晴（情）”“司马遇文君——一见钟情”“叶公好龙——假爱”“电影里面谈恋爱——假情假意”“孔夫子穿西装——又土又洋”“水仙不开花——装蒜”“反穿皮袄——装羊（洋）”“一个人拜把子——你算老几”“一张纸画个鼻子——好大的脸”“八仙过海——各显神通”“半斤对八两——差不离”“包公断案——铁面无私”“比干宰相——无心”“程咬金的武艺——三板斧”“楚霸王被困垓下——四面楚歌”“此地无银三百两——自欺欺人”“曹刿论战——一鼓作气”“曹操下宛城——大败而逃”“曹操吃鸡肋——食之无味，弃之可惜”“得陇望蜀——贪心不足”“董卓进京——不怀好意”“东郭先生和狼——善恶不辨”“东吴招亲——弄假成真”“范进中举——喜疯了”“苻坚逃到八公山——草木皆兵”“关羽失荆州——吃亏全在大意”“刘备摔阿斗——收买人心”“刘备遇孔明——如鱼得水”“刘备借荆州——有借无还”“刘姥姥进大观园——眼花缭乱”“卢沟桥的狮子——数不清”“林冲买宝刀——中了诡计”“林冲雪夜上梁山——被逼无奈”“鲁肃上了孔明的船——糊里糊涂”“做梦娶媳妇——净想好事”“狗咬吕洞宾——不识好人心”“韩信点兵——多多益善”“画蛇添足——多此一举”“黄忠出阵——人老心不老”“蒋干盗书——上了大当”“姜太公钓鱼——愿者上钩”“周瑜打黄盖——一个愿打一个愿挨”，等等。

民间故事

神话故事

神话故事是民间文学的一种，为远古时代人民的集体口头创作。包括神鬼的故事和神（鬼）化的英雄传说。当地流传的神话故事主要有：《太阳和月亮》《雄鸡报晓》《洪水灭世》《盘古开天辟地》《伏羲氏黄土捏人》《人祖的传说》《鲧王的传说》《不下白面下大雪》《旱天为什么没露水》《马蜂菜救太阳》《二郎担山》《孙猴子犯难》《嫦娥奔月》《牛郎织女的传说》《七仙女为什么思凡》等。

幻想故事

幻想故事想像奇特丰富，常用夸张、比喻等手法，艺术感染力强。有的还带有神话或幻想情节，充满神奇色彩。当地流传的幻想故事主要有：《白蛇为嘛许配许仙》《彩莲》《九仙姑》《鲤鱼娘子》《猫姑娘》《货郎传奇》《石婆婆显灵》《仁义礼智孝母亲》《宝罐子》《补钱柜》《宫女图》《点土成金》《石头和金蛋》《两粒葫芦籽》《大能二憨》《天理良心》《鸡状元》《虎报恩》《城隍挨揍》《吃鬼的人》《铁嘴李三》《阎王说理》《阎王爷请名医》《命里不该吃扁食》《关老大降妖》《拆拆被明明心》《结拜老虎》《贪心不足人欺天》《无毒不丈夫》等。

生活故事

顾名思义，生活故事题材一般来源于日常生活，系群众口头创作、口头流传，并经过很多人不断地修改加工而形成的一种文学样式。其特点是：故事性强，情节生动；口语化，朴素明快。当地流传的主要生活故事有：《父子双拜堂》《还魂易嫁》《刘猛拾媳妇》《张保成亲》《不到黄河不死心》《宰相肚里行开船》《金玉奴棒打无情郎》《巧对对联》《弟媳抬杠》《会避讳的媳妇》《出嫁的闺女向谁》《哑谜账》《摺死个子》《老粗王二先生》《隐身草》《暖嗝蛋》《纸牛》《憨二狗做客》《憨巴二的故事》《憨巴子走丈人家》《憨巴二赶集》《蠢妇学舌》《老太太走闺女家》《杠眼子相面》《谷家写春联》《惟我一家》《财主和扁食皮》《隔窗听见儿抱孙》《老牛窟的马坷榔》《妯娌俩和一块银元》《恶媳妇》《吃嘴的媳妇》《大的最小小的最大》《桂花测字》《新婚怨》《老宰相和小花匠》《家有贤妻》《人行好事莫问前程》《一条鲤鱼两个头》《两个要饭的》《会说话的老二》《仁兄弟》《银子变石头》《善良坟埋不良人》《花棉袄》《路遥知马力》《老表借年》《王猜析》《皮匠驸马》《三下关东》《王二打官司》《酒秀才》《活神仙张铁口》《和尚冲喜》《赴宴做诗》《俩女婿》《捣事头偷锅》《小偷谝能》《巧辨冤案》《巧查奇冤》《巧判油气案》《三衙役听差》《金刚眼》《蛤蟆鸣冤》《骗子手》《干鱼庙》《蒺藜柜里卧和尚》《九郎赔罐子》《和皇帝比吹》《还愿人头供》《单射腚门》《王大侃》《刘丑诓媳妇》《王二别筋》《圆梦赶考》《王二侃空》《一计除三嫌》《揍出来

的诗》《瞎子和都来看》《一字先生》《听月楼》《四秀才会餐》《对联先生》《乌生打油诗》《屁恼身亡》《草滩剜宝》《死到临头咬妈妈》等。

笑话

当地流传的笑话主要有：《买咸鱼》《饮牛》《亲酒》《夜打东京救秦琼》《怕婆子》《长工和诗》《半鲁之席》《娘俩戏迷》《小两口打官司》《前嚏喷》《卖油的尿尿》《最后的心事》《最后的师训》《看风脉解手》《小光棍甭迷了》《冤死的蛤蟆》《老公公把门》《哥俩打兔子》《都是媒人惹的祸》《车夫世仇》《走为上策》《夫唱妇随》《恶娘们哭丧》《关二爷赴会》《骨头是大儿给的》《疙瘩不是扣子》《按理叫大爷》《俺哥是保长》《一个没挣》《儿媳妇打手语》《先生的虱子》《五子葬父》《三串煎包》《表孙吃兵》《拙媳妇》《韩复榘观球赛》《合计是谁》《早点不好吃》等。

民间传说

长期在民间流传而形成的，是带有某种传奇色彩和幻想成分的历史人物、历史事件或地方风物的故事，有的则纯属幻想虚构。人物和事件的传说，大都是颂扬、赞美的，反映人民的理想和愿望；自然景物的传说，则近于优美的叙事散文。大致包括人物传说、风物传说、动植物传说等几种。

当地流传的人物传说主要有：《王老怪物的传说》《张天师的传说》《秃尾巴老李的传说》《李鳝的传说》《断柘的传说》《满德坤的传说》《赵匡胤先人的传说》《朱洪武的传说》《乾隆帝的传说》《天赐颜回一锭金》《樊哙卖狗肉》《包公闹洞房》《岳飞和秦桧的前世仇》《严嵩和海瑞的三世仇》《郑板桥错断官司》《刘墉比萝卜》《华佗的传说》《鲁班的传说》《铁牌坊的传说》《关公的传说》《甘罗的传说》《贾都堂传说》《解学士的传说》《金圣叹的传说》《张果老倒骑驴》《狗咬吕洞宾》等。

当地流传的风物传说主要有：《洪洞县迁民》《滕小国和龙泉塔》《滕城的由来》《龙山的传说》《荆河的传说》《微山湖的传说》《落凤山的传说》《谷山的传说》《不修梁山修泰山》《黑龙潭的传说》《薛河白马》《王母洞的传说》《青山头出神仙》《薛城里的牌坊》《老财迷气跑土地奶奶》《年的传说》《贴福字的来历》《二月二龙抬头》

《端午节插艾》《七月七乞巧节》《腊八的来历》《戒指的来历》《小孩为嘛穿猫头鞋》《被子为什么缀钱》《婚礼六证的由来》《开箱亮柜的由来》《坟头为啥插柳》《摔老盆的由来》《烧纸的由来》《泰山石敢当》等。

当地流传的动植物传说主要有：《牛蹄为嘛是两瓣的》《公鸡为嘛喔喔啼》《杜鹃鸟的传说》《鸳鸯》《兔子为嘛叫豁子》《兔子的由来》《花头娘》《檐蟆蝴子为嘛晚上出来》《移民借猫》《猫狗相斗的缘由》《狗撵兔子》《鸭替鸡死》《燕子堵蛤蟆》《老鸹为嘛是黑的》《蛤蟆为嘛棍呱叫》《狗腿子》《莲青山老雕的传说》《九斤狸猫降千斤鼠》《鹿噙草》《椿树称王的传说》《烟叶的由来》等。

儿童游戏

打瓦

时间 打瓦时间多在秋冬时节，此时农闲，空地好找。

地点 首先，要找一块避风的平坦场地，在场地的一端画出一个约 2 米见方的“田”字方格，在方格的一条边线上分立两块巴掌大的薄石块，即“瓦”，作为“打”的目标。距“瓦”4 ~ 5 米的地方画一条横线，类似田径场上的起跑线，作为“打瓦”的起点。

玩具 游戏每两人一组，甲乙分别占用“田”字方格左右两边。每人自备一薄石片，作为“打”的工具，石片的大小比自己手掌稍大，如果太大，手握不住；太小，则影响对“瓦”的打中。

规则 游戏大体分八步，由远及近，一次次向“瓦”打去。先由甲开始，打中(以打倒为准)即为成功，继续下一环节；打不中，则由乙进行，自己站一旁等待对方失败后，再重新完成未完成的环节。同样，乙打中，继续下一环节；打不中，由甲方进行。由此二人交替，每人全过程一共要打中 8 次。

第一次，站在横线后，手握石片，瞄准自己的“瓦”，直接打去。

第二次至第四次，一步步向“瓦”逼近打去。先站在横线后，把石片掷出约 1

米远，单脚跳一步到石片前，要求脚距石片既不能超过自己的一拃，又不能触到石片，且单脚跳时另一只脚不能落地，抓起石片，向“瓦”打去。打中了，再把石片掷出约 2 米远，依前次方法进行，只是要单脚跳两步。接着，再把石片掷出约 3 米远，依前两次方法进行，要单脚跳三次。上述要求有一项未做到，则这一次就算失败，交由对方。

第五次至第六次，要在“田”字格内打“瓦”。先把石片掷到距自己较近的一格内，单脚跳四步，单脚站立去打“瓦”。打中，进行下一次，把石片掷到距自己较远（即距“瓦”最近）的一格内，单脚跳五步。这两次除要求单脚不落地外，再增加一条就是脚不能踩“田”字格的线。

第七次至第八次，同第一次，要接连打两次。

最后，如果甲先完成全部环节，乙接着也完成，则二人平局；如果甲先完成全部环节，乙接下去未完成，则甲赢乙输；如果乙完成全部环节，而甲还未完成，则乙赢甲输。

意义　此种游戏对少年儿童的健康成长很有益处，既锻炼了单脚跳又锻炼了动作的灵敏准确度。

打拉子

打拉子，和打瓦一样，冬天农闲时节，孩子们放了学，没有了割草、放羊的任务，就寻思着玩这些。

打拉子要有“拉子”和“拉子棍”。这两样东西取材容易，制作也很简单。截下一段直径 1.5 ~ 2 厘米（也就是手指那么粗）、长约 10 ~ 15 厘米的木条，两头削尖，就是拉子。截下一段直径 2 ~ 3 厘米、长约 50 厘米的木条，修理滑溜，就是拉子棍。当然，这两样东西的木质要硬朗（如枣木），软的不好，一打就折不行。

玩法，各地不尽相同。最基本的，一般采取二人或多人比赛的形式。按游戏的难易程度，可分三种。

一种是，左手先把拉子抛向空中，右手握拉子棍，及时准确地对准拉子向远方猛打过去，打得越远越好。

第二种稍难，不用左手，只用右手。右手大拇指和食指捏住拉子，同时右手还要握住拉子棍。同前一种玩法，先把拉子抛向空中，然后及时准确地对准拉子向远方猛打过去。

最后一种，先把拉子平放在一块小石头上，让拉子尖尖的两端悬空。然后，右手用拉子棍猛击拉子的一端，使拉子弹起在空中，趁势对准拉子向远方猛打过去。

上述三种打法，也可作为游戏的三个步骤。首先要求的是打中，若打不中（也就是打空了），就失去意义；打中了，以打得远为胜。

这种游戏，首先是训练手和眼的配合，以及手的准确性；其次，训练灵敏度，反应要及时，眼疾手快，拉子在空中过高不宜打，过低不好打，要选定适当的高度才好；三是训练手臂的力度，打出去要猛，猛才能打得远，远才能取胜。

打拉子的地点，要选在较宽敞的地方，人多的地方不宜玩，以防止拉子在飞奔中伤人，所以每次玩之前，大人都要反复教育提醒。

此种游戏，既锻炼了身体的平衡能力，又在手眼并用中锻炼了视力。另外，游戏竞争性强，容易激发兴趣。需要注意的是，投掷前一定要保证前方不能有人，以确保安全。

赶蛋

“赶蛋”，这是一种适合少年儿童玩的游戏。

“蛋”，就是一块小石头，大小、形状同鹅蛋；再说“赶”，就是用木棍把小石头赶走。木棍，长约 1.5 米，粗细以参玩人的手能攥握住为宜。有时来不及准备，临时把掏粪的铲把子倒过来用也是有的。说到场地，那就更简单，一块约 10 平方米的平地，房前院后，到处都有。

开玩之前，先要在场地围着中心画出若干个直径约 1 米的圆圈，圆圈的个数要比参玩的人数少一个。每个圆圈的中间还要挖一个小坑，坑的大小以能把木棍一头插进去为宜。竞赛分攻方和守方，每个圆圈就是每个守方的“地盘”，圆圈内的小坑就是“据点”；攻方站在中间，无“地盘”无“据点”，玩的过程就是攻方要去争夺守方的“地盘”抢夺守方的“据点”。

游戏开始。攻方站在中间，木棍下守着“蛋”，眼睛不停地向四周扫视，虎视眈眈，寻找时机；守方各自站在自己的“地盘”也就是圆圈内，把木棍一头牢牢地插入自己的“据点”也就是小坑内，屏住呼吸，两眼圆睁，开始迎战。接下来，攻方趁守方不备之时，把“蛋”赶至任意一守方的“地盘”内。这时，赶至谁的“地盘”内，守那个“地盘”的人就要迅疾作出反应，把那个“蛋”再赶出去（或者赶回攻方的场地，或者赶至别的守方“地盘”内）。总之，守方的“地盘”内不能存“蛋”。也就在此时，攻方会趁守方抽棍赶“蛋”之时，以迅雷不及掩耳之势把自己的木棍插入守方“据点”小坑内。这一着，如果攻方得逞，就算胜利，攻方就变成下一轮的守方。守方失去“地盘”，就算失败，守方变成下一轮的攻方；如果这一着攻方未能把木棍一头插入守方的“据点”小坑内，就算攻方未取得胜利，下一轮就得重复着上一轮那样的玩法。

由此看来，“蛋”就成了引诱守方出“据点”的诱饵。“赶蛋”如作战，要既能把“蛋”从自己的“地盘”赶出去，又不能让对方把自己的“据点”占领，争夺激烈，竞技性强，这既能锻炼人的机敏和快速反应能力，又能使全身得到充分活动，所以即使是在寒风凛冽的冬天，也能玩得满头大汗。

此项游戏要特别注意安全，举木棍要瞅好不能伤着别人，每个人也要时时提防对方的木棍，所以更适合年龄较大的孩子来玩。

踢毽子

又叫“打鸡”。起源于汉代，盛行于南北朝和隋唐，至今已有 2000 多年的历史，是中国民间体育活动之一，是一项简便易行的健身活动。它深受青少年儿童的喜爱，尤其是少年女子。

首先，毽子制作简便。只需用一小块布，包上一枚铜钱和一小截下端剪成十字形开口的鹅毛管子，用针线缝牢，成为底座；再在未剪开的鹅毛管子上端里，插上七八根鸡毛就做成了。鸡毛最好是雄鸡的，又长又好看，也好踢些。现在商店里或地摊上有现成的毽了卖，不过，其底座往往是橡皮的，弹性大，踢重了稳定性差。其次，活动便于开展。它对场地要求不高，只需一小块比较平坦的空地，五六平方米，三四平方米均可，越是技艺高的对场地要求越宽。有的人只需一平方米甚或站在板凳上，也能踢上好几十下。再其次，踢法多种多样。既可以比次数，也可以比连踢的时间，还可以比踢的花样。

踢毽子是一项全身性运动，需要眼、脑、神经系统和四肢的高度配合，主要做盘、磕、拐、蹦、落等技术动作，讲究眼到腿到，通过抬腿、跳跃、屈体、转身等动作，使脚、腿、腰、颈、眼等身体各部分得到锻炼。与其他运动最大的区别是，踢毽子的动作可以让人体关节得到横向摆动，从而带动经常处于“睡眠状态”的韧带和肌肉群，大大提高各个关节的柔韧性和身体的灵活性。

踢毽子的好处多多，既能强身、健脑、加快肠蠕动，又有助于增强孩子的心肺功能。踢毽子的大幅度摆腿动作，主要是靠骨盆支撑和腰部拧转来完成，而较长时间的弹跳踢腿动作的锻炼，有效增强了腰肌和盆带肌的支撑力量和动作能力，对孩子的骨盆发育起到有效的促进作用。这一点对女孩子而言尤其重要。踢毽子用双脚来完成动作，需要加速大脑与双脚间信息的往返传递，长期坚持踢毽子，大脑掌控“远端肢体”的细胞就会被激活；同时，踢毽子时呼吸加深，吸入的大量氧气，也有健脑的功效。踢毽子使胃肠蠕动加快，对厌食孩子的胃口大开很有推动作用。踢毽子还能使孩子身心舒畅，解除压抑和焦虑。此外，踢毽子时腰胯及下肢的肌肉群的收缩运动使心跳加快、呼吸加深，扩大肺活量，增强孩子相对较弱的心肌力量，使心脏跳动有力，血液循环和新陈代谢功能得到加强。

跳绳

是一人或众人在一根环摆的绳中做各种跳跃动作的运动游戏。这种游戏唐朝称“透索”，宋朝称“跳索”，明朝称“跳百索”“跳白索”“跳马索”，清朝称“绳飞”，清末以后称作“跳绳”。作为一种古老的汉族民俗娱乐活动，南宋以来，每逢佳节家家户户都跳绳，有的还要比赛。中华人民共和国成立后，跳绳在学校开展得非常普及。

跳绳运动的装备十分简单，只需一条绳、轻便衣服及一双舒适的运动鞋便可；此外，跳绳所需的场地也不大，无需租借特别场地，参与人数不限，可单独一人或多人进行。除花样跳绳外，也可按一定距离，边摇绳边跑向终点，比赛速度。跳绳每小时消耗体内热量约 1000 卡路里，并且使人心律维持在与慢跑大致相同的水平，不过它却可以避免因跑步而产生的膝、踝关节疼痛的困扰。跳绳花样繁多，可简可繁，随时可做，一学就会，特别适宜在气温较低的季节作为健身运动，而且对女性尤为适宜。从运动量来说，持续跳绳 10 分钟，与慢跑 30 分钟或跳健身舞 20 分钟相差无几，可谓耗时少、耗能大的有氧运动。

跳绳是一项极佳的健体运动，能有效训练个人的反应和耐力，有助保持个人体态、健美与协调性，从而达到强身健体的目的。跳绳能增进人体器官发育，增强人体心血管、呼吸和神经系统的功能。跳绳时的全身运动及手握绳对拇指穴位的刺激，会大大增强脑细胞的活力，提高思维和想象力，也是健脑的最佳选择。跳绳的减肥作用十分显著，它可以结实全身肌肉，消除臀部和大腿上的多余脂肪，使形体不断健美，并能使动作敏捷、稳定身体的重心。

跳绳时的注意事项。跳绳者应穿质地软、重量轻的高帮鞋，避免脚踝受伤；绳子软硬、粗细适中，初学者通常宜用硬绳，熟练后可改为软绳；选择软硬适中的草坪、木质地板和泥土地的场地较好，切莫在硬性水泥地上跳绳，以免损伤关节，并易引起头昏；跳绳时须放松肌肉和关节，脚尖和脚跟须用力协调，防止扭伤；胖人和中年妇女宜采用双脚同时起落，同时上跃也不要太高，以免关节因过于负重而受伤；跳绳前先让足部、腿部、腕部、踝部作些准备活动，跳绳后则可作些放松活动；跳绳时需要配合呼吸进行，用力时吐气，还原放松时吸气，而在基本跳跃动作 10 次至 15 次的进行间调和气息，为接下来的锻炼让身体做好准备，并且依照这样的呼吸原则持续运动。

北辛村志

（前 5300—2017）

BEIXINBUCUNZHI

■

村民生活

CUNMINSHENGHUO

……

北辛村村民生活，大体以1949年中华人民共和国成立为界，之前为贫穷落后阶段，衣食住行依靠农业收成的丰与歉，还有环境的安定与否。之后，随着社会发展，人们生活一步步走出贫穷，迈向富裕。衣着追求华丽时尚、丰富多彩，饮食注重营养滋润、主副食搭配得当，居住多住起宽敞舒适的小平楼，出行基本实现现代化，家庭轿车进入寻常百姓家。

衣着与饮食

衣着

纵观百余年历史，特别是从1949年后的60余年，村民衣着的变化，大体可分为遮体避寒、清洁美观、丰富多彩三个阶段。

1949年中华人民共和国成立前，以及中华人民共和国成立初期，在一个长时期内，村民除地主和少数自耕地较多的农户外，80%以上村民的衣着，维持在遮体和御寒阶段，更有极少数特别困难的户，连遮体和御寒的要求都达不到。20世纪50年代后，特别是到了60年代和70年代末，除“三年经济困难时期”外，村民衣着无论是从数量上还是质量上，都在不断发展和提高，从遮体避寒转向清洁美观。80年代后，经济发展，物质丰富，村民生活提高，衣服数量和质量都有了天翻地覆的变化。

衣服数量 遮体避寒阶段，一般的人，冬衣（俗谓“棉裤棉袄”）每人仅一身，且困难者棉袄内无有衬褂，俗谓“穿伐筒子袄”；夏衣（俗谓“褂子裤子”）仅1～2身，且每件要穿3～5年，甚至更长，破了补，补了破，直至无法拾掇为止，俗谓“新三年，旧三年，缝缝补补又三年”。夏日炎热，下地干活，男人只穿短裤（俗谓“裤衩子”），赤脚光背，或者用蒲草蓑衣遮身。进入清洁美观阶段起，村民无论上衣和下衣，大多数每人增至3～4件，能适时替换和清洗。

衣服布料 遮体避寒阶段，衣服所用布料，皆为自织自染粗布，俗谓“土布”。20世纪40年代末，村内有织布机5台左右，村民交上自纺棉线前去加工。

颜色，冬衣以黑蓝为主，夏衣为原白色。黑色为自染，即把原布先放入石榴皮水中浸泡数日，再放入生铁水中上色。蓝色多在专业染坊加工，原料来自植物靛蓝，俗谓“毛蓝”，优点不易褪色。妇女儿童衣服多印成蓝底白花。至 50 年代，土布渐少，及至全部消失，代之而起的是机制布，俗谓“洋布”。先是平纹的，后是斜纹的，如卡其、华达尼、灯心绒等；先是棉织布，后是化纤布，如人造棉、的确良、涤卡等。毛料和丝绸在青年结婚时选用。布料颜色，由白青蓝增加灰色，红绿及各种花布品种增多。80 年代，衣服布料棉质衣物渐少，化纤制品、毛呢料逐渐增多，丝绸在年轻人中特别在婚嫁中是不可少的。

衣服款式 遮体避寒阶段，所有衣服皆为手工缝制。男式上衣，无论冬衣棉袄或夏衣褂子，皆为圆领对襟，手工盘扣（俗谓“疙瘩纂子”）。老年人的棉袍，则是偏襟，即开襟在右腋下，俗谓“大襟”。大襟衣服的优点利于胸部腹部保暖，多有老人还习惯用长布带（或绳）扎腰，以保暖，戏称“撅腚袄”。男式下衣，则为“大裆裤”，优点是可以反正穿，延长穿用年限。女式上衣皆为大襟，下衣同男式，为大裆裤。冬衣无论男女款式，条件好点的，棉袄或棉袍，外加一层单衣，俗谓“笼袄褂子”，除增加保暖外，还便于随时脱下清洗。20 世纪 70 年代始，北辛集市和八一矿缝纫店渐多，村民中也开始有自购自学缝纫的，于是自己手工缝制的衣服渐渐稀少，机制渐渐代替手工，款式不断更新。冬衣，棉袄虽然仍手工缝制，但妇女不再穿大襟衣服，棉裤也不再是大裆裤。无论男女，棉衣多数要罩外衣。棉袄除紧身的小袄外，青年人中兴起翻领大衣，其中短大衣最多，俗谓“毛领子袄”。此时，棉衣内多加针织衬衣，称“秋衣”。秋衣除保暖外，还便于随时抽出换洗。夏衣，男式流行的是通称为“港衫”的翻领衬衫，以及中山装、人民服、国防服等，女式更是多种多样。80 年代起，家庭缝纫机和专业缝纫店减少，人们衣服多购买成品。中山装等制服渐渐退出。春秋天，男子出门串亲探友多着西装，休闲时多着夹克。冬天，羽绒服代替棉袄。妇女特别是年轻女子夏天着长短裙，秋冬着牛仔裤已不稀罕。

遮体避寒阶段，男女单鞋皆穿圆口布鞋，手工纳底。冬日有棉鞋者较少，多穿由芦苇花编织成的草鞋，俗谓“毛窝”。夏天，男子多赤脚。冬天青年人多不戴帽，老年人戴线织帽，俗谓“一把撸”。小孩则戴手工缝制的各种花帽。夏天，出门皆戴苇篾编的草帽，俗谓“席夹子”。20 世纪 70 年代，妇女忙于参加生产队劳动，手工缝制鞋帽的渐少。男女流行穿胶底鞋，男子穿胶底鞋，称“解放鞋”，黄色。妇女穿带袢的黑布鞋。到农闲时，男女青年中开始穿皮鞋。帽子，男子戴有帽檐的蓝黑帽，妇女多围方巾。80 年代起，青年中流行皮鞋，夏天着皮凉鞋或塑料凉鞋，秋冬着各种样式的皮鞋。但农忙下地干活时仍以水旱适宜的胶底鞋为主。青年人平时多不再戴帽，老年人帽子样式很多，很随意。

饮食

餐数 在正常年景，一年四季中，农忙时（大体是春末至秋末的半年时间），一日 3 餐，俗谓“一天三顿饭”。农闲时，则一日 2 餐。20 世纪 70 年代后，随着生活水平的不断提高，一日 3 餐的时候渐渐多起来。

早餐，一般在早晨 8 点左右，午餐一般在下午 1 点，晚餐一般在傍晚 7 点。早晨和午餐为主餐，主、副食要齐全，要“干”“湿”搭配好，“干”“湿”即为主食。晚餐，对比早、午餐，较为简单些。在生活困难艰苦时，有煎饼、咸菜和开水就行。生活条件好了以后，一定要有“汤”，故村民多把晚餐统称为“喝汤”。

主食 主食，包括“干”“湿”两种。干，是指煎饼、窝头、馒头、烧饼、单饼等；湿，即稀饭，指糊涂（也写作“糊肚”）、面汤等。

煎饼 按成分构成来分，可分多种。20 世纪 50 年代及之前，主要是高粱煎饼，由高粱浸泡后磨糊烙成。是时，多数家庭备有石磨一盘，大鏊子一盘与小鏊子一盘。在条件好时，磨糊时里面少加豆子，煎饼香而且脆，俗谓“足豆子煎饼”；在条件差时，加入切碎的鲜地瓜（时称“芋头”），煎饼稍甜，俗谓“芋头煎饼”，吃后肠胃容易泛酸。麦子煎饼，由麦子磨糊烙成，为煎饼中的上品。生活困难艰苦时只是麦子收割后的一个月或稍多一点的时间食用。80 年代后，麦子煎饼成为家常便饭。地瓜干煎饼，俗谓“瓜干煎饼”，60 年代末至 70 年代末流行，即大面积种植地瓜时，地瓜产量高，且又以瓜干的形式贮藏，家家以食地瓜干为主。地瓜干煎饼不同于 50 年代及其之前的芋头煎饼，瓜干煎饼是先把地瓜干用机器打成面，然后和成面团在鏊子上滚成。是时，村内有打面房一处，能打粗细两种面。

窝头 按成分结构来分，有高粱面、地瓜干面、玉米面的，并伴有豆面。在生活困难艰苦时，多掺芋头（即“地瓜”）叶、野菜（主要有荠菜、“小蓟”即俗谓

“蒌蒌芽”）、榆钱、槐花等，纯粮食的不多。在生活条件好时，已不再见窝头。

馒头、烧饼 1949 年前至 20 世纪 70 年代，馒头、烧饼只在过节或招待亲友时购买，平时并不食用。80 年代始，随小麦种植面积的扩大和产量的提高，小麦产品成为家常便饭。先是自做，或用粮食换，后直接用现金购买。

稀饭 主要是糊涂（也写作“糊肚”），其成分与煎饼一样，用碓或碾加工成碎末状。20 世纪 50 年代前，主要是高粱糊涂，成分是高粱面，条件好时，加豆扁或绿豆、小豆等。其次，是地瓜糊涂（俗谓“芋头糊涂”），主要成分是地瓜面。另外，秋收后还有小米糊涂，麦收后有麦子糊涂等。上述糊涂加菜叶、盐，便成为咸糊涂。

副食 20 世纪 50 年代前，村民食用的蔬菜春天是小白菜（俗谓“春不老白菜”），夏天土豆（俗谓“地蛋”）、辣椒、茄子等，秋天和冬天时萝卜和白菜，皆为自种自食。过节或招待客人才赶集上店，筹备肉、鱼等。但一年四季家家不断的是自家腌制的咸菜。60 年代之后，特别是 80 年代后，生活水平提高，一年四季吃上新鲜蔬菜，且多是到北辛、官桥、八一矿区等集市购买，自种青菜成了调剂。

居住与出行

居住

1949 年前，全村 95％以上农户住房为茅草屋、四檐青屋，只有村东任守礼等几户地主、富裕中农家及村中关帝庙等处有几处瓦屋，另有一处二层碉堡楼。20 世纪 50 年代后，村内开始有人在茅草屋的最下檐，加两排或三排机制平瓦，俗谓“马褂子屋”。60 年代，村内开始建屋顶全机制平瓦的屋，俗谓“洋瓦屋”。70 年代，村内开始统一规划宅基地，“洋瓦屋”渐渐成排，是为“排房化”。80 年代中期开始，村内兴起盖平顶的楼房。之后，时兴二层楼房。

茅草屋 茅草屋，墙基一般高出地面 10 ~ 20 厘米，条件好的石块方整，条件

20世纪40年代茅草屋

差的由碎石砌成。墙体由黄泥掺麦穰筑就，墙高1.6 ～ 3.6米不等。屋顶木梁、木檩上覆高粱秫秸箔子，再覆麦穰。条件好的，覆盖“黄麦草”，条件差的也有用谷草的。草屋每年夏初需要修缮一次，以保证度过雨季。屋门一般是单扇，条件好的是双扇。主房（俗谓“堂屋”）一般为3间，长约9米，宽不足3米。偏房（即东屋或西屋）一般2间。20世纪50年代后，旧式弓形瓦不再生产，兴起的是机制平瓦，有烧制泥质和水泥压制两种。

瓦屋 多为清末或民国初年所建，一般从前辈中承袭而来。瓦屋墙基为条石砌成，一般高出地面30 ～ 45厘米。墙体内外砌灰砖，中间夹土坯，墙面白石灰勾缝。木梁木檩，上覆阴阳（即一反一正）两层灰瓦，少数只覆一层瓦的（俗谓“反毛脊”）。关帝庙瓦屋，大殿3间，厢房12间，全砖院墙，灰砖影路，花棂门楼。地基高，房屋明亮。长时期内为村民在春节前后娱乐的聚众场所。

四檐青屋 介乎瓦屋与茅草屋之间的一种屋。墙体同茅草屋，墙体外部用石灰水和泥漫平；基石更高，石基上面再走三行灰砖。屋的顶部也同茅草屋，只是多用“黄麦草”等耐腐的草。不同的是，屋前后檐要镶三层砖，两山头覆两行灰瓦，屋山墙的上半部要灰砖包皮，俗谓“硬山间子”，此即为“四檐青”之意。另外，门窗的边框要镶砖石，俗谓“提门提窗”，设高门槛，俗谓“高门嵌子”。

20 世纪 70 年代瓦房

平顶楼 1949 年前，村中有砖石结构的平顶楼一座，一间两层，木质楼梯与楼板，修建于日伪时期，原为日伪军驻守的碉堡楼。楼体坚固，楼顶四周建有垛口，配有角楼，砖石楼基，土墙，砖顶。

“洋瓦屋” 20 世纪 60 年代，村内开始建屋顶全机制平瓦的“洋瓦屋”。屋檐、屋山、门窗类似“四檐青屋”，或者高于“四檐青屋”。墙高 3 米以上，墙基砌成“蘑菇石”，门窗安装玻璃等。房屋长约 9 米，宽 3 ～ 4 米。由此看，“洋瓦屋”由“四檐青屋”发展而来，且又大大高于“四檐青屋”。70 年代，村内开始统一规划宅基地，房屋也渐渐成排，是时，全村能达到每户一座“洋瓦屋”。

小平楼 20 世纪 80 年代中期开始，村内兴起盖平顶的楼房。地基要求深挖，灌以水泥混凝土，加钢筋圈梁。墙为单层全砖，俗谓“二五墙”。顶盖覆水泥板，先是预制空心板，后为水泥混凝土现浇板。门窗皆为铝合金和玻璃材料，架有防盗钢筋。房屋面积比瓦屋扩大，楼房长约 10 米，宽 4 ～ 5 米。布局也发生了变化，多为“一明两暗”，且“暗”又辟为两开间，形成屋中间的明间为客厅，两头为卧室的格局。楼的二层多建一间或两间，俗谓“一头沉”或“中间沉”。至 2017 年，

21 世纪的楼房

全村建有平楼 500 余座，每一年轻夫妻家庭达到一座。此时，茅草屋绝迹，“洋瓦屋”也少有人居住。

出行

1949 年前，村民赶集上店、走亲串友，绝大部分靠步行，年老妇女和幼儿则靠家人手推独轮车，俗谓“小红车”。少数人遇有急事如求医欲进城，则到官桥火车站乘火车。20 世纪 50 年代，人们出行条件改变不大。

60 年代初，村内始有第一辆自行车。同时，双轮地排车也开始兴起，并逐步取代独轮车。70 年代后，村民中自行车渐渐增多，80 年代自行车得到普及，平均每户能有一辆自行车。此时，乘坐火车、客用汽车的人数也渐渐多起来。

80 年代后期，村内开始有摩托车，并很快增多。90 年代初期，村内开始有人购买夏利、昌河等型号轿车从事客运出租。同时，村西北新修县城通八一煤矿的公路开辟 4 路公交车，村北官桥至羊庄的羊官公路建成以及薛城至山亭客运线路的通

环保电动汽车进农家

车，方便村民进县城、薛城、山亭，去官桥、羊庄、八一煤矿。

进入 21 世纪，村民中除摩托车外，渐渐流行电动自行车。同时，村内载人客车增多。2008 年，北辛村民张志金、张志银合伙购买大客车经营山亭至薛城客运业务。2010 年，村民贾庆华拥有大客车 2 辆，经营德州至济南客运业务。至 2017 年，全村拥有家庭轿车 300 多辆、机动三轮车 500 多辆、摩托车 150 多辆、电动自行车 500 多辆。

北辛村志

（前 5300—2017）

BEIXINBUCUNZHI

■

人物

RENWU

……

北辛文化源远流长，闻人辈出。历史上，夏朝造车始祖奚仲、商朝左相仲虺、战国四公子之一孟尝君、勇于自荐并舌战楚王的毛遂、汉家儒宗叔孙通、西汉名臣公孙弘、工匠祖师鲁班、墨家学派创始人墨子、元朝礼部尚书任居敬等人，均与北辛文化有着千丝万缕的联系。现代人物，则着重记述北辛村的能工巧匠、各行各业出类拔萃之才，包括党政机关科级及以上干部，事业单位中级以上技术职称人员，以及长期担任基层党政机关主要负责人、取得较高经济效益的企业家，兼顾记述为北辛遗址考古发掘、北辛文化研究传播等做出突出贡献的著名客籍人物，譬如著名考古专家高广仁、胡秉华、吴汝祚，滕州文物专家万树瀛，枣庄博物馆研究馆员石敬东，北辛文化传播者孙井泉，北辛土陶制作技艺传承人王剑锋，北辛珍畜"荄子猪"研究人员刘建全等人。

人物传略

奚　仲

夏朝东夷薛国人，轩辕黄帝七世孙，薛国创始人，造车鼻祖，任氏祖先。

据清道光二十六年版《滕县志·薛世家》记载："当夏禹之时封为薛，为禹掌车服大夫。奚仲生吉光，吉光是始以木为车。以木为车，盖仍缵车正旧职，故后人亦称奚仲造车"。奚仲因造车有功，被夏王禹封为"车服大夫"（亦称"车正"）。

据《左传》记载，在公元前2250年夏朝初大禹时代，奚仲制造世界第一辆车，设有车架、车轴、车箱，为保持平衡，采用左右两个轮子。《墨子》在《非儒》篇中也提到："左者羿作弓，仔作甲、奚仲作车，巧垂作舟。"可见奚仲作车信而可靠。古典力学专家刘仙洲确认，"马车是始于尧和舜之间的时代。"若相信起于奚仲，便在这个时代进一步发展为驯马拉车，从此推动社会发展。

奚仲是古薛国地面上出现最早的，也是最大的发明家、政治家，过世后被百姓奉为车神，后人在薛城区千山头修建奚公祠常年祭拜，以求出行平安。"祭拜奚仲，平安出行"的民谚流传至今。

造车始祖奚仲，是历史记载中第一个走入中原的北辛文化代表人物。然而，随他走进中原的不仅仅有马车，许多北辛文化的核心价值元素，也随着那道马车的辙印汇入大禹的治国理念当中。历史记载奚仲曾任夏“车正”，也就是管理车辆制造及“车服礼仪”的官员，可以想见，夏朝的许多礼仪制度之中凝聚了北辛文化的智慧。“番禺作舟”“奚仲造车”等等的历史记载，从一个侧面彰显北辛文化在当时所达到的文明高度，铭记北辛先民们为完善民族早期文化体系做出的贡献。

奚仲逝世后葬于家乡奚公山上，即位于现在枣庄市薛城区陶庄镇驻地西南5公里的奚公山上。今山上有古冢两封，北为奚仲墓，南为冉求墓。两墓东50米有车服祠，亦称奚公祠。薛国故城内有奚仲庙，奚仲庙故迹依存。

仲　虺【huǐ】

任姓，奚仲第十二世孙，继奚仲之后又一位杰出的薛国国君，是商汤时期的著名大臣。他辅佐成汤灭夏，建立商王朝，成为一代名相。

仲虺24岁继薛国国君之位，是一位极具才华与政治远见的人物。居薛期间，发扬先祖的优良传统，带领薛地民众，着力改进生产工具，号召各个村落在低洼地带打井取水，发展农业。倡导人们饲养牲畜，大力发展畜牧业。设立农官，教人民用庄稼的秸秆饲养牲畜，用牲畜的粪便作为肥料，来提高土地的肥力。他还重视手工业的发展。当时，铜器制造业、手工艺品制造业、皮革、酿酒、养蚕、织帛等，都发展到一定的规模。在仲虺的带领下，薛国成为一个实力较为强大的诸侯国。而此时的夏王朝，已是江河日下、众叛亲离。仲虺高瞻远瞩，欣然加入商汤灭夏的行列中，成就一番伟业。

他与伊尹并称商汤左右相，辅佐商汤完成大业。《左传·定公元年》记载：“薛之皇祖奚仲居薛，以为夏车正，奚仲迁于邳。仲虺居薛，以为汤左相。”可知仲虺为奚仲之后，商汤之左相，居于薛。薛，在今山东省滕州市南20公里。身为商汤的左相，仲虺在商代初年的政治生活中居于重要地位。《尚书·序》中曾经提到“仲虺作诰”，但东汉时已经亡佚。《墨子·非命上》记载：“仲虺之告曰：我闻于有夏，人矫天命，布命于下，帝伐之恶，龚丧厥师”。仲虺在政治上有一套自己的见解，《左传·襄公三十年》记载仲虺的治国之道曰：“乱者取之，亡者侮之，推亡固存，国之利也。”这里讲的“国之利”，即《左传·宣公十二年》仲虺所云：“取乱、侮亡、兼弱也。”

《尚书·仲虺之诰》：“佑贤辅德，显忠遂良，兼弱攻昧，取乱侮亡，推亡固存，邦乃其昌。”《仲虺之诰》解决了商汤灭夏桀后最烦心的问题——政权的合法性问题，有利于对人民的统治和政权的稳定，对商王朝做出了卓越贡献。

孟尝君（？—前279）

名田文，字孟，封于尝邑，故号孟尝君，中国战国四公子（赵国的平原君，魏国的信陵君，楚国的春申君，齐国的孟尝君）之一，齐国宗室大臣。

其父靖郭君田婴是齐威王的儿子、齐宣王的异母弟弟，曾于齐威王时担任要职，于齐宣王时担任宰相，封于薛（今山东滕州东南），号靖郭君，权倾一时。田婴死后，田文继位于薛，被齐湣王任命为相国。

孟尝君以“好客养士”而闻名天下。他善于用人，广招天下贤士，宁肯毁家产也要厚待宾客。对门客不分出身贵贱，不厚此薄彼，一视同仁，门客均感恩戴德，忠于职守。门客们为后人留下了“焚券市义”“狡兔三窟”“鸡鸣狗盗”等不少动人的历史典故，至今广为传颂。一次，孟尝君的门客冯谖自告奋勇到薛地收取债息。冯谖到达薛地后，知道百姓连年受灾，庄稼歉收，民不聊生。他把一些无力偿还地租的债户的所有债券全部焚烧，并对老百姓讲这是薛公的旨意，百姓闻言伏首叩谢。冯谖回到孟尝君那里去复命，并说给主人买回“义”。孟尝君听了详细情况后，一时并不情愿。待到他被罢免了齐国相国之职，回到封地薛国，看到百姓扶老携幼于十里外路边跪拜相迎，争献美食佳酿时，这才恍然大悟，对冯谖说，当年你焚券市义，今日所见功德无量。

在薛期间，冯谖对孟尝君进谏，人若立于不败之地应效狡兔有三窟。今君有薛地为一窟，我再为您营造二窟，保后世平安。于是冯谖去魏国游说，说服魏惠王拜孟尝君为相国，以重金相聘。冯谖又去齐国向齐王陈述利害，使齐湣王亲自驱车来薛地向孟尝君道歉，请回齐都，重封相位。

秦昭襄王一向仰慕孟尝君的才能，派人请他到秦国作客。孟尝君为报答秦王的赏识之情，向他送上一件名贵的纯白狐裘，作为见面礼。孟尝君与秦昭襄王二人一见如故，秦王很想拜他为宰相。此举遭到秦国大臣的嫉妒，他们便在秦王面前说了许多孟尝君的坏话，孟尝君最终被秦王软禁了起来。孟尝君遭到软禁后，就派人去求秦王的宠妾燕妃帮忙。但是燕妃却说："如果孟尝君送我一件和秦王一样的白狐裘，我就替他想办法。"有一位食客自告奋勇地对孟尝君说："我有办法，明天以前我一定可以弄回一件白狐裘来。"这天晚上，这位食客偷偷进入秦宫，学着狗叫把卫士引开，顺利地偷回当初献给秦王的那件白狐裘。孟尝君利用白狐裘收买了燕妃，燕妃果然替孟尝君说了不少好话，过了没多久，秦王就释放了孟尝君。孟尝君害怕秦王临时反悔，因此一被释放就马上乔装打扮，带领随从趁着月黑风高的夜晚，来到秦国的边界函谷关。可是深夜城门紧闭，根本没有办法出关。就在这时候，忽然有位食客拉开嗓子，学着鸡鸣"喔—喔喔"，一时之间，全城的鸡都跟着一起鸣叫。守城门的将兵一听到这么多公鸡在叫，以为天亮了，于是就按照规定把城门打开。孟尝君一行人就这样平安通过函谷门，离开秦国，回到齐国。

当时，齐、秦、楚是三个强国，与齐国相邻的宋国是一个弱小国家。宋国虽然国小力弱，国君却特别骄横，惹恼了齐国，齐王就灭掉宋国，然后强迫卫国、邹国和鲁国臣服，这三个弱国只好对齐称臣。这一来，齐王又骄横起来，扬言早晚有一天要问鼎周都，正号天子，以令天下。孟尝君就劝谏齐王，说是宋国被灭掉就是因为宋王骄横，让齐王以宋王为戒。齐王一听生气了，就又罢免了孟尝君的职务。

孟尝君怕遭齐王杀害，便逃奔魏国，去依附他的朋友魏无忌。到了魏国，魏王任他为相。他又做媒，把魏无忌的姐姐嫁给赵胜。然后把相位让给魏无忌，回到齐国薛地，魏王和赵王、魏无忌和赵胜都与他交好。他能与魏王、赵王平起平坐，地位自然提高了。齐王却害怕了，就派使者迎接他复任国相，孟尝君不去，齐王只好与他建交。从此，孟尝君往来于齐、赵、魏三国之间。后来，因病而死，得以善终。但他的几个儿子争夺薛地，齐魏联军占领薛地，使一度辉煌的薛国退出了历史舞台。

毛　遂（前 285—前 228）

战国时期薛国人（薛国，在今山东省滕州市南境），一说鸡泽人（今河北省邯郸市鸡泽县），卒于故里薛地，葬于薛城（薛国故城）北门外（今官桥火车站附近)。民国初年，修建津浦铁路时，迁葬官桥车站铁路西侧，现迁葬墓址尚存。

毛遂成年时曾游于赵国，成为赵公子平原君赵胜的门客，居平原君处3年，却寂寂无名，未得展露锋芒，不为人所识。

然而，在公元前257年，即赵孝成王九年， 毛遂如囊中之锥“颖脱而出”。

是年，秦昭王派秦军在长平一线，大胜赵军。秦军主将白起，领兵乘胜追击，包围赵国都城邯郸。

大敌当前，赵国形势万分危急。平原君赵胜，奉赵王之命，去楚国求兵解围。平原君把门客召集起来，挑选20个文武全才的门客一起去。经过挑选，最后还缺一个人。门下有一个叫毛遂的人走上前来，向平原君自我推荐说：“听说先生将要到楚国去签订‘合纵’盟约，约定与门客20人一同前往，而且不到外边去寻找。现在还少一个人，希望先生就以毛遂凑足人数出发吧！”平原君说：“先生来到赵胜门下几年了？”毛遂说：“三年了。”平原君说：“贤能的人处在世界上，就好比锥子处在囊中，它的尖梢立即就要显现出来。现在，处在赵胜的门下已经三年了，左右的人们对你没有称道，赵胜也没听到赞语，这是因为先生没有什么才能的缘故。所以先生不能一道前往，请留下！”毛遂说：“我不过今天才请求进到囊中罢了。如果我早就处在囊中的话，就会像锥子那样，整个锋芒都会露出来，不仅是尖梢露出来而已。”平原君终于与毛遂一道前往。

到了楚国，楚王只接见平原君一个人。两人坐在殿上，从早晨谈到中午，还没有结果。毛遂大步跨上台阶，远远地大声叫起来：“出兵的事，非利即害，非害即利，简单而又明白，为何议而不决？”楚王非常恼火，问平原君：“此人是谁？”平原君答道：“此人名叫毛遂，乃是我的门客！”楚王喝道：“赶紧退下！我和你主人说话，你来干吗？”毛遂见楚王发怒，不但不退下，反而又走上几个台阶。他手按宝剑，说：“如今十步之内，大王性命在我手中！”楚王见毛遂那么勇敢，没有再呵斥他，就听毛遂讲话。毛遂就把出兵援赵有利楚国的道理，作了精辟的分析。毛遂的一番话，说得楚王心悦诚服，答应马上出兵。不几天，楚、魏等国联合出兵援赵，秦军撤退。平原君回赵国后，待毛遂为上宾。他很感叹地说：“毛先生一至楚，而使赵重于九鼎大吕。毛先生以三寸之舌，强于百万之师。”

“三寸之舌，强于百万之师”的美誉，毛遂得之无愧。毛遂勇于自我推荐的精神，为后世贤者所推崇，并逐渐演绎出成语“毛遂自荐”，比喻自己推荐自己，可以胜任某项任务或者工作。

叔孙通（？—约前 194）

薛县人，汉家儒宗。

秦初为待诏博士，后被秦二世封为博士。见秦将要灭亡，逃回薛城旧地，归附正在盘踞薛城的项梁。项梁败死定陶（今山东西南部，万福河上游）后，他跟随楚怀王。怀王为义帝，迁至长沙，他留下侍项羽。

汉高祖二年（前 205），刘邦率领诸侯军队攻取彭城（今江苏徐州），他转投汉军，并举荐勇武之士为汉争取天下。汉王拜其为博士，号稷嗣君。

汉王刘邦统一天下后，在定陶被诸侯尊为皇帝，下令废除秦的礼法，代以简易的规范，但又厌于君臣礼节不严。叔孙通得知便自荐为汉王制定朝仪，采用古礼并参照秦的礼法而制礼，召儒生与其共订朝仪。

汉高祖七年（前 200），长乐宫成，诸侯王大臣都依朝仪行礼，次序井然。叔孙通所订朝仪简明易行，适应加强皇权的需要。他因功拜奉常，其弟子也都晋封为郎，还把刘邦赏给他的 500 斤黄金全都分给弟子。

高祖九年（前 198），为太子太傅。高祖十二年（前 195），刘邦欲废太子刘盈，叔孙通以不合礼仪劝阻，刘邦听从他的意见。刘盈即位后，重用他制定宗庙仪法及其他多种仪法。曾作《汉代礼仪》18 篇存世。

公孙弘

齐地菑川国薛县官桥人，表字叫季，汉武帝时期丞相。

家境贫穷，直到 40 多岁时，才学习《春秋》及各家解释《春秋》的著作。武帝建元元年（前 140），公孙弘已经 60 岁，以贤良的身份被征召入京，当了博士。他奉命出使匈奴，回来后向武帝报告情况，不合皇上的心意，皇上发怒，认为公孙弘无能，公孙弘就借有病为名，免官归家。武帝元光五年（前 130），菑川国又推荐公孙弘，又被封为博士。

公孙弘为人雄伟奇异，见闻广博。日常寝盖布被，吃饭时不吃两种以上的肉菜。他每次上朝同大家议论政事，总是先开头陈述种种事情，让皇上自己去选择决定，不肯当面驳斥和在朝廷上争论。皇上观察他，发现他的品行忠厚，善于言谈，熟悉文书法令和官场事务，而且还能用儒学观点加以文饰，于是非常喜欢他。在两年之内，他便官至左内史。他曾经和主爵尉汲黯请求皇上分别召见，汲黯先向皇上提出问题，公孙弘则随后把问题阐述得清清楚楚，皇上常常很高兴，他所说的事情都被采纳。从此，公孙弘一天比一天受到皇帝的亲近，地位显贵起来。他曾经与公卿们事先约定好了要向皇帝谈论的问题，但到了皇上面前，他却违背约定，而顺从皇上的意旨。汲黯在朝廷上责备公孙弘说："齐地之人多半都欺诈而无真情，他开始时同我们一起提出这个建议，现在全都违背了，不忠诚。"皇上问公孙弘，公孙弘谢罪说："了解我的人认为我忠诚，不了解我的人认为我不忠诚。"皇上赞同公孙弘的说法。皇上身边的受宠之臣每每诋毁公孙弘，但皇上却越发厚待公孙弘。

汲黯说："公孙弘处于三公的地位，俸禄很多，但却盖布被，这是欺诈。"皇上问公孙弘，公孙弘谢罪说："有这样的事。九卿中与我好的人没有超过汲黯的了，但他今天在朝廷上诘难我，确实说中了我的毛病。况且没有汲黯的忠诚，陛下怎能听到这些话呢！"武帝认为公孙弘谦让有礼，越发厚待他，终于让公孙弘当了丞相，封为平津侯。

公孙弘为人猜疑忌恨，外表宽宏大量，内心却城府很深。那些曾经同公孙弘有仇怨的人，公孙弘虽然表面与他们相处很好，但暗中却加祸于人予以报复。杀死主父偃，把董仲舒改派到胶西国当相的事，都是公孙弘的主意。他每顿饭只吃一个肉菜和脱壳的粗米饭，老朋友和他喜欢的门客，都靠他供给衣食，公孙弘的俸禄都用来供给他们，家中没有余财。士人都因为这个缘故认为他贤明。

淮南王和衡山王谋反，公孙弘病得很厉害，他自己认为没有什么功劳而被封侯，官位升到丞相，于是向武帝请求交回侯印辞官回家。武帝没有批准他的请求，赐给他牛酒和各种布帛以示安慰。过了几个月，公孙弘的病情大有好转，又上朝办理政事了。武帝元狩二年（前 121），公孙弘发病，终于以丞相的身份死去，终年 80 岁。其子公孙度继承侯爵，后因罪被判为城旦。元始年间，皇帝下诏，赐公孙弘嫡系后世子孙为关内侯爵位，食邑 300 户。

鲁班（前 507—前 444）

姓公输，名班，又称公输子、公输盘、班输、鲁般、鲁班，鲁国（都城曲阜，故里滕州）人，中国古代杰出发明家，土木工匠们都尊称他为祖师。

生活在春秋末期到战国初期，出身于世代工匠之家，从小跟随家里人参加许多土木建筑工程劳动，逐渐掌握了生产劳动的技能，积累了丰富的实践经验。

鲁班很注意对客观事物的观察、研究，并受自然现象的启发，致力于创造发明。一次攀山时，手指被一棵小草划破，他摘下小草仔细察看，发现草叶两边全是排列均匀的小齿，于是就模仿草叶制成伐木的锯，他看到各种小鸟在天空自由自在地飞翔，就用竹木削成飞鹞，借助风力在空中试飞。开始飞的时间较短，经过反复研究，不断改进，竟能在空中飞行很长时间。

他一生注重实践，善于动脑，在建筑、机械等方面做出很大贡献。他能建造“宫室台榭”；曾制作出攻城用的“云梯”，舟战用的“勾强”；创制“机关备制”的木马车；发明曲尺（又叫鲁班尺）、墨斗、刨子、凿子、钻子等各种木工工具，还发明磨、碾、锁（又称鲁班锁）等机械工具。鲁班锁，机关设在里面，外面不露痕迹，必须借助配合好的钥匙才能打开。鲁班发明的木工工具，使当时工匠们从原始、繁重的劳动中解放出来，劳动效率成倍提高。

墨子（约前 468—前 376）

名翟，春秋末战国初鲁国（故里滕州市木石镇）人，著名的思想家、教育家、军事家、科学家，墨家学派的创始人。

出生地距离北辛仅有六七公里，从小深受北辛文化、古薛河文化的熏陶。工匠出身，曾仕于宋，为大夫，又到过卫、齐、楚、越诸国宣传自己的主张。

墨子曾经从师于儒者，学习孔子之术，称道尧舜大禹，学习《诗》《书》《春秋》等儒家典籍。但后来逐渐对儒家的烦琐礼乐感到厌烦，最终舍掉儒学，形成自己的墨家学派。墨子“好学而博”（《庄子·天下》），并且是个以天下为己任、立志救民于水火中的大好人。其一生的活动主要集中在两个方面，一是广收弟子，积极宣扬自己的学说；二是不遗余力地反对兼并战争。楚惠王时，鲁班作攻战之具，打算为楚攻宋。墨子闻讯，行走 10 昼夜，到楚国加以阻止。其军事思想是处于弱者地位的自卫学说，主要内容有二：一是非攻，反对攻伐掠夺的不义之战；二是救守，支持防守诛讨的正义之战。墨子行迹很广，东到齐、鲁，北到郑、卫，南到楚、越，一般的亲信弟子达到数百人之多，形成了声势浩大的墨家学派。墨家是一个有着严密组织和严密纪律的团体，最高领袖被称为“巨子”，成员都称为“墨者”，必须服从“巨子”的指导，听从指挥，可以“赴汤蹈火，死不旋踵”。

墨子为中国历史上第一位出身于劳动人民并为劳动人民呼喊奔波的思想家，以“兴天下之利，除天下之害”为宗旨，提出“兼爱、非攻、尚贤、尚同，节用、节葬、非命”等主张，其主要思想、业绩体现在《墨子》一书。经汉刘向校录，《墨子》为72篇。现存《墨子》53篇，其《经上》《经下》《经说上》《经说下》《大取》《小取》为后期墨辩之代表作。

墨子的学说思想主要包括以下几点：①兼爱非攻。所谓兼爱是要求君臣、父子、兄弟都要兼相爱，“爱人若爱其身”，并认为社会上出现强执弱、富侮贫、贵傲贱的现象，是因天下人不相爱所致。②天志明鬼。宣扬天命鬼神的迷信思想是墨家的一大特点。墨子认为天是有意志的，它不仅决定自然界星辰、四时、寒暑等的运动变化，还对人世的政治起支配作用。③尚同尚贤。尚同是要求百姓上同于天子。墨子认为，国君是国中贤者，百姓应以君上之是非为是非。他还认为上面了解下情也很重要，因为只有这样才能赏善罚暴。尚贤是要求君上能尚贤使能，即任用贤者而废抑不肖者。墨子把尚贤看得很重，以为是政事之本。他特别反对君主用骨肉之亲，对于贤者则不拘出身，提出“官无常贵，民无终贱”的主张。④节用。节用是墨家非常强调的一种观点，他们抨击君主、贵族的奢侈浪费，尤其反对儒家看重的久丧厚葬之俗。认为君主、贵族都应像古代大禹一样，过着极为俭朴的生活，而且要求墨徒在这方面也能身体力行。

其哲学建树，以认识论和逻辑学最为突出，为先秦其他诸子无法比拟的。他把人的知识来源分为闻知、说知和亲知三个方面，并将其有机地联系在一起，在认识论领域中独树一帜。墨子又是中国逻辑学的奠基者，总结出假言、直言、选言、演绎、归纳等多种推理方法，从而使其辩学形成一个有条不紊、系统分明的体系，在古代世界中别树一帜，与古代希腊的逻辑学、古代印度的因明学并立。

墨子在科学技术领域中的成就和贡献是多方面的。他认为宇宙是一个连续的整体，个体或局部都是由这个统一的整体分出来的，都是这个统一整体的组成部分。在时空理论的基础上，墨子建立了自己的运动论，并把时间、空间和物体运动统一起来，联系在一起。对于物质的本原和属性问题，他认为属性不会离开物质客体而存在，属性是物质客体的客观反映。墨子是中国历史上第一个从理性高度对待数学问题的科学家，给出了“倍”“同长”“中”“圜”等一系列数学概念的命题和定义，这些命题和定义都具有高度的抽象性和严密性。墨子关于物理学的研究涉及到力学、光学、声学等分支，给出了不少物理学概念的定义，并有不少重大的发现，总结出了一些重要的物理学定理。墨子是一个精通机械制造的大家，在止楚攻宋时与公输般进行的攻防演练中，充分地体现了他在这方面的才能和造诣。他精心研制出一种能够飞行的木鸟（风筝），成为中国古代风筝的创始人。

任居敬

滕州大康留村人，元朝通议大夫、礼部尚书，北辛任氏先祖。

曾祖父为薛人鲁大夫任杞，祖父任钊有隐德，虽被数次举荐仍不就元朝官职，父亲为任荣，儿子择善历任承务枢密院都事、河南参政御史中丞等职。

任居敬年轻时勤奋好学，加之聪明颖慧，受世代家庭文化熏陶，考取进士入翰林院监察御史，后升任礼部员外郎，高邮知府，淮西道廉访使，建康、般阳两路总管加通议大夫，官至礼部尚书。

滕州源于滕小国，由于战国时滕文公问政于孟子得善国之名声。任居敬以自己为滕县人而感到骄傲，为了发展家乡的教育事业，上书元朝皇帝：“昔文公性善之说于孟子，其事虽未竟，而其事有足嘉者，旧有义塾而无名题，宜表之曰性善书院，于以风励子弟，以广贤焉”，奏请在家乡滕县设立“性善书院”以育人，得到朝廷的恩准并实施。

原来其奏本中“旧有义塾而无名题”之“义塾”，是在元大德四年（1300）由滕县知府尚敏首创于县城南门外的丽学宫内，约有瓦房 10 余间。到了 14 年后的元延祐元年（1314）才由倡议者，时任监察御史的滕县人任居敬奏本并起名。

“性善书院”为今滕州市书院小学的前身，具有 700 余年的历史，为滕州的教育发挥了功不可没的作用，教育了一代又一代的滕州（滕县）人，是滕州教育事业的典范发源地。任居敬为家乡的教育发展谱写了光辉的篇章，为家乡的教育振兴做出了不朽的贡献。

王世芳

出生于明朝万历年间（1573—1620），明武庠生，北辛王氏八世祖，德配田孺人。

王世芳育有三子、七孙、十七曾孙、二十三玄孙、四十七来孙。长子王成龙、次子王成凤株守北辛，三子王成豹迁至羊庄东王庄。王成凤长子王廷彦携兄弟王廷彩、王廷彧及子侄由东王庄迁至焦山头，次子王廷彬由北辛迁至东王庄。自王世芳起400余年间传世15代，人丁6000余人，分布70多个村庄、50余个城市。各行各业不乏翘楚之才，王广福、王广喜、王广壮、王立启、王立山、王立军（兖州）、王立山（南通）、王涛、王超、王真、王鹏等人官至厅局、县团级，王钦仁、王仁大、王仁勇等人学历达到博士后、博士、双硕士，王广厚、王立佩、王立雪、王秀华、王淑君、王光辉、王英等人职称升至教授、副教授级，王立运、王成、王立法（侯宅子）、王立水（东王庄）、王德安、王德科、王德永、王伟、王其鹏等人资产超过数百万元甚至千万元、上亿元，各方能工巧匠更是不胜枚举。

王世芳去逝300多年后，其葬于十字河北岸的陵墓，因国家拓宽、改道新薛河而动迁至北辛村西南，也算他死后为社会所做的贡献。2016年11月，其后人400余人次捐款16万余元、献地0.2公顷，在北辛村西北为其修建宽敞墓园、高大碑铭，从此让他的灵魂有了一个理想安息之地，也为后人提供了一处缅怀凭吊之所。

李承乾

出生于明朝末期，年未及冠，考中清朝庠生，北辛李氏始祖。

清康熙元年（1662），因兄弟析产，分摊北辛寄生地10余顷，携家眷由沛邑（今微山县欢城镇）李家集迁居北辛，卒葬于北辛村西李氏祖林。

李承乾育有二子、三孙、四曾孙、十玄孙、十来孙，迄今已历15世，人丁1000余人，其中男丁300余人。后世子孙主要分布在山东省滕州市官桥镇北辛村、张汪镇孟庄村、江苏省沛县张庄镇朱桥、沽头村等地，有的因考学、经商、务工等远赴上海、北京、济南等大城市及枣庄、滕州、薛城等周边城市定居，其中不乏各行各业出类拔萃之才。九世孙李继全秀才出身，私塾老师，培养官桥医院副院长姜学亮等成才学生多名；遍览李家集断碣残碑，为北辛李氏始祖拜撰碑文，从而为以后李氏修谱寻找到了源头。

抗战时期，李作保、李进美奋勇参军，转业后分别在浙江省绍兴市公安局、滕县交通系统任职，为村民做了许多有益之事。钢铁、煤炭会战期间，李振松、李作太、李世言等人踊跃参战，后被国家安排正式工作。20世纪70年代之后，李世清、李道斌、李勇、李瑛、李珊、李权、李纲等人先后被群众推荐上大学或考取大专院校，李作福等人经商办企业，均取得令人羡慕的业绩。

王秉翰（1862—1932）

字干臣，秀才出身，北辛村知名私塾教师，排行老五，人称“五先生”。

私塾学生出身，非常勤奋好学。然而立之年，两次科考均已失败告终。腾出2间茅舍，开办私塾学堂，招收贫困之生。出名学生有后来成为塾师的侄子王心明、儿子王心云，知名中医姜学亮，小学校长堵洪山，以及王心芳、王广亮、李成元等人。

王秉翰晚年体弱多病，由其侄子、儿子王心明、王心云续教私塾。因教学有方，加之不收学费且施舍学生饭菜，方圆十几里的学生踊跃报名参加。仅北辛村出名学生，就有后来成为北辛乡乡长、官桥公社副社长的王立启，《易经》研究有成、知晓阴阳八卦的王立畔，以及王广尧、任振堂、王立恒、王广须、王广谋、王广溪、张福杰等人。

王广金（1885—1957）

滕州市官桥镇北辛村人，地方“人头”，正派热心人。

一生为村庄父老乡亲做了众多善事、好事。为邻里红白事尽心操办，处理邻里纠纷热心调解，常常化干戈为玉帛。

任姓某村民曾在汪精卫警卫班当差，汪精卫投靠日本人后便主动离职，在外地经商。中华人民共和国成立后刚回到原籍，即遭到族人“在外地为国民党招兵买马”等诬告，被关押在韩村区政府审问28天。幸得王广金出面担保，澄清真相，任某方能化险为夷，保住了性命。王某因告发某乡官事情败露，在即将被置于死地的紧要关头，又是王广金挺身而出，奋力求情，才使王某幸免一死。

王广金的热心善举还体现在对村里贫困户的关心帮扶上。每逢过年或青黄不接之时，如若谁家吃不上水饺、揭不开锅，他便装在心中，走门串户动员富裕人家省出几口，接济他们。

王广金对时任北辛乡乡长的王立启影响帮助很大，经常提出一些合理化建议。王广金病逝后，王立启闻讯火速赶到，让人打开棺盖，抱着死去的王广金足足痛哭二三个小时。

姜学亮（1909—1998）

字子明，原籍山东省滕州市柴胡店镇辛庄村，知名中医。

出生后7个月因父亲突然去世，随母亲迁入官桥镇北辛村外祖父家生活。在外祖父李继全的帮助下，先后拜师学习私塾、中医医术。在滕县羊庄药店做学徒期间，一边学习，一边行医。学成以后，在柴胡店开办门诊。因后期成立人民公社，转入轩辕庄诊所就医，之后又调到官桥公社医院任副院长等职，1966年4月当选滕县政协委员。

一生致力于中医事业，医术精湛，医德高尚，颇受乡亲的爱戴。3个儿子均继承了医学事业，孙辈也有数人学医。

1998年12月，因病逝世，享年90岁。

王广梅（1916—1991）　王张氏（1914—2003）

王广梅，滕州市官桥镇北辛村人，著名手工馒头传承人。王张氏，女，王广梅之妻，出生于木石俭庄殷实之家。

王广梅出身于手工馒头制作世家，父亲王心平为北辛王氏手工馒头制作创始人。弟兄四人均以手工馒头制作为生，三个儿子大多经营手工馒头生意。

王广梅虽没有多少文化，但喜欢说书听戏，深受传统思想影响，做生意讲究诚信，加之为人善良、性格平和，经常为本村及周边村庄村民红白事义务帮忙制作馒头，很受乡邻的敬重。他一生酷爱馒头制作，几乎很少间断。20世纪五六十年代“大割资本主义尾巴”，他只能偷偷蒸点馒头卖给矿区工人，赚点零用钱养家糊口。其间，遭人“告密”，家中仅有一头用于磨面的小毛驴被人强行牵走，后被卖掉、私分“赃款”了事。改革开放后，先与子侄合股经营馒头生意，后帮助他们各自建起馒头作坊、发展馒头产业。其手工馒头制作独具匠心，既继承传统的发酵老面→使碱→和面→做剂子→上笼蒸→出锅等六个工艺程序，又进行木杠压面等个别工艺改良 。他制作馒头时，先用一大瓷盆，将一部分面粉兑水拌匀掺入“面引子”，搅成糊状，俗称“发老面”。至发酵好后，取适量食用碱放入盛有少许清水的碗中至完全熔化成碱水，将碱水均匀泼洒在盆中的老面上，搅拌均匀，再倒入剩余的面粉，加水后反复用力揉搓。和面是较费力的活，和好的面须借助木杠反复挤压，这样的面硬度大、有劲道、分量足。使碱须适中，既不会因量少而馒头酸软，也不会因量多而使馒头发黄、变硬，蒸出来的馒头通体洁白、面香扑鼻。手工揉馒头剂子（生馒头），既是体力活，又需要一定技巧，往往是右手掌使劲反复揉面，左手拇指托底，其他四指连同手心、手掌巧妙配合，这样揉出来的馒头，底部平直、顶部圆滑，整体挺拔、俊俏，蒸熟后的馒头掰开后呈层层褶皱状。揉好的馒头剂子，要紧挨着排在一木制盒盘里，盖上包袱布，防止馒头剂子被冷风一吹起皴皮子。待馒头剂子一番“醒悟”后，保持适当距离码放在蒸笼里，上面紧绷一条湿笼布，然后放在开水锅上大约 20 分钟蒸熟，从蒸笼里一一取下码放在囤子里。

王张氏略识文字，精于生计。在 20 世纪五六十年代社会不允许经商做生意的特定时期，仍然帮衬丈夫偷偷做点手工馒头、淘豆芽等到八一煤矿等地去卖，并私下开垦集体抛弃的边角地种植绿豆、大豆等农产品，从而确保三个女儿读完高中、其余四个子女读完小学或初中，为后来几个子女招工、提干、民师转正等打下良好基础。更为难能可贵的是她终生乐善好施，“三年经济困难时期”曾拿出珍藏的救命粮食接济他人，令王姓远房侄女王立兰等人终生难忘。到了老年时期，她的喜好施舍甚至到了“痴迷”的程度，经常将女儿给她的零花钱甚至儿子家中吃的、穿的、用的等物品偷偷拿出去送给他人。

王立昌（1917—2000） 彭兰台（1928—2014）

王立昌，滕州市官桥镇北辛村人，中共党员。彭兰台，女，王立昌之妻，出生于滕州市张汪镇彭庄村，中共党员。

1946 年，王立昌与彭兰台结为夫妻。随后，双双参加革命活动。王立昌于

1948 年、1949 年担任韩庄区武装大队大队长。彭兰台于 1947 年、1948 年担任北辛村妇救会会长。

1951—1952 年，王立昌担任北辛乡武装大队大队长。之后，历任北辛村村长，北辛、坝上、王庄、良里、望河庄五村合并为一个大队的副大队长兼保管员，北辛大队党支部副书记兼大队长等职。1964 年，因性格耿直、工作方法简单，在“四清”运动中被以莫须有罪名进行错误批判，后被开除党籍、撤销职务、劳动改造。直到 20 世纪 70 年代后期，其冤假错案得到彻底平反，恢复中共党员身份。

中华人民共和国成立后，彭兰台历任北辛村妇代会主任、北辛乡妇代会主任、轩庄小公社妇联主任、官桥公社妇联副主任等职，并在工作中作出了突出成绩。1953 年，任北辛村妇代会主任时搞试验田 2.67 公顷，亩产粮食 400 公斤，受到县人民政府表彰。1955 年，又组织 35 人的打井队，三班轮流，日夜不停，率先打出 1 眼灌溉井，县人民政府奖励水车 1 架。1964 年，因丈夫受到错误批判，加之子女 6 人需要照料，自愿申请退出公职，回到北辛村担任妇联主任长达 10 余年，因处世公道正派等受到村民好评。20 世纪 80 年代退休后，作为新中国成立前入党的老党员、老干部，一直受到镇、村领导和村民的尊敬，并享受相关离休党员待遇。

王立启（1917—2001）

滕州市官桥镇北辛村人，全村第一位中共党员，曾担任北辛乡乡长、红专人民公社副社长等职，县级离休干部。

幼时家贫，随父母逃荒要饭至安徽宿县。当时天寒地冻、大雪封门，住在一间四面透风的车屋里，两个妹妹活活饿死。为生计大姐被卖给人家做童养媳，他与三弟王立琛也被父亲相继卖出，后因母亲不忍，又要了回来，那时全家人衣不遮体、食不果腹、度日如年。

回乡后，为生活所迫，并在高村表哥陈殿中（烈士，当时是八路军营管理员）革命思想引导下，王立琛立志从戎，献身革命，1943 年加入鲁南军区三纵八师二十四团八连，1947 年作战牺牲。王立启做共产党的地下工作，后经祁耀华介绍，于 1945 年在北辛村第一个入党，担任村公安员。后成立北辛村第一个党支部，相继建立村农会、妇救会等群团组织，带领翻身农民减租减息分田地、闹翻身，革命热潮一时风起云涌、气势磅礴。1946年，担任16个村联防大队长。

1947年，国民党反攻北上，还乡团反攻倒算，气势汹汹、杀气腾腾，为适应战略转移，王立启与其他革命干部一起，随军北撤，并被组编为县武工队转战南北，与敌顽周旋，在一次敌人的围剿中，王立启赤脚越墙而走，后边的敌人鸣枪追赶，子弹从耳边呼啸，连脚都磨破了。还有一次在和战友一起执行任务时，被敌人抓捕，在被押送返回的途中，王立启灵机一动，把随身携带的宣传品猛地扔向敌人面部，两人趁机逃跑，等敌人反应过来开枪追赶时他已钻进“青纱帐”，而他的战友却倒在敌人的弹雨中。当他赶到根据地时，便昏了过去。此时，他的家属正在老家，天天东躲西藏、提心吊胆，一次还乡团进家，家属怀抱着四岁女儿，躲在邻居王广金家的牲口槽下，用一领席遮挡，才避过一劫。

王立启在一次战斗中负伤，并荣立三等功1次（家中存有嘉奖令）。解放滕县时负责军需伙食。

新中国成立后，担任首任北辛乡乡长，带领全乡群众进行土地改革、走农业生产合作化之路。1957年12月，撤区建制、并小乡为大乡时北辛乡撤销并入官桥乡，他担任官桥乡副指导员，之后任红专人民公社党委副书记、副社长等职。“文化大革命”期间，受到错误批斗，身心俱受摧残。之后，担任滕县烟草公司政治指导员等职，离休后任老干部协会会长。

吴汝祚（1921—2016）

浙江嘉兴人，中国社科院考古研究所研究员，享受国务院颁发的政府特殊津贴，离休干部，北辛文化遗址的重要考古发掘者。

1949年毕业于浙江大学史地系，1952年于浙江大学人类学系研究生毕业。考古足迹遍布全国各地，主要研究方向为中国史前文化，提出玉器时代的新观点。1978年秋、1979年春，作为山东省考古专家2次到北辛遗址进行考古发掘，并与滕州博物馆专家万树瀛共同执笔完成《山东滕县北辛遗址发掘报告》。

个人独著作品有《炎黄汇典（考古卷）》，合著作品有《长江文化史》《黄河文化史》《胶县三里河》等，并在《考古学报》《考古》《文物》等杂志上发表《中国史前时期稻作农业的起源、发展及其问题的探讨》《初探海岱地区古代文明的起源》《中原地区中华古代文明发展史》《中华古代文明与巫》《良渚文化兴衰史》等论文数十篇。

2016 年 4 月 7 日早晨 6 点在疗养院病逝，享年 95 岁。

任振祥（1925—2013）

滕州市官桥镇北辛村人，出身中等富裕家庭，自幼受到良好家教，上过私塾，文化功底深厚，口头表达能力强。

早年随父母在滁州经营绸缎布匹、鞋帽衣袜及日用百货生意。后因日本侵略者侵占滁州，其父只得忍痛变卖所有资产，率妻室举家返乡，过起农耕生活。其后，因积蓄耗尽，生计难以维持，任振祥被迫投奔金陵亲友，开始了军旅生涯。由于才貌兼备，深得上司赏识，被选派到黄埔陆军军官学校南京分校学习深造。学习期满后，被选派到汪精卫警卫班任职。

汪精卫叛变革命、投靠日本后，他愤然弃戎从商。经商期间，曾多次通过秘密渠道，冒险为中共抱犊崮山区抗日游击队购买奇缺药品等。新中国成立后，1953—1968 年在北辛小学、北辛夜校教书育人。1969 年后，自动离职，回生产队务农。

李作保（1928—1997）

滕州市官桥镇北辛村人，中共党员，抗日战争时期离休干部，全村会开汽车第一人。

1943 年，参加革命。1946 年，先后跟随刘长胜（后任滕县县长）、抗日英雄任振甲参加革命活动，历任通信员、班长、排长、连长等职。1956 年，从部队转业地方，在山东济宁汽车运输公司工作。同年，组建兖州汽车二队并任队长。1958 年，参加济宁汽车四队（原滕县汽车四队）组建工作。

“三年经济困难时期”，带头响应党的号召，将家属下放农村生活。1966 年“文化大革命”初期，受到冲击。同年，响应国家支援三线建设的号召，自愿赴四川工作，出色完成各项工作任务。1974 年，滕县交通局组建木石汽车站，他担任总指挥。1982 年，调任滕县汽车站站长。1988 年离休。

在外参加革命工作 40 多年，始终不忘家乡的父老乡亲，不断为北辛机械化生产、农资产品购买等出力、献智。曾经帮助村庄架设高压线，为北辛购买全公社第一台拖拉机，经常为各生产队购买平价化肥、氨水、农药等农作物必需品。

任　斌（1930—1981）

又名任振现，出身于革命家庭，国营煤矿退休干部。

其父任守岩年轻时在家乡参加抗日队伍，屡立战功，被称之为“三团长”，后被日军杀害于羊庄。母亲刘振芸为八路军交通员，经常冒险为抱犊崮抗日根据地传送情报。任斌11岁时被中共地方组织安排在羊庄抗日小学学习，接受革命思想文化教育。1950年，参加中国人民志愿军入朝作战，担任炮3师12团3营10连1班班长兼汽车驾驶员，多次受到上级表彰奖励，荣立二等功1次。

1953年7月，奉命回国，赴新疆支边。1955年，从部队转业，任乌鲁木齐教育厅工会主席。1959年，调任济宁三里营车队队长。1960年，调至官桥矿务局行政办公室工作。1963年，官桥矿务局与枣庄矿务局合并，在八一煤矿供应站任职。1975年退休，1981年病逝。

张祥善（1929—1994）

滕州市官桥镇北辛村人，中共党员，曾任北辛村（大队）党支部书记、大队长等职30余年。

自幼入私塾读书，具有一定的文化基础。1946年春季，北辛村第一次获得解放，他担任村儿童团团长。1948年7月，北辛村最后一次解放，他担任村党支部书记。在北辛乡长王立启等人直接领导下，开展土地改革、抗美援朝、农业合作化等一系列运动。1965年，原抗美援朝排长蒋全喜转业到官桥公社市管所后，因家庭生活困难辞职回大队担任党支部书记，张祥善改任党支部副书记、大队长。

“文化大革命”期间，北辛“大联合”“造反派”两派文攻武斗异常激烈，王立启、蒋全喜等人或遭受殴打并游示众或受到通缉并四处流亡，而张祥善却超然物外、保持中立并屹然不倒，算得上一个“奇人”。他为人随和，善于听从别人意见、建议，村人遇到难事常请他家里一坐，摆上四个热菜喝酒叙话。此时，他的开场白便是：原则问题不让步，枝节问题不纠缠。相同观点不迁就，不同观点不刁难。上述语句富有智慧与哲理，让村民至今难忘。

刘长海（1932—1994）

滕州市官桥镇北辛村人，抗美援朝转业人员，曾为村庄建设等献计出力。

幼年读过私塾学堂，有一定的文字基础。1951 年，参加中国人民志愿军入朝作战，后获得抗美援朝纪念章和“和平万岁”纪念章。1955 年，回到祖国，转业到枣庄煤矿工作。1962 年，调到上海大屯煤矿指挥部工作。两地工作期间，工作一向认真负责、勤奋敬业，年年被评为先进工作者。1985 年，退休回到北辛定居。

刘长海在外地工作期间，仍心系家乡。20 世纪 70 年代初，计划内商品紧缺，北辛小学新建校舍，门窗玻璃、油漆在当地无法搞到，影响学生正常上学。大队党支部书记蒋全喜、革委会主任张祥善找到他寻求帮助，他二话没说，通过徐州市二轻工业局战友帮忙圆满解决。

万树瀛（1933—2001）

浙江安吉人，日本归侨，九三学社社员，长期担任滕州市博物馆馆长、枣庄市博物馆名誉馆长、考古研究员，历任枣庄市政协委员、滕州市政协常委、省人大代表、滕州市人大常委会副主任等职。为中国汉画学会常务理事，山东省博物馆考古、民俗、历史、古文字等学会常务理事、理事。

1951 年，考入华东人民革命大学，毕业后参军，后从事文物发掘、研究工作 40 余年。1978—1979 年，参与滕州市博物馆与中国社会科学院考古研究所北辛遗址考古发掘工作，并与考古专家吴汝祚共同撰写《山东滕县北辛遗址发掘报告》。先后调查发现各个历史时期的古文化遗址 397 处。收集各类文物 13000 余件，其中商周铜器近 3000 件，使滕州博物馆的铜器收藏仅次于陕西扶风县，名列全国县级博物馆第二，也使铜器、汉魏刻石、北辛文物成为滕州博物馆的三大特色。滕州市博物馆成为全国颇具特色的地方博物馆之一，并被评为省级先进博物馆。

他先后撰写各类学术报告、论文 50 余篇，《山东滕县北辛遗址发掘报告》（合作）、《滕县发现不期簋铜器群》《滕皇编钟》等 30 篇相继在国家级学术刊物上发表，《滕国漫游》《微山湖畔的古堡》等 6 篇在境外发表。

在担任政协委员、人大代表 14 年间，共提出提案、议案百余件，绝大部分被采纳，并有多件作为政府当年的重大举措出台。其中，1984 年提出的《抢救濒临倒塌的宁建龙泉寺塔》、1986 年提出的《修复鲁南地区现存较好的清代中叶民居型建筑群——王家祠堂》、1991 年提出的《修复滕国故城内的文公台名胜地》以及《设立薛国故城文物保管所》等议案均受到政府重视和采纳。他多次受到政府及有关部门的表彰。其中，被中共枣庄市委、市政府记大功 1 次，并被评为枣庄市首批专业技术拔尖人才。1985 年、1989 年，先后被文化部、公安部授予全国文博系统先进个人和全国文物安全保卫先进工作者称号。1986 年、1989 年，先后被授予省劳动模范、全省有突出贡献文艺工作者称号。

退居二线后，他开始整理多年积累的资料并进行写作，先后出版或发表《山东汉画精萃——滕州卷》《薛河下游商代遗址群》等书籍、文章。

蒋全喜（1934—1979）

滕州市官桥镇北辛村人，北辛大队原党支部书记。

1951 年，参加中国人民志愿军赴朝作战，1952 年加入中国共产党，后又升任排长。1955 年，因患上哮喘病，不再适应部队生活，退伍转业到官桥人民公社市管所工作。后因家庭生活困难，辞职回家务农。

1965 年，被选为北辛大队党支部书记，时刻关心照顾无依无靠的孤儿，及时为他们送去国家下发的救济粮。1969 年，曾因所谓的“1·17 北辛反革命事件”受到冲击，1979 年获得平反昭雪。1970 年，在国家矿山向北辛大队招收一批井下工人时，从全局出发，将生活最困难的几个人推荐到煤矿工作。

1974 年冬，带领大队干部、群众在村北薛河故道开展以土压沙、开垦荒地会战，凭借肩挑车拉，造出良田近 7 公顷。此举引起官桥人民公社党委书记贾金安的重视，并在北辛召开现场会推广其经验。同年，他被选为官桥人民公社革委会委员、滕县人大代表。此后，经常自备煎饼参加各级会议。赴滕县参加党校培训时，竟卖掉自家正在下蛋的老母鸡，以筹备培训期间的生活费用。

1979 年，蒋全喜哮喘病复发，与世长辞，年仅 45 岁。

王福仁（1935—1996）

滕州市官桥镇北辛村人，中共党员，滕县公安局收容审查所原所长。

1955 年，参军入伍，为解放军炮兵 12 师 3 团战士，当年加入中国共产党。部队转业后，先后担任官庄煤矿、木石煤矿、王开医院办事员、保卫干部。

1965 年 4 月，调入滕县公安局，历任政保股、西关派出所民警，刑警队副队长、政治指导员，收容审查所所长等职。1990 年 11 月，被提拔为副科级侦查员。1992 年 9 月，被公安部授予二级警督警衔。从事公安工作 30 多年，数百次破获重特大案件，数次获得公安部、山东省公安厅、枣庄市公安局、滕州市人民政府、滕州市公安局立功表彰。

张存善（1939—1988）

滕州市官桥镇北辛村人，本科学历，优秀数学、化学教师。

北辛小学毕业后，先后考入滕县一中初中、滕县二中（后改称枣庄八中）高中。20 世纪 60 年代，在北辛小学担任民师，后任小学校长，兼任初中数学教师，教学成绩一直优良，曾亲自辅导 7 名初中毕业生报考滕县五中高中，其中 6 人考上。70 年代初，曾经考试拟录取为公办教师，后因体检等原因未能成功。

1973 年，离开北辛小学，前往妻子孔德荣银行供职的郑州市寻找出路，凭着一手好字和理科渊博学识，为某大学刻钢板、教材。1974 年，经考试以河南省第一名的成绩应聘到省重点中学郑州第十三中学担任化学教师。当时，《郑州日报》曾以头版头条较大篇幅，重点介绍包括他在内的 7 名社会埋没人才被郑州市某重点中学录取为公办教师的事迹。1977 年后，上调郑州市教育局教研室工作，负责编写社会亟需的教师教学教案。后因肺结核病复发，医治无效，英年早逝。

王立灿（1940—2012）

滕州市官桥镇北辛村人，中共党员，曾任北辛大队（村）治保主任、经联社主任、党支部书记等职。

北辛小学毕业后，在村庄务农。“文化大革命”时期，担任北辛大队“造反派”负责人，执掌大队权力数年。20 世纪 70 年代后期，北辛大队组织毛驴车运输队，担任首任队长。1983 年，自筹资金，先后购买 2 辆 50 马力拖拉机，平时进行货物运输，农忙时为村民耕耙，收取一定费用。

1988 年，当选北辛村党支部书记。在推行村庄排房化建设、玉米良种配制等方面成效显著。主政期间，北辛玉米良种配制达到顶峰，枣庄市委曾给北辛村党支部、村委会发来感谢信，充分肯定北辛村为全市玉米良种配制推广做出的突出贡献。

人物简介

王立瀛

1924 年 6 月出生，滕州市官桥镇北辛村人。

1950 年，徐州铁路局参加工作。1955—1956 年，淄博公司第四工区从事行政工作。1957—1959 年，徐州基建局二处二〇一工区从事行政工作。1960—1961 年，徐州基建局三处工作。1961—1969 年，肥城三十二处工作。1969—1972 年，随肥城三十二处调到广西工作。1972 年，调回山东兖州煤炭指挥部三十二处行政科工作，直到 1980 年退休。工作期间，多次获得工会及工程处授予的“先进工作者”称号。

身在外地，一直情系桑梓，多次为家族立碑、村志编修捐款献智。

高广仁

1932 年生于山东济南，中国社会科学院古代文明研究中心研究员，著名考古专家，北辛遗址考古发掘主要领导者。

1948 年参加革命，1949 年南下。1954 年考入北京大学历史系考古专业，1959 年毕业后分配到中国科学院考古研究所从事考古研究，历任安阳工作队副队长、山东队队长、考古所副所长等职。获国务院“突出贡献”及“政府特殊津贴”证书，1992 年离休。

高广仁主要精力投入山东地区史前田野考古的开创与发展研究。组织、参加曲阜周围、鲁南地区、鲁西地区、昌潍地区、渤海湾诸岛等多次考古调查，以及与地球物理所合作进行的鲁西地震遗迹调查。组织或主持曲阜西夏侯、滕县北辛、潍县鲁家口、胶县三里河、兖州王因史前遗址的发掘，渤海湾砣矶岛大口等新石器时代遗址、临沂凤凰岭细石器遗址以及滕州前掌大商代贵族墓地前期的发掘，发掘滕县北辛、曲阜西夏侯、兖州王因等具有学术生长点意义的遗址。

在50余年的考古生涯中，共计发表考古学论文80余篇，其中在职期间发表60篇、离休后发表20余篇。代表性著作有《大汶口文化的分期》《史前陶鬶初论》《中国文明发源地之一——海岱历史文化区》《莒文化研究》《商代东土文化遗存》《海岱区史前祭祀遗址》《花厅墓地的文化两合现象》《海岱系玉文化的流变》《海岱龙山文化社会特征》《中国石器时代考古的领军人——尹达》。退休后出版4本著作：《山东王因——新石器时代遗址发掘报告》（与胡秉华共同执笔）、《海岱先秦考古论集》《大汶口文化》（与栾丰实合撰）、《海岱文化与齐鲁文明》（与邵望平合撰）。此外，参与《黄河文明》一书的编辑、撰稿。

胡秉华

1936年出生，中国社会科学院古代文明研究中心研究员，著名考古专家，北辛遗址考古发掘的主要参加者。

1962年，与队长高广仁等人一起调入中国社会科学院考古研究所山东队，先后任副队长、队长，参加曲阜周围、鲁南地区、鲁西地区、昌潍地区、渤海湾诸岛等多次考古调查，以及曲阜西夏侯、滕县北辛、潍县鲁家口、胶县三里河、兖州王因、兖州小梦乡西商园、偃师商城等史前遗址以及滕州前掌大商代贵族墓地等遗址的发掘。

1965年，与任式楠合写的《山东邹县滕县古城址调查》，发表在当年《考古》第12期上。1991年，与高广仁合写的论文《山东新石器时代生态环境的初步研究》，发表在《环境考古研究（第一辑）》上，并由科学出版社出版。1992年，论文《滕州前掌大商代墓葬》发表于《考古学报》1992年第3期。1993年，论文《山东史前文化遗迹与海岸、湖泊变迁及相关问题》发表于《中国考古学会第九次年会论文集》，并由文物出版社出版。1994年11月，发表与贾笑冰合写的文章《山东滕州前掌大商周墓地出土玉器简介》。

1996 年退休后，仍然坚持工作，经常进行野外考查、文物宣传推广等工作，并担任滕州市官桥镇文化顾问等兼职。2000 年 9 月，与东之龙一起主编的通俗读物《穿越时空隧道》，由广西民族出版社出版。2000 年，与高广仁合写的论文《山东新石器时代环境考古信息及其与文化的关系》，发表于当年《中原文物》第 2 期。2005 年，参与撰写的《滕州前掌大墓地发掘报告》由文物出版社出版。

任士合

1936 年出生，滕州市官桥镇北辛村人，中共党员，曾任聂荣臻元帅警卫参谋。

1951 年 3 月，参加解放军，任第 24 军 70 师 201 团 3 营营部通信员。1952 年 11 月，赴朝鲜参加抗美援朝，参加朝鲜中线守备战和第三次反击战。1955 年，返回祖国。1956—1957 年，任所在部队 201 团 3 营 7 连班长、排长等职。1958—1960 年，被部队送到河北省石家庄军官学校学习。

1960 年军校毕业后，被分配到北京首都警卫师便衣团 1 营 1 连任副指导员。1961 年，调到聂荣臻元帅身边当随身警卫参谋。1963 年五一国际劳动节和国庆节，两次陪同聂帅登上天安门城楼，负责安全保卫工作。1966 年“文化大革命”开始时，调任中央军委警卫处参谋。1968 年，调任京西宾馆保卫干事。

1974 年，调到安徽省军区怀远县武装部任科长。1981 年，从部队转业到怀远县交通局任局长。1992 年 5 月，聂帅逝世后，带着老伴、孙女到聂帅家灵堂前祭拜，并与聂帅女儿聂力中将合影留念。1996 年退休。

王汉仁　王德永

王汉仁，1935 年出生，滕州市官桥镇北辛村人，中共党员，部队复员军人，曾任北辛村党支部书记 10 余年。王德永，王汉仁长子，1964 年出生，滕州市官桥镇北辛村人，中共党员，先后任北辛村村委会主任、村党支部书记 10 年。

王汉仁于北辛小学毕业后应征入伍，曾被作为积极分子安排到国家科研院所工作多年。部队复员后，到妻子所在的滨州沾化县农村担任大队党支部书记 10 余年。20 世纪 70 年代中期，举家迁回老家北辛定居。1979 年，被推举为北辛大队党支部书记，在推行村委会直选、玉米良种选育等方面尽职尽责，赢得群众口碑。

王德永于1993年牵头与两个叔伯兄弟一起承包北辛村砖窑厂，1996年将砖窑厂交给叔兄弟王德洪单独经营。1999—2008年，连续三届当选北辛村委会主任。2002—2010年，与另外两人合股经营洪林石料厂。2006年起，为滕州市金成机械制造公司入股合伙人。2014年6月—2015年6月，当选北辛村党支部书记。

王立玉

1937年7月出生，滕州市官桥镇北辛村人，中共党员。

1958年10月，于官桥露天煤矿正式参加工作。1959年5月，就职于枣庄矿务局建筑工区。1968年10月，调入柴里煤矿工作，直至1988年8月退休。

工作期间，始终以“勤恳实干，不畏艰难，诚实守信”作为个人座右铭，工作一向脚踏实地、任劳任怨，多次受到枣庄矿务局表彰奖励。1966年，获枣庄矿务局劳动模范称号。1974—1987年，连续14年获枣庄矿务局劳动模范称号。

渠开选

1938年1月出生，滕州市官桥镇渠村人，中共党员，中学高级教师，枣庄市专业技术拔尖人才。退休后，钟情于地方志编修工作，主编或参编志书近10部。

1958年曲阜师范学校毕业后，历任中小学教师、教导主任、副校长，枣庄市教育局教学研究室教研员等职。1996年，当选山东省数学教学研究专业委员会副理事长。先后在省内外10余家教育报刊发表教学论文100余篇，主编或参与编写教学用书40余种，在省内外10余家出版社出版，出版专著《怎样写教学论文》《岁月心语》等。

1998年退休后，先后主编《枣庄市教育志（1992—2001）》《渠村志》；参与编写《枣庄市志（1986—2005）》《山亭区志（1983—2002）》《枣庄市汽车运输有限公司志》《枣庄市市中区志（1986—2005）》《峄城区志（1991—2010）》等。

2016年底起，对《北辛村志》编修进行多方帮助，并亲临北辛村现场指导修志工作。

任振亚

1939年1月16日出生，滕州市官桥镇北辛村人。

自幼受到良好家教，年轻时显露出一定的创业意识和组织管理能力。1958年，在滕县交通局从事汽车驾驶工作。1960年至1963年12月，在徐州68军服兵役，担任汽车班班长。1966年春，响应国家号召，报名去云南支边，被安排到下关汽车总站工作。1971年，调动到开远工作，任开远汽车站材料科科长。1988年，任个旧市汽车站站长，主管7个县市公交客运业务。

个旧汽车站工作期间，多次率车队代表国家赴缅甸、老挝、越南、柬埔寨执行特殊任务。1995年起，连续3次被评为云南省交通厅劳动模范及先进个人。1996—1998年，在西安交通大学进修，获得大专文凭。2000年正式退休。

姜立宽

1939年出生，滕州市官桥镇北辛村人。

1960年，枣庄市第一中学（原峄县一中）高中毕业。读高中期间，学习成绩优异，在校期间研究并发现提取尿素的新方法，并获得学校的认可及社会的奖励。

因出生于医学世家，高中毕业后，直接就职于轩辕庄诊所。曾在八一煤矿医院学习进修，进修后转入官桥公社医院。在官桥公社医院工作期间，又进入滕县人民医院进修2年，后再次回到官桥医院外科手术室工作。

1993年，正式在官桥医院办理退休手续。退休后的几年中，不断有病人到家中进行问诊。2001年，被滕州市城关医院聘请，常年坐专家门诊，在专业技术方面仍然发挥着“传帮带”作用，并发挥余热。

在他就医的40多年时间里，立足农村，在最基层的医疗卫生工作岗位上默默倾注大量的精力和心血，守护着当地人民的健康。凭着崇高的医德、精湛的医术，为病人除疾祛病、排忧解难，赢得广大群众的信赖和赞誉。

王立巨

1941年9月出生，滕州市官桥镇北辛村人，中共党员。

1958年7月北辛小学毕业后，考入官桥红专大学（1959年改称官桥农中）。“三年经济困难时期”，退学参加农业生产劳动，因能打算会计算被选为治河民工食堂司务长，先后参加韩庄运河、岩马水库灌渠工程等重大水利工程建设。

20 世纪 70 年代，担任北辛大队第六生产队长多年。之后，兼职担任官桥信用合作社北辛信用社负责人，为村民存贷款提供方便，北辛信用社多次受到官桥信用社的表彰奖励。改革开放初期，重操家族传统手工馒头制作手艺，开办馒头房。

1984 年第一次村委会直接选举，高票当选村经济联合社社长。1985 年在村里拿不出一分钱的极端经济困难情况下，依靠向邻村坝上、轩辕庄借砖、借钱等方式为村庄创办了第一个村办企业——北辛砖窑厂。依靠砖窑厂的承包费，缓解了村集体捉襟见肘的资金困难。1988 年，当选村委会主任后，持续推动村庄玉米良种的增量高产。此后，担任村党支部副书记等职。

退职后，长期被乡亲推举替村民操办婚丧嫁娶事宜，担任白事总理等职。

彭成太

1941 年 12 月出生，滕州市官桥镇北辛村人，中共党员。

1957 年 7 月，考入滕县二中（后改称枣庄八中）。1960 年 8 月，初中毕业后应征入伍，进入空军某航空学校机械专业班学习。

军校毕业后分配到空军航空兵某部服役，历任机械员、机械师、机械分队长。1967 年 7 月，改做政治工作，历任连政治指导员、飞行大队政治委员、飞行团政治处主任、团副政治委员等职。1981 年 2 月，调任空军福州场站政治委员。

1981 年 8 月 8 日，在处置国民党空军第五联队督察室少校考核官黄植诚驾机从台湾飞临福州机场准备起义投诚的过程中，在情况不明、联络不畅等极端复杂情况下沉着、细致、冷静、果断，促使起义投诚圆满解决，受到上级首长的表彰。1983 年 5 月，升任航空兵某师副政治委员。

1988 年 11 月，从部队转业至枣庄市，担任枣庄市纪律检查委员会副书记、监察局局长。1998 年 2 月，经选举担任枣庄市人大常委会委员、法制工作室主任。2001 年退休。

张连善

1942 年出生，滕州市官桥镇北辛村人，中师学历。

自幼酷爱学习，钟情书法。1958 年 7 月，北辛小学毕业后考入官桥红专大学（后改称官桥农中）。1968 年，担任北辛小学民师，注重以自己的言行感化影响学生。教学质量获得家长与学生的认可，并在山东省小学教师通用基本功训练达标竞赛中获得小学教育活动写字、简笔画、教具制作与使用、教师口语表达等达标奖励。1988 年，获得共青团山东省委、山东省教育厅授予的优秀少先队辅导员称号。1995 年，由北辛小学调到洪林小学工作。

日常生活中，发挥书法特长，每逢春节均为邻里书写春联，平日赶上红白喜事，只要时间有空便会欣然挥毫泼墨。曾受邀为北辛手工馒头创始人王心平，王氏家族热心人王立义等人撰写碑文。对自家三男、一女及其十几个孙辈，经常进行文化督导、思想教化。

2000 年内退，后返聘任教。2003 年，正式退休。2016 年起，参与《北辛村志》编写工作。

陈如德

1944 年出生，枣庄市薛城区沙沟镇人，中共党员，高级讲师，曾担任《山东教育报》记者，热心古文字研究。

20 世纪 80 年代，在枣庄十五中担任高中语文教师。1991—2001 年，在枣庄市教育局办公室工作，任《山东教育报》枣庄记者站记者。先后在国家级刊物《中学语文教学》发表长篇论文 3 篇，散文多篇。2002 年退休后，曾任乾隆二十六年版《峄县志》(点注本）副主编。参编《老枣庄纪事》等刊物，参与一代贤吏王鼎铭家族圣旨碑译文、北辛村古家畜“荄子猪”及“峄阳孤桐”等研究工作，为台儿庄、钓鱼台、夹谷山齐鲁会盟地等撰写楹联多幅。

2017 年，受邀对北辛村清朝乾隆年间《重修关帝庙记》誊抄碑文进行文字考订工作，对漫漶字、异体字进行辨识，并加注标点。

张　华　杨秀芳

张华，1970 年 10 月出生，滕州市官桥镇北辛村人，中共党员，大专学历。杨秀芳，女，1973 年 3 月出生，张华之妻，祖籍河北省张家口市，本科学历，硕士学位。

张华于 1983 年 9 月至 1989 年 6 月在滕州一中学习，先后任班长、班团支部书记、校学生会副主席等职。1990 年 12 月，参军入伍，分配到北京军区服役，历任班长、代理排长、火炮技师等职，多次立功获奖。2003 年 5 月，由部队转业，并安排在枣庄日报社工作，担任餐饮部主任，《生活周刊》主编。

杨秀芳于 1998 年 7 月参加工作，为枣庄经济学校专业教师，后晋升为枣庄经济学校高级讲师。2008 年，加入中国共产党。

王立堂

1945 年出生，滕州市官桥镇北辛村人，中共党员，大专学历，中学一级教师职称。

家境贫寒，主动放弃官桥五中学习的机会，回到生产队务农。后任大队果园专业队技术员、队长，大队农业技术员，专攻农作物良种培育工作。1966 年起，负责大队果行 0.2 公顷制种试验田，培育玉米、高粱、小麦等七八个品种，其中高粱杂交制种亩产 150 公斤。1970 年起，先在五、六生产队，后在七、八生产队指导杂交高粱育种，面积由 6.67 公顷增至 13.33 公顷，亩产 300 多公斤，按 0.5 公斤换 1.5 公斤比例交给公社种子站进行大面积种植，解决 4 个生产队吃饭问题。

1972 年，上调官桥公社担任农业网长。1975 年起，指导北辛大队农业技术员任振满配制“鲁原单 4 号”“掖单二号”玉米良种，面积迅速扩至 66.67 公顷，亩产由 200 公斤增至 400 多公斤，按 0.5 公斤换 1.5 公斤比例交给公社种子站进行大面积种植，村民收入快速增长，许多家庭由此致富。1980 年，调入官桥农业中学，负责山东省小麦区域试验工作。1984 年 8 月，受邀参加中国农业科学院在北京香山召开的“全国小麦生态学术研究会”。

李作胜　刘守贞

李作胜，1945 年出生，滕州市官桥镇北辛村人，初中学历，北辛村首位乡村医生。刘守贞，女，1947 年出生，原为滕县木石公社涝坡村乡村医生，与李作胜结婚后，遂在北辛村行医看病。

1966 年，李作胜担任刚成立的北辛大队卫生室农村卫生保健员，后改称“赤脚医生”。1969 年，刘守贞嫁到北辛后，担任卫生室“赤脚医生”。此期，北辛

“大联合派”“造反派”文攻武斗正酣，李作胜整天忙得团团转，为遭受非人拷打的人员打针、喂药、贴膏药，从而避免了打人致死的恶性事件的发生。

20 世纪 70 年代初期，计划生育工作兴起，刘守贞因是内、外、妇、儿科俱佳医生，被抽调到张汪医院从事专职接生和计划生育工作。医院领导见她业务精、态度好，建议择机给她转正。此期，北辛大队疟疾流行，丈夫李作胜既要照顾老母及年幼孩子，又要不分昼夜地诊治病人，身心疲惫，实在吃不消。她毅然辞掉医院工作，回大队帮助丈夫开展工作。

1976 年，官桥公社抽调李作胜到公社煤井卫生室工作，他曾多次舍生下井抢救伤员，后又兼任农业银行储蓄代办工作。北辛大队卫生室由刘守贞主持工作。她尤其擅长小儿科、妇产科，周边十里八村的病人慕名前来求医，均能得到热情耐心的精心诊治。

姜立选　王宜兰

姜立选，1947 年出生，滕州市官桥镇北辛村人，中共党员。王宜兰，女，1946 年出生，姜立选之妻。

1964 年，姜立选初中毕业后应征入伍，参加解放军空军某航空学校学习。军校毕业后分配到空军第 35 师，晋升为班长，多次被评为“五好战士”、技术能手。1969 年，加入中国共产党。

1970 年退伍后，先后在枣庄矿务局柴里煤矿、莱村煤矿担任医务工作者，秉承父辈医学的熏陶，加之个人的勤奋好学、精益求精，医技水平不断提升。1982 年升任主治医师后，始终以新的理论技术指导业务工作，能熟练掌握内科常见病、多发病及疑难病症的诊治技术，为病人提供温馨的“人性化服务”，其工作能力得到上级及同事的肯定，获得广大患者及家属的认可与好评，多次被评为矿医院年度优秀工作者和工会积极分子。1985 年担任莱村煤矿医务所所长后，单位获枣庄矿务局优秀单位称号，个人被评为矿务局先进个人。1996 年退休后，回到北辛老家创办医疗卫生咨询站，继续服务于父老乡亲。

王宜兰于 1965 年初中毕业后，在家乡南沙河公社王开小学担任民办教师，1970 年结婚后转入北辛小学任教，教学与管理独具匠心，所任教的低年级语文、数学成绩突出，多次被评为公社（镇）、学校优秀教师、教学能手，1994 年被评为滕州市优秀教师，后转为公办教师，并晋升为小学高级教师。2002 年退休。

任振朝

1948 年 2 月出生，滕州市官桥镇北辛村人，中共党员。

1965 年 7 月，滕县第五中学毕业后，受北辛大队委派到官桥公社医生培训班学习。同年 12 月，应征入伍，到广州军区空军工程兵第 5 团服役。1967 年 6 月，加入中国共产党。曾作为战士当选营党委委员，并出席广州军区空军后勤部党代表大会。后历任班长、副排长、排长、政治处干事、连政治指导员、教导队教导员等职务，曾先后参与 6 处机场、2 处油库以及雷达站等军事设施工程建设。

1983 年 1 月，由原部队转至基本建设工程兵驻薛城第 43 支队 421 团。同年 5 月，部队集体转业，改编为枣庄矿务局第四工程处，先后任第四工程处团委书记、组织干部科科长等职。

2002 年 7 月，按照国家企业改革精神，离岗内部退养。2008 年 2 月，正式退休。

李世清

1948 年 5 月出生，滕州市官桥镇北辛村人。

1966 年，担任大队医务室农村卫生保健员，后改称赤脚医生。1972 年，经推荐到滕县卫生学校学习，成为北辛大队第一位工农兵大中专生。毕业后分配到济宁地区卫生防疫站工作，历任环境监测科、学校卫生科科长等职。先后在山东医学院进修学习一年、青岛医学院预防学大专班学习二年，获大专学历，由主治医师晋升为副主任医师。

在职期间，个人所负责的业务工作一直处在全省先进行列，多次获省、市级业务或行政主管部门的表彰奖励；多次参加省、国家级学术经验交流会，3 项科研成果获省二等奖，2 项科研成果获市二等奖。参与编写出版专业书籍 4 部；结合工作实际开展调查研究，撰写业务学术论文多篇，其中 6 篇在国家、省级期刊发表。2008 年退休。

任振满

1948 年出生，滕州市官桥镇北辛村人，中共党员，枣庄市第九届人大代表，高级农艺师，北辛村玉米制种重要传承人。

历任北辛大队农业技术员、副大队长、大队长、第一届村委会主任、村党支部副书记、市中区种子公司经理等职。担任大队农业技术员期间，积极进行小麦、玉米良种培育，特别在全大队整体推广玉米良种配制等方面做出较大贡献，连续 6 次被评为枣庄市先进工作者。当选村庄主要负责人后，积极与滕州市种子公司加强联系，促进全村玉米制种面积的逐年扩大和村民收入的不断增加。

20 世纪末，北辛村不再进行玉米制种后，他带领兄弟、侄子，先是在邻村龙山头等村推广玉米制种，后在枣庄、滕州、薛城等地从事农作物蔬菜优良品种自育自繁推广工作。

李道斌

字感邻，1949 年秋出生，滕州市官桥镇北辛村人，中共党员。自幼好学，9 岁时即尝读四大名著。

1969 年，执教于北辛小学。1971 年，他将家母喜棺板 6 块，献于学校，充当学子课桌，就此公社、滕县、山东省三级广播电台（站）、《大众日报》予以报道表彰。

1973 年，入济宁医学院临床专业学习。毕业后，回滕县工作。从医秉承人道精神，救死扶伤无数，尤擅内科危重症之抢救（如农药中毒、肺心病等），多次不避秽污施以口对口人工呼吸，及时挽救病人生命。

1982 年，任羊庄医院院长期间，首创“卫生技术责任制”管理模式，经验在全县推广，推动滕县卫生改革进展，受到滕县、枣庄市政府嘉奖，破格提拔任命为滕县中医院书记，个人获先进工作者称号。

1991 年，任滕州第一人民医院院长，兼任书记。到任即健全科室，更新仪器设备，推行量化管理等改革，医院被授予文明单位称号。

1993 年，调入滕州市中心医院，主持医疗安全、老干部管理工作，就医患关系沟通协调，老干部走访慰问，用车阅文等多方面，明章建制 20 余条，为医院全面发展做出应有贡献，多次被评为优秀工作者、优秀党员，同时被评为副主任医师，济宁医学院聘其为临床教授。退休后，又被医院留用，坐堂专家门诊。

1969 年，北辛遗址发现“石磨盘”之初，及时向北京考古研究院反映“石磨盘”之状，引起考古界重视，遂于 1978 年、1979 年考古发掘北辛文化遗址。1992 年，村、镇筹建北辛遗址纪念碑亭之际，积极认捐现金 2000 元，为弘扬北辛文化做出贡献。

任泽玉　郭淑萍

任泽玉，1950 年 12 月出生，滕州市官桥镇北辛村人，中共党员，经济师。郭淑萍，女，1950 年出生，任泽玉之妻，中共党员。

任泽玉自幼勤学善思，先后就读于北辛小学、滕县第十三中学、滕县第五中学。高中毕业后返乡执教于北辛小学 2 年。1973 年，被群众推荐就读于山东省体育学校（后改为山东体育学院）。作为优秀毕业生，分配到山东省直属 481 军工单位工作。1985 年，调入鲁南水泥厂，历任秘书科、招待所、总务科、物业部等部门主要领导职务，多次被授予“优秀共产党员”“先进工作者”“厂级标兵”等称号。

郭淑萍，正科级退休干部，曾任鲁南水泥厂子弟小学校长、滕州市第三实验小学高级教师，多次被评为“优秀共产党员”“优秀教育工作者”“优秀校长”。

张庆海

1951 年 2 月出生，滕州市官桥镇北辛村人，中共党员。

1966—1969 年，滕县五中初中学习。1970—1976 年，应征入伍，获得嘉奖 2 次，并于 1975 年 5 月入党。1976—1998 年，官桥煤矿工作。其间，1995—1998 年，任煤矿办公室主任，1988 年获评滕州市交通安全优良驾驶员，1995 年被评为技术八级驾驶员，同年获评经济师职称。1998—2006 年，在村庄饲养蛋鸡，年饲养量 2000 余只。2001 年起，担任村党支部副书记。

王秀兰

女，1952 年 5 月 16 日出生，滕州市官桥镇北辛村人，中专学历，中共党员。

1973 年，滕县第五中学高中毕业，先后任北辛大队夜校教师、木石三村

“赤脚医生”等。担任夜校教师时，曾受到官桥公社教育组的表彰奖励。

1976年，进入木石公社医院工作。1980年，被推选为滕县第十届人大代表。同年调入木石公社机关工作，先后担任镇计生服务站站长、民政科科长等职务。在此期间，深怀爱民之心，恪守为民之责，深入俭庄、尖山、化石沟等山村贫困家庭嘘寒问暖，把党和政府的救济救助关爱送给困难群众，木石镇救灾救济、优抚安置、民间组织管理等各项民生工作均取得显著成绩，得到领导与群众的广泛赞誉。

2003年5月内退，2007年退休。

王德安

1953年9月出生，滕州市官桥镇北辛村人，中共党员，民营企业家。

少时勤奋辛劳，常为生计拼搏，初中未毕业即辍学。1971年在木石供销社参加工作，1972年参加滕县财会专业培训，以优异成绩考取会计员。工作踏实、勤勉，为人坦诚、谦逊，深得领导和同僚的赞许，晋升为经济员、助理经济师。1980年，任单位业务股长，连年被评为市级先进工作者，并加入中国共产党。

1985年，随着市场的开放，商业走上市场化，受单位重托，带领4人率先承包木石供销社批发部。依仗诚实守信、精打细算、吃苦耐劳，批发部年实现营业总额五六百万元、利润四五万元，成为供销社的创利大户。批发部经营范围覆盖木石、官桥、羊庄、鲍沟等滕州南部各乡镇以及山亭区西集、桑村等周边乡镇，员工增至10人，以物美价廉、童叟无欺赢得广泛赞誉。

2005年从原单位内退后，在滕州市善国北路创办枣庄德安鸿源商贸有限公司，担任董事长，成为泸州老窖厂方在枣庄地区及滕州地区的产品经销代理商。公司经过数年不懈努力、合法经营，以货真价实获得厂方和消费者的信任和赞誉，年营业总额由五六百万元增至二三千万元。

经济收入增加，家庭富裕，生活美满，儿孙满堂，仍不忘初心，孝敬老母，培养孩子，并不忘家乡，为北辛文化建设和家族祭祖、立碑等族务活动积极捐赠。曾作诗一首，以表个人情怀：人说商场如战场，经验教训一身当。商海沉浮四十载，信誉赢得姓字香。

王立洪

1953 年 12 月出生，滕州市官桥镇北辛村人。

1970 年 3 月—1985 年 6 月，在北辛小学担任民办教师。其间，1971 年 3 月—1972 年 2 月在滕县工读师范学校参加培训学习。1977 年 10 月，被抽调到官桥公社组织的文艺宣传队，参加滕县农业学大寨文艺汇演并获奖。

1985 年 6 月—1993 年 3 月，被组织安排到官桥镇轩辕办事处任普法网长。1993 年 3 月，到官桥司法所、法律服务所工作。1994—1996 年，参加全国自学法律专业考试。1996 年，任官桥法律服务所主任。当年，个人受到枣庄市司法局表彰，单位被记集体三等功。1996—1998 年，参加中国政法大学法律专业函授学习，获得毕业证书，同时获得山东省司法厅颁发的基层法律服务工作者“执业资格证书”。1999 年，被调到南沙河法律服务所工作。2016 年，被滕州市司法局评为“十佳法律工作者”。

2014 年 6 月退休后，返聘南沙河法律服务所工作，并受邀参加《北辛村志》编写工作。

张志臣

1954 年 5 月出生，滕州市官桥镇北辛村人，中共党员。

初中毕业后，在生产队务农。1973—1977 年，在兰州军区宁夏军分区服役，并于 1976 年入党。1977 年复员回家后，在南沙河焦化厂工作一年。1978 年 11 月—2003 年 9 月，在官桥供销社北辛代购代销店从事商品销售工作。

2003 年 9 月，跟随亲戚、兄弟来到上海，购买 1 辆载重 5 吨解放 140 货车从事渣土运输工作。随后，运输业务越做越大，陆续购置 5 辆载重 8 吨自卸货车，固定资产投资 100 多万元，年纯收入 20 余万元。2015 年起，渣土运输业务交给儿子经营。

刘建全

1954 年出生，枣庄市市中区龙山路街道人，中共党员，经济师、高级政工师，长期从事经济、文化管理工作。

历任安厦水泥有限公司党委书记、枣庄市市中区矿区街道党委书记、市中区文化局局长、工农关系办公室主任等职。1998 年，被人事部专家服务中心收录《中国专家大辞典·企业文化专家》。2004 年，被中国国际营销策划院聘为高级研究员。2012 年，被中国创意研究院聘为副院长。2017 年，撰写《北辛珍畜“荄子猪”探源》《枣庄夹谷山“地以人传”》等文章。现为枣庄市王鼎铭文化研究会、国学教育促进会副会长，枣庄市源泉文化创意工作室创意总监，枣庄名人文化论坛《铭鉴》执行主编，《枣庄市中文化自然遗产》责任编辑。

先后为枣庄市创意策划多起文化、经济活动。其中，反响强烈的有一代廉吏王鼎铭施政理念研讨会、东沙河改造奠基暨德仁俊园开盘大型文艺烟火晚会、“琴情海韵”大型文艺晚会。此外，策划制作《跨越百年的记忆》4 集大型采访纪录片和《古震劈出大裂谷》《日出东方》等 16 部专题片，以及《华欣》《跨越百年的纪念》等宣传画册。

任士民

1954 年出生，滕州市官桥镇北辛村人，大学本科学历，中共党员，中学高级教师。

1976 年，毕业于滕县第五中学。1976 年底，应征入伍，复员回乡后，任北辛小学民办教师。1980 年，考取滕县师范学校。

1982 年师范学校毕业，先后任羊庄镇中心校教师、王杭学区校长、羊庄镇教委办主任（教育组长）。任职期间，大胆进行教学改革和危房改造。不到 5 年的时间，全镇 70 年代建造的石板危房变成了幢幢教学楼。《光明日报》《中国青年报》《枣庄日报》等多家报纸纷纷予以报道，羊庄镇成为滕州市、枣庄市校舍改造先进单位，他个人被评为枣庄市校舍改造先进个人。在大胆进行教育教学改革中，他提出“以教学为中心，向管理要质量”的口号，深入边远乡村学校听课、评课，指导教学，中小学教育教学质量得以不断提高。

1995 年，任滕州市第七中学校长。任职期间，将一个招不上生的学校，发展成一个初具规模的高中。在学校管理上，大胆推行《枣庄市教育教学量化管理方案》，打破了吃大锅饭的陈规陋习，激发教师工作的积极性、主动性。

退休后，先后被北京中山实验学校、北京朝阳区金地实验学校等全国知名民办学校聘请为教学校长、教学总监等职务，为自己热爱的教育事业发挥余热。

李洪君　李祥宝

李洪君，1954 年出生在滕县官桥北辛村一个木工世家。李祥宝，1983 年 2 月出生，李洪君之子。

李洪君自幼聪慧，学习木工活一看就会，做家具既快又好。凭借个人技术，考入滕县建筑公司当工人。后业务拓展到枣庄，担任枣庄建安公司副经理，一级建造师。他亲身体会了自身文化过低的困难，全力支持儿子求学深造。为了助力李祥宝读研、攻博，李洪君毅然卖掉枣庄所住的小康楼。

李祥宝不负其父殷切期望，从初中到枣庄三中高中，再到东北大学自动化控制本科，学习成绩均居前位。2005 年 9 月，考取广西大学硕士研究生班。2007 年 9 月，考取上海交通大学博士研究生班，并于 2008 年 1 月至 2010 年 6 月在瑞士参与联合国登月工程控制化安装调试工作，师从诺贝尔物理奖得主杨振宁博士。李祥宝博士毕业后，到上海大数据研发中心供职，从事自动化控制尖端学科的研发工作。仅用一年时间，便在工作中崭露头角，成为研发中心骨干，次年被任命为该中心总工程师。

王连仁

1955 年 3 月出生，滕州市官桥镇北辛村人，泥水匠师傅。

1974 年，滕县官桥五中高中毕业后，在生产队当了 4 年会计，闲暇时间跟随父亲王立生为村民义务建房屋。1977—1982 年，在枣庄市第三建筑公司工作，先从泥瓦工做起，3 年后升为带班班长，又过 2 年升为建筑队小队长。自学图纸架构，活计一学即会。

1982 年起，自找活路，先是承包建筑小工程，后依托大公司建设大项目，足迹遍及内蒙古、大连、锦州、上海、北京等地。先后兴建焦窑、砖窑 8 座，建设八一煤矿礼堂、宿舍楼及枣庄祥和乳业办公楼、厂房、锅炉房等建筑一大批。为枣庄矿务局第四工程处第十四项目部承建的薛城光明花园 26 层 87 米高建筑物获得“小鲁班奖”，为某建筑公司承建的柴里煤矿盛荣焦化厂项目夺得“鲁班奖”。

任士琛

1955 年 9 月出生，滕州市官桥镇北辛村人，中学历史高级教师。

1975 年 7 月，滕县五中高中毕业后，任北辛小学民师。1981 年，考入滕县师范学校，毕业后分配到滕县第四中学（后改为枣庄三十一中）任教。1984 年，考入曲阜师范大学，进修历史教育专业。

1988 年 9 月，调入枣庄矿务局八一煤矿职工子弟学校，教历史及书法等课程。1993 年 6 月，所教初二历史在全局 43 个班级统考中获总评第一名。独创的“六步教学法”得到有关专家的认可，并被其他学校借鉴。同时，先后有 10 多篇教学论文在煤炭部及省、市获奖。其中，《历史教学中学生学习兴趣的培养》在 2001 年全国教师优秀教育教学论文大赛中获特等奖，并发表在《现代教育研究》第二辑上，由中国文联出版社出版。

课余时间组织学生参加书法兴趣小组，辅导的学生先后有 20 余名在全国及省、市级书法大赛中获奖，其中 2 人以优异成绩被高等院校书法专业录取。个人于 2006 年在全国青少年书法大赛中获“教师优秀辅导奖”，2008 年在山东省第三届中小学生艺术大赛中获得书法组“教师优秀辅导奖”。多次被评为先进教育工作者，2000 年获得“全国优秀园丁”称号。

2016 年退休后，应邀参加《北辛村志》的编写工作。

孙井泉

字源清，号印月斋主，1955 年 11 月出生，滕州市张汪镇邓寨村人，官桥镇文化站原站长，副研究馆员，北辛文化、古薛文化的保护、传承者，中国民间文艺家协会会员、中国民俗协会会员、中国楹联学会会员、山东省民俗学会理事、山东省书法家协会会员、古薛书画院名誉院长。

自幼爱好美术、书法、文学，1988 年调任官桥镇文化站站长。1991—1996 年，先后主持修建毛遂墓园、孟尝君陵园、北辛遗址碑亭、丰山烈士陵园和其他文化景点 10 处，征集上缴各类出土文物 200 余件，收集各类民俗文物 400 余件。从事基层群众文化工作 30 多年，所在单位 1989 年被评为山东省先进文化中心，1990 年被评为全国先进文化站，并代表全省 10 个先进站赴京参加表彰会。1997 年，个人被评为山东省“农村文化工作先进工作者”，受到省人事厅、文化厅表彰，并记三等功。

潜心研究北辛文化、古薛文化和鲁南民俗文化。先后创办“北辛文学社”“毛遂故里书画社”“古薛文化研究会”，编辑出刊《北辛文化报》，编著出版《枣庄民俗》《滕州民俗》《走进官桥看历史文化》，参与编著《山东玩具》《古薛文化》《滕州民间故事精选》。为宣传北辛、古薛文化，他不吝惜为工作搭钱。修建北辛遗址碑亭和丰山“中华魂”碑超支 1 万多元，他把自己多年口攒肚挪的私房款全部赔进去。北辛文学社、毛遂故里书画社创办之初，他都是自己掏钱，资助办《北辛诗报》和买来笔墨纸张送给那些爱好书画的业余作者。

2007 年，退出官桥镇文化站长岗位后，先后帮助张汪镇、大宗村、太平庄村等镇村编写志书，2016 年始主持第二轮《官桥镇志》编修工作。

王德伟　王振

王德伟，1955 年出生，滕州市官桥镇北辛村人。王振，1978 年出生，滕州市官桥镇北辛村人，王德伟之子。

王德伟于 1970 年起担任北辛果行专业队技术员，1974 年起升任大队农业技术员，在官桥农中学习 2 年，并到滕州、鲍沟等地学习玉米配种等农业技术。1978 年，成为大队首批拖拉机驾驶员。1984 年，到木石从事货运汽车驾驶工作。1990 年起，先后在坝上、官桥经营汽车、拖拉机等运输机械维修。

王振于 1998 年滕州市劳动局技校毕业后，购置昌河汽车从事客运出租。2000 年起，任枣庄市市中区工商联驾驶员，开始进行粮票、布票、钱币等收藏。2014 年，注册成立枣庄市明鹏文化发展有限公司。2017 年，成为中国收藏家协会票证收藏委员会会员。

王会晶

1955 年出生，滕州市官桥镇北辛村人，中共党员。

1974 年，滕县第五中学高中毕业。1975 年，担任北辛大队共青团支部书记、果园专业队队长，兼任官桥公社团委委员、团总支副书记。之后，多次当选滕县青年积极分子代表大会代表并出席会议。

1980—1985 年，担任官桥供销社北辛供销社主管会计。1985—1997 年，先后担任滕州一建机械厂助理工程师、工程师，多次被评为优秀共产党员。

王玉玲

女，1956 年 6 月出生，滕州市官桥镇北辛村人，专科文化，中共党员。

1993—2008 年，历任滕州市烟草专卖局（滕州烟草公司）副经理、副局长、书记（正科级）等职务。曾任枣庄市工会第十届、第十一届会员代表。2008 年，当选滕州市第十二届政协委员。担任滕州市政协委员期间，曾对全市道路管网规划等工作提交提案，获得落实。2003 年获得滕州市巾帼十杰提名。

王秀华

女，1956 年 10 月 9 日出生，滕州市官桥镇北辛村人，大专学历。

20 世纪 70 年代至 80 年代，先后在官桥公社北辛小学、木石镇中心小学任教。1988—2011 年，在滕州市城关镇前进小学、北辛街道中心小学任教。2011 年 10 月，在北辛街道中心小学退休。

任教期间，经常把学习上有困难、生活上需要帮助的学生带到她的家里，让他们与她自己的孩子一块吃饭、一起学习。有好多次，学生生病了，她把自己的孩子托付给了同事和邻居照看，及时把生病的学生送到医院求诊买药，直到把学生交给下班后匆匆赶来的学生家长，家长们十分感动。

几十年来，从未旷过一天班，节假日大多数时间都是用来在家里给学生补习功课，却从来没有收过学生家长的报酬。

她个人先后 20 多次获得学校、镇先进教育工作者、积极分子和优秀教师称号，5 次被评为市（县）级优秀教育工作者和优秀教师，6 次举行全市、镇教育系统公开课，并在国家、省、市级教育刊物发表论文 8 篇，2001 年被评为中学高级教师。

刘心兰

女，1956 年出生，原籍滕州市木石镇前连水村。1981 年，与北辛小学教师任士琛结婚后，一直与公婆一起生活。

1981 年起，丈夫任士琛先是考入滕县师范学校学习，毕业后被安排在西集、桑村等地教学，家中养老、抚幼甚至地里农活，全由她一人承担。平时公婆穿衣打扮讲究整洁，饮食也有一定要求。刘心兰尽心尽力，尽量让他们满意。房间拾掇得卫生舒适，被褥、衣物定期换洗，饭菜变着花样去做。早饭，公婆爱吃蒸包，她就跑到几里外的地方去买。晚上，公婆爱喝一点白酒，她就增加一两个下酒菜。平时，给公婆洗脚、修脚甚至为婆母理发已成定事，冬季经常拉着婆母去浴池洗澡。

2012 年 7 月，88 岁的公爹任振祥不慎摔倒，造成右腿上端严重骨折，生活完全不能自理，出院后只能在家卧床静养。为了减轻老人痛苦，尽快康复身体，她让家人花钱从济南买来气垫、高档医疗床，又安上空调，更换了暖气炉。在此期间，她每天坚持为老人喂饭喂药、端屎端尿，并协同丈夫为老人定时翻身、换尿布、按揉双脚、包扎破处。还曾双膝跪地为其清理粪便，帮助擦洗全身，直到 2013 年 5 月老人离世。

婆母张景荣于 2006 年至 2014 年间先后 3 次不慎摔倒造成骨折。前两次分别摔伤的是左、右手的手腕、手臂，最后一次是 93 岁时严重摔伤造成右胯粉碎性骨折。在滕州人民医院入院手术后又出现老人便秘，七八天后老人憋得直冒汗，加之术后伤口剧痛难忍，一时喊叫连天。刘心兰情急之下，当即卷起袖子下手通便，解除了老人的一时痛苦，使在场的护士为之感动。出院后，在她的悉心照料下，加上营养充足，婆母不到 3 个月时间即能试着下床，尔后渐渐丢掉拐棍，半年后恢复了正常行走。

任士本

1957 年 4 月出生，滕州市官桥镇北辛村人，上海货运业主。

初中毕业后，在生产队务农。1977 年，在北辛大队建筑公司做泥瓦工。1980 年，在枣庄市第三建筑公司当泥瓦工师傅。1986 年，与村民张广武、任泽伟合伙成立建筑队。

2006 年，前往上海，购买 1 辆载重 5 吨货车，从事渣土运输。随着渣土运输量的不断增大，5 吨载重货车增至 2 辆，后又更换、增加 8 吨载重货车 3 辆，固定资产投资 60 余万元，年纯收入 10 余万元。

石敬东

1958 年 7 月出生，河南省周口市人，中共党员，本科学历，研究馆员。

1979 年 4 月至 5 月，参加河南省周口地区文化局举办的文物考古培训班。同年 6 月至 1982 年，参加河南省文物考古研究所对淮阳龙山文化城址的发掘。1983—1984 年，在文化部文物局郑州文物干部培训中心担任田野辅导员。1985 年，被枣庄市作为专业技术人才引进到枣庄市博物馆工作。现任枣庄市博物馆保管部主任，中国汉画学会、历史学会会员，山东省考古学会、博物馆学会会员，长期研究北辛文化。

先后在国家、省、市级学术刊物发表大型报告、论文等近 30 篇。其中，《从出土文物看枣庄地区的史前农业》，2000 年 9 月发表在《农业考古》总第 59 期上；《枣庄市东江周代墓葬发掘报告》，2012 年获得枣庄市社科优秀成果评比三等奖，2013 年被山东省考古学会评为优秀成果一等奖；《枣庄徐楼墓葬及相关问题》，2015 年获得枣庄市社科优秀成果评比优秀奖。

王　斌

1959 年 11 月出生，滕州市官桥镇北辛村人，中共党员。

1975 年 12 月，滕县东方红学校（滕县实验小学）初中毕业后，在滕县农机厂参加工作。1976 年 12 月，参军入伍，任解放军第二炮兵 312 团 3 营战士。1981 年 12 月，退伍后分配到商业系统工作。1985 年 5 月，调到滕县公安局治安中队工作。1990 年 12 月，调到滕州市公安局看守所工作。

1997 年 5 月，调任级索派出所副所长。1999 年 10 月，任级索派出所政治指导员。2004 年，任副科级侦查员。2005 年，任界河派出所政治指导员。

王立涛　朱广霞

王立涛，1960 年 12 月出生，滕州市官桥镇北辛村人，中共党员。其妻朱广霞，出生于 1962 年 12 月，中共党员，本科文化，小学高级教师。

幼时，王立涛家庭经济困难。在大哥王立堂的支持鼓励下，考入枣庄农校，成为 20 世纪 80 年代的中专生，1988 年又参加山东农业大学函授学习。枣庄农校毕业后，先后在张汪、官桥、羊庄三乡镇工作，分别从事教学、土地管理、民政、计生和文化管理等工作。在担任羊庄镇民政科科长、文化站站长期间，秉持北辛文化的底蕴，扎实工作，踏实做人。充分利用羊庄拥有的历史古迹和历史名人众多的优势，在保护好古文化遗址的同时，整理申报了崔怀义的唢呐、范蠡隐居之谜、西施饼的传说、羊庄的由来、庄里革命红色阵地等枣庄市、滕州市非物质文化遗产项目，个人先后被枣庄市、滕州市评为文化工作先进个人。

朱广霞自嫁入北辛村之后，由一名民办教师转为国家正式教师。在羊庄教学期间，精心呵护、细心照顾学生，受到很多家长的称赞。坚持边教边学边进修的原则，不断提高自己的教学水平，多次代表羊庄镇教委参加两级市公开课，分别获得两级市教学能手、骨干教师称号。

王立涛赋诗《盛赞北辛》一首，以表对家乡的感激之情：北辛文化天下扬，我辈庆贺心舒畅。值此盛世修村志，祝愿家乡更富强。

彭守明

1961 年 8 月出生，滕州市官桥镇北辛村人，小学高级教师。

1982 年 6 月，滕县第五中学高中毕业。1984 年 8 月—1986 年 7 月，滕州市官桥镇官庄联校任教。1987 年 7 月—1998 年 7 月， 滕州市官桥镇洪林小学任教。其间，1996 年 8 月—1998 年 7 月，考入滕州市师范学校普师班进修学习。

1998 年 8 月—2012 年 7 月，滕州市官桥镇北辛小学任教。其间，1998 年 8 月—2005 年 6 月，参加曲阜师范大学培训学习。2002 年 5 月，获省级教学论文评选二等奖。2008 年 5 月，获滕州市优秀班主任称号。同年，论文《环境设置在培养学生创造力中的作用探析》发表在国家级刊物《素质教育论坛》教师版 2008 年第 6 期上。2014 年，获得“从事教育工作三十年——‘为人师表　教书育人’”证书。

王立运

1961 年 11 月出生，滕州市官桥镇北辛村人，中共党员，民营企业家。

20 世纪 90 年代，依托毗邻八一煤矿的地理优势，先后从事木器制作、铁器铸造、煤炭销售等生产经营。2001 年 3 月—2012 年 10 月，担任中共北辛村支部书记，并于 2001 年、2011 年两次当选滕州市人大代表。

21 世纪起，在八一矿区后公桥村成立股份制企业滕州市成金机械制造公司，担任企业法人，固定员工 100 余人。生产经营集中于钢铁制造业，后发展至采矿设备、建筑工程用机械设备制造，钢铁铸件制造，废旧金属回收等经营业务。2014 年 3 月，公司进行业务调整及股份整合，业务扩展到与该企业相关联产品的进出口行业，股份资金扩充至 3000 万元，其中他个人股金为 1000 万元。

公司成立十多年来，在科研单位的大力协助下，技术力量雄厚，检查手段齐全，产品达到系列化、规范化，产品各项性能指标均达到国家先进水平，深受船舶、冶金矿山、火力发电、水泥以及化工等企业的信赖，成为鲁南地区唯一一家生产铸钢锚、大型铸钢件的专业厂家。2015 年，公司投资 3000 万元的二期工程竣工并投入生产。公司获得中国（CCS）船级社认可，同时获得英国（LR）证书、挪威（DNV）证书、日本（NK）证书等国外船级证书社认可。产品广泛应用于国内各大船厂制造的各类船舶，同时外销日本、西班牙、韩国、意大利等国家和中国台湾地区。

翟力民

1961 年出生，山东省泗水县人。

1978 年秋、1979 年春，就职于滕县博物馆期间，2 次参加滕县北辛文化遗址的考古发掘工作。之后，调入枣庄日报社担任摄影记者，历任报社摄影部主任、编委、高级记者。为山东省摄影家协会常务理事，山东省青年摄影家协会副主席，第四届枣庄市文联副主席，枣庄市摄影家协会主席，2007 被评为枣庄市有突出贡献的中青年专家。

摄影作品在国内外摄影大赛中屡获佳绩，2005—2008 年，在全国地市报优秀新闻摄影作品评比中均有作品获奖。其中，《节能“新成员”》获 2007 年度全国地市报优秀新闻摄影作品“经济新闻类”银奖，《山村美容店》获山东省第十届摄影艺术展三等奖。

黄现法　刘景花

黄现法，1961 年出生，滕州市官桥镇北辛村人。刘景花，女，1961 年出生，滕州市官桥镇北辛村人。两人自幼相识相知，中学毕业后在生产劳动中加深了解，建立感情，并于 1980 年结婚。

婚后二人在生活困境中奋发图强，先是从事淘豆芽、面食、蔬菜批发等小本生意，在八一煤矿市场摆摊经营。有了一定的资金积累后，举家迁至滕县县城从事商品经营。最初经营五金生意，因资金周转不开，进货来源不明，销路不畅，一度生意陷入困境，甚至跌至破产的边缘。但不气馁，重整旗鼓，转变经营思路，在塑料制品、土特产等批发零售行业中艰难探索，走出了一条独特的成功经营之道，并于 2000 年成立天赐塑料制品公司，年销售额过千万元。

致富后不忘父老乡亲，孝敬老母，和睦族人，数年间为村庄捐赠几千元。

王光辉

1962 年 3 月出生，滕州市官桥镇北辛村人，正高级专业技术职称。

1976 年初中毕业后，升入滕县第五中学。1978 年高中毕业后，到北辛小学担任民办教师，所教小学四年级语文成绩曾在全公社名列前茅，受到表彰奖励。

1983 年 7 月，考入枣庄师范专科学校中文系，先后任班级卫生委员、班长，并加入中国共产党。1985 年 7 月，毕业分配至枣庄市直学校枣庄第十六中学，担任初中语文教师兼任班主任，曾连续接任三个初三毕业班的班主任，其中尖子班一年考入中专、省重点高中枣庄三中学生 30 余人，占全校升学总人数的半数以上，多次获评学校先进教师，1989 年被评为市中区优秀教师。其间，参加曲阜师范大学中文系函授（本科）学习，1989 年毕业。

1990 年 9 月，调动到市中区史志办公室工作，历任编辑科科长、副主任、区志副主编等职务，多次获评区先进工作者、市行政系统先进个人、省年鉴优秀撰稿人等，曾连续三年评获区级考核优秀，1997 年破格晋升出版系列副编审职称。

1998 年起，全面负责市中区史志办工作，2001 年破格晋升出版系列编审职称，2003 年担任区史志办主任。相继主编出版《市中区情》2 部、《市中年鉴》2 部、《辉煌三十年》大型画册 1 部、《市中区志（1986—2005）》1 部，个人专著《修志回眸》《爱我市中》2 部，撰写地方志、年鉴论文 20 余篇。其中，4 部区情、年鉴分获全省优秀年鉴评比综合优秀奖 1 次、一等奖 2 次、二等奖 1 次，《市中年鉴（2004—2008）》获“齐鲁新方志奖”之全省“优秀年鉴奖”，《辉煌三十年》《爱我市中》获全省读志用志优秀成果奖，《修志回眸》获全省优秀论文（论著）奖，《市中区志（1986—2005））》获省政府办公厅、人事厅授予的

2011 年全省史志工作八个一优秀市、县志书奖。市中区区情资料库、方志馆先后获得省政府办公厅、人事厅表彰奖励，区史志办公室分别于 2005 年、2010 年获得省政府办公厅、人事厅授予的全省史志工作先进集体、全省史志工作“八个一”优秀工作单位入围奖。个人十余次获得省级史志工作先进个人等各类表彰奖励，2001 年、2009 年两次获得省政府办公厅、人事厅授予的二等功奖励。

2013 年，受聘担任山东省史志业务咨询专家组成员，先后参与第二轮《青岛市志》《临沂市志》《济南市志》《鄄城县志》《天桥区志》等十余部市、县志稿的评审工作，以及《深圳南山年鉴》《中国第十届艺术节志》《枣庄市志》的编辑工作。

张志彪

1962 年 12 月出生，滕州市官桥镇北辛村人，上海货运业主。

初中毕业后，先后在官桥煤井、留庄煤矿务工。2001 年，跟随亲戚来到上海，从事渣土运输工作。2003 年，购买渣土运输货车 1 辆。之后，随着渣土运输业务的逐步扩大，购置货运汽车越来越多。2017 年，拥有货运汽车 6 辆，固定资产投资近 200 万元，年纯收入 30 余万元。

王德科

1963 年 4 月出生，滕州市官桥镇北辛村人，木石镇北辛宾馆总经理。

1980 年 10 月应征入伍，随后参加中越边境自卫还击作战。1982 年 1 月，因病复员回家。1983—1985 年，先后任滕县电影公司、北辛电影队放映员。之后，在大康留村与人合伙创办、经营洗煤厂。

1992 年，租用滕州食品总公司木石食品公司场地、房屋，经营干鲜食品。经常起早贪黑，骑着一辆摩托车从山亭等地低价收购活鸡、猪肘、排骨、牛羊肉等，经一番熟食加工后出售，获取可观利润。1998 年，以 15 万元价格购买木石食品公司产权。之后，将生意扩大到给周边村民提供红白事宴席供菜服务，以货真价实、服务周到赢得口碑。2003 年起，利用三年时间，边经营边建设，建成 3 层、总面积 2200 平方米的营业大楼——北辛宾馆。2008 年，北辛宾馆正式营业，一楼仍旧经营干鲜肉食，二楼经营餐饮，三楼为住宿宾馆。生意鼎盛时期，北辛宾馆年营业额400余万元，纯利润70余万元。

2014年11月，当选北辛村委会主任。先后垫资40余万元，用于村庄小巷道路硬化、城乡环卫一体化建设等方面，仅2016年一年时间即将全村尚未硬化的30条、总长5000余米、总面积1.6万平方米的南北街道全部硬化。经多方奔走呼吁，国家投资近1000万元的北辛文化遗产保护工程于2016年底动工兴建，全村有史以来的第一部村志《北辛村志》于2016年底动工编修，滕州至八一煤矿4路公交车延长至北辛、坝上线路于2016年底试通车，并于2017年3月正式通车。2015年，被推举北辛王氏宗亲理事会副会长兼北辛分会会长，为先祖立碑捐款1万余元，并在宗亲代表春节团拜、清明祭祖等族务活动中尽职尽责。

姜德宇

1963年9月出生，滕州市官桥镇北辛村人，中共党员。

1982年10月，高中毕业后应征入伍，先后任战士、班长。1984年9月，考入济南陆军学校，学习成绩优异。1986年7月，毕业分配到济南军区司令部直属舟桥87团2营5连任排长。1989年4月，调整到汽车连任副指导员代指导员兼党支部书记。1990年5月，调整到5连任指导员，所带连队被济南军区评选为达标先进连队。

1991年6月，调到济南军区机要训练大队任教员、学员队队长，后改任解放军信息工程大学电子技术学院济南大队教员，中校军衔，专业技术9级，先后培养出合格军队机要干部400余名。

2002年，由于部队撤编和调整，按副团职军官待遇退休。

夏允全

1963年出生，滕州市官桥镇北辛村人，建筑工程师。

1981年，滕县第五中学高中毕业。1982年，枣庄市电业局建筑公司工作。1987年起，组建建筑工程包工队，经营墙体砌垒、装饰等工程。常年工人二三十人，最多时六七十人。工程量一般年景二三百万元，多者四五百万元。承包工程中，中安道南里、中安鸣翠苑等较为出名。

为人内敛低调，热心村庄公益事业，主动为村志编修捐款。

杜修山

1963 年出生，滕州市官桥镇北辛村人，滕州辰龙集团石料供应商。

初中毕业后，在村中务农。1988 年起，担任第七生产队队长十多年，后在村委会任职。1990 年起，经营坝上加油站十几年。2001—2008 年，与人合伙经营洪林石料厂 3 个。2010 年起，先后购买钩机、挖掘机 4 台，并为辰龙集团专供石料。

祖辈加工销售食用油，具有经商传统，加之个人头脑活泛、善于经营，生意一直不错。热心族务、村务公益工作，曾为家族修谱、村庄修志等活动献智、捐款。

王　涛

1964 年 4 月出生，滕州市官桥镇北辛村人，中共党员。

1981—1984 年，任滕县农业银行会计。1984—1995 年，任滕县（滕州市）乡镇企业局财务科科长。其间，1987—1989 年，参加山东省农业管理干部学院学习。1995—1998 年，任滕州市界河镇经委主任。1999—2005 年，任滕州市民营经济发展局办公室主任。2005—2011 年，任滕州市民营经济发展局安监中队长。2011 年 4 月，先后任滕州市中小企业局党组成员、副局长，滕州市经济和信息化局党组成员、主任科员。

李洪福

1964 年出生，滕州市官桥镇北辛村人，“草根画家”。

自幼喜爱艺术，13 岁习画。1981 年，参军入伍，绘画作品多次在部队军团级参展并获奖。1982 年 7 月，被保送山东莱阳农学院美术系学习深造。1984 年，转业回枣庄工商银行工作，业余时间潜心研究国画。1987 年，在山东省工行系统书画比赛中获三等奖。

之后在北京城建集团就职时，拜书画家魏恒斌为师，技法明显提升。2013 年 12 月，在纪念毛泽东同志诞辰 120 周年首届“西北坡杯”国际华人书画大赛中获得一等奖。

高文先

1965 年 6 月 20 日出生，滕州市官桥镇北辛村人。

1990 年，进入青岛经商，经营海产品批发、零售等业务，年销售额 200 万元左右，年交税 10 余万元，多次被所在经营市场评为杰出贡献户及先进文明商户。前后数年带领弟弟高迎先等人进入青岛经商或从事其他行业经营，均取得较好经济效益。

王淑君

女，1965 年 9 月出生，滕州市官桥镇北辛村人，中共党员，副主任护师。

1982 年 9 月，考入枣庄市卫生学校护理专业，成为全村第一位女性中专生。1985 年 7 月，卫校毕业后分配到山东省民政厅所属济南荣军医院工作。1988 年，调到滕州市中医院工作，先后担任内三科护士长、院门诊部主任等职，多次获得院以上表彰，被授予滕州市卫生系统先进工作者称号，两次获得枣庄市优秀科研成果二等奖。

王　成

1965 年 10 月出生，滕州市官桥镇北辛村人，民营企业家。

1995 年，与爱人赵后英一起怀揣几十元从北辛村勇闯大上海。先是为一家运输公司进行渣土装卸，晚间休息在公园草坪之上。之后，经过一段时间的吃苦打拼，有了一定的资金积累后，与一位社会关系广泛的朋友合资购买了第一辆货车从事渣土运输业务。后渣土运输越做越大，货车也越来越多，二人合伙成立运输公司。几年后，合伙朋友身患疾病无力继续经营运输业务，只得退股，运输公司遂成其独资公司。

王成独家经营后，广结人脉，善交朋友，公司经营范围不断扩大，由一个渣土运输公司发展成集建筑工程、市政工程、建筑装潢工程、水电安装、物业服务、货物运输代理服务、保洁服务、工程渣土运输服务、普通货运等工程和服务于一体的上海凯大建设工程有限公司，资产超过 1 亿多元，并连续几届当选枣庄上海商会副会长。

王成致富后不忘桑梓，尤其热心村庄基础设施建设和族务事业，并被北辛王氏老三支代表推举为王氏宗亲理事会会长，累计捐献20余万元用于村庄自来水改造、祖林征地植树、清明立碑祭祖、春节团拜等活动。

任　明

1965年出生，滕州市官桥镇北辛村人，中共党员。

1982年，滕县第五中学高中毕业。1983年10月，应征入伍到中国人民解放军武汉军区警卫营4连，从战士升至班长。1986年7月，考入重庆解放军后勤工程学院。1988年7月，毕业分配到广州军区第41军121师后勤部任营房助理员。

1993年，转业到山东鲁南水泥厂营销公司任区域经理。2011年，公司由中国建材瑞泰科技股份有限公司控股收购更名为枣庄盖泽炉窑工程有限公司后，担任公司市场部经理。团结带领一班人，连年超额完成年度目标任务。2015年，被瑞泰科技股份有限公司授予集团营销状元称号。

黄文龙

1966年3月出生，原籍滕州市官桥镇北辛村，八辈前迁往薛城大吕巷村，中共党员。

1987年7月，曲阜师范大学汉语言教育专业本科毕业，历任枣庄四中高中语文教师，枣庄五中政教处、教导处主任，枣庄四中、枣庄二十九中、薛城奚仲中学副校长。中学高级教师，省、市、区级优秀教师。

为中华诗词学会会员，中华文化促进会会员，山东大众论坛版主，枣庄市诗词学会会长兼会刊《华夏诗文》主编，薛城诗词学会会长兼会刊《薛风唐韵》（后并入《华夏诗文》）主编，薛城中华文化促进会会刊《薛域风华》主编。诗词作品多次在国内比赛中获奖，并由“中国教师人才网”“中华诗词网”等媒体转发。主要著作有《抗战英雄孙伯龙与运河支队》《古薛诗萃》《古薛文选》等。

李作福

1967年10月出生，滕州市官桥镇北辛村人，枣庄雨丝美发形象设计师。

1986年初中毕业后，前往父亲工作的城市甘肃省天水市学习理发手艺。出师后，回北辛老家从事理发经营。1989年，只身前往枣庄闯荡，先在青檀北路租借六七平方米的“半坡屋”理发，后生意大有起色后理发店迁至振兴北路，店铺面积50余平方米。1996年下半年，创办枣庄雨丝美发形象设计室，学员10余人。2000年后，购置吉品街沿街两层门市，继续拓宽美发形象设计之路。2005年，创办枣庄美容美发学校，累计培训学员二三百人。

王　斌

1968年12月出生，滕州市官桥镇北辛村人，中共党员，高级工程师，枣庄市围棋协会副主席。

1990年7月，山东科技大学毕业，在枣庄矿业集团铁路运输处工作，历任电务段工区技术员、安全监察技术室主任、安全生产副段长、电务段段长（科级）。2006年3月，任铁路运输处副总工程师。

2006年4—6月，参与组织集团公司重点建设项目留庄港口建设工程会战。作为副总指挥、机电设备组组长，参与组织设计、指挥施工机电设备安装工程的全部项目，奠定了枣矿集团富龙公司航运事业发展的基础。

先后在《山东煤炭科技》《煤炭现代化》杂志发表《电缆盗割预警纳入集中机尝试》《轨道电路故障分析与处理》《提高电动转辙机可靠性的方法》等论文，与课题小组成员一起研究的QC成果“维护改造配电系统，保障供电畅通安全”“降低高低压故障，确保供应变配用电”等成果，先后被评为行业省级一等奖、二等奖。

任士营　王广英

任士营，1969年6月出生，滕州市官桥镇北辛村人，中专学历。王广英，女，1969年9月出生，原籍滕州市羊庄镇东王庄村，任士营之妻，初中学历。

二人于1988年结婚，在北辛村从事农业生产，闲暇时间做点零星货物运输。2005年，跟从上海北辛籍货运企业家王成从事货运驾驶工作。2006年，购置1辆载重5吨货车从事渣土运输。后陆续购置载重8吨货车、铲车等4辆，固定资产投资100余万元，年纯收入20余万元。

王坤仁

1970 年 1 月出生，滕州市官桥镇北辛村人，中共党员。

1993 年 7 月毕业于徐州煤炭基本建设技工学校，2004 年取得青岛理工大学土木本科学历。2002 年考取全国建筑经济师，2003 年考取全国注册造价师，2006 年取得山东省评标专家资格，2016 年取得全国高级经济师职称。

1993 年 7 月参加工作后，先后任柴里煤矿基建科预算主管、副科长、科长。2013 年 2 月后，任柴里煤矿盛源荣达实业有限责任公司副总经理。

先后对柴里矿井三扩、袁堂井改扩建、洗煤厂浮选、洗煤厂重介工程、柴里煤矿电厂建设及一、二、三期扩建等工程进行现场施工监理，主持建设柴里煤矿 3.5 万吨铸造项目、柴里煤矿幼儿园改扩建工程、柴里煤矿 2 万立方米煤气站工程及矿北楼社区危房改造等工程建设项目。在主持建设柴里煤矿玉馨花园一、二、三期棚改工程期间，积极协调市、集团公司等上级主管部门，合理争取国家棚改补助资金，加大现场管理力度，有效地降低了工程造价，节约了工程资金，并提前 60 余天顺利上房。

高敬先

1971 年 2 月 28 日出生，滕州市官桥镇北辛村人，小学文化，机电设备、水电暖安装经营业主。

1989 年，进入滕州市安装公司（省四公司）工作，带领班组人员勤奋钻研、忘我工作，个人连年被评为先进工作者，班组获评为先进班组。经公司推荐，先后几年学习电气焊专业、项目经理等技能，获得相关资格认证。

2006 年起，组织数人进入枣庄联创公司（原陶庄煤矿），做土建及机电设备、水电暖安装等小面积承包工程，凭借过硬技术、实在人品很快打开局面、站稳脚跟，每年上交各项税金 10 余万元。个人、单位多次被地方乡镇、煤矿，地税、国税等单位、部门授予先进个人、文明单位、突出贡献单位等称号，获得一些用工单位的好评及口碑。

2010 年起，关心支持村庄公益事业，对村志编修等工作给予资金赞助。

王 月

1971年12月出生，滕州市官桥镇北辛村人，中共党员，大专学历。

1991年12月，应征入伍，在南京军区服役，获得团嘉奖1次。1992年12月—1994年1月，调到南京军区第二老干部服务处警卫连工作，获处嘉奖1次。1994年1月—1998年7月，任福州军区警卫员，获评优秀士兵2次，获处嘉奖1次，并于1996年12月转为志愿兵。1998年7月—2002年9月，在福建省军区第三干休所服役，任首长警卫员，立三等功1次，获干休所嘉奖1次。

2002年2月，从部队转业，先在福建省联通公司工作，后到福建省中国石化有限公司工作。2006年6月，经组织分配到山东省枣庄市市中区民政局工作。

李 瑛

女，1972年8月出生，滕州市官桥镇北辛村人。

1995年7月，山东省教育学院教育管理专业大学本科毕业后，分配到薛城区实验小学工作。先后参加校级、区级研讨课、示范课，并多次获奖。1996年，执教的《我国古代建筑艺术》获区级一等奖。2003年，执教的《我的老师》电教课获国家级一等奖。2010年，《学生自说—自画—自评能力的培养》的课题研究获评国家级课题研究。2014年，撰写的《陶泥的世界》教案，获市级一等奖。

执教22年来多次指导学生参加国家、省、市级绘画、制作比赛，均获得市、区级比赛最佳辅导奖，16次获得国家级大赛最佳辅导奖，辅导的学生20多人次夺得省级比赛一等奖，并在省青少年科技创新大赛中多次获得一等奖。1997年香港回归，学生的作品《我的祖国》获市级一等奖，作品《油画》《拓》《生命》《家乡》等多次获得市级一等奖，其中作品《劳动》在中国《美术家》杂志上发表。

2002年后，撰写第一篇教学论文《浅谈课堂上对学生的评价》在国家级报刊上发表。随后几年内，《让美流淌于课堂》《民族精神的培养》等多篇论文在省级、国家级刊物上发表。

李 琳

女，1972年8月出生，滕州市官桥镇北辛村人，上海德吾新材料科技有限公司财务主管。

1996 年 7 月，山东财政学院毕业后分配到沪东中华造船有限公司工作。2011 年，辞去国企公职，毅然投入创业的浪潮，创办上海德吾新材料科技有限公司，主要负责公司的财务工作。公司经过近 5 年的发展，团队发展至 101 人，并在上海、天津配套建设现代化、一流的生产基地。工厂占地面积近 4 公顷，聚氨酯发泡胶项目安装数条高速全自动灌装生产线，年生产能力达 5000 万罐，设计运用一体化原料储存、配送、供应体系，生产效率、产品质量、工厂安全均处于国际领先水平。

王剑锋

1973 年出生，滕州市龙泉街道小学美术教师，滕州非物质文化遗产北辛土陶制作技艺传承人，被社会誉为“滕州泥人王”。

自幼酷爱制陶、捏泥人。1989 年考入枣庄师范美术班学习，1995 年考入山东教育学院美术系脱产学习。学习期间，经常到其他艺术院校泥塑专业“拜师学艺”。

工作期间，订阅大量的美术书籍，充分利用网络学习雕塑知识，结交爱好泥塑的朋友，从而扩大眼界。平时留意观察生活中的人和物，化观察的灵感为行动，运“刀”如飞。创作出具有故事性、整体性的泥塑系列作品 1000 余件，内容包括农家生活、渔家生活、动物活动等等。其作品形式灵活，细笔刻画，表情丰富，人物丰满，特色突出，受到人们的热烈推崇。其中，创作的北辛土陶《北辛盖鼎》《龙哨》等一批典型代表作，代表滕州市参加第二届全国非物质文化遗产前期“手艺山东”活动；北辛土陶作品《孔子像》《墨子砚》《金乌瓦当》等被中国孔子基金会、鲁班纪念馆等多家单位收藏。个人事迹被《鲁南在线》《枣庄晚报》《滕州日报》、滕州电视台等多家媒体报道。

2014 年，设计创作的土陶人物组雕《庄稼汉》在第六届中国（山东）工艺美术精品博览会获“花冠杯”山东省工艺美术精品奖银奖。

王　鹏

1974 年 8 月出生，滕州市官桥镇北辛村人，中共党员。

1987 年，考入滕县第五中学，初三时被评为滕州市级三好学生，高中时担任班级团支部书记。

1993 年 12 月，参军入伍到厦门警备区，历任战士、班长。1995 年，被评为警备区优秀“四会教练员”。

1996 年，考入南京军区军医学校就读临床医学专业。1999 年毕业后，分配到南京军区某部队医院任医师，少尉军衔。2001 年 3 月—2002 年 6 月，经组织推荐到全军心理卫生中心心理卫生专业进修学习。2003 年 2 月，在《中华实用医药杂志》上发表《医疗事故处理条例颁布实施后对临床精神科的影响》一文。2003 年 9 月—2006 年 6 月，就读于解放军后勤指挥学院卫生勤务专业，取得本科文凭。2005 年，被评为主治医师，上尉军衔。

2008 年，承担北京奥运会上海赛区安保任务，荣立个人三等功 1 次。2009 年 6 月，任主治医师兼心理医师，少校军衔。2010 年，考取国家三级心理咨询师证书。2012 年，在《军事训练医学》杂志发表题为《跟腱断裂两例报告》一文。2013 年，参加南京亚青会安保工作被评为“优秀共产党员”。2014 年，因参加南京青奥会安保工作被评为“践行群众路线优秀干部”。所写论文《基层部队在继续医学教育方面存在的困难与对策》，被收入南京军区继续医学教育专业委员会 2014 年度优秀论文集。2014 年 6 月，任主治医师兼心理医师，中校军衔，技术九级（副团级）。同年被南京军区政治工作网聘为心理咨询师。

2016 年 1 月，转业至南京市江宁区市场监督管理局，享受副处级待遇。

王　英

女，1975 年 9 月出生，滕州市官桥镇北辛村人，枣庄科技职业学院副教授。

1993 年 9 月—1996 年 7 月，西安电子科技大学计算机通信大学专科学习。1998 年 3 月—2002 年 12 月，山东大学计算机信息管理本科学习，获得学士学位。2007 年 7 月—2010 年 6 月，兰州交通大学安全技术及工程研究生学习，获得硕士学位。

个人曾获得枣庄市优质课比赛一等奖，山东省职业教育优秀科研成果二等奖；主持研究山东省教育科学“十一五”规划课题“职业技术教育的教学评价研究”，山东省教学研究重点课题“高职‘C 语言程序设计’教学改革与实践”并获一等奖；领导“计算机文化基础”教学团队，被枣庄市总工会授予“工人先锋号”称号；参与研究中央教育科学研究所科研项目“班墨文化与枣庄科技职业学院学校文化的研究与探讨”；建设山东省省级精品课程“计算机文化基础”；编著教材《计算机文化基础》《计算机文化基础上机指导与习题集》《计算机文化基础实验教程》；发表国家级论文《开发计算机程序设计项目课程问题初探》《工学结合人才培养模式下高职教学评价研究》《基于行动导向的高职计算机文化基础课程教学改革的探讨》等。

李 勇

1976 年 3 月出生，滕州市官桥镇北辛村人，中共党员，北京融显律师事务所合伙人律师，兼任中华全国律师协会会员、中国法学会会员。

2000 年 7 月，山东师范大学中文系本科毕业，获汉语言与文学教育专业学士学位。2003 年 7 月，中国政法大学研究生院毕业，获法学硕士学位。2015 年 1 月，中国政法大学研究生院博士毕业，获法学博士学位。除圆满完成三个阶段的毕业论文以外，公开发表《刑事诉讼中的人文精神》《探讨社会主义核心价值与推动中国社会发展》《以人为本与法治建设的关系》等学术文章。

2003 年 7 月，硕士毕业后留校，任中国政法大学团委办公室主任。2005 年 7 月，任中国政法大学人文学院综合办公室主任，兼任院长助理、终身教授李德顺的学术秘书以及中华文明通论课程组的教学秘书。2016 年 1 月，任中国政法大学资产管理处副处长。除日常行政工作之外，在校团委工作、资产管理处工作期间起草颁布《中国政法大学勤工助学管理办法》《中国政法大学国有资产使用管理办法》等有关国有资产管理工作的规章制度，撰写教育部课题“高校无形资产法律保护研究”项目的结项报告，圆满完成学校国有资产清查、教育部国有资产专项检查整改、学校经济活动内部控制基础性评价等工作。参加工作以来 4 次被评为校级“优秀共产党员”、4 次年度考核结果为“优秀”、2 次被评为校级“优秀教育工作者”。

王 真

1976 年 11 月出生，滕州市官桥镇北辛村人，中共党员。

1992 年 12 月，初中毕业后，应征入伍，在沈阳军区陆军某部服役。1995

年8月，参加吉林德惠抗洪抢险表现突出，被吉林省委、省政府记二等功。1996年9月，保送大连陆军学院15队步兵指挥专业学习。1998年5月，被评为优秀学员、六项全能尖子，记三等功。1998年7月，任某集团军46师136团5连排长。1999年12月，被所在团评为年度优秀基层带兵人，记三等功。2001年7月，任46师136团9连政治指导员。同年12月，被集团军树为政治指导员标兵，记三等功。2012年12月，又被集团军树为政治指导员标兵、优秀政治教导员，记三等功。2003年11月，任46师政治处组织股股长。2004年12月，所在组织股被树为先进红旗股，记集体三等功。

2005年9月，考入东北师范大学马克思主义研究院，在职攻读哲学与思想政治教育专业，获硕士学位。同年11月，任集团军后勤部汽车营政治教导员。2006年8月，被集团军树为学习成长十大标兵，记二等功。2007年5月，被沈阳军区评为学习实践科学发展观先进个人。同年8月，任沈阳军区政治部组织部青年处正营职干事。2008年7月，到共青团中央北戴河培训基地，参加青年信息调研培训，获结业证。同年10月，被总政治部评为全军优秀青年干部，参加全军青年工作会议。自同年11月起，先后历任沈阳军区政治部组织部青年处副团职干事、党务处副团职干事、正团职干事、党务处处长，上校军衔。2015年12月，被沈阳军区政治部评为机关优秀处长，记三等功。2016年2月，任北部战区政治工作部组织局党建处处长。同年12月，所在处被北部战区评为忠实履行战区使命、坚决守好北部边疆先进单位，记集体三等功。2017年11月，任北部战区政治工作组织局副局长，晋升大校军衔。

在军区、战区工作期间，除长期协调保障上级首长日常工作、重大活动等之外，参与撰写对中央军委的重要工作报告、汇报，各类党委工作报告、首长讲话、重大课题调研等材料300余份，参与起草党委工作规则、议事和决策规则、作风建设规定、团以上党委民主生活会规定等各类党内政治工作法规文件60余份，参与起草的120余篇情况反映、工作做法、对策思考等被新华社和军报《内参》《解放军报》以及中央级各类内部刊物刊载发表，主笔起草材料累计700余万字。

李　珊

女，1976年11月出生，滕州市官桥镇北辛村人，中共党员。

1994—1998 年，就读于北京化工大学，获学士学位，师从院士谭天伟。1998—1999 年，在中国人民解放军总后勤部工作，任实验员。1999—2002 年，就读于中国科学院过程工程研究所，在分离科学与工程重点实验室（陈家镛院士组建）攻读硕士学位，师从所长刘会洲，硕士期间的研究工作属于实验室承担的国家 973、863 项目。

2002 年，放弃去德国国家生化研究中心攻读博士的机会，留在国家知识产权局专利局工作。2011 年，赴美国芝加哥马歇尔法学院学习，接受商业方法相关专利审查的培训，获结业证。2006 年，开始担任国家知识产权局新审查员导师，带教指导大量新入职人员，被评为专利局骨干人才，部门核心人才。2009 年，出任审查室主任，历经 3 个部门 4 个审查室，获优秀导师等多项奖励。

工作中，独自发表或指导发表文章数十篇，承担局级、国家级研究项目多项：2006—2007 年，参与“用于专利程序的生物材料的保藏和发放的研究”项目，获专利局优秀课题；2009—2010 年，参与“生物技术领域文献检索研究”项目；2011—2013 年，参与“局高培知识产权助推中国低碳经济”项目；2012—2013 年，参与“生物液体燃料领域专利分析普及推广”项目；2013—2015 年，参与“专利行政部门在企业应对海外知识产权纠纷中的作用研究”项目；2014—2015 年，参与“CPC 在专利审查中的应用研究”项目；2016—2017 年，审核企业服务项目 2 项。

2014 年，赴瑞士日内瓦，代表中国专利局参加世界知识产权组织国际专利分类联盟修订工作组第 32 次会议，使该局的 C462 项目顺利通过，成为国际专利分类标准。

黄现东

1977 年 4 月出生，滕州市官桥镇北辛村人，中共党员。

1996 年 12 月入伍。在部队期间，始终怀着一颗拳拳赤子之心，一腔殷殷报国之情，全身心投入到祖国的国防建设之中。1998 年抗洪抢险，他不顾个人安危，积极投身到保卫人民生命财产的抗洪第一线。2007 年在国际形势风云变幻、苏丹国内战火连天的背景下，义不容辞地担负起联合国苏丹维和任务，面对战区内连天的战火和危机四伏的地雷阵，毫不畏惧、勇敢执勤，圆满完成了联合国为期近一年的国际维和任务，荣获联合国“和平荣誉勋章”和联合国苏丹特派团嘉奖，并在部队多次立功受奖。

2009年，转业到枣庄市市中区司法局工作，历任永安乡司法所副所长、光明路街道司法所指导员、市中区社区矫正工作管理中心副主任并主持工作，先后参与东湖、道南里、前陈湖等全区重点工程的拆迁工作，获得全市优秀人民调解员、枣庄市司法行政工作先进个人等称号或奖励。

张　鹤

1981年10月出生，滕州市官桥镇北辛村人，大专学历，中共党员。

1994年官桥镇北辛小学毕业后，先后在官桥镇中心中学、枣庄市第三十六中学初中、高中学习。1997—2000年，济南市财经学校学习。

2000—2006年，枣庄市山亭区店子镇教育委员会工作。2006—2016年，任店子镇政府宣传报道站副站长。其间，在市级以上媒体发表新闻报道、文章多篇，获得山亭区政府舆情信息先进个人、店子镇政府先进个人等表彰。2016—2017年，任店子镇莲青山办公室副主任。2017年至今，任店子镇综合行政执法分局指导员。

黄国营

1983年9月出生，滕州市官桥镇北辛村人，中共党员。

2000年12月，入伍到武警甘肃省总队嘉峪关支队任战士，曾获集体三等功1次。2004年9月，浙江嘉兴学院大专毕业。

2005年12月退伍，任职浙江威能消防器材股份有限公司，为质量工程师，并获得质量工程师证书、超声波探伤（UT）一级证书、金相检验资格证书。

李华虎

1983年出生，滕州市官桥镇北辛村人，中共党员。

2001年，就读于滕州市第五中学（高中）。2005年7月，曲阜师范大学计算机科学与技术专业毕业。2009年，东华大学计算机应用技术硕士研究生毕业后，就职于上海讯辉数码科技有限公司，先后担任软件工程师、软件产品经理和项目负责人，主要负责产品规划、项目规划和实施、销售支持等工作。

2014 年，在加拿大安视新的人脸识别智能分析项目中担任定点产品项目经理，负责产品规划、发布及实施。2017 年 2 月，担任上海联仓信息科技有限公司物联科技事业部总监，主要负责公司业务系统、支撑系统的日常开发、管理等工作。

任 浩

1984 年 3 月出生，滕州市官桥镇北辛村人，上海货运业主。

初中毕业后，在村中从事拖拉机运输工作。2007 年，取得货运汽车驾驶执照后，前往上海从事渣土运输工作。2010 年，购置载重 5 吨货车。2015 年起，相继购置载重 8 吨自卸货车 2 辆、铲车 3 辆，固定资产投资 60 余万元，年纯收入 30 万元。

王大瑞

1984 年 7 月出生，滕州市官桥镇北辛村人，中共党员。

2001 年，就读于滕州市第五中学（高中）。2005 年 7 月，毕业于山东科技大学计算机科学与技术专业。2008 年 2 月，通过滕州市大学生村官招录，担任柴胡店镇南平村主任助理。2009 年，担任柴胡店镇南平村党支部副书记。

2010 年，在第二届“墨子能工杯”职工技能大赛中获得电子政务组决赛第一名，被滕州市劳动局授予“滕州市技术能手”称号，并获得“滕州市五一劳动奖章”。次年，被授予枣庄市“技术能手”、枣庄市青年岗位能手称号，并获得“枣庄市五一劳动奖章”。

2011 年 12 月，通过滕州市事业编制招录考试，任枣庄科技职业学院建筑信息教学部学生科科员。2013 年 7 月，通过国家公务员招录考试，任滕州市国家税务局界河税务分局科员。2014 年 12 月，调入枣庄市国家税务局信息中心，主要负责软件运维工作。

黄文贵

1985 年 4 月出生，滕州市官桥镇北辛村人，中共党员。

2004 年 7 月，滕州市体育学校高中毕业。同年 12 月入伍。2006 年，先后参加军侦察兵猎人集训、军教导大队集训。同年 11 月，回连队任副班长，被评为优秀士兵。2007 年，任班长。同年 5 月，参加师组织的侦察兵大比武，获手枪射击、格斗双第一，被团表彰为先进个人。2008 年，参加四川汶川地震抗震救灾，所带的班获集体三等功 1 次，个人被军区评为先进个人。2009 年，被任命为教导队班长。

2009 年 12 月退伍，被安置在肥城矿务局工作。

王　帅

1987 年 8 月出生，滕州市官桥镇北辛村人，中共党员。

2000 年 12 月，初中毕业后应征入伍，在沈阳军区黑龙江省军区服役。2009 年，转为士官。2013 年、2014 年，2 次被黑龙江省军区司令部直属政治处授予优秀士兵称号。2015 年 11 月，获得黑龙江省军区司令部直属政治处给予的三等功奖励。同年 12 月，晋升上士军衔。

张　珂　王静谊

张珂，1990 年 4 月出生，滕州市官桥镇北辛村人，中共党员。王静谊，女，1989 年 4 月出生，张珂之妻，烟台市牟平人，中共党员。

2001 年，张珂于北辛小学毕业后，先后就读于滕州市育才中学初中、滕州市第一中学高中。高中学习期间，曾被滕州市教育局评为“优秀学生干部”。2007 年 9 月—2012 年 6 月，在烟台大学土木工程学院攻读土木工程专业，历任烟台大学记者团通讯部部长、校团委宣传部新闻中心主任及班级副班长，先后获得“三好学生”“优秀共青团员”“社团先进个人”等称号，并获得山东省第三届大学生结构设计竞赛三等奖、最佳结构分析奖，山东省第四届高校结构设计竞赛二等奖。2012 年 8 月，经过考录进入蓬莱市委组织部工作。2015 年，调入烟台高新区党群工作部工作，后提拔为人才办副主任，负责高层次人才引进培养、招才引智工作。

2008 年 9 月—2012 年 7 月，王静谊就读于烟台大学法学院，担任班级团支部书记。2011 年 3 月，代表烟台大学法学院参加 Jessup 国际法模拟法庭辩论赛并获得二等奖。同年，通过国家司法考试。2012 年 5 月，通过山东省公务员考试考入蓬莱市人民法院。之后，历任刑事庭书记员、助理审判员等职，3 次被抽调到蓬莱市委组织部帮忙整理干部档案，公务员年度考核 2 次被评为优秀。

2012年9月—2015年7月，就读于大连海事大学法学院，取得法律硕士毕业证书及学位证书。

蒋　涛

字子文，1992年出生，滕州市官桥镇北辛村人，中共党员，绍兴市书法家协会会员。

自幼跟从启蒙老师任士琛学习书法，从此对书法产生浓厚兴趣并结下不解之缘。高中学习阶段，师从中国书协会员徐子钧学习书法。2012年，考入兰亭书法艺术学院，师从刘小华、沈伟学习书法。大学毕业后，被上海市秦汉胡同国学书院聘为专业书法教师。

其书法作品，入选山东省首届“星光灿烂”百杰书画家作品展，获得“翰墨飘香”寝室文化节书法大赛一等奖、第二届绍兴市大学生书法比赛一等奖、迎新作品展一等奖，并于2013年、2015年先后被新西兰奥克兰大学、绍兴文化宫收藏。

北辛村志

（前 5300—2017）

BEIXINBUCUNZHI

■

大事纪略

DASHIJILUE

清朝末年以来，北辛村经历了一系列重大历史事件。“大事记略”以时间为经线，撷取村庄的重大军事活动、基层政权建设、村女活动、青年参军、复转军人安置、“土改”和农业合作化、生产小队和村民小组、“文化大革命”期间的“1·17”事件、街道与排房化建设、玉米良种配制、教育与医疗卫生、文化娱乐、村志编修等15项重大活动进行概括记述，多角度、宽领域展现了村庄的闪光足迹、巨大变迁。

村庄重大军事活动

北辛村位于龙山脚下、古薛河畔，为东连抱犊崮山区、西接微山湖重要通道的中间联络点，战略地位重要，自古以来便成为兵家必争之地。直奉军阀多次在村西南发生混战，共产党领导的部队与驻村伪军也多次在村庄发生激战。

1925年夏季，直鲁联军孙传芳部与奉军张宗昌部在村前现官桥、柴胡店两镇之交十字河处交战两日一夜，双方伤亡惨重。1928年4月，由蒋、宋、阎、李四系组成的南军与奉军张宗昌率领的北军各投入一个师左右的兵力，在村西南现十字河畔激战一上午，奉系战败。1938年5月，苏鲁人民义勇总队第二大队教导员渠玉柏率众由北辛出发，奔袭夏镇伪维持会，活捉该会会长以下十几人。1944年正月十五日，鲁南军区老三团攻打北辛乡公所，缴收长短枪100余支。同时在邻村坝上村击毙“剿共司令”周茂胜，伪乡长张永汶，乡绅周福常、周忠惠。老三团牺牲张姓连长1人，安葬于北辛村后古薛河畔。1945年上半年，鲁南军分区二营营长任振甲率部进行北辛战斗，毙伤伪军2个中队120余人，俘敌中队长以下30余人，缴步枪150余支、机枪1挺、手炮2门、子弹3000余发、战马5匹。

中国共产党基层政权建设

北辛村东连抱犊崮山区、西接微山湖，历来为重要通道的中间联络点和休憩地，加上繁忙的北辛集市，更便于中国共产党地下工作者开展工作，早在20世纪30年代便有共产党员在此进行地下活动。1936年秋季，中共地下党员丛林、陶洪瀛、张洪仁奉党组织指示，在北辛开设“乾德堂药店”，作为苏鲁边区临时特委与湖西的交通联络点。1942年，北辛村外围积极分子刘振芸被苏鲁支队司令员张光中发展为堡垒户，积极向山里传送情报。1945年，中共北辛村支部正式组建。1946年春季，北辛村第一次获得解放，首建农救会、妇救会、姊妹团、儿童团等群众组织，同时成立民兵队。村农救会行使村行政领导职权，王立启任会长。王金凤任村妇救会会长，张祥善任村儿童团团长，任振邦任村民兵队队长。1947年2月，随着国民党北进，还乡团进村，王立启等中共党员随鲁南军区北撤，一些坚持斗争的中共党员、积极分子及其家属受到迫害。1948年，原抗日军政大学学员、共产党二区区长兼指导员曹兴中在北辛村被国民党还乡团抓捕，后在土城村英勇就义。同年7月2日，华东人民解放军第二次解放滕县城。第二次解放的北辛村，废除国民党实行的保甲制，恢复村农救会、妇救会、儿童团等组织。张祥善任村党支部书记。

中华人民共和国成立后，设立滕县五区北辛乡，下辖北辛、坝上、轩辕庄、禄村、王庄、殷家河口等6个村。1950年，王立启任北辛乡乡长，渠志余任副乡长，王立昌任乡武装大队长，彭兰台任乡妇代会主任；张祥善仍任村党支部书记，孙长元任北辛村村长。1951年4月，北辛乡配合县、区统一开展镇压反革命运动，并在北辛村北薛河河畔将国民党北辛乡乡长安家祥处决。1954年10月，开展普选工作，进行选民登记，颁发选民证，并召开第一届乡人民代表大会，选举产生第一届乡人民政府。王立启当选北辛乡乡长，渠志余当选副乡长。1957年12月，撤区建制，并小乡为大乡，北辛乡撤销并入官桥乡，王立启任官桥乡副指导员，之后任红专人民公社党委副书记。此期，张祥善、蒋全喜先后任北辛村（大队）党支部书记。之后，王汉仁、李道学、王立灿、王立运、王德永、王芳仁先后任村（大队）党支部书记，朱开群、张志和任挂职党支部书记，王立昌、张祥善、任振满、李道学、王立巨、王德永、王余仁、王德科先后任村（大队）村委会主任（大队长），王立昌、张祥善、彭成福、任士利、王立巨、李世岐、王芳仁、张庆海等人先后任村（大队）党支部副书记，王宏仁、王庆仁、李世海、张广文、张志友等人先后任村（大队）会计。北辛村党政领导人组织带领全村人民开展土地改革、抗美援朝、镇压反革命、农业生产合作化等一系列运动，“文化大革命”开始后北辛大队党政班子受到严重冲击，之后在村庄排房化建设、玉米良种配制等工作中成绩显著，走在了全公社乃至枣庄市的前列。

1950—2017 年北辛村（大队）历届党支部书记更迭表

表 2

姓名	性别	生年	任职起止时间	备注
张祥善	男	1929	1950—1965	1994 年因病逝世
蒋全喜	南	1934	1965—1979	1979 年因病逝世
王汉仁	男	1935	1979—1985	1985 年起调到轩辕庄办事处工作
李道学	男	1949	1985—1988	2012 年因病逝世
王立灿	男	1940	1988—1998	2012 年因病逝世
朱开群	男	1967	1998—2000	挂职书记
王立运	男	1961	2000—2012	两次当选滕州市人大代表，滕州市成金机械制造公司法人
王德永	男	1964	2014.7—2015.6	滕州市成金机械制造公司合伙人
王芳仁	男	1967	2015.6—2015.8	2015 年 8 月因病逝世
张志合	男	1968	2015.9—	挂职书记

注：2013—2014.5 北辛村无党支部书记，村党支部日常工作由王德永负责。

1950—2017 年北辛村（大队）历届村委会主任（大队长）更迭表

表 3

姓名	性别	生年	任职起止时间	备注
孙长元	男	不详	1950—1954	因病逝世
王立昌	男	1917	1954—1964	曾任韩庄区、北辛乡武装大队大队长等职，1964 年受到错误批判被撤销职务、开除党籍，20 世纪 70 年代后期获得平反昭雪
张祥善	男	1929	1965—1979	1994 年因病逝世

续表

姓名	性别	生年	任职起止时间	备注
任振满	男	1948	1979—1988	六次获评枣庄市先进工作者，当选枣庄市人大代表
王立巨	男	1941	1988—1998	首届村委会直选任村经联社主任，主持兴建村砖窑厂
王德永	男	1964	1999.3—2008.3	滕州市成金机械制造公司合伙人
王余仁	男	1964	2008.3—2014.9	部队复员军人
王德科	男	1963	2014.11—	参加对越自卫反击作战，因病复员回家，后创建木石北辛宾馆

村庄妇女活动

自抗日战争起，北辛村妇女自觉主动参加共产党领导的各项活动，成绩卓著。1942年，北辛刘振芸做地下交通工作，为鲁南军区司令员张光中的堡垒户。解放战争、抗美援朝期间，北辛村每九户编为一个小组，先后参加碾军米的妇女有1000余人次，参加做军鞋的有300多人。其中，村妇救会员狄良英工作出色，获得上级嘉奖，直至逝世前一直领取上级政府发放的生活补贴。新中国成立后，北辛村组织秧歌队，狄良英、彭兰台等人秧歌跳得好。1953年，北辛村妇代会主任彭兰台搞试验田2.67公顷，亩产粮食400公斤，受到县人民政府表彰。1955年，彭兰台组织35人的打井队，三班轮流，日夜不停，率先打出1眼灌溉井，县人民政府奖励水车1架。1958年，北辛妇女积极参加煤炭、钢铁会战， 孙晋兰、薛茂兰、任艳秋、王美玲、王天荣、任士春、任士美等人以勇于吃苦、意志坚强被人称赞，其中任艳秋、王美玲、王天荣、任士春等人被安排在企事业单位工作。1966年，北辛村贫下中农积极分子、军属李兆秀参加全省农业先进集体贫下中农代表会议。自20世纪60年代起，彭兰台、李世兰、刘新勤等人先后当选为村妇代会主任，并在开展“五好四美”活动、创“五好家庭”、计划生育管理检查等工作中尽心尽责，获得大多数村民的认可与好评。

村庄有志青年踊跃参军

1939年，北辛青年杜明海参加鲁南军区三团任战士，1942年在沂州咸滩作战中英勇牺牲，年仅17周岁。1943年，王立琛参加鲁南三纵八师24团8连任战士，1947年在微山两城作战中壮烈牺牲，年仅22周岁。1944年，张井湖参加鲁南三纵八师任战士，1947年在微山县两城作战中英勇献身，年仅22周岁。

1946—1954年，村庄青年自愿报名参军。1951年，蒋全喜、彭成福、杜明富、王立伟、张良善、刘长海、任振安、任振尧、任士合等十余人参加中国人民志愿军，其中前9人入朝作战。

1955年起，实行义务兵役制，村庄青年义务报名参军，并在体检、政审等方面合格后入伍。1960年8月，北辛籍应届初中毕业生彭成太应征入伍，进入空军某航空学校机械专业班学习，成为全村第一位入选解放军军事院校的军官。

1978年起，实行义务兵与志愿兵相结合的制度，每位公民都有依照法律服兵役的义务，超期服现役满5年的义务兵，根据军队需要和本人自愿可改为志愿兵。1980年，北辛籍高中毕业生任泽海应征入伍，随后参加了对越自卫反击战，因表现优异转为志愿兵，成为全村第一位志愿兵士官。1982年10月，北辛籍应届高中毕业生姜德宇应征入伍，先后任战士、班长，1984年9月考入济南陆军学校，成为部队院校恢复招生考试后全村首位考入军事院校的军官。1983年10月，北辛籍往届高中毕业生任明应征入伍到武汉军区警卫营四连，从战士升任班长，1986年7月考入重庆解放军后勤工程学院。1992年12月，北辛籍应届初中毕业生王真参军入伍到沈阳军区某部，4年后被保送大连陆军学院深造，后又考入东北师范大学马克思主义研究院攻读硕士学位。1993年12月，北辛籍应届高中毕业生王鹏参军入伍到厦门警备区，历任战士、班长，1996年考入南京军区军医学校就读临床医学专业。

至2017年，村人在部队任师级干部有彭成太、王真2人，团级干部有任士合、姜德宇、王鹏3人，另有任振朝、李作保、任振尧、彭春英等营级、连级、排级干部30余人，任泽海、张华、王德峰、王月、黄现东等士官10余人。

军队复员转业人员安置

1953年，北辛籍部队转业人员张福政，早年参加国民党军队，后被俘加入人民军队，在淮海战役中获得二等功2次，并多次获嘉奖。转业后先后被安排在滕县烟厂、官桥五中、滕县供销社工作，成为全村首位获得地方政府转业安置的部队人员。

抗美援朝战争胜利后，村庄赴朝参战人员陆续回国，地方政府进行妥善安置。蒋全喜转业到官桥公社市管所工作后因家庭困难辞职回村担任党支部书记，彭成福为村庄多年党支部副书记，张良善为官桥公社农机修理厂、拖拉机站干部，刘长海转业枣庄煤矿、上海大屯煤矿工作，杜明富为初级农业生产合作社社长。

20世纪70年代后，任振尧、任振河、彭成太、任明、王鹏等部队转业军官，任泽海、王德峰、王月、黄现东、任建华、任泽舫等部队转业士官，先后获得地方妥善安置。其中，彭成太于1988年11月转业枣庄市任市纪检委副书记、监察局局长，任明于1993年转业山东鲁南水泥厂任区域经理，王鹏于2016年1月转业南京市江宁区市场监督管理局享受副处级待遇。此外，由于部队撤编和调整，姜德宇根据个人实际情况，经本人申请、上级主管部门批准，于2002年按副团职军官待遇退休。任泽海、王德峰、王月、黄现东等士官部队转业后，分别安置在滕州市交通局、滕州市广电局、枣庄市市中区民政局、枣庄市市中区司法局等机关事业单位工作。任士利、李世岐、王根仁、王立云、李世洋、王德科、李洪福、王余仁等复员退伍军人回乡后，分别被安排在村级基层政权或企事业单位工作，另有一部分人自主择业、经商办企业。

土地改革和农业合作化运动

旧中国，北辛村也同全国一样，作为农业生产资料的土地及大型农具等，属私人所有，土地可以买卖。好年景土地贵，贱年时土地贱。新中国成立前夕，北辛村有人口 500 余人，土地 113 余公顷。其中，地主任守礼有土地 5.3 公顷，任振荃有土地 2.67 公顷；中农 70 余户，共计土地 86.7 公顷；其他少量土地分属小商品经营者和贫农。地主通过出租土地、雇工、放高利贷，盘剥无地或少地的农民。仅出租土地，地主按“五五”或“四六”分成，即可收获庄稼总收入的百分之五十或百分之四十；租地农民可分得庄稼总收入的百分之五十或百分之六十。

1946 年春，北辛村首次解放，共产党、鲁南军区领导的地方政府，发动农民没收地主土地、房屋、牲畜、农具等“五大项”，分给农民。不久，国民党“还乡团”回来，没收的“五大项”复归地主所有。1948 年 7 月 2 日，华东人民解放军第二次解放滕县城，村庄第二次解放，再次没收地主的“五大项”并分给农民。1950 年 11 月，开始进行土地改革，划分阶级成分。县、区派工作组入村宣传《土地法大纲》，发动群众，开展工作。次年 9 月，土地改革结束，村民获得土地证，全村农民人均土地约 0.23 公顷。

1953 年，农民响应上级号召，根据自愿原则，成立 6 个互助组。1954 年，在村东、村南、村西成立 3 处农业生产初级合作社，任守彦、杜明富、王立学分别担任社长，任振堂、杨传富、王宏仁分别担任会计。农民以土地、牲畜、大型农具等生产资料入股，个人财产变为集体财产，农民成为社员，收获按股数和劳力“四六”或“三七”分红。至 1957 年，全村百分之九十八的农户加入农业生产合作社，粮食平均亩产达到 300 公斤，分别比 1949 年、1953 年增长 2 倍、1 倍。

生产小队和村民小组

1958 年，人民公社化时期，全村设 6 个生产队，或称生产小队。1961 年后，全村 6 个生产小队分别一分为二，共计设立 12 个生产小队。1983 年 12 月，随着农村生产经营承包责任制的建立，生产小队撤销，在其基础上成立 12 个村民小组。

第一生产队（村民小组），以村中北部住户为主，李姓、夏姓、王姓人口居多，其次为姜姓、孙姓，总计住户 30 余家，王立全、李振荃、李道领等人先后任队长（组长），李世海、王立忠等人先后任会计，李作森等人任保管员，仓库与牛屋院设在北辛集市西头北侧，即后来村卫生室所在地。

第二生产队（村民小组），位于第一生产队西侧，住户以王姓居民居多，总计住户 20 余家，王立太、王天仁、王立久、王纯存等人先后任队长（组长），王渭仁、王根仁等人先后任会计，王立孚等人任保管员，仓库与牛屋院设在村庄东西主道最西段路北侧，即后来久仁饭店北旁，后改建成为民房。

第三生产队（村民小组），位于村西北部，住户以王姓居民为主，总计住户近 30 家，王立航、王济仁、王恩仁、王常仁等人先后任队长（组长）， 刘成亮、王恩仁等人先后任会计，王广孝、王立文等人任保管员，仓库与牛屋院设在村庄西北角，后改建为民房。

第四生产队（村民小组），位于村西北部，紧邻第三生产队，住户以王姓居民为主，总计住户 40 余家，王成仁、王立宽、王立则、王全仁、王立彬、王石仁、王德全等人先后任队长（组长），王立满、王彦仁等人先后任会计，王立禹、王立民等人任保管员，仓库与牛屋院与三队比邻，后改建为民房。

第五生产队（村民小组），位于村西南部，住户以王姓、李姓居多，其次有高姓、杜姓、任姓等，总计住户 40 余家，王立本、王全仁、李世歧、王斌仁等人先后任队长（组长），王迎仁等人任会计，张作文、李作正等人任保管员，仓库与牛屋院位于村庄西南部原仝家林，后改建为民房。

第六生产队（村民小组），位于村西南部，毗邻第五生产队，住户以黄姓、王姓、李姓居多，其次有杜姓、张姓等姓氏，总计住户40余家，王立振、黄炳良、李道学、王立巨、黄现军、李世怀、王立可、李道法等人先后任队长（组长），黄现文任会计，王广梅、黄炳正任保管员，王秀兰、李世怀等人任记工员，仓库与牛屋院与五队毗邻，后改建为民房。

第七生产队（村民小组），位于村中南部，住户以张姓、杜姓居多，其次是杨姓、李姓、高姓、彭姓、王姓等姓氏，总计住户30余家，张广芝、杜明富、张志恒、高德先、王存仁、杜修山、李怀全等人先后任队长（组长），彭明星任会计，张林善等人任保管员，仓库与牛屋院位于村南原大坑附近，后改建为民房。

第八生产队（村民小组），位于村中南部，毗邻第七生产队，住户以张姓、彭姓居多，其次有刘姓、夏姓等姓氏，总计住户30余家，堵洪银、张连善、张耀善、张遗善、张庆海、张庆柱等人先后任队长（组长），彭士民任会计，张荣善、李兆秀任保管员，仓库与牛屋院与七队毗邻，后改建为民房。

第九生产队（村民小组），位于村东西部南侧，住户有张姓、任姓、李姓、王姓等姓氏，以张姓、任姓人口居多，总计住户30余家，张广营、张广喜、李瑞祥、张广斌、任振德、任士社等人先后任队长（组长），张广苓等人任会计、记工员，张广喜等人任保管员，仓库与牛屋院位于村中南北街附近，后改建为民房。

第十生产队（村民小组），位于村东西部北侧，毗邻第九生产队，住户以任姓、蒋姓居多，总计住户近50家，任士良、蒋全顺、任振运、任泽巨、任士法等人先后任队长（组长），任振运任会计，任振亚任记工员，任振永等人任保管员，仓库与牛屋院位于村东东西大街附近，后改建为民房。

第十一生产队（村民小组），位于村东南部，住户以任姓人口居多，总计住户40余家，任士桂、任振稳、任士元、任衍景等人先后任队长（组长）， 任振平等人任会计，任泽运任记工员，任振学等人任保管员，仓库与牛屋院位于村东大坑附近，后改建为民房。

第十二生产队（村民小组），位于村东北部，毗邻第十一生产队，住户以任姓人口居多，总计住户近40家，任振柏、任士忠、任士存、任太敬、任泽善、任士套等人先后任队长（组长），任泽善等人任会计、记工员，仓库与牛屋院与十一队为邻，后改建为民房。

“文化大革命”期间的“1·17”事件

1966 年 6 月，“文化大革命”开始。12 月，农村“文化大革命”十条下达。北辛大队成立“文化大革命”领导小组，“东风真理战斗队”“贫下中农造反团”等各派造反组织相继建立，党、团、少先队组织停止活动，学校停课，大字报满街贴。“东风真理战斗队”以北辛大队党支部书记蒋全喜为核心，成员以村东任姓社员为主，兼有极少数村西王姓、村中李姓等姓氏社员，骨干成员有任振洋、任泽安、任泽顺等人。“贫下中农战斗队”以王立灿为核心，成员以村西王姓社员为主，兼有村东极少数任性等姓氏社员，骨干成员有王立义、王立平、王志仁等人。两派造反组织先是理论论战，后发展成严重的武斗事件，任振洋、王立启、王立学、王立振、王立平等人被打严重，有的还受到游街批斗。1967 年 7 月，山东省革命委员会主任王效禹支持“造反派”组织，村庄以“东风真理战斗队”为首的“大联合派”瓦解。1969 年 1 月 17 日，滕县官桥公社北辛大队党支部书记蒋全喜和广大“东风真理战斗队”党员、干部、群众，抵制王效禹发动的“反复旧”运动。当日，滕县组织 20 余辆车，200 余人，围攻北辛大队，“东风真理战斗队”干部、群众四处逃散，大队会计李世海等人被捉住后受到羁押批斗，县公安机关发出通缉令，通缉蒋全喜。1979 年，滕县县委决定，对蒋全喜等人予以平反。王立启于“文化大革命”结束后，恢复工作，担任级索公社黄烟站站长。

村庄街道和排房化建设

北辛村村庄位于村境中部偏东，地势东高西低。初建时，村中东西大街中部与南北大街北端形成垂直相交的丁字形大街，大街南北、东西分布民居。

1949 年，东西大街长约 400 米，宽约 5 ～ 6 米不等；南北大街长约 200 米，

村庄东西主干道

宽约5米；其他胡同或弯曲狭窄，或半截不通。除集市大街以沙石铺就外，其余街巷均是土路，高低不平。大街两旁及胡同两旁居民集中，村四周房屋错落疏散。雨季，雨水顺着东西大街从东向西流入村中和村西几个相连的坑塘，然后向西或往北沿着沟渠流入薛河。

自1976年起，随着人口的增长和人民生活水平的提高，村内开始规划建设排房。村内大街除将原来丁字形大街加宽取直外，另规划建设东西向大道2条、南北向大道1条及小街18条。其中，原东西大街延长至800米、加宽至8米，平行往南新辟东西大街长700米、宽6米，再往南又新辟东西大街长800米、宽6米；原南北大街延长至500米、加宽至6米，其西面新辟1条长500米、宽8米的南北大街；其他南北小街长500米、宽6米。在大街、小街垂直相交如棋盘中，整齐划一地规划着一座座东西、南北各15米的农家小院。该排房化实施初期，本着先易后难的原则，先是在空闲地规划建设，后是在场地和菜园规划建设。最难落实的问题是调解村民相互挤占院落用地的问题，为此一些村民经常发生争执，甚至发生斗殴伤人、死人的恶性刑事案件。20世纪80年代，村庄街路、房屋规划建设日臻成熟，排房化建设初见成效。

玉米良种配制

北辛村东、南、北三面环绕十字河、古薛河，西面与蔬菜专业村王园村比邻并与古薛河相望，是天然的育种优良场所。

1975 年起，北辛大队在官桥公社农业网长王立堂、大队农业技术员任振满积极组织下，迅速推广“鲁原单 4 号”玉米良种配制工作，面积增至 66.67 公顷，亩产由最初的 150 公斤增至 200 多公斤。按 0.5 公斤换 1.5 公斤比例交给公社种子站进行大面积种植，生产队及村民收入快速增长。

村农业技术员彭明才进行玉米人工授粉

20 世纪 80 年代，任振满积极寻求滕县种子公司的技术支持，县种子公司提供“掖单二号”等玉米原生良种，长期派驻技术员指导农民进行合理密植、父母本错时间作、母本拔天花、父本取花粉并及时授粉等，保障了玉米良种的纯洁与高产，亩产良种由 300 多公斤增至 400 多公斤。仍按 0.5 公斤换 1.5 公斤比例交给县种子站进行大面积种植，村民收入大增，许多家庭盖上了二层楼房。80 年代末至 90 年代初，随着玉米良种市场的逐步放开搞活，村民除保证上交县（市）种子公司一定数量的玉米良种外，还将增产的多余良种按 0.5 公斤换 3 公斤甚至 6 公斤的比例进行市场自由兑换或买卖。1990 年，全村农民从滕州市种子公司共计获得玉米良种款 130 余万元，另按 3 元至 5 元、春节后六七元乃至播种前 10 元左右市场价格出售又获得玉米良种款近 100 万元。

20 世纪 90 年代中期，北辛村成为全市首屈一指的玉米良种配制大村，枣庄市委曾给北辛村党支部、村委会发来感谢信，充分肯定北辛村为全市玉米良种配制推广做出的突出贡献。任振满自 1979 年起连续 6 次获评枣庄市先进工作者，当选第九届枣庄市人大代表。

1999 年，受玉米良种价格下行等方面的影响，北辛村完全停止玉米良种配制工作。

村庄教育

清末，村庄私塾教育程度较高的文化人任秀山、任守义、李继全（秀才）、王秉翰（秀才）、王心明及坝上村殷茂德等，先后在村内创办私塾学堂，教授《三字经》《千字文》、四书五经等内容。有识之士王心善、王广金、刘庚银、李世明、任志文、任守礼、任守义、任振荃、彭守吉、彭修善等人，或腾出住房用于学堂，或出资出粮聘请塾师，提供各种帮助。学生有王心明、王心云、王心善、王广亮、王广谋、王广溪、王广尧、王广银、王广须、王立恒、王立畔、张福杰、张广善、任守礼、任振宪、任振祥、任振堂、李作喜、夏维田、堵洪运、姜学亮、杨传富、彭修善、蒋子和、王立启等 20 余人，成名学生有知名塾师王心明、师范学校毕业生张广善、小学校长堵洪运、知名中医姜学亮、人民政府乡长王立启等人。

1950 年 3 月，北辛完全小学在关帝庙旧址创办成立，为滕南第一所完全小学，校长时耿伦由省教育厅厅长直接任命，设立 5 个班级，学生 146 人。后学校规模不断扩大，招生范围由最初的北辛、王庄村，逐步扩大至坝上、良里、望河庄、大康留、前管庄、后管庄、西洪林、中洪林、东洪林、龙头、山头、黄山、皇殿岗等村庄。1952 年，学校设立 14 个班级，学生 400 余人。1960 年起，在村东原北辛乡公所办起半耕半读学校，学生分为 2 个年级 3 个班级共计 80 余人，任课教师有任振凤、姜立兰、李道兰、王德花、樊华等人。之后，随着东洪林、坝上、管庄、龙头等小学的相继成立，北辛小学班级、学生有所减少。1971 年，北辛小学开始增设初中班（俗称“小学戴帽”），1980 年后初中班不再招生。1995 年，上级拨款为小学盖起教学楼 2 座，并陆续配置电视、电脑等现代化教学设备。2005 年后，受计划生育政策显效出生婴儿减少和村民小孩进城上学等方面的影响，小学班级、学生日益减少，最终于 2011 年宣布关闭，学生转至官桥中心小学学习，并由家长接送，后由校车接送。

60 余年间，时耿伦、丁文君、刘振池、李长聚、张体义、张存善、卜震、孙景堂、王贵业、李世德、渠怀善、王玉叶、朱广召、李兴志、孔祥武、任泽林、倪家隽、史在云、高峰等人先后任北辛小学校长，杨传富、任振祥、任泽运、张广文、任振坤、张连善、王德花、樊华、王术仁、钟玉兰、姜立选、任士兰、李道兰、王立洪、李道斌、任泽玉、姜立兰、王秀玲、王会仁、王恒仁、任泽洪、张志启、王宜兰、彭兰生、任振福、任士琛、王秀华、任士民、李道广、李世民、张志和、任士洪、王光辉、任艳华、杨其真、任生恩、彭守明、刘荣花、石思永、张卫华、李伟、丁德仲、贺曙光、王伟、任泽印、张庆臣、朱宝家、殷延库、宋明、张美善、张显云等人先后担任教师，其中有代课、公办、民办教师之分，后许多民办教师通过考学等方式转为公办教师。成名学生有后来考入山东大学、供职于中国航天部的李昌懋，解放军空军某师副政委，转业担任枣庄市纪委副书记、市监察局局长的彭成太，考入滕县二中（即后来的枣庄八中）高中、供职于河南省重点中学郑州市第十三中学、郑州市教育局教研室的张存善等 1000 余人。据不完全统计，仅北辛村籍北辛小学毕业生获得大专以上学历者 204 人（详见表 4《北辛小学村籍毕业生获得大专以上学历人员一览表》）。

1949 年中华人民共和国成立后，北辛村响应上级号召创办冬学（俗谓“灯学”，晚上灯下学习），政府发给照明用油，教师由李作喜、任振祥、任振坤、张连善、张广文、任振凤等人担任。1952 年冬，北辛村始有扫盲班 1 处，俗称“夜校”，有学员四五十人，推广速成识字法。1956 年农业合作化之后，村内继续办扫盲班，由小学教师任教，并有在校小学生送字上门。1979 年，村里再次开办夜校，开始最后一批文盲半文盲扫除工作，学员分为 3 个班共计 70 余人，大队党支部书记王汉仁多次到校对学生进行思想文化教育。至此，全村基本扫除青壮年文盲、半文盲。

北辛小学村籍毕业生获得大专以上学历人员一览表

表 4

姓名	性别	生年	政治面貌	学历	工作单位及主要职务
张存善	男	1939		大学本科	郑州市教育局教研室教研员
任振亚	男	1939		大学专科	云南个旧市汽车站站长
王立堂	男	1945	中共党员	大学专科	滕州第二职业高中中学一级教师
任振朝	男	1947	中共党员	大学专科	枣庄矿务局第四工程处组织干部科科长
李世清	男	1948		大学专科	济宁地区卫生防疫站环境监测科科长、副主任医师
李道斌	男	1949	中共党员	大学专科	滕州第一人民医院院长、副主任医师
任泽玉	男	1950	中共党员	大学专科	中联水泥公司招待所所长、经济师
王立洪	男	1953		大学专科	官桥法律服务所主任
任士民	男	1954	中共党员	大学本科	滕州第七中学校长、中学高级教师
任士琛	男	1955		大学本科	滕州八一矿区学校中学高级教师
王玉玲	女	1956	中共党员	大学专科	滕州烟草专卖局书记，滕州市第十二届政协委员
王秀华	女	1956		大学专科	北辛街道中心小学中学高级教师
王立涛	男	1960	中共党员	大学专科	滕州市羊庄镇文化站站长
彭守明	男	1961		大学专科	北辛小学高级教师
李洪福	女	1961		大学专科	枣庄建筑公司项目经理
王光辉	男	1962	中共党员	大学本科	枣庄市市中区史志办主任、编审
姜德宇	男	1963	中共党员	大学专科	解放军信息工程大学电子技术学院济南大队中校教员
王洪祥	男	1964	中共党员	大学本科	枣庄华夏专修学院教师
任　明	男	1965	中共党员	大学专科	枣庄盖泽炉窑工程公司经理
王淑君	女	1965	中共党员	大学本科	滕州市中医院门诊部主任、副主任护师
任士学	男	1966	中共党员	大学本科	云南开远市军粮供应站站长
王斌仁	男	1968	中共党员	大学本科	枣矿集团铁运处副总工程师

续表

姓名	性别	生年	政治面貌	学历	工作单位及主要职务
张庆涛	男	1969		大学专科	薛城远通纸业公司
张　华	男	1970	中共党员	大学专科	枣庄日报社餐饮部主任，《生活周刊》主编
王坤仁	男	1970	中共党员	大学本科	枣矿集团盛源荣达实业公司副总经理
任士印	男	1970	中共党员	大学学历	莱芜炼钢厂
王　月	男	1970	中共党员	大学专科	枣庄市市中区民政局
张　红	女	1971		大学本科	滕州市姜屯镇中学一级教师
任峰水	男	1971	中共党员	大学专科	枣庄市市中区西王庄镇经管站
刘　伟	男	1971		大学本科	滕州第四实验小学教师
张庆伟	男	1971		大学专科	曹庄煤矿
任　伟	男	1971		大学专科	滕州市柴胡店镇小学教师
李　瑛	女	1972		大学本科	枣庄市薛城区实验小学高级教师
李　琳	女	1972		大学本科	上海德吾新材料科技公司财务副总经理
任士信	男	1972	中共党员	大学本科	滕州士信农业科技公司总经理
王　芳	男	1972		大学专科	滕州光谱太阳能厂
王领仁	男	1973	中共党员	大学专科	滕州市龙泉街道干部
夏允龙	男	1973	中共党员	大学专科	滕州市官桥镇计生委干部
王芳华	女	1973		大学专科	枣庄烟草专卖局
王　鹏	男	1974	中共党员	大学本科	南京市江宁区市场监督管理局享受副处级待遇
刘　萍	女	1974		大学专科	滕州羊庄镇教师
黄现斌	男	1974		大学专科	滕州落凤山水泥公司
王　真	男	1975	中共党员	硕士研究生	北部战区政治工作部组织局党建处处长
王　英	女	1975		硕士研究生	枣庄科技职业学院副教授

续表

姓名	性别	生年	政治面貌	学历	工作单位及主要职务
王　林	男	1975		大学本科	滕州凤凰能源公司
任东方	男	1975		大学专科	滕州羊庄镇羊庄学区校长
李　勇	男	1976	中共党员	博士研究生	中国政法大学资产管理处副处长
李　珊	女	1976	中共党员	硕士研究生	国家知识产权局审查室主任
李现军	男	1976	中共党员	大学本科	枣庄市山亭区国土局干部
张　芯	女	1976		大学学历	中国政法大学
刘明光	男	1976		大学专科	滕州电力设备厂助理工程师
黄现东	男	1977	中共党员	大学本科	枣庄市市中区社区矫正工作管理中心副主任并主持工作
王　鑫	男	1977	中共党员	大学专科	滕州春藤食品公司
王　昆	男	1978		大学本科	滕州市柴胡店中心校教师
任瑞平	女	1978		大学本科	
任士德	男	1978		大学专科	薛城等地种子营销
任延增	男	1978		大学专科	济南市工作
刘贤苓	男	1978		大学专科	滕州市张汪镇教师
彭　震	男	1978	中共党员	大学专科	莱阳市工作
彭宝国	男	1978		大学专科	山亭区店子派出所
彭　伟	男	1978		大学专科	薛城工作
张庆会	男	1979		大学专科	滕州市官桥中心校教师
任　将	男	1979		大学专科	滕州工作
彭宝莹	男	1980	中共党员	大学学历	山东能源新矿集团鄂庄矿运转工区副区长
彭宝伟	男	1980		大学专科	山亭贵城购物中心会计
任秀巧	女	1981		硕士研究生	中国海洋大学教育学院

续表

姓名	性别	生年	政治面貌	学历	工作单位及主要职务
任士成	男	1981		大学本科	东营市利津县工作
杨　军	男	1981	中共党员	大学学历	滕州市木石镇政府调研室
任　艳	女	1981		大学本科	滕州第五中学教师
王　平	女	1981	中共党员	大学专科	滕州市规划局
李　明	男	1981		大学专科	薛城安泰花园亿佰装潢公司经理
彭　飞	男	1981		大学专科	薛城药材运输
任泽舟	男	1982	中共党员	大学本科	枣矿集团铁运处电务段区长
黄国营	男	1983	中共党员	大学专科	浙江威能消防器材股份公司质量工程师
李洪宽	男	1983		大学学历	北京市中铁北京房桥公司
李华虎	男	1983	中共党员	硕士研究生	上海联仓信息科技公司物联科技事业部总监
任衍凯	男	1983		大学学历	重庆美术设计
黄启波	男	1983		大学专科	
王大瑞	男	1984	中共党员	大学本科	枣庄市国家税务局信息中心科员
夏　琦	男	1984		大学学历	青海工作
张　强	男	1984		大学专科	郑州工作
王　深	男	1984		大学专科	滕州市区工作
任泽延	男	1984		大学专科	
李　帅	男	1985	中共党员	硕士研究生	烟台军工单位
干子宁	男	1985		大学本科	临沂工作
李　青	女	1985		大学学历	上海南翔医院医师
王斌仁	男	1985		大学专科	青岛海信集团模具技师
王德平	男	1985		大学专科	鲁南装备公司

续表

姓名	性别	生年	政治面貌	学历	工作单位及主要职务
王德峰	男	1985		大学专科	滕州食品厂
王　健	男	1985		大学专科	
高祖龙	男	1985		大学学历	青岛经营传媒公司
任　龙	男	1985		大学专科	北京务工
王雨嫣	女	1985		大学学历	
杜　伟	男	1985		大学学历	
任泽舫	男	1985	中共党员	大学专科	枣庄矿业集团劳模
蒋　虹	女	1986	中共党员	硕士研究生	济宁三推重工市场部
王　哲	男	1986		大学本科	娃哈哈集团济南市场部销售经理
王德昂	男	1986		大学本科	枣庄科技职业学院教师
任士义	男	1986		大学本科	滕州工作
王　冲	女	1986		大学本科	青岛微电子公司
张　坤	男	1986		大学本科	山东汇丰集团公司
任衍礼	男	1986	中共党员	大学学历	部队现役士官
李洪森	男	1986		大学学历	北京市中铁北京房桥公司
李晓霜	女	1986		大学学历	上海浦东工作
张　芹	女	1986		大学专科	枣庄妇保院
任　堃	男	1986		大学专科	外地务工
张文全	男	1987	中共党员	硕士研究生	上海普陀医院主治医师
王　强	男	1987		大学本科	济南启辰汽车销售公司经理
王晓莉	女	1987		大学专科	滕州市移动公司
王　雨	女	1987		大学学历	

续表

姓名	性别	生年	政治面貌	学历	工作单位及主要职务
李　政	男	1987	中共党员	大学学历	滕州七星跃进汽车公司
任金龙	男	1987		大学专科	滕州第五中学教师
张　敏	女	1987		大学专科	枣庄市妇保院
王　湘	男	1987		大学专科	外地工作
王云龙	男	1987		大学专科	枣矿集团八一轮胎厂
王　慧	女	1987		大学专科	八一煤矿
李　政	男	1987		大学专科	广州王老吉公司渠道经理
彭　真	男	1987		大学专科	薛城工作
任欣欣	男	1988	中共党员	硕士研究生	安徽京东方公司高工
任衍超	男	1988		大学本科	滕州教师
夏明明	男	1988		大学本科	滕州工作
张利纳	女	1988		大学本科	
王　猛	男	1988		大学专科	临沂工作
任可可	男	1988		大专学历	外地务工
王玉水	男	1988		大学专科	枣矿集团八一轮胎厂
彭成龙	男	1988		大学专科	上海工作
王　旭	男	1988	中共党员	大学本科	
张历响	男	1989		大学本科	中国铁路总公司北京铁路局
王大营	男	1989		大学本科	西安市环保局
王春潮	男	1989		大学本科	中铁二十三局一公司
王　娟	女	1989		大学本科	济南腊山小学教师
王子杰	男	1989		大学本科	北部战区现役军人

续表

姓名	性别	生年	政治面貌	学历	工作单位及主要职务
任泽滨	男	1989	共青团员	大学本科	滕州务工
任延成	男	1989	中共党员	大学学历	青海省火箭军上尉
刘　冉	女	1989		大学本科	滕州市东沙河小学教师
任海防	男	1989		大学学历	
任壮壮	男	1989		大学专科	滕州第一人民医院
王俊华	男	1989		大学专科	滕州市辰龙集团
李祥庚	男	1989		大学专科	青岛机械设备公司工程师
王媛媛	女	1989		大学专科	八一煤矿
王文超	女	1989		大学本科	滕州市区工作
张　龙	男	1989		大学学历	
张俊良	男	1989		大学学历	
黄光峯	男	1989		大学专科	
王小文	女	1989		大学专科	枣庄朝阳煤矿会计
李世峰	男	1989		大学专科	石油公司工作
杨晓霞	女	1990		博士研究生在读	
张　珂	男	1990	中共党员	大学本科	烟台高新区党群工作部人才办副主任
任海玲	女	1990	中共党员	大学本科	苏州市吴中区档案局
杜程程	女	1990		大学本科	
彭微微	女	1990	共青团员	大学本科	
任泽辉	男	1990		大学学历	枣庄经营苏大姐火锅城
王　娜	女	1990		大学学历	
夏国民	男	1990		大学学历	上海工作

续表

姓名	性别	生年	政治面貌	学历	工作单位及主要职务
王媛媛	女	1990		大学专科	枣庄诚信会计公司会计
任绪娟	女	1991		硕士研究生	济宁医院医师
任　坤	男	1991		大学本科	青岛工作
黄光宝	男	1991	中共党员	大学本科	北京软件公司
任海波	男	1991		大学专科	滕州务工
王纯志	男	1991		大学学历	北京工作
张　建	男	1991		大学专科	青岛务工
张留燕	女	1991		大学专科	滕州某幼儿园
王　岗	男	1991		大学专科	
张　斌	男	1991		大学学历	济南工作
任绪凯	男	1992	中共党员	博士研究生在读	
蒋　涛	男	1992	中共党员	大学本科	上海秦汉胡同国学书院书法教师
夏郡文	男	1992		大学本科	济南工作
彭成焕	女	1992	共青团员	大学本科在读	
任延腾	男	1992	共青团员	大学本科在读	
任文强	男	1992		大学学历	
任　玲	女	1992		大学学历	
王楠楠	女	1992		大学专科	东营某医院护士
李　奇	女	1992		大学专科	上海天佑医院医师
任泽豪	男	1992		大学专科	
任延威	男	1992		大学专科	滕州务工
杜宜超	男	1992	共青团员	大学专科	

续表

姓名	性别	生年	政治面貌	学历	工作单位及主要职务
夏鄯浩	男	1993		大学本科	烟台工作
杜兆聪	男	1993		军事大学在读	
李金光	男	1993	中共党员	大学专科	四川成都工作
王成成	女	1993		大学专科	
任大东	男	1993		大学专科	济南教师
杜银优	男	1994	共青团员	大学本科在读	
张　敏	女	1994		大学专科	烟台务工
彭　浩	男	1994	中共党员	大学专科	
王德熙	男	1994		大学专科在读	
王玉菲	女	1994		大学专科在读	
蒋宏旭	男	1994		大学专科在读	
高　林	男	1995	共青团员	大学本科在读	
任泉泉	男	1995		大学专科	汽车运输
张文雪	女	1995		大学专科	
彭　友	男	1996		大学本科在读	
任泽青	男	1996		大学在读	
任凤英	女	1996	共青团员	大学专科	
任　燕	女	1997		大学本科在读	
杜杨洋	男	1997		大学本科在读	
任延萌	女	1997		大学在读	
张　哲	男	1997	共青团员	大学在读	
王秋鹏	男	1997		大学专科在读	

续表

姓名	性别	生年	政治面貌	学历	工作单位及主要职务
王德玉	男	1997		大学专科在读	
任延震	男	1997		大学专科在读	
彭成帅	男	1997	共青团员	大学专科在读	
李天雯	女	1998	共青团员	大学在读	
张　哲	女	1999		大学专科在读	
蒋梦瑶	女	1999		大学专科在读	

村民文化娱乐活动

清光绪年间（1875—1908），村内就有多人喜爱戏剧，曾请戏班子到村里演出《鞭打芦花》等戏。20 世纪初，村民中有多人喜爱京剧。

20 世纪 40 年代末，随着战事结束，人们生活逐步安定，春节前后的农闲期间，村民自发组织起娱乐活动，集中地点在北辛集市。村民捐资购买锣鼓乐器，自借服装，自制道具，排演高跷、旱船、花车等，除在本村演出外，还先后到周边村庄演出，一直演到农历正月十六日。高跷队由 9 人组成，走在前面的是小丑，即三花脸，中间是仙女，最后是丑婆，主要演员有张贵善、王立凤等，主要形式有走场、四门斗、剪子股、劈叉、龙门阵等。1948 年，请石楼艺人到村教唱京剧，并演出《苏三起解》唱段。

1952 年，村投资 2000 余元，建立北辛梆子剧团，团长俗称孙大头，主要演员有张广月、任振华、任士良、张广法、王立可、李作文、周富业、李兴臣、王明环、周忠连、周广珍等 25 人，曾先后到刘村、邓寨、大庙、木石、轩庄等地演出《对花枪》《燕王征北》《雷振海征北》《白马关》《包公案》《三开关》《反徐州》等剧目。

20 世纪 70 年代，北辛大队组织业余文艺宣传队，赶排“八大样板戏”汇报演出，主要演员有王晓棠、任守花、王德刚、张爱民、王科仁、任泽凤等人，乐队成员有王立洪、王恒仁等人。除在本村演出外，还先后到八一煤矿、莱村煤矿等地演出。1977年年底，北辛文艺宣传队演员王晓棠代表官桥公社参加滕县农业学大寨汇演，演唱的豫剧《朝阳沟》选段获二等奖，受到滕县党政领导接见。

村庄医疗卫生

清末，北辛村民张福田在村内行医，尤其擅长牛痘接种。据传，无论穷人或富人，有请必出诊，且无钱照样给抓药，颇受村民敬重，98岁时无疾而终。其夫人也多能体谅穷人，声誉甚高。

20世纪四五十年代，村民王广臣、外村公桥村李正瑞、官桥村徐广桐、小康留村孙井彦等人在村内行医，王广臣曾有几年应邀到北庄焦山等地坐诊，颇受焦山王姓本家的好评。

五六十年代，村籍中医姜学亮分别在柴胡店、轩辕庄、官桥行医，以技术精湛、医德高尚颇受村民爱戴，1966年4月已成为官桥医院副院长的姜学亮当选滕县政协委员。

1966年，大队成立医务室，李作胜、李世清任农村卫生保健员。1968年，为落实国家“6·26”指示，即“把卫生工作的重点放到农村去”，大队医务室改称卫生室，卫生保健员时称“赤脚医生”。1969年，木石公社滂坡大队“赤脚医生”刘守贞嫁入北辛，并任北辛大队“赤脚医生”。大队配建卫生室房屋1间，购置能进行注射和包扎的简单医药器械及普通药品。

1970年9月，大队实行合作医疗，村民每年有一元的药费报销。1972年，大队“赤脚医生”李世清被群众推荐到滕县卫生学校学习，成为北辛大队第一位工农兵大中专生。之后，张庆水到大队卫生室工作。1974年，大队卫生室增至3间，开支实行自负盈亏，医护人员与民办教师一样，仍享受工分待遇，并有每月3元钱的补贴。

1976年，李作胜抽调到公社煤井卫生室工作，任振坤到大队卫生室工作。

1978 年，张庆水招工到官桥机厂工作，张庆海妻子杨士兰、村民姜德华相继安排在大队卫生室上班。1979 年，生产队撤销，卫生人员的工分报酬也随即取消，医药经营收入归个人所有。

1988 年，任振坤在村东又开一家卫生室，后交给其子任士磊经营管理。2005 年，村卫生室扩充至 4 间房屋，面积 100 余平方米。此时村庄实行新型合作医疗，全村参保人数约 1600 人。参保人在本村卫生室看病药费报销 20%，入院治疗药费报销 70%。村内两家卫生室统一调配药品，统一报销核账。后任士磊被调到王园卫生室工作，2013 年又由王园卫生室调入北辛村卫生室。至 2017 年，北辛村卫生室有药品 500 种以上，能医治农村常见病和多发病，并担负全村公共卫生、妇幼保健、流行病防疫等服务工作。

北辛王氏清明祭祖

北辛王氏立碑、大规模祭祖起于 1958 年 1 月，在北辛村西为五世祖王荣吉迁坟立碑活动，峄县青山前、焦山头、黄庄，滕县东王庄、北辛等地均有后裔代表参加。1962 年，历经“三年经济困难时期”之后，温饱问题尚未完全解决，焦山王心友、王心志、王心鸾、王广荣、王广居，里南峪王心培，青山前王心修，北辛王广奎诸人，凭借肩挑人扛，在沧浪渊畔为十世祖王廷彦矗立一通三米高碑，并栽植部分苍松翠柏。之后，由于受历次政治运动冲击，族人少有大规模的祭祖活动。

2012 年清明时节，北辛世芳公支成龙、成凤、成豹三分支后裔代表 300 余人相聚北辛，举行首届清明祭祖活动。2016 年春节期间，北辛王氏三分支族人代表 150 余人在木石北辛饭店举行新春团拜活动，一致决定以后的清明祭祖五年一次，逢二、七年头进行，并决定在北辛西北祖林北侧新建八世祖王世芳陵园，将九世祖王成龙、王成凤及各位老太君的神灵招至陵园内安息。其后，北辛王氏宗亲理事会长王成及老三支分会会长王立法、王泉仁、王德科分别召开数次族人代表会商议募捐事宜，各分支掌门人及广大爱心族人纷纷响应，踊跃捐地、捐款，献智、出力，短短3个月时间，400余人次累计捐款16万余元、献地0.2公顷，当年11月，墓园、碑铭顺利建成。

2017年清明，北辛王氏三分支代表及应邀嘉宾近500人再次相聚北辛，为八世祖王世芳、九世祖王成龙、九世祖王成凤、十世祖王廷英及各位老太君举行墓碑揭幕庆贺及北辛王氏第二届清明祭祖活动，会长王成宣读祭文，分会长王立法、王泉仁、王德科及嘉宾代表张庆海分别致辞，王广厚、王坤仁、王亮、王其超分别宣读八世祖、九世祖（两位）、十世祖碑文。

《北辛村志》编修

2016年12月8日，全村有史以来的第一部村志《北辛村志》编修启动会议在村委会大院举行，近50名各姓氏知名人士应邀参加。会上，宣读村委会2016年1号文件《关于成立〈北辛村志〉编纂委员会的通知》、2016年2号文件《关于印发〈北辛村志〉编纂工作实施方案的通知》，散发《告北辛村全体村民、父老乡亲的一封信》，并邀请二轮《官桥镇志》主编、著名民俗专家孙井泉等人作专题辅导讲座。

2017年1月17日下午，首部《北辛村志》资料征集座谈会在木石镇北辛饭店召开，近30名村内各姓氏知名人士应邀参加。会上，散发《关于广泛征集《北辛村志》文字资料的恳请信》，并统一村志人物简介资料收录标准。是月，滕州市第一人民医院原院长、内科副主任医师李道斌率先报送个人简介，随后部队恢复军事院校招生考试后第一个考上军校的姜德宇，村庄第一位共产党员、县级离休干部王立启，村籍第一位师级转业军官、曾任枣庄市纪委副书记兼监察局局长的彭成太等人，亲自报送或由家人转送个人简介。2月8日上午，《北辛村志》7名主要编写人员不畏严寒，举行第一次编纂工作会议，商定资料收集、编撰等细节问题。此后，几位主要编写人员排除万难，每周集中一二次入户搜集资料、拍摄照片、会商村志编修问题等。3月、4月，分别向中国名村志文化工程办公室、山东省地方史志办公室，逐级上报《北辛村志》参加《中国名村志文化工程申报表》《齐鲁名村志文化工程申报表》，在得到积极回应后，按照其要求重新修订村志篇目并组织编写。

此期，先后派出两名村志编写人员参加省史志办在淄博、济南举办的镇村志编纂培训班。

4 月 15 日，民盟枣庄市名誉主委、枣庄孔子文化研究会顾问柏恕斌，中国当代文学研究会会员、山东省作家协会全委会委员、枣庄市作协主席梁化乐，枣庄市专业技术拔尖人才、中学高级教师、曾参加过《枣庄市志》《枣庄市市中区志》《山亭区志》《峄城区志》等多部志书编写的渠开选，中国民间文艺家协会会员、中国民俗学会会员、枣庄市民间文艺家协会主席沙朝佩等人，到北辛村参观北辛文化遗址，考察北辛碑石文化，并对《北辛村志》编修提出一系列意见和建议。

6 月中旬，完成村志总撰稿 40 余万字，并打印 5 份，分别呈送枣庄市史志办、滕州市史志办、官桥镇志办、村志顾问渠开选以及村中部分老年人及村党支部、村委会主要成员审阅修改。其间，主要编纂人员通过电话、短信、微信以及当面交流等方式，与任振堂、任振坤、任振满、王汉仁、王文仁、王迎仁、李勇、李珊、张华、高德先、黄炳山、杜修海等上百位村庄知名人士取得联系，获得大量珍贵信息与资料。

8 月中旬，枣庄市史志办等单位陆续审稿完毕，共计提出体例、资料、文字等方面的修改意见 100 余条，细微之处近 1000 处。村志顾问渠开选、孙井泉及特约审稿郑娟娟等人精批细改，任士琛等人修正村志户籍资料 100 余处，为提高村志质量做出了贡献。之后，村志主编对上述意见进行汇总、吸纳，并继续向王立堂、张广文、李作胜、黄炳山等人定向征集有关制种、人物等方面的空缺资料，修改、补充材料达 5 万余字，并于 9 月上旬完成村志送审稿 35 万字。

10 月 19 日，《北辛村志》参加首批齐鲁名镇名村志志稿评审会，省史志办市县志指导处调研员、省史志业务咨询专家组成员李天程博士及省史志办市县志指导处主任科员罗毅分别进行评审，提出修改意见、建议 40 余条，细节问题 100 余处。

11 月下旬，《北辛村志》完成评审修定稿，并充实卷首及随文彩照 100 余幅。12 月，《北辛村志》由方志出版社出版发行。

北辛村志

（前 5300—2017）

BEIXINBUCUNZHI

■

附录

FULU

北辛文化遗址经过1978年、1979年的两次国家考古发掘，特别是1982年被国务院正式命名并向全世界公布，1992年、2006年分别被确定为"省级重点文物保护单位""全国重点文物保护单位"，轰动了国内外考古界，引起先秦古代历史研究人员的广泛注意。著名文化学者李朝英、方拥、栾丰实、陆巍、韩建业、陈白冰、刘敏哲、徐基、陆薇、卢建英、吴汝祚、万树瀛、李光雨、孙开玉、石敬东、孙井泉等人，以及古代文化研究的后起之秀李昂、吴越、刘薇薇、燕云峰、李蔚、邵文臣、王芬、王剑锋、刘建全、海岱之约等人，分别撰写发表《北辛文化概论》《从房址和陶鼎看北辛文化的成因》《北辛文化研究》《北辛文化和山东龙山文化陶器成分的聚类分析》《双墩文化的北上与北辛文化的形成——从济宁张山"北辛文化遗址"论起》《〈大汶口续集〉中北辛文化的分期问题》《试说青莲岗文化与北辛—大汶口文化的关系》《试析北辛文化与马家浜文化的关系》《初探海岱地区古代文明的起源》《山东滕县北辛遗址介绍及其发掘报告》《北辛出土的渔猎工具》《北辛盖鼎与厨房革命》《从出土文物看枣庄地区的史前农业》《北辛文化的十六个文化之最、文明之源》《北辛文化遗址的保护与开发》《北辛文化背景下的齐村沙陶研究》《从北辛文化到滕侯鼎》《北辛文化在中国文化发展史的作用》《北辛文化资源与文化创意产业》《齐鲁文明初曙——从沂源猿人到北辛文化》《从北辛土陶探寻北辛文化的底蕴》《北辛珍畜"亥子猪"探源》《北辛文化的嬗变和古薛国文明问题》等一系列有分量、有见地的研究文章，从不同方面、层面，多角度、宽领域地分析、探讨、研究北辛文化的内涵、作用、价值、意义与影响等。

文献诗词

北辛文化资源与文化创意产业（节选）

燕云峰　李　蔚

北辛文化的资源

正如我们在《从北辛文化到北辛文化》一文中所言，北辛文化的资源相当丰富，简单说，既有物质文化资源，也有精神文化资源。从形态上看，既有静态的历史文化资源，也有动态的当代文化资源。内容包括精神思想、文物古迹、历史人物、历史故事、民间艺术、传统工艺、建筑传统、民俗风情、生产生活、餐饮娱乐等，试举例如下：

1. **建筑文化**。北辛建筑文化博大精深，有据可查的发展历史就有 7000 多年之久，可以说，是汉民族建筑文化发展历史的典型缩影。自北辛遗址、西康留遗址……薛国故城遗址，一直到近现代的建筑形制，或隐或现，在北辛文化的核心区域都不难寻找到其发展的线索与踪迹，略加整饬，即可向人们呈现出一幅鲜活的中华建筑历史画卷。

2. **农业文化**。北辛农业文化也是源远流长，自新石器时代伊始已有 7000 多年的发展史。同样，我们在北辛文化的核心区域的土地上随手都能捡起古老农耕文明散落的碎片，倘若系统地拼接、梳理，淹没在历史烟尘之中的民族记忆就会清晰明朗。祖先们用日出日落的辛勤为我们播下了希望的种子，今天将会结出更为丰硕的果实。

3. **制造文化**。北辛制造文化（包含手工业与科学技术），伴随着先民们石器、陶器、骨器、玉器制作技术的发展而出现，历经了 7000 多年的发展历程，涌现出奚仲、墨翟、鲁班等一系列“鼻祖”“巨匠”。文献之中，我们对于这种文化的感性记忆是缺乏系统性的，无法给出一种连贯而详尽的发展脉络。考古发现中，我们关于这种文化的理性考据又是冰冷的，很难触摸到勤劳祖先传递给我们的精神内核。今天，如果能把这条记忆链上的灰尘小心拭去，它的光辉将会照亮我们还有子孙的创新之路。

4. **民俗文化**。北辛民俗文化，起源于远古时期，带有许多古代生活的痕迹，是传统文化的“活化石”。许多远古的传说、故事隐含在民俗中，成为民俗文化最动人的因素，是其文化内涵诗化的形象载体。

5. **“士”文化**。中国传统的“士”文化，曾经在北辛文化的核心区域多次奏响那个时代的最强音，也为我们留下了丰厚的文化宝藏。“士”文化在文与武两方面，都在这里演绎出许多精彩的故事，墨家和孟尝君就是其中典型的代表。

6. **“礼”文化**。北辛文化原生区曾经是中国传统“礼”文化的主要原创区和人才最为集中的地区，诞生于此的奚仲、仲虺、伊尹、孔子、孟子、叔孙通等人是开创和推进“礼”文化的关键人物。经过新文化运动的批判与扬弃，“礼”文化去伪存真，完成了与朴素原点的对接，在今天重新焕发出人性的光辉。

7. 城市文化。中央电视台曾经在20世纪90年代，推出的系列节目《国之瑰宝·中国寝陵文化》的《薛国故城》专题中对于北辛文化区域的历史遗存，有过“国家缩影”的评价。这个评价是十分恰当的，它切实地概括了这些历史遗存所展现的文化内涵和客观价值，也体现了这里城市文化的厚重。就所谓“城市文化”而言，可以说北辛城市文化的发展历程，就是中国“城市文化”发展的典型早期历程，是中国古代城市形成的缩影。

8. 亲缘文化。亲缘文化，在文化资源的角度亦可以称作“姓氏文化”“寻根文化”。中华民族的文化是极其注重血缘伦理观念的文化，亲情与血缘伦理是维系民族团结发展的精神纽带。北辛文化核心区域是亲缘文化的富集区，中华民族的许多姓氏，或发源，或成长于此，近年来海内外后裔来此寻根的群体络绎不绝。

北辛文化资源的利用

广义上的文化资源与文化遗产的不同在于它是“活态”的，它就像一条绵延不息的长河，流淌了几千年，现在仍在生产和生活中间川流不息、绵延不绝。文化资源的利用关键不仅仅是保护或开发，而是包含物质与精神层面的实质创造性传承。

北辛文化的资源利用的方式，主要有那么几点想法：

1. 对可见历史文化遗存资源的利用，主要目标是区域内为数众多的远古遗址。首先，在做好遗址保护工作的基础上进行适当的开发，“国家的缩影”“车辆的历史”“建筑的脚步”“农耕文明”等等都是可以开发的项目命题。其次，在项目论证的基础上，充分运用"体验"的手段来确立项目的内容切合点，让受众在多种角度中感受历史的悲欢离合、沧桑巨变，改变过去呆板的博物馆模式，充分调动其主观能动性，增加项目的经济价值含量。此类项目的关键，在于其商业核心价值的推介与应用，在于选定目标市场的差异性。

2. 对不可见历史文化资源的利用，主要目标是思想、信仰、心理、风俗、技艺、故事、传说等方面的内容。“墨子的理想”“祖先的图腾”“侠客的背影”“文明的阶梯”等等都可以作为创意产业的文化命题。首先，在精心策划的基础上，发挥现代科学技术的优势，挖掘其中的核心价值并与产品的时尚元素紧密结合，形成受众与消费者乐见的产品形式。其次，在市场化运作的前提下，发挥政府及行业协会的政策及科研优势，引导、协助相关企业机构进行开发。

3. **对现有产品类型的整合创新，主要目的是对现存制造、旅游、工艺、娱乐、民俗、餐饮等项目进行文化内涵意义上的分类整合。**首先，有关部门要做好现存项目的调研工作，根据其产品内容的不同特点进行文化意义上的系统分类，提炼现有项目的文化内涵，注入核心的文化元素，使其具有独特的文化含量，增加其产品附加值。其次，此类项目要注意与其他主题项目的结合，在文化内涵上取得外在与内在的一致性，以利于项目集群的推介实施。

从房址和陶鼎看北辛文化的成因（节选）

方 拥

北辛文化是新石器中晚期黄河下游的考古学文化，距今约7300—6300年，遗址主要分布于泰沂山系的西南侧，延伸到泰沂山系南北各地。探求一种文化的成因，当然得从时间和空间两方面着眼。依据遗址中出土的典型物质遗存，与时间上较早而地理上较近的后李文化相比，北辛文化的差异十分明显。作为这一地区出现最早的新石器文化，后李文化自然带有鲜明的本土色彩。在其映衬下，北辛文化的异域色彩非常浓厚，因而显然不是直接承袭于前者。如果说北辛文化曾经受到外来文化的重大影响，或者自身就是外来文化异地移植的结果，那么这个较早或同时存在的外来文化是什么？从地缘关系和天然交通这两方面看，后李文化当然不可忽视，可是既然二者之间差异较大，则黄河中游较早的裴李岗文化更值得注意。早在十多年前，学界已经有人就此做出了大致合理的推测。为了做出更加深入的具体分析和理性判断，本文选取两种典型的物质遗存——房址和陶鼎作为研究对象，深入探讨北辛文化与裴李岗文化以及后李文化之间的相互关系。

关于房址特点的分析

在北辛文化的聚落遗址中，大多不存在距今8500—7700年的后李文化的房址特点。在具有代表性的汶上县东贾柏遗址中，10余座房址以半地穴和浅穴式为主，面积最小的8平方米，最大的20平方米；平面多为圆形和葫芦形，未发现有序的排列。与后李文化的房址相比，北辛文化房址的三大特点是：1. 一般面积较小而大小差别超过两倍；2. 圆形或葫芦形的半地穴式平面；3. 未见有序的排列。从新石器中晚期的社会经济角度看，房址面积的大小是生产力水平高低的重要反映，大小差别的悬殊则是贫富分化的结果。从布局原理看，只有方形或长方形的房址平面才能形成有序的连排组合；当平面为圆形或椭圆形时，则不大可能。从结构的合理性看，方形或长方形的平面可能起源于东南地区的半地穴或地面房址，这是加法的建筑，无论采用木骨泥墙还是木结构支撑体系，横竖直线的墙体都要优于弧线墙体。葫芦形或圆形的平面可能起源于西北地区的竖穴式房址，这是减法的建筑，当生活空间从均质的黄土中层层挖掘出来时，弧线形态才具有拱券结构抗挤压的力学优势。北辛文化遗址与后李文化遗址南北毗邻，同处黄河下游，依据物质文明发展的普遍规律，在毗邻地区，较晚的文化应当比较早的更加进步。一般而言，面积较大的房址比较小的更加进步，方形或长方形的房址比圆形或葫芦形的更加进步，有序排列的布局比散点状的分布更加进步。可是两者房址的遗存表明事实上并非如此，因而大体上可以说，使北辛文化得以形成的主要来源并非后李文化，换言之，这种情形反映了 7000 多年前黄河下游文化上一次大规模的转型。我们为此感到困惑，然而更值得注意的是，这一文化转型的真实内涵也许并非其物质遗存表面所显示的文化倒退。北辛文化房址面积差别悬殊这一现象所反映的社会分化，或许暗示了这样一种推测：影响或移植到黄河下游的这支文化，虽然物质文明发展的水平较低，但却最终成功地扎根于异地并逐步扩张，原因在于其社会组织的发展水平可能较高。综观人类社会的发展史，这一推测并非不可能成为事实。综观新石器中期以来中国各大文明的发展轨迹，最接近这一推测的就是 8000 多年前黄河中游裴李岗文化所开创的中原文明。继裴李岗文化之后，中原文明虽然不免演进中的波澜起伏，但其后仰韶文化、龙山文化、夏、商、周、秦、汉、唐、宋一脉相承。分析裴李岗文化聚落中的各处遗址，可以归纳出房址的三大特点：1. 多数面积极小而与大房子的差别超过三倍；2. 除了少数平面随着生活面的上升而接近长方形外，多数为圆形或椭圆形的半地穴式平面；3. 除了少数双间以外，聚落中房址的群体布局基本不存在有序排列的倾向。显然，这些特点与北辛文化聚落中的房址大致相近，仅有的不同在于房址面积更小而其差别更大。我们不能小看这仅有的不同，因为它隐约暗示着其社会组织中上层建筑的发展水平可能更高。也许，裴李岗文化最终成功地扎根于异地并逐步扩张原因就在于此。北辛文化持续存在的时间大约 1000 年，继之而起的是距今 6300—4600 年的大汶口文化。其遗址分布的范围完全覆盖了北辛文化所在地区并有所扩张，以山东为中心，西到河南中部，东至辽东半岛南端，南达江苏北部和安徽北部。大汶口文化代表性的聚落遗址是蒙城县许町镇的尉迟寺遗址，其房址为半地穴式和地面式两种，面积多在 10 平方米上下，最小 3 ～ 4 平方米，最大近 30 平方米；平面多为圆角方形和长方形，多呈东南、西北走向，门道以西南向居多；排列有序，其中一排 15 间相连，总长度达 75 米。聚落呈现为以三排平行房址为主的格局，加上中央广场和外围环濠，形成一个经过统一规划的严谨整体。分析大汶口文化聚落中的房址，可以归纳出三个特点：1. 一般面积较小而大小差别超过三倍；2. 圆角方形或长方形的平面；3. 有序的联排组合。将其与黄河下游先前的两种文化相比，不难发现，除了面积特点沿袭了稍早的北辛文化以外，另外两个特点都反映了更早的后李文化的复兴，或者说，反映了黄河下游地域文化的回归。毋庸置疑，这些特点更加突出了北辛文化的异域色彩。

鼎的出现及其演变

鼎是北辛文化的代表性器物，可是在其早期遗存中，迄今并没有发现鼎。笔者认为，这应当不是出于偶然或考古工作中的疏漏，而恰恰反映了这一地区鼎从无到有的演变过程。其内在原因可能在于，黄河下游的文化领导权从后李人手中被裴李岗人夺走并非一朝一夕，而是经历了一个逐渐演变的过程。栾丰实教授依据层位关系，将北辛遗址中的北辛文化遗存划分为从早到晚五组。在第一组遗存中，陶器主要有釜、钵、盆、碗、盘等，未发现鼎。在第二组遗存中，陶器主要有釜、钵、盆、勺、碗、支脚等，未发现鼎。在第三组遗存中，出现了微敞口的垂腹鼎。在第四组遗存中，钵形鼎均为敛口，垂腹消失。在第五组遗存中，敛口罐形鼎成为陶器的主要类型。经过比对，第四和第五组遗存中的器物接近于东贾柏遗址中的同类遗存，从而可以大致确定其年代为距今 7000 年。东贾柏遗址是一处比较单纯的北辛文化遗址，中国社会科学院考古所发掘简报将其划分为早晚两期，早期的鼎主要有钵形和罐形两类，晚期的鼎则主要为罐形。鼎终于成了北辛文化最具代表性的陶器，它不仅数量多，种类也很复杂，有钵形、罐形、釜形、盆形、盘形和壶形等多种。

从栾丰实教授将北辛遗址中的北辛文化遗存划分为从早到晚的五组中，笔者还注意到：在第一组和第二组遗存中，陶器中的主要器形皆为釜而非鼎；在第三组遗存中，釜被敞口的钵形鼎所取代；在第四组遗存中，敞口的钵形鼎演化为敛口的钵形鼎；在第五组遗存中，鼎最终成为敛口的罐形。从社科院考古所将东贾柏遗存划分的早晚两期中，笔者还注意到，早期出现的是钵形鼎和罐形鼎，以及晚期钵形鼎的消失。从迄今为止的考古发现看，釜和鼎在烹调史上的出现有着空间和时间上的不同分布；进一步说，在中国历史的大舞台上，釜自始至终无足轻重，而鼎却从初期的实用炊具逐渐演进为晚期象征国家政权的抽象礼器。梳理 8000 多年来中国几大区域文明的兴衰起落，甚至可以认为，在大多时间里发挥主导作用的是发明、改进和使用鼎的强势文明。当然，强势文明如果不受到适度的制约，则未必能够经受可持续发展的考验。实际上，裴李岗文化、北辛文化都未能持续多久，并且最终都没有逃过盛极而衰的宿命。

根据我们的生活常识判断，当初作为烹煮器中主要类型的釜和鼎，本质上有着不同的实际功用，敞口的釜适宜在很短时间里快速熟化各种生鲜的植物茎叶类食物，其加工过程的特点是前后体积的由大而小。敛口的鼎适宜在很长时间里慢慢熟化各种生鲜的动物肉类食物，其加工过程的特点是前后体积的变化很小。从细节上深入探讨，由于生鲜的植物茎叶类食物易于在很短时间里快速熟化，所以将釜置于火之上既可以悬挂也可以顶托，总之随宜变通，并不需要固定支架；而由于生鲜的动物肉类食物必须在很长时间里慢慢熟化，所以将鼎置于火之上的方式必须稳定而牢固，故会从活动支架向固定支架的进化，鼎可能由此产生。此外我们也应注意到，由于通常鼎的大小、重量以及使用过程中的温度都要超过釜，因而将釜悬挂起来的方法显然不及将鼎支架起来的方法来得可靠和安全。在一定意义上说，也许正是鼎在烹煮过程中需要缓慢炖煮的特征，以及鼎所烹煮的肉类食物在养生和口味等方面大大优于茎叶类食物的特点，最终使鼎在众多炊器中脱颖而出，成为国之重器。

在北辛文化烹煮器的演变过程中，还有一个现象也值得笔者注意，这就是从敞口的钵形鼎，到敛口的钵形鼎，再到敛口的罐形鼎。这一演变过程所反映出的形态趋势是：炊器的口部越来越小，而深度越来越大。毫无疑问，烹煮器形态的改变必然因应着食物形态的改变。结合上述讨论，可以推测 7000 年前黄河下游居民的饮食习惯曾经发生过一次较大的改变，从先前以植物茎叶类食物为主转而以动物肉类食物为主。在一定程度上，饮食习惯的这一改变可能导致民众身体机能和力量的改变，进而成为推动当地文化转型的动力。

结语

分析黄河中下游新石器中晚期先后三种文化房址的结果，表明与北辛文化更加接近的是裴李岗文化而不是后李文化。梳理鼎的出现及其演变，发现它在黄河中游消失以后不久，再现于黄河下游，这提高了房址分析结果所得推论的可靠性。然而在讨论北辛文化的成因时，我们不能完全排除后李文化的影响。这个同处黄河下游而较早出现的新石器文化，带有十分浓厚的地域色彩，生命力十分顽强。历史经验告诉我们，无论外来文化的动力有多大，地域色彩是永远抹杀不掉的。虽然北辛文化的房址特点大多与裴李岗文化的房址相同，但北辛文化房址的面积多在 8 ～ 20 平方米之间，裴李岗文化房址的面积一般仅为 2 ～ 6 平方米，后李文化房址的面积则在 30 平方米以上。相比之下，仅就房址的面积而言，我们不难看出北辛文化与后李文化之间的承继关系。再如陶鼎的起源，陈文玲教授认为："北辛文化中最具代表性的鼎类就可能渊源于后李——西河类型的乳足器，而乳足器则是釜、支脚合为一器的过渡形式。"我们对此虽然有异议，但却并不否定后李文化"在釜类器底部附加 5 ～ 7 个小乳头足的器形"，或许对于北辛文化中鼎的出现曾经产生影响。实际上，在泰沂山系南北，北辛文化的性格并非整齐划一；而在其衰落之后，继起的大汶口文化在很大程度上恢复了后李文化的地域色彩。在这一方面，享有地利优势的山东大学栾丰实教授已经作出了更加细致的分析："就目前考古发现的现状可以作出以下判断，北辛文化是在后李文化、裴李岗文化的共同基础上发展起来的。泰山北侧地区的北辛文化主要来自后李文化，泗河流域地区的北辛文化则与裴李岗文化的关系更为密切，这或许也是泰沂山系南北两侧地区北辛文化差别较大的内在原因。"

山东滕县北辛遗址介绍及其发掘报告

执笔　吴汝祚　万树瀛

山东滕县北辛遗址介绍

北辛遗址位于官桥镇北辛村北部，距滕州市城区约 28 公里。遗址地处薛河故道南岸的高地上，三面临水，这里是丘陵与平原的过渡地带，地势相对平坦，土地肥沃。海拔高度 127 ~ 131 米。遗址东西长 500 多米，南北宽约 100 米，总面积为 5 万平方米。

北辛遗址是 1964 年由中国社会科学院考古所山东队沿薛河两岸进行文物普查时发现的，当时采集到一批和大汶口文化风格不同的陶片，推测其年代可能要早于大汶口文化。在 1978 年秋至 1979 年春，中国社会科学院考古所山东队与滕州市博物馆联合进行了两次较大规模的发掘。清理了一批灰坑、窖穴、墓葬，发掘面积共计 2583 平方米，出土了大量石器、陶器、骨器、蚌器和角器。经碳 14 测定为距今 7300 ~ 6300 年左右，大约延续了 1000 年。属于新石器时代母系氏族社会文化，与大汶口文化有着直接的承袭关系，是大汶口文化的源头，北辛遗址以其独特的文化面貌被命名为北辛文化。

北辛遗址的石器种类很多，分打制和磨制两种，打制石器制作虽较简单，但器形相当完整，有斧、铲、刀、敲砸器和盘状器等，其中数量最多的是器身扁薄、平面略成梯形、横剖面为扁椭圆形的石斧，用于砍伐树木或开垦耕地，是一种用途较广泛的工具。磨制石器通体磨光，制作比较精致，有铲、刀、镰、斧、锛、凿、磨盘、磨棒、磨饼、杵和匕首等。磨制石器中铲的数量最多，形状各异。石铲器形较大，以硅质灰岩为主要石材，质地较软，容易打磨，这种石铲安柄后成为一种翻土工具，有的刃部长有约 7 厘米的纵直磨痕，说明这时期的翻土深度还是相当浅的。从遗址中发现的一些由残石铲改制的石器，可知当时的人们很珍惜磨制石器，努力做到物尽其用。加工粮食的工具有磨盘、磨棒、磨饼，这里的磨盘为圆角长方形或鞋底形，还有长三角形，以后者居多，下部有矮足的磨盘甚为罕见，仅发现一件。另外，还发现了翻松土地用的工具鹿角锄。从这些遗物中可以看出 7000 年前的先民在原始农业生产劳动中，已经创造了一套较为完备的耕耘、播种、收割、脱粒等工具，说明当时的原始农业初具规模，已经进入锄耕阶段。在一些陶钵的底部，还发现有粟糠的遗物，充分说明了农业生产是他们生活资料的主要来源，也是定居生活得以巩固的重要保障。

其他出土的生产工具也颇丰富，如骨器、角器、牙器还有蚌器，制作精致，形式复杂，制作过程一般经过截、劈、削、刮等方法制成器物雏形，最后打磨表面。器形除镞、鱼镖、鹿角锄、蚌铲、蚌镰等与农业、渔猎有关的器物外，还有凿、

锥、匕、针、笄、梭形器等。这说明当时的生产力低下，只靠农业不能满足人们的生活需要，还要靠狩猎、捕捞、采集来补充食物，这些生存手段也是生活资料的重要来源。

北辛时期，手工业生产开始萌芽，出土的器物中以陶器最具代表性。北辛文化的陶器均为手制，多为黄褐色或红褐色的夹砂陶，泥质陶较少，一般为红色。夹砂陶多为在粘土中夹细砂，少数掺碎蚌片，能降低陶坯的变形与破裂。因此夹砂陶器又常用作炊具，种类主要有鼎、釜、深腹圜（huán）底罐、小口罐、钵、碗、盆、盘、壶和支座等。大的陶器多采用泥条盘筑法，器形不甚规整，手制痕迹比较明显。陶制工艺尚处在原始阶段，陶器的形制与装饰花纹集中体现了北辛文化时期的造型艺术，陶器的纹饰有堆纹、篦纹、乳钉文、压划纹、指甲纹、锥刺纹、席纹等。其中的盖鼎、指甲印纹钵和红顶钵为北辛文化的典型器物。

纺织、缝纫和制骨等手工业也有了初步发展，在一些陶器的底部清晰地印下了规整的席纹，主要采用一经一纬的人字形编织法，还有的多经多纬，原始的编织已经出现。纺轮及网坠的发现，证明当时的人们已经学会了利用野生纤维和动物毛绒为原料进行纺线和织网，证明还存在纺织这类家庭副业。遗址中还出土了一定数量的骨针，这些骨针磨制精细，尾部有穿孔，说明人们已经能够制造和使用细的纤维给自己缝缀简单的衣裳，可以说北辛人已进入穿衣阶段。

此外，不止一次地发现了成堆的动物骨头，经鉴定是“家猪型”成年猪，同时还发现了狗、鸡等动物遗骸，由此可见北辛先民已开拓了养殖业。猪的饲养与农业生产有密切关系，需要粮食加工后，产生的糠皮作为饲料，反映了随着农业生产的不断发展，家猪饲养业也兴旺起来。

北辛文化墓葬发现很少，婴儿使用瓮棺葬，瓮棺葬用两件相对的深腹圜底罐或鼎为葬具，掩埋在居住区的附近或房基下面。我国西南少数民族亦盛行这种瓮棺葬，有的还在葬具的一端凿一个小孔，意思是可以让孩子的灵魂自由出入。成人葬式为仰身直肢，少数墓有一两件随葬品，反映了当时人们生活水平的低下和物质生活的贫乏。

北辛文化主要分布于泰沂山系南北两侧一带，包括了山东大部分地区，还有江苏淮北地区，甚至河北等地都有同时期的遗存。1992 年，北辛遗址被山东省人民政府公布为省级重点文物保护单位。2006 年 5 月被国务院公布为第六批全国重点文物保护单位。官桥镇政府于 1992 年 3 月在遗址处建起了“北辛文化遗址”纪念碑亭。附北辛遗址纪念碑记：

历史长河，溯流七千三百载，北辛先民，群居于此。依龙山，傍薛水，引火烧荒，石木垦地，捕鱼狩猎，作陶制器，赖有限智力，争繁衍生息。问泱泱华夏，母系氏族村落所见曾几？在陕半坡村，在浙河姆渡，在鲁乃北辛。一朝出土，闻名遐迩；中华文化，光彩熠熠。赞劳动创造世界，人民推动历史，前人留下土地，后人奋斗不息。有感于怀，立石为记。

山东滕县北辛遗址发掘报告

（节选自《考古学报》1984 年第 2 期）

北辛遗址位于滕县县城东南 25 公里，村北有田名寨墙里，即遗址的所在地。

北辛遗址附近的主要河流为薛河，由东北向西南流经北辛村，与其支流（已废弃，仅留故道遗迹）相会合，遗址东、南、北三面临水。隔河与龙山相望，地处平原与丘陵的交接地带，在海拔 300 米以下，地势平坦，土地肥沃，是古代居民从事生产活动的良好地区。

北辛遗址是 1964 年春，由中国科学院考古研究所山东队会同滕县文化馆，对滕县境内进行考古调查时发现的，遗址东西长约 500 米、南北宽约 100 米，面积约为 5 万平方米。

北辛遗址发现时，就被认为具有独特的文化面貌，与大汶口文化显然不同，在时代上可能要早于大汶口文化。其后，中国社会科学院考古研究所山东队和滕县博物馆在 1978 年秋（从 10 月 17 日至 12 月 6 日止）和 1979 年春（从 4 月 14 日至 5 月 17 日止），进行了 2 次发掘，历时 85 天，发掘面积共 2583 平方米。

遗址东部已经遭受大规模的破坏，亟需加以清理。在Ⅰ区共开 10 米 ×10 米的探方 21 个，5 米 ×2 米的探沟 1 条，8 米 ×3 米的探沟 2 条；Ⅱ区开探方 6 个。在实际工作中，把每一个大方区分为 A、B、C、D 4 个小方，这样每个小方为 5 米 ×5 米。其中Ⅰ区的 T605 仅做 1 个小方，T604、704 各仅做 2 个小方。在发掘地区内，地层堆积保存较好的约有 250 平方米。

参加发掘工作的人员，考古研究所山东队有高广仁、胡秉华、吴汝祚，滕县博物馆万树瀛、翟力民等。考古研究所刘国强负责照相，刘莉、陈江浩负责绘图，刘振伟负责测绘地形图。

北辛遗址发掘的面积不大，发现的遗物相当丰富，主要收获有：(一)从这些遗物所反映的文化面貌和特点，显然与大汶口文化有异；在时间上要早于大汶口文化，故应属于另一个文化；(二)发现的石器、骨器、陶器和其他遗物，已能反映出在大汶口文化之前，这一地区的居民，他们社会经济生活的一般状况；(三)对大汶口文化的渊源的研究，提供了一定的线索。总之，这次北辛遗址的发掘，把鲁中南和江苏淮北地区新石器时代的研究工作，开始向前推进一大步。

北辛遗址发现的遗迹，有窖穴和瓮棺葬。窖穴略呈椭圆形袋状。瓮棺葬有用两件相对的深腹圜底罐或鼎为葬具。

北辛遗址发现的遗物中，最能反映这一文化特点的是陶器。陶器都是手制，有夹砂陶和泥质陶两种。夹砂陶以黄褐色为主，一般说来，陶质稍软。纹饰有窄堆纹、篦纹、划纹、压划纹等。窄堆纹都以数条为一组，组成各种纹饰，颇具特色；篦纹、压划纹也有一定的代表性。器形有鼎、釜、深腹圜底罐、小口短颈双耳罐、钵、碗、盆、壶、支座等。鼎都呈釜形，锥形足，腹上部大多饰窄堆纹组成的各种纹饰，也有饰压划纹等，圜底或略尖。底部有粟糠痕迹、其外侧有一周划纹的红顶钵，敞口的釜，筒形深腹圜底罐，小口短颈双耳罐和各种形式的支座等。都是这一遗址具有典型性的器物。

石器主要用矽质灰岩制成，有打制和磨制两种。打制石器发现的数量不少，器形有斧、敲砸器、盘状器、铲、刀等。其中以斧、敲砸器发现的数量最多，其次为盘状器和小铲等。这些打制石器，值得注意的是：(一)制作虽较简单，但是器形相当规整，已定型；(二)有些是利用磨制的石铲等大型器物的残片为原料，再加工打制而成。这是北辛遗址打制石器的一个特色。磨制石器有铲、刀、镰、磨盘、磨棒、磨饼、凿、匕首等。其中铲的残片最多，总计在 1000 件以上。铲的器形有略呈长方形或长梯形、圆角方形、舌形等几种。这些石铲，器形都较大，通体磨光，制作比较精致，有使用痕迹。磨盘呈三角形的为多，有的略呈长方形，而有矮足的磨盘甚为罕见。磨棒以横断面呈半圆形和圆角长方形的为多。用石磨盘加工粮食在解放前的独龙族还在使用，它的形制与北辛遗址发现的相似。石镞（zú，箭头）未发现。

骨、角、牙器发现的数量多，器形有镞、鱼镖、鹿角锄、凿、匕、梭形器、针、锥、笄（jī，簪子）等，其中以镞、针、笄最多，都在 40 件以上。鱼镖发现的数量虽然不多，只有 12 件，但是颇具特色。蚌器只发现 14 件，有镰、铲、镞和蚌饰等，其中以镰、铲等具有特色。铲虽然都是残器，从残余部分观察，可能是呈长条形，上部有对称的缺口，这种器形，在其他文化中未见。

这些遗物所代表的文化面貌，与这一地区内的大汶口文化有明显的不同；与淮南青莲岗遗址为代表的青莲岗文化也有显著的差别。因此，北辛遗址不宜归属大汶口文化或青莲岗文化的范畴之内，应属于另一类文化。在目前的情况下，暂以发现遗物较多，基本上可以代表这一文化面貌的北辛遗址为代表，称为北辛文化。与北辛文化相似的遗址，还有滕县的孟家庄、兖州王因遗址的下层、泰安大汶口遗址的下层、邳县的大墩子下层的部分遗物，连云港市的二涧村等。据此，我们至少可以说这一文化分布于鲁中南和江苏淮北地区。

北辛文化与大汶口文化有别，这是一个方面；另一方面，它与大汶口文化又有着一定的关系。如北辛遗址发现的盂形鼎（Ⅲ式）、小口双耳罐等，与大汶口文化前期阶段早期的同类器物，有着演变上的关系。因此，大汶口文化渊源于北辛文化是有线索可循的，也是比较明显的。要较为详细的、系统的来说明这个问题，还需要做相当的工作。

北辛遗址堆积层厚达 1.5 米以上，反映了当时的居民在这里生活相当长的时间。他们以石铲，鹿角锄等工具翻松土地，从事农业生产，这时期的原始农业，已经进入锄耕阶段。农业生产是他们生活资料的主要来源，也是定居生活得以巩固的重要保障。此外，还饲养猪等家畜。狩猎和采集经济也较发达。

北辛遗址在地层堆积上，可以分为 2、3、4 三层，从各层发现的器物分析，有着一定的差别。大体来说，从第 4 层及与其时代相接近的灰坑中发现的陶鼎很少，且无复原者，从鼎足观察，制作也比较粗糙。盆、碗、盘、盅等，与第 2、3 层同类器物比较，器壁都较厚，制作也较粗糙。唯三足釜均为夹砂灰黑陶，器形较大，三矮足略呈乳头形，器表素面磨光，制作比较精致。陶锉的陶质较软，呈扁薄的不规则形。在纹饰方面，未见有数条窄堆纹为一组组成各种装饰和压划纹等。打制石器有Ⅱ式斧(H501：2)；Ⅴ式长方形敲砸器，是利用打下来的石片加工制成，两侧制作较粗，刃部加工较细。第 3 层发现鼎的数量较第 4 层多，有钵体和罐形鼎，其上有以数条窄堆纹为一组组成各种纹饰。又有敞口浅腹釜，侈口或口较直的短颈罐，窄平沿腹上部微鼓的盆等。纹饰除窄堆纹外，又有篦纹等。这时期，彩陶开始出现，在钵、碗的口部外侧有一周黑彩或红彩的带纹。陶锉也开始出现两端稍尖呈窄长条形的，陶质较硬。第

2 层饰有数条窄堆纹为一组，组成各种纹饰的钵形和罐形鼎，发现的数量多，为常见的陶器。此外，在有的灰坑中 (H32、304、307、701、1001 等)，饰以数条窄堆纹为一组组成各种纹饰的鼎，数量减少，而有少量窄堆纹形似绳纹，还出现了纹痕深的压划纹，有相叠回字形或曲折纹的盂形鼎，和曲折划纹、压划纹下加竖直篦划纹的盂形鼎、罐形鼎。从地层堆积和各坑出土器物的排比，北辛遗存大体可以分为三期。早期以第 4 层和 H501 等为代表；第 2、3 层出土的器物基本相似，是为中期；H32、304、701 等为代表的遗存，从瓮棺葬 (M703 盂形鼎) 打破第 2 层，在时代上无疑晚于第 2 层，出土遗物与第 2、3 层比较，也有较大的区别，是属晚期。这三期从出土的遗物分析，中、晚期之间的关系比较密切；早、中期之间的关系，由于早期出土的器物少，其关系不及中、晚期那样密切，可能还有缺环。

北辛遗址的年代，大汶口文化的墓葬打破北辛文化层，其相对年代早于大汶口文化。北辛遗址用碳十四测定有七个数据：H501(ZK632) 为距今 7345±215 年 (校正值，下同)，H701(ZK639) 距今 6470±195 年，H701(ZK640) 距今 6300±200 年，T605(ZK653) 距今 6625±145 年，H8(ZK776) 距今 6385±210 年，H615(ZK777) 距今 6660±145 年，T704B 距今 6865±170 年。根据以上测定的年代，大体上北辛遗址的年代为距今 7300 年至 6300 年左右，大约经历有一千年。它的早期大约为距今 7300—6800 年；中期的 T605 第 3 层，经碳十四测定为距今 6625±145 年，那末第 2 层估计大约在 6500 年前后，因此中期的年代大约距今 6800—6500 年；晚期大约距今 6500—6300 年。

（中国社会科学院考古研究所山东队、山东省滕县博物馆）

北辛文化遗址的保护与开发（节选）

孙井泉

北辛遗址的发现和北辛文化的命名

北辛遗址坐落在山东省滕州市官桥镇北辛村北首，位于薛河故道南岸。1964 年全省文物普查时探明发现，该遗址东西长约 500 米，南北长约 100 米，总面积 5 万平方米。1978 年秋至 1979 年春，经中国社会科学院考古研究所和滕县博物馆联合发掘，历时 85 天，发掘面积 2583 平方米，出土了大量石器、陶器、骨、角、蚌器等 2000 多件，据测定距今约 7300 年至 6300 年，属于山东省新石器时代较早时期、母系氏族社会渐趋繁盛的一个阶段，因其独特的文化面貌而被命名为北辛文化,1982 年被编入国家教科书，1992 年 6 月被公布为山东省重点文物保护单位，2006 年 5 月被公布为全国第六批重点文物保护单位。1992 年在官桥镇党委、政府支持下，在遗址处设立了一座标志性建筑——载有北辛文化碑记的双檐碑亭，使这里成为对青少年进行爱国主义教育的重要基地。

从北辛遗址出土的各种文物表明，远在 7300 多年前，勤劳智慧的北辛先民就在这块土地上繁衍生息，创造了最早的农耕文明，是中华文化最早的源头之一。

北辛遗址的考古价值和北辛文化的学术价值

北辛文化遗址所在的薛河流域部落，是中华大地上人类生活最早的地域之一，是中华文明升起第一缕曙光的地方。一是从出土的石铲、石斧、磨盘、磨棒、鹿角锄、蚌镰和窖藏的谷物来看，当时的农业生产从耕作、播种到收割、加工，已有一套较为完备的工具，原始农业初具规模，农业生产已是他们生活资料的重要来源，也是定居生活得以巩固的重要保障。二是通过出土的家猪型动物骨架和鸡狗等遗骸来看，当时的家畜驯化已经开始，畜牧养殖业已近雏形。三是从出土的陶网坠、鱼镖来看，当时的捕鱼技术已相当高超。四是从出土的骨针、石纺轮来看，当时开始用野生纤维和动物绒毛进行纺线和编织，北辛先民从身披兽皮过渡到穿衣的文明阶段。五是从出土的骨器、牙器、蚌器来看，当时的生产工具中截、削、劈、刮等器物已初步成形，手工业已较为发达。六是从出土的盖鼎、红顶钵、指甲印纹钵、红陶壶来看，当时的制陶技术已比较先进，这些器物不仅讲究生活的实用性，而且还讲究审美的艺术性，特别是红顶钵，据考古学家说，为东方的彩陶找到了渊源。七是从出土的 1 件陶器的底部发现了一对酷似鸟足的刻画符号，被文字学家和历史学家誉为“文字的起源”“文明的曙光”。八是从出土的居住区的柱础来看，当时的房屋结构已较为合理。从北辛遗址地层堆积上来看，北辛先民在这里经历了三个阶段，生活了一千多年，他们之所以选择这块山前平原、三面临河、土地肥沃的地方定居，说明这里自然资源丰富，地理环境优越，是最适宜人类居住的地方。

北辛文化所承载的内涵十分丰富，具有较高的考古价值和学术价值，有待于我们进一步开发研究，让传统的、优秀的历史文化得到传承和弘扬。

北辛遗址的保护开发和北辛文化的研究创新

北辛文化博大精深，它上承古老的“东夷文化”，下拓闻名的“任薛文化”，上下五千年，绵延不断代，构成了完整的史前文化序列，在中华文化的发展史上占有特殊的地位。2006年5月升级为国家级文保单位，确立其应有的地位。保护好这块地方，是文物部门的责任，也是地方政府的责任。开发利用好这块地方，更是一个新的课题和时代的需要。如何加强保护，如何开发利用，如何研究创新，需要做好如下几个方面的工作。

建立北辛遗址保护设施和保护经费保障。由于北辛遗址紧邻村庄，近几年村庄的扩建有不断向遗址侵入之势，因此遗址保护工作日益严峻。由于部分农民文物保护意识薄弱，有在遗址上随意植树和挖沙取土现象，甚至有的在遗址上建老年房和养鸡场等。2008年以来，官桥镇政府组成专门班子，对遗址周边环境进行了综合治理，拆除了一家建在遗址上的水泥预制厂，遏止了乱挖乱建行为。目前，遗址处虽立有“国保”“省保”标志碑，但四周没有界桩；虽然明确了一位看管员，但只有枣庄市每年拨给的看管费。按照国家级的大遗址保护标准，应建立相应的保护设施和拨付一定的保护经费。

进一步对北辛遗址进行勘探和发掘。北辛遗址经初步探明面积为7.5万多平方米，发掘面积为2500平方米，仅占三十分之一。由于当年对北辛遗址的发掘面积相对较少，墓葬区尚未探明，仍有待于进行一次全面勘探和系统发掘，让更多的文物再现于世，让更多的信息资料公诸于世，从而提高北辛遗址的知名度。

系统开发北辛文化旅游产业。充分利用北辛遗址依山傍水优美的自然风光，集中挖掘北辛遗址丰厚的文化内涵，规划建设以北辛遗址纪念馆为核心，以新老薛河为观光带，以北辛始祖文化区、薛故城古徐文化区、前掌大车马坑文化区“一核两带三区”。形成“北辛—古薛”一日游，连接“曲阜—徐州”的旅游线，让地下的变为地上的，让地上的变为特色的，让特色的变为人们心中的。因此开发建设北辛文化旅游区，既有现实意义，又有历史意义，既有社会效益，又有经济效益。

建设北辛遗址博物馆。国内和省内的几个有影响的大遗址，如浙江的河姆渡、陕西的半坡村、山东的大汶口和龙山，都建有博物馆，唯独北辛遗址没有。在北辛遗址建立一处博物馆，地下部分再现先人生活情形，陈列北辛出土的文物，让7300年的历史文化展现出来，让人们来到这里，领略我国最早的农耕文明和中华文化，使这里真正成为名副其实的爱国主义教育基地。

建立北辛文化研究和管理机构。北辛文化虽然在1982年就被编入国家教科书，但问及地方中学和高等院校的学生，在后来的历史课中都没有北辛文化这一节，这不能不说是一大遗憾。因此说，对北辛文化和发祥地宣传得远远不够，我们期待着在北辛遗址建立博物馆或纪念馆后，以此为依托建立管理机构和研究机构，十分必要。滕州市已成立北辛文化研究会，将深入持久地开展好对北辛文化的研究，以更多的学术成果奉献给社会，为两个文明建设服务。

北辛文化在中国文化发展史的作用

刘薇薇

北辛文化概述

北辛文化，距今有7000余年的历史，属于我国母系氏族公社范畴。北辛遗址的先民，妇女在生产、生活中占据重要的地位，民族成员间的亲属关系是以母亲的血统确定的，所以妇女在氏族中拥用很高的地位。当时环境下，原始农业生产力有了较大的提高。当时的社会成员已经开始了定居生活，这种定居生活是以部落为主体的，从北辛遗址出土的石刀、蚌镰、石铲、石磨盘等用作农业生产的工具以及窖穴底部发掘的粟类颗粒等都可以看出当时的农业发展已初具规模。从出土的石器可以看出，当时人们的石器制造还是采用的传统的磨制方法。同时遗址中还发现了很多制作规整的骨箭簇、骨梭、鱼标以及大量的动物骨骼，有河螺壳、鱼翅等，这又进一步说明了狩猎、捕捞等生产活动在当时依旧是不可缺少的生存方法。但是，该遗址出土的陶器制作都很简单，火候烧制得也较低，其制陶工艺还处在手工阶段。也有较少部分陶器，质地精细、不含粗大沙粒，造型也较好、器壁比较薄并带有单彩的“红顶钵”。这类型的陶器颜色即使经洗刷也不会脱落。正是因为这种红顶钵的出土，为以后东方原始文化中彩陶的出现奠定了基础。除此以外，出土的陶器底部还有清晰的席纹，制作精细的骨针及陶纺轮，这说明北辛先民在7000年前就已经开始从事编织、缝纫和制骨等手工业。

北辛文化在中国文化发展史的作用

中华文化的最早源头之一。在对新石器时代先民们的足迹进行探寻的过程中，我们不难发现，北辛文化是中华文化千百年来传承的最早源头之一。自从 1964 年，中国考古队发现了北辛遗址以后，直到 1979 年春，在该遗址中出土的石器、陶器、骨器等文物共 2000 余件，经碳 14 测定所有文物均属于新石器时代的最早时期，比大汶口文化还要早 1000 多年。由于北辛遗址具有独特的文化面貌，是一定历史时期的特定代表，故以北辛文化命名。

人类社会是由原始群到氏族一步步发展而来的。氏族是由血缘关系确定，实行的是族外同辈群婚制，母系氏族时期，女性在氏族中的地位较高，子女往往知其母而不知其父。随着时代的发展，氏族进一步分裂成家族。北辛文化时期，人类社会已由氏族社会阶段开始逐步进入了部族社会阶段，私有制初步确立，一夫一妻制家庭出现。原有的氏族村落成为村落组，有 5 组以上村落组就演变为部落。山东地区的部落社会在这一时期只有 3 个：滕州的薛河流域部落，寿光西南、青州东的弥河中游部落，章丘部落。北辛文化的出现使得中华文化起源的地域得到有效的扩展，又把中华文明的开端推向了另一个更为久远的历史当中，其无疑就是中华文化最早的源头之一。

中华文化的重要组成部分。北辛遗址地势平坦、土壤肥沃，是古代先民主要生产活动的地区。作为历史时期最重要的母亲河，薛河在孕育东夷妊薛氏族的同时也滋养了最早的东方农耕文明。从各种农用工具和窖藏谷物的出土也可以看到，当时的农耕生产已初具规模；从出土的陶网坠、鱼镖等看，当时的捕鱼技术也相对比较先进。出土的家禽遗骸中也可以发现，当时畜牧养殖业也已具备雏形。从出土的盖鼎、红顶钵、红陶壶等来看，当时的制陶烧陶技术也较为先进，其中的红顶钵则为东方彩陶的产生奠定了基础；更为惊艳的是一件陶器的底部酷似鸟足的符号，被历史学家誉为“文字的起源”。从而很容易看出：北辛遗址可以说是保存较为完整的早期文明社会的范本，北辛文化中孕育了文明形态的主流因子，为我国农业发展史和民族部落的发展史的进一步深入研究提供了重要的历史资料，也为祖国璀璨的原始文化增添了新的一笔。她是中华民族辉煌历史文明的典型代表，是中华文化的重要组成部分。

中华文化发展过程中的历史承接作用。中国大陆东夷民族的新石器文化，目前已确定下来的考古学谱系：北辛文化、大汶口文化、龙山文化 3 个相连的阶段。北辛文化时期，原始农耕有所发展，石器磨制逐步精细化；而“东夷人”的村落和半地穴式圆形房屋建筑表明，他们已走向定居生活。同时，多类型陶器的大量出土，也印证“东夷人”饮食结构的改善，这点对促进人体的进化和文化的创造有着重要的贡献。20 世纪 80 年代初，考古学者在山东地域还发现了“沂沭细石器文化”，据考究，该文化可能就是北辛文化的源头。这一关键结论的提出，最终将临沭旧石器文化之龙山文化成功地连接起来，组成了中国史前山东地区文化的完整序列。北辛文化上承古老的东夷文化，下拓齐鲁文化，博大精深，是一套完整的东夷族文化链条。同时，其对世界文明发展史的研究也有着巨大的作用。

总之，北辛文化是黄河文化与泰山文化冲撞、结合的产物，是中国古代文化的中心。她奠定了中华传统文化的根基，建构了中华民族精神的基本框架。在中华文化发展史上有着特殊重要的地位，为中华文化的发展做出了巨大的贡献。

北辛文化的重大贡献和创新性发展研究

王光辉　姜　岚

北辛文化遗址位于山东省滕州市官桥镇北辛村，历经 1978 年秋、1979 年春两次共计 85 天的国家考古发掘，特别是 1982 年被国务院正式命名并向全世界公布，1992 年、2006 年分别被确定为“省级重点文物保护单位”“全国重点文物保护单位”，轰动国内外考古界和全国各地，引起先秦古代历史研究人员的广泛注意。著名文化学者李朝英、方拥、栾丰实、陆巍、卢建英、吴汝祚、李光雨、万树瀛、韩建业、陈白冰、刘敏哲、徐基、燕云峰、孙开玉、石敬东、孙井泉等人，以及古代、枣庄当地文化研究的后起之秀李昂、吴越、刘薇薇、李蔚、邵文臣、王芬、刘建全、王剑锋等人，分别撰写发表《北辛文化概论》《从房址和陶鼎看北辛文化的成果》《北辛文化和山东龙山文化陶器成分的聚类分析》《山东滕县北辛遗址介绍及其发掘报告》《北辛时期的盖鼎与厨房革命》《北辛出土的渔具工具》《双墩文化的北上与北辛文化的形成——从济宁张山“北辛文化遗址”论起》《〈大汶口续集〉中北辛文化的分期问题》《试说青莲岗文化与北辛—大汶口文化的关系》《试析北辛文化与马家浜文化的关系》《初探海岱地区古代文明的起源》《北辛文化的十六个文化之最、文明之源》《北辛文化遗址的保护与开发》《北辛文化背景下的齐村沙陶研

究》《从北辛文化到滕侯鼎》《北辛文化在中国文化发展史的作用》《从北辛文化到北辛文化》《北辛文化资源与文化创意产业》《齐鲁文明初曙——从沂源猿人到北辛文化》《悠久历史的东夷文化》《北辛文化的嬗变和古薛国文明问题》《北辛珍禽“荄子猪”》《从北辛土陶探寻北辛文化的底蕴》等一系列有分量、有见地的研究文章，从不同方面、层面，多角度、宽领域地分析、探讨、研究了北辛文化的内涵、作用、价值、意义与影响等等。

北辛文化是黄河下游原始社会较早时期母系氏族部落的文化遗址，距今已有7300年的历史，因发掘地在滕州市北辛村、文物具有新石器时代早期遗存独自特点而被命名。北辛遗址的发掘与北辛文化的命名，是海岱文化区，新石器时代的一次重要发现，是山东大汶口文化发展的源头，她将山东的始前考古向前推进了一大步，具有重大的历史意义。

北辛文化的重大贡献

北辛文化遗址所在的薛河流域部落，是中华大地上人类生活最早的地域之一，是中华文明升起第一缕曙光的地方。北辛文化是黄河文化与泰山文化冲撞、结合的产物，是中国古代文化的中心。她奠定了中华传统文化的根基，建构了中华民族精神的基本框架，在中华文化发展史上有着特殊重要的地位，为中华文化的发展做出了巨大贡献。她是中华文化的最早源头之一，为中华文化的重要组成部分，在中华文化发展过程中起到重要历史承接作用。一是从出土的石铲、斧、磨盘、磨棒、鹿角锄、蚌镰和窖藏的谷物来看，当时的农业生产从耕作、播种到收割、加工，已有一套较为完备的工具，原始农业初具规模，农业生产已是他们生活资料的重要来源，也是定居生活得以巩固的重要保障。二是通过出土的家猪型动物骨架和鸡狗等遗骸来看，当时的家畜驯化已经开始，畜牧养殖业已近雏形。三是从出土的陶网坠、鱼镖来看，当时的捕鱼技术相当高超。四是从出土的骨针、石纺轮来看，当时开始用野生纤维和动物绒毛进行纺线和编织，北辛先民从身披兽皮过渡到穿衣的文明阶段。五是从出土的骨器、牙器、蚌器来看，当时的生产工具中截、削、劈、刮等器物初步成形，手工业较为发达。六是从出土的盖鼎、红顶钵、指甲印纹钵、红陶壶来看，当时的制陶技术比较先进，这些器物不仅讲究生活的实用性，而且还讲究审美的艺术性，特别是红顶钵，据考古学家说，为东方的彩陶找到了渊源。七是从出土的 1 件陶器的底部发现一对酷似鸟足的刻画符号，被文字学家和历史学家誉为“文字的起源”“文明的曙光”。八是从出土的居住区的柱础来看，当时的房屋结构较为合理。从北辛遗址地层堆积上来看，北辛先民在这里经历三个阶段，生活1000多年，他们之所以选择这块山前平原、三面临河、土地肥沃的地方定居，说明这里自然资源丰富，地理环境优越，是最适宜人类居住的地方。

北辛文化作为新石器时代较早时期母系氏族鼎盛时期的独特文化现象，上承古老的后李文化，下拓驰名的大汶口文化，孕育了辉煌的古薛文化，代表了海岱地区历史的先进文化。枣庄著名文化学者孙井泉根据多年的调查研究，概括总结出“北辛文化”的16个文化之最、文明之源，即，这里出现最早的部族村落、最早的农耕文明、最早的家庭养殖、最早的渔业生产、最早的制陶工艺、最早的文字符号、最早的厨房革命、最早的酿酒技术、最早的穿衣文明、最早的丧葬礼仪、最早的房屋建筑、最早的母系氏族、最早的共产主义社会萌芽、最早的古薛文化、最早的城邦文化、最早的大汶口文化。7300年前，北辛先民居住的薛河中游平原的这片河岸高地，从出土的半地穴式房屋结构的柱洞来看，当时的建房技术较为科学，既能抵御风霜雨雪，又能防备野兽侵袭，其生存条件有了较大改善。在北辛遗址出土的大量陶器中，带盖的三足鼎被誉为是当时的厨房革命，从烧、熬、煮、蒸的鼎具和各式盛具一应俱全，表明北辛先民熟食生活水平的提高。北辛遗址出土的典型器物——蒜头壶，是当时的盛酒器，说明北辛先民当时掌握了酿酒技术，粮食通过发酵，蒸馏成酒。北辛遗址发掘的墓葬虽然不多，但在成人墓葬中已经有了随葬品，在发掘的瓮棺葬中，葬具中为一婴儿，掩埋在居住区附近，瓮棺底有气眼，反映了最原始的“灵魂不死”的观念和丧葬习俗。北辛先民建立的氏族部落，氏族成员按照母系的血统确定亲属关系，妇女在氏族中的地位很高，她们不仅繁衍后代，而且最早发现并培育种子、驯养家畜、作陶制器、纺线做衣。在北辛氏族部落里，土地、房屋、牲畜以及打猎、捕捞、采集来的食物都是公有的，氏族成员集体劳动，互相协作，过着“有活同干，有饭同吃”，团结和睦的生活。北辛文化是古薛文化的源头，受此影响，夏车正奚仲在北辛以西6公里处封国，商汤左相仲虺继封国，之后又成为西周任姓诸侯国、战国齐相田婴与田文封邑、古徐州的首府。北辛遗址耕土层下开口为大汶口文化遗存，由山东大学历史系学生张知寒于1955年首先在滕县岗上村发现，并于1956年由山东大学历史系师生勘探发掘，后因某种历史原因被命名为大汶口文化。西距北辛文化遗址4.5公里的西康留文化遗址，有北辛文

化、大汶口文化遗存，为最早的父权社会衍生地，最早的军事联盟部落中心，最早的古国古城创立之处。

北辛文化的创新性发展研究

北辛文化内容包罗万象，研究范围极为广泛。之前，有关其特征、作用、价值、历史定位等，已有众多研究学者进行持续深入探讨，并形成一系列重要研究成果。而有关其创新性发展研究则是一个崭新的、带有挑战性的研究课题，将是今后一个时期北辛文化研究的重点和难点。如何破解这一重点和难点问题，既需要各级政府的大力支持、持续推动，也需要充分整合各个方面研究人员的聪明、才智和力量，调动方方面面的工作积极性。

当前，北辛文化研究呈自发散射状，平台较低。虽然早在 1998 年依托官桥镇成立北辛文化研究会，之后又成立北辛文学社、古薛国文化研究会等特色团队，官桥镇、滕州市文广新局委托清华大学城市规划设计研究院、曲阜市安怀堂文物工程设计公司分别完成《北辛遗址保护规划及展示方案》《北辛遗址保护与整治方案》，配合国家博物馆完成北辛文化遗址群的考古调查，组织召开“北辛文化遗址发掘 30 周年座谈会”“北辛文化遗址高层论坛”，建立北辛遗址牌坊、国家重点文物保护牌，编辑出版《走进官桥看历史文化》《古薛宝珠传奇》《古薛沧桑》等书籍，成功获得国家文物局、发改委立项批准并最终实施北辛遗址保护与整治工程等等，但毋庸否认，这些成绩离现实需要相差甚远。北辛文化研究会、古薛国文化研究会理应以枣庄市政府或最低滕州市政府的名义，进一步加强政府和行业的组织领导和管理，各级财政应划拨足额定向研究经费，广泛邀请省级以上高层文化研究人员和大学教授参加，定期举办高层论坛、出版研究专刊，多出有分量的研究成果，扩大宣传影响力，更好地服务于当地经济与社会发展。

北辛文化创新性发展研究的具体方法很多。首先，研究者本着扩散思维方式，充分利用当今社会计算机技术和互联网迅猛发展的优势，通过网上查询、检索和下载专业数据，收集北辛文化研究的广博资料，从中确定研究方向和专题。其次，研究者本着聚合思维方式，通过北辛文化是东夷文化、山东史前文明、古薛国文明、古薛河文化四条线索的重要支点和交叉点，探讨北辛文化的独特作用。再次，研究者本着立体思维、直觉思维方式，通过多维分析北辛文化的重要作用，从中直观感悟其中的遗漏部分，进一步丰富其文化内涵。最后，研究者应结合当前正在进行的北辛文化遗址保护和治理工程，做好与现实需要的结合文章。

首先，从地理位置上探讨从北辛文化到古薛文化的发展轨迹。众所周知，北辛文化遗址东、北、西三面环绕古薛河，南面1公里便是抱犊崮群山支脉龙山，土地肥沃，非常适宜人类居住。然而，为何北辛先民只在此地生活1000年，历经北辛文化、大汶口文化两个时段，便沿着古薛河一路西下，最终在西距北辛遗址6公里之处兴建薛国故城。

1984—1986年，山东省考古研究所在北辛村西6公里的薛国故城发掘数百座春秋至战同时期的古墓葬，出土文物数以万计，1988年薛国故城被国务院公布为全国第三批重点文物保护单位。薛国是夏商时期的诸侯国，直到战国时期被齐国吞并，薛氏一族不得不退出历史舞台，结束长达千年的邦国历史。古薛国经历两三千年的沧桑巨变，城廓却基本保存完好，这在全国也是唯一的。薛国故城是北辛文化的核心区，是北辛文化的集大成者。

20世纪90年代，西距北辛文化遗址1.5公里的北辛砖窑厂在机械化取土时，挖掘出一批青铜器，与同期在北辛村西5公里前掌大村考古发掘出的青铜器等墓葬品及大型车马坑同属商周时期遗物。说明北辛先民在大约4000年前沿着古薛河向西移动，并分别在北辛砖窑厂、前掌大等地驻扎下来形成群落。尤其是1994年在前掌大文化遗址发掘的西周早期青铜礼器、兵器、玉器、酒器等，被评为当年全国十大考古发现之一，1995年至1998年发掘出的5座保存完好的大型车马坑轰动考古界，前掌大墓葬群被考古界认定为西周早期薛国贵族墓地，2013年5月被国务院核定为第七批全国重点文物保护单位。

对比北辛文化遗址与前掌大商周贵族墓地遗址、薛国故城遗址的地理位置，人们发现，二者均处在古薛河中游河畔，水源充足，土地肥沃，具有北辛先民理想的生产生活环境。古薛河在后者又接纳小魏河、小苏河等众多支流，河水愈加丰沛，鱼虾之类更加丰富；再者，后者距离南部、东部群山更远，能够更好地避开山上野兽的伤害与侵袭；加之，后者没有三面环水、一面背山的空间制约，能够兴建规模宏大的贵族基地，乃至古国都城。这也较好地诠释了北辛先民为何一路沿着古薛河西迁，并最终建成巍峨壮观薛国故城的地理原因。

其次，从历史文化、文明交织点上探讨北辛文化的独特作用。北辛文化是东夷文化、山东史前文明、古薛国文明、古薛河文化四条线索的重要支点和交叉点，为东夷文化、山东史前文明的源点之一，古薛国文明、古薛河文化的唯一原点。

东夷文化是中华文化的重要源头之一，是公元以前居住在中原以东的东夷部落创造的，所发明的史前文明被考古学家命名为山东史前文明。该文明是沿着后李文化——北辛文化——大汶口文化——龙山文化——岳石文化的序列自成系统发展的，其中尤以北辛文化、大汶口文化、龙山文化最有代表性。中国大陆东夷民族的新石器文化，已被确定下来的考古学系，即是北辛文化、大汶口文化、龙山文化3个相连阶段。北辛文化的出现，既使中华文化起源的地域得到有效扩展，又把中华文明的开端推向另一个更为久远的历史之中，毫无疑问就是中华文化最早的源头之一。

按照中华文明“多元一体说”的理论和观点，古薛国文明是中华文明形成与发展的诸多起源点之一。它是生活在薛河流域的古代先民通过自身的区域文明发展并与华夏大地上其他古代先民所创造的文明交互碰撞，从而产生的地区文明。古薛国文明的形成和发展，可以在北辛文化遗址、西康留古城遗址、前掌大商周贵族墓地遗址、薛国故城遗址等古薛河沿岸星罗棋布的历史遗址中寻找到其中的轨迹。其中，北辛文化遗址无疑是源头，北辛先民理应是古薛国文明的最早创造者，北辛文化是古薛国文明、文化的不二源头。

再次，从研究领域上进一步拓宽北辛文化的内涵。经过几代史前文化研究人员及社会各界有识之士几十年持续不断的深入研究，北辛文化这座“富矿”似乎已经挖掘殆尽，近几年少有北辛文化研究的重要成果问世便是明证之一。其实，北辛文化博大精深，似千层之塔、万仞之渊，非登高、潜游不能望其远、探其深。

任何时期的辉煌文化均是以优秀人物为代表的全体人民创造的，北辛文化也不例外。造车始祖奚仲，是历史记载中第一个走入中原的北辛文化代表人物。商汤左相仲虺，辅佐商汤完成大业，并以《仲虺之诰》安定社会、名垂青史。战国时期，孟尝君礼贤下士、食客三千，留下“脱颖而出”“焚券市义”“狡兔三窟”“鸡鸣狗盗”等众多成语和美妙故事。秦末汉初，以叔孙通、公孙弘为代表的北辛文化区域的儒生们，在诛灭暴秦建立汉家王朝的社会变革中做出了杰出贡献，特别是在确立儒家学说地位的政治改革中起到了至关重要的作用。上述人员是北辛文化的杰出代表，他们与北辛文化的历史渊源及其做出的突出贡献，目前挖掘的还不够深入，大有加大研究的必要。

近几年，滕州非物质文化遗产北辛土陶制作技艺传承人王剑锋的作品，屡次在省内外比赛中获奖，并被多家单位收藏，但在如何进一步加大产品宣传力度、形成并拉长产业链等方面还有很多工作要做。枣庄市国学研究会顾问柏恕斌、文物专家石敬东、作家协会主席梁化乐、民间艺术家协会主席沙朝佩、史志专家渠开选、文化学者刘建全、陈如德等人，或前往北辛遗址现场考察地理位置、风土民情、古碑寨圩，或在家潜心研究史前北辛农业文化、北辛珍禽“荄子猪”、清康熙年间重修北辛关帝庙碑文等，获得一批有价值的研究成果。

最后，从现实需要出发做好北辛文化的宣传发动工作。尽管北辛文化学术研究成果众多，互联网宣传推介资料可观，但能够让广大群众喜闻乐见的成果少之又少。上述成果、资料大多如象牙之塔，高不可攀。

2016年年底起，国家投资近千万元，动工建设北辛文化遗址保护与整治工程。滕州市、官桥镇政府应进一步加大宣传力度，挨家入户发放工程介绍、文物保护等宣传册，寻求百姓的最大理解与支持。北辛文化研究会、古薛文化研究会也要发挥人才济济的优势，既要搞好精深理论研究，又要做好浅显易懂宣传资料的普及工作。

北辛村委会于2016年底起，组织发动有识之士开展全村有史以来的第一部村志编修工作。2017年2月，村志篇目获得中国名村志文化工程办公室审批后，着手征集有关“北辛文化”“遗址保护与开发”“基本村情”“北辛大族”“村级经济”“村民生活”“人物”“大事纪略”等方面的资料，累计达50余万字。同年6月中旬，完成40余万字的总撰稿。之后，分别呈送枣庄、滕州两级市史志办及部分史志、民俗专家等审阅。9月初，在充分吸纳各方面修改意见基础上形成40万字的送审稿。该志已被纳入首批齐鲁名村志工程，计划年内高质量出版发行。

从出土文物看枣庄地区的史前农业（节选）

石敬东

枣庄地区具有悠久的历史和灿烂的文化。近些年来，考古工作者在对全市进行田野考古调查时，发现新石器时代遗址百余处。这些遗址大都包含两个时代以上的遗存。遗址多呈墩子形状，当地村民把它称之为“台子”“墩子”“埠子”“古堆”“城子”等。它们主要分布在河流的两畔及其附近地势低洼的丘陵坡地上。经过考古发掘的有北辛遗址、建新遗址、岗上遗址、二疏城遗址等，初步了解了它们的文化发展序列由北辛文化发展为大汶口文化、龙山文化。并出土了一批有关农业方面的实物资料，为我们探讨枣庄地区的史前文化提供了可靠的依据。

北辛文化时期的农业

北辛遗址是1964年4月，中国社会科学院考古研究所山东队会同滕县博物馆，对滕县境内进行考古调查时发现的，采集到一批和大汶口文化风格不同的陶器，当时推测其年代较早。发表调查资料时，将它称之为“北辛类型”。

1978年秋、1979年春，中国社会科学院考古研究所山东队和滕县博物馆联合进行了两次发掘，揭露面积2583平方米，清理了一批灰坑、窖穴、居住遗存和少许墓葬。此外，还发现少量在耕土层下开口的大汶口文化柱洞、窖穴和墓葬。从而对其文化面貌有了比较全面的认识。遂提出北辛文化的命名。北辛文化的年代，据遗址发掘的碳14测定为距今7300—6300年，是新石器时代早期的一种考古学文化。北辛文化的发现与确立，不仅为大汶口文化找到了来源，同时，为寻找海岱地区新石器文化的源头，探索东方农业的起源等，具有非常重要的意义。

北辛遗址发现的农业生产工具，石制的有斧、铲、刀、镰和粮食加工工具磨盘、磨棒、磨饼，鹿角制的锄，蚌制的铲、镰等。

石斧 北辛遗址中发现100多件，多为打制，主要的器形可分为长方形或梯形。平面呈长方形的，两面大多保留原石皮，圆弧刃，有使用痕迹；平面呈梯形的，多利用打击的石片加工制成或利用残石铲加工而成，弧刃。石斧是带短柄的复合工具，柄横置，与刃口平行，多采用榫卯法装柄，江苏溧阳良渚文化曾出土一件有柄石斧，就是例证。石斧是开垦耕地砍伐树木的主要工具。

石铲 北辛遗址内发现完整和较完整的有15件，而残块却有1000多件。以通体磨光、制作精致的为主，还有的为磨制和打制兼施，两面磨光，刃部和两侧为打制而成。器形平面有长方形或梯形的，有舌形的，有呈圆角方形的，有呈横长方形的。这些石铲的安柄方法与耒耜相同，长柄直缚。使用时上下用力，向前翻动，用于翻土挖土和松土。打制的小型石铲，可能是中耕除草工具。

石刀 北辛遗址中发现21件。为打制和磨制两种。打制的多利用石片加工制成，略呈长方形，直刃，刃部的一面有打制痕迹，另一侧内收呈弧形；还有的凸刃，刃部两面均有打制痕迹，另一侧呈圆弧形。石刀是一种收割工具。

石镰 北辛遗址中出土6件。器形分为大小两种，通体磨光。器形较小的，顶部不规整，凹弧形刃。镰是一种安木柄的刀。镰是主要的收割工具。

鹿角锄 北辛遗址内出土10件。主要是利用鹿角的分叉处，把短杈的一侧磨成斜面刃，长枝的部分为柄部，有的在柄下部刻有一周弦纹；还有的截取鹿角的一段，将上部挖空，呈圆锥形銎，可安柄。这种鹿角锄，可作为种植时开沟播种或挖坑点种，也可以作为中耕松土之用。

蚌铲 大多用厚蚌壳磨制而成，弧形顶，上部两侧都有缺口，有的对称，有的不对称。铲体一侧较直，一侧呈弧形。蚌铲同石铲，安柄后作为翻土工具。蚌铲不如石铲坚硬，容易损坏，但制作起来比石铲简单。

蚌镰 锯齿形刃，安柄处穿有一孔。蚌镰同石镰，也是主要的收割工具。值得提出的是，锯齿镰现有一些农村在收割庄稼时仍在使用，只不过是铁镰。这种镰在使用时，不仅可以用镰刀割，还可利用锯齿锯，比一般的镰锋利，大大提高了劳动效率，所以一直延用至今。

北辛遗址，在一窖穴中发现了碳化粟标本。此外，在陶器的底部发现粟糠痕迹。说明当时人们种植的农作物是粟。粟为带壳的农作物，需经过脱壳加工才能食用。郭沫若主编的《中国史稿》中说道："自从我们的祖先经营农业之后，他们便能够用自己生产的食物来满足基本的生活需要了。那时已经发明了一些简单的谷物加工工具。如把谷物放在一种石制的研磨盘，手执石棒或石饼反复碾磨，既可脱壳，又可磨碎。"在北辛遗址中发现了石磨盘、石磨棒和石磨饼等加工粮食的工具，且都有使用痕迹。磨盘大都是挑选扁平的天然石板经琢、磨兼施制成，以平面呈三角形为主，此外，还有略呈长方形的，有呈鞋底形的下有短足。磨棒，大多数是琢制粗磨而成，横断面有略呈半圆形的，有呈圆角长方形的。磨饼有呈扁圆形的，两边均有使用痕迹，有磨面呈弧形，上部呈圆形隆起的。据此，我们推测当时人们是席地而坐或蹲着加工粮食的。用石磨盘加工粮食，在解放前的独龙族还在使用，它的形制与北辛遗址发现的石磨盘相似。

农业的发展和稳定的定居生活，带动了家畜饲养的迅速发展。这一时期饲养的家畜主要是猪，在灰坑中曾有大量家猪遗骨出土。由此，推测枣庄地区家猪饲养可以追溯到7300多年以前。此外，在有的窖穴底部遗存着坚硬的腐蚀质层的动物粪便，这里可能是曾经饲养动物的场所，它为早期圈养家畜提供了重要资料。

农业虽是北辛文化居民的主要生产活动，但渔猎经济还是作为生活资料必不可少的补充。发现的兽骨、鱼骨和贝壳，说明北辛文化在当时先民的生活中，渔猎经济还占有重要的地位。

结语

枣庄地区的史前农业，主要是种植粟，现已发现的实物资料，在距今 7000 多年前的北辛文化一窖穴中发现了碳化的粟标本。当时人们以石铲、鹿角锄等工具翻松土地，从事农业生产。这时期的原始农业，已进入锄耕阶段。从出土的生产工具和粟标本，充分说明了农业生产是他们生活资料的主要来源，也是定居生活得以巩固的重要保障。当时的生产工具主要是石器，以磨光为主，制作精致，也有少量打制的，但没有出现钻孔技术，说明生产水平比较低，整个社会已处在由母系氏族社会向父系氏族社会的过渡时期；到了大汶口文化时期，农业生产水平不断地提高和发展。农业生产工具制作较为精致，石器多经磨光，刃部锋利，有的还穿孔。随着生产力的发展，这一时期人类内部的分工也已经产生，据建新遗址大汶口文化墓葬随葬品的种类统计，有 15 座男性墓均用石铲、石斧、石锛等生产工具随葬，而 13 座女性墓中却未见一件石质生产工具。男女之间随葬不同的劳动工具，说明原始氏族社会也就随着由母系转为父系。随着农业、家畜饲养业发展，以及社会分工的不同，引发了氏族内部财产分配的不平等，这种不平等与生产力的变化、私有制的发生、发展分不开。正像恩格斯《反杜林论》所说“如果成员之间在分配方面发生了比较大的不平等，那么，这就已经是公社开始解体的标志了”；到了龙山文化时期，农业生产又得到了进一步的发展，财富的积累更为增多，社会经济空前繁荣，并在大汶口文化晚期阶段进入初期文明的基础上，逐渐走向成熟。

从北辛土陶探寻北辛文化的底蕴

王剑锋

北辛土陶的独特性

黄河下游的史前文化，按时间顺序是后李文化、北辛文化、大汶口文化、龙山文化和岳石文化。北辛文化与后李文化、大汶口文化在时间顺序上一脉相承，但却有独特之处。

首先，我们来看三个文化时期的陶器特征。后李文化陶器：以红褐陶为主，制作工艺为泥条盘筑，器表多素面，器形以圜底器为主，仅发现少量平底器和圈足器。器类主要有釜、罐、壶、盂、盆、钵、碗、形器、杯、盘、器盖和支脚等。大汶口文化陶器：以夹砂红陶和泥质红陶为主，灰陶和黑陶的数量较少。陶器的制作以手制为主，轮修技术已普遍使用。典型器物有陶背壶、鬶、杯、大镂孔豆等，纹饰有弦纹、划纹、乳丁纹、绳索纹、附加堆纹、锥刺纹以及指甲纹等。北辛文化陶器：以夹砂黄褐夹砂陶和泥质红陶为主，夹砂陶多为在黏土中夹细砂，主要器形有鼎、钵、壶、支座和三足釜，其中以三足釜最多，特点非常突出。中晚期的陶器制作规整，胎壁变薄，器物表面也增加了很多纹饰。北辛陶器的纹饰有堆纹、篦纹、乳钉文、压划纹、指甲纹、锥刺纹、席纹等，是北辛制陶文化的特点和标志。

由此可见，北辛陶器与后李、大汶口陶器有着较大区别。最主要的是器形的区别。在后李文化中器形以釜为主，大部分为圜底器，平底器和圈足器较少，基本不见三足器。黄河下游新石器时期，最初的陶器中没有鼎或与鼎类似的三足器。而在北辛文化遗存中发现了三足器物——鼎，它是北辛文化的代表性器物，也是最早的三足器物！大汶口文化陶器以鬶、杯、豆，没有鼎的出土。这说明，北辛陶器具有典型的独特和神秘的异域风格。

其次，北辛土陶在纹饰上也有其典型性。后李陶器基本没有纹饰，从北辛文化开始，渐渐出现了丰富的纹饰，这也为其后的大汶口文化找到了渊源。北辛文化将海岱地区的新石器文化整整提前了约千年，从而为追溯中国东方地区新石器文化的产生和农业的起源迈出了十分重要的一步。北辛文化是就从远古走来的一颗明亮的珍珠，它告诉我们从土陶及房舍那里来。然而，那时的房舍甚至遗迹已经荡然无存，可是大量的土陶器依然历历入目。尽管北辛文化历史久远，因发现较晚（前文已交代在新中国成立后），人们的认识主要还处于理论上，实质性地对文化深层次的研究与开发尚属初级阶段。

北辛土陶的文化属性

这里，我们尝试先给北辛土陶下个定义：以北辛文化遗存——陶器为主要文脉，研究、传承与发展具有北辛特色的陶器。这里有继承也有发展。包括对陶器质地的认识与提高。从文化属性的概念而言，以地名命名的某某土陶，一般是指地域性与传统制作技艺来说的，简言之，就是这种土陶传统制作的方法与过程。然而，北辛土陶区别于一般土陶技艺概念，它是以一种原始的文化状态呈现在我们面前的。传承与弘扬这种技艺，必须根植于其文化背景下进行，必须从千年遗存陶器的器形、陶质、纹饰等方面去研究探索，才能够赋予于它真正的文化内涵。

根据对北辛的原始陶片研究，北辛文化的陶器明显具有新石器时代制陶特征：质地粗糙、厚薄不等，夹砂陶多在黏土中夹杂细砂，少数品种还掺杂一些蚌片。先民们这样做的目的是降低陶坯的变形与破裂。夹砂陶的陶质稍软，以黄褐色与红褐色为主。泥质陶较为少见，多为红陶。

先民制陶一般是就地取土，毕竟那时他们的活动空间很小，但也是人类利用物理化学变化制造器物的一个尝试，有效地提高了人们的生活质量，推进了生产力的进步。陶器的制作，代代相传，生生不息，不仅影响着古人的生活生产及文化，甚至遗风存续形成的文化背景，深刻地影响着后人的观念。

北辛土陶器形丰富，它不仅数量多，种类也很复杂，多见的有钵形、罐形、釜形、盆形、盘形和壶形等多种。北辛文化的陶器群中，以鼎、釜、钵和小口双耳罐最为典型，它们构成了北辛土陶的基本组合。“三足”器物加上新石器北辛文化时期独特的纹饰，是北辛土陶的典型特征。

北辛文化的代表性器物

在黄河下游新石器时期，最初的陶器没有鼎或与鼎类似的三足器物。在后李文化中，陶器 90% 为圜（yuán）底器，平底器和圈足器较少，基本不见三足器，陶器种类单调，尚未发现鼎。方拥教授指出，“鼎是北辛文化的代表性器物，可是在其早期遗存中，迄今并没有发现鼎”。在北辛遗址就发现了鼎，鼎是北辛文化的代表器物，也是最早的典型三足器物。

鼎最原始状态是一种炊器，后来逐渐演变为一种礼器。鼎的出现，改变了原始先民们茹毛饮血的生活状态，使人类文明程度大大提高。釜也可以加热食物，但是不如鼎能够更好地保温和持续加热，特别是从敞口的钵形鼎到敛口的罐形鼎，在到最后的盖鼎，烹煮器形态的改变必然因应着食物链条形态的改变，提高了民众身体素质和人体力量的增加，提高了生产力，进而促进劳动效率的提高。这对推进社会进步与文明，也是丰富文化转型升级的直接动力。因此，无论是从器形的典型性，还是对人类文明的发展，北辛陶（盖）鼎的社会价值与文化价值意义重大。此外，

“釜种类较多，有折腹盆形釜、大口盆形釜、筒形釜、罐形釜等”。

北辛钵（釜），是数量最多的器类之一。有平底和圜底。其中一部分小平底者系陶胎未干时置放所形成。

陶器的形制与装饰花纹集中体现了北辛文化时期的造型艺术，纹饰有绳纹、堆纹、篦纹、乳钉纹、划纹、压划纹、指甲纹、锥刺纹等。窄堆纹以数条为一组，组成各种纹饰组合，形式感很强、颇有现代装饰特色。这些纹饰都体现了既实用又美观，其中出土的红陶（顶）钵被考古学家称为“东方彩陶的渊源”。

北辛土陶的纹饰，十分丰富，没有统一的美学意义上的标准，一般都是以手为主要“工具”，并与生活中的器物紧密巧妙结合，编织、缝纫。同时，制骨等手工业也有了初步发展。在出土的两件残陶器的底部清晰地印有规整的席纹，这是直接把席子的纹饰“转印”到陶器上，席纹的出现，不仅体现了原始先民的审美意识，也反映了当时的编织技术，这也是我们祖先劳动智慧的结晶。

此外，在北辛遗址出土的一个陶器底部，发现一对酷似鸟足的刻画符号，被考古学家誉为“文字的起源”“文明的曙光”，“因为最早的文字就是刻画符号、象形文字”。还有，北辛遗址出土的陶网坠、鱼钩等器物，至今还明显底影响着东部沿海地区的生活生产（至今山东沿海渔民用的渔业工具上，仍有用陶作为网坠，其风格明显的带有汉以前的制作特征）。

综上所述，我们在北辛土陶器上读到了太多太多的先民遗迹，读到了 7000 多年前先民的生存状态和当时生产力发展状况，也读出了当时制陶手工技艺发展的整体风貌。所以，北辛文化的底蕴来自于北辛土陶，北辛土陶则是酿造北辛文化的根本原因。他山之石，可以攻玉，我们探寻任何一种民族文化现象，弘扬传统民族工艺，必须遵循马克思主义的实事求是的基本理论学说，坚持唯物主义与历史唯物主义的观点不动摇。再从当代审美理论的角度说，抽象，变形，象征，夸张，甚至黑色幽默乃至局部的艺术性失真，都是传统美学与现、当代美学所能包容的范畴。现代派及后现代派艺术的潮流仍在演绎发展。但无论何门何派的艺术表现，忠实事物的基本属性，再现其真善美的本质，将是永恒的主题与真谛。北辛土陶是流淌了 7000 多年先民智慧的文化，我们在继承和发掘的同时，应该扎根于北辛文化的底蕴。

北辛珍畜“荄子猪”探源

刘建全

千百年来，在枣庄及其周边一带，民间一直口口相传地方土种猪为“gai 子猪”。在能查到的古典文献里，一直未有发现这个称呼的文字记载。直到 1970 年，枣庄市畜牧系统进行地方品种资源调查时，首次使用“盖子黑猪”代指此种土猪，后将其写入《枣庄畜牧志》。

2016 年下半年起，枣庄国学研究会受畜牧专家的委托，组织训诂学、考古学、民间方言等有关专家，对枣庄地方土种猪的品种起源进行专题研究。认为枣庄地方土种猪的真实名字应该是代表六畜繁衍之根的“荄（gāi）子猪”，写入《枣庄畜牧志》的“盖子猪”应是偶然的别写。

古文字“荄”字代表六畜繁衍之根

枣庄市文广新局原局长孙桂俭主编的《枣庄古代史纲》，明确表述枣庄是“中华民族古老文明的发祥地之一，枣庄从一个东夷文化之地，发展成为光辉富饶的“文明之方”。

2013 年 8 月 16 日，在山东社科论坛——“首届东夷文化论坛”上，一些专家指出：在距今 7000 余年的北辛文化时期，已经发现类似文字符号的陶文。据 1988 年出版的《东夷古国史研究》论述：“在诸城前寨、莒县陵阳河两遗址出土的陶文，要比商代甲骨文早上千年”。陶文，被考古学家誉为“文字的起源”“文明的曙光”。这说明文字起源于东夷文化腹地。因此，理应依照先民造字的原理和文字的遗传性，顺理成章地探寻“荄子猪”的起源。

要探寻枣庄地方遗传土种猪，为什么用“荄“字冠名。首先要厘清“家”字的起源，因为无“豕”（猪）不成“家”。

按照《说文解字》和《汉字大词典》里对“家”的定义是指：上面的是“宀”头，下面有一个“豕”字，“豕”是古代对猪的通称。云南大学教授蔡英杰在《“亥”与“豕”的关系及其相关问题》一文中说：以古文“亥”与古文“豕”相比较，二者的不同就在于中间的一斜撇，“亥”字的一斜撇酷似雄性生殖器。

“亥”按照《说文解字》：“亥，荄也。”

枣庄已故著名学者吉佐棠在毕生研究成果100万字著作《文字起源图典》中，对“荄”字作了解读：“古亥、核、孩、荄诸字形式，声近而义通，艹之有荄（根），果之有核、人之有孩也，皆生物之传代之基础物资。”正是因为猪，有强盛的生殖能力，在十二支中排在一元复始“子”的前面，符号用“亥”代表。“亥”就是猪，“亥生子、复从一起”，预示生命进入新的轮回。

“荄”代表，五谷繁植，六畜繁衍，寓意丰足之根。

枣庄古属东夷腹地，东夷部族是一个崇尚“根本”的民族，《后汉书》卷八十五《东夷列传》第七十五《王制》云“东方曰夷，夷者，柢也”，“柢”就是又直又深的“根”。原始社会人们把男性生殖器作“人根”崇拜，枣庄人把买猪仔叫作买猪“秧子”，认为猪仔是在“猪根”长出来的小秧苗。枣庄人还把男性生殖器叫做“嘎子”，也就是“荄子”的谐音。以此寓意家有“荄子”，人丁兴旺、五谷繁生、六畜繁衍、延绵不断。

由此推断，由“豕”字，生“亥”字，由“亥”生“荄”字。由此，我们认为这就是枣庄土种猪用“荄“字冠名的起源。

古老的“荄子猪”是东夷人拘兽之后

1986年5月，在滕州召开的山东古国史第三次学术讨论会，山东社会科学院著名东夷文化专家逄振镐在《东夷及其史前文化试论》指出：东夷人的冶炼技术，制陶技术，纺织技术，酿酒技术，以及文字、占卜、历法文化等等在中华民族文明史上处于遥遥领先地位”。并引用《正义》《括地志》加以旁证：“在京东北万里以下，东及北各抵大海，其国有白山，鸟兽草木皆白。其人处山林间，土气极寒，常为穴居，以深为贵，至接九梯。养豕，食肉，衣其皮，冬以猪膏涂身，厚数分，以御风寒。贵臭秽不絜，作厕於中，圜之而居。多勇力，善射。弓长四尺，如弩、矢用楛，长一尺八寸，青石为镞。葬则交木作椁，杀猪积椁上，富者至数百，贫者数十，以为死人之粮……”

枣庄市峄城区阴平镇白山西面，为金陵寺红土埠，是“女娲传说”地。女娲文化研究专家邵明思，在女娲“除恶养善、拘兽为畜”故事里讲道：新石器时期，万物夺生，弱肉强食，女娲号令各氏族部落奋起抗争。一边除恶养善，猎杀虎狼等凶残的“恶类”；一边拘兽为畜，捕捉猪羊鸡鸭等“善类”，砌围墙、建栅栏、搭窝棚而驯化养殖，猪、羊、牛、马与人相善、供人使用。

由此可以说，枣庄地区的养猪史从原始部落时期已经开始，借人祖始母女娲“除恶养善 拘兽为畜”的故事来讲，“荄子猪”应是东夷人拘兽之后代，也可以说是“华夏第一猪”。

考古发现“荄子猪”是北辛文化时期的家猪

2000 年 9 月，中国农业博物馆出版的《农业考古》总第 59 期，发表枣庄博物馆研究馆员、考古专家石敬东论文《从出土文物看汉代枣庄地区的养猪业》。文章指出：“枣庄具有悠久的养猪历史，早在七千多年前，北辛遗址曾发现有家猪遗骨出土，如在灰坑 14 近底部发现六个个体的猪下颌骨集中堆放，灰坑 15 近底部放置两个相当完整的猪头骨，经确认为家猪型成年猪。”从出土的猪头骨来看，与荄子猪头骨十分接近。石敬东在另一篇学术论文中分析道：从出土的不同形制的汉代陶猪圈模型观察，“猪圈围墙都设有猪的进、出口”，“大部分都是一猪一圈”或“带侧猪圈”，齐村镇渴口汉墓群出土“泥质红陶猪圈”内有一头猪，尖嘴、大耳、体肥大、四肢粗壮。这一“荄子猪”造型，与《本草纲目》兽部第 50 卷记载：“时珍曰猪天下畜之，而各有不同，生青兖徐淮者耳大……”均一致说明枣庄地区饲养“荄子猪”历史悠久。同时也可以推算出枣庄地区采用的“圈养和牧养相结合的方法”“牡者子母不同圈，牝者同圈则无嫌”的选种方法，要比成书于北魏末年的《齐民要术》里介绍的养猪术早了 500 多年。

“荄子猪”这一枣庄民间称谓，是古语遗存

通过网络检索，在《中国猪品种志》里没有“荄子猪”这个品种名称，也只有枣庄叫“盖字猪”，这是枣庄民间方言。

独树一帜的枣庄方言，虽然有些字的发音在《现代汉语词典》里查不到，但是在古典文字里大部分都能找到音谐义同的文字。从而可以看出枣庄方言是一笔独特的文化遗产，独特就是价值。

成书于战国时期的辞书之祖《尔雅》、明代《本草纲目》和清代《豳风广义》以及枣庄当代著名学者吉佐棠著作《文字起源图解》都一致记载：“牡（公猪）曰猳、亦曰牙，牝（母猪）曰彘、亦曰豝（吧）、曰豱（喽），末子曰么。”

吉佐棠《文字起源图解》另载“故知豩训为‘乱群’，即甲群的牡豕与乙群的牝豕，可以任听其自由相互串联交配，而不予以控禁。今天在广大农村中，仍谓牲畜交配曰‘豩（读作bīn）羔’。实历史语言之遗存矣。”

对照以上枣庄关于猪的方言可以品味出历史的味道，例如：枣庄人至今仍用“喽喽”“吧吧”的口语呼唤猪吃食：排序最后一名为老“么”（灭）：用“豩豩”用形容猪的“乱群”交配行为，作为发誓的口语：对阉割的老龄猪叫“老荄肉”。这些关于猪的方言都是千年古语的遗存。

“荄子猪”是祀天、祭地、享宗的供膳佳品

古代先民看到从黄昏后，到黎明前，天空都是黑暗的长夜。自然认为“天地玄黄”。对黑色产生超越生死的敬畏。所以用黑色的棺材，以界阴阳两个世界。天生黑色的“荄子猪”，自然有尊天敬地、祭祀神祖的神灵。《括地志》记载：夷人“葬则交木作椁，杀猪积椁上，富者至数百，贫者数十，以为死人之粮……以寄托死者在另外一个世界，五谷繁植、六畜繁衍。”

再看，在滕州市前掌大遗址，商代墓葬中出土的青铜面具。资深文史学者陈如德认为这个大耳、上额刻有菱形花纹、口闭吻长、鼻端前突、上翘起棱、端面截平、并排两个鼻孔，俨然就是以“荄子猪”特点为原形的，猪龙造型面具。如同红山文化的玉猪龙，是为了娱神娱祖祈求神灵保护氏族安宁繁衍、五谷丰登的礼器、祭器。说明枣庄地区“无荄不能祭”的文化，早在商代蔚然成风。

古人认为“荄子猪”不仅是“再生”“辟邪”“财富”和社会身份的象征，而且是祀天、祭地、享宗的供膳佳品。民间笃信分食供膳，可以驱邪去病。因此“荄子猪”成为重大祭祀活动不可或缺的祭品。这种非“荄”不敬、必须用黑猪头供膳的风俗，在当今一些重要的传统的祭祀活动中仍然首选。因此这个北辛千古珍畜得以遗传至今。

“荄子猪”不仅作为不可替代的祭品，更是生活中的最佳肉食被世代传承。据《本草纲目》兽部第50卷记载：“北猪味薄煮之汁清，南猪味厚煮之汁浓毒尤甚，入药用纯黑豭猪。”并告诫除了黑荄猪外，其他各色各种的猪“并不可食”。

另据《豳风广义》和《本草纲目》介绍：“北方水深土厚、风气高燥，其肉味甘、性平、无毒，大能补肾气虚损、壮筋骨、健气血。”

综上所述，我们的研究成果证实：枣庄独特的“水深厚土、风气高燥”的自然气候，“崇尚自然、大德侠义”的传统文化，是北辛千古珍畜“荄子猪”的生存繁衍之源。“荄子猪”是枣庄独特的地方物种和文化遗传资源，是全市畜牧业的“老字号”，是可品味的“原始风味”，是“华夏第一猪”，具有广阔的经济价值、社会价值。

北辛文化的嬗变和古薛国文明问题（节选）

海岱之约微博（2011年12月4日发表）

北辛文化遗址

北辛文化是在考古学文化谱系中的命名，一定程度上阐释了东夷先民史前文明辉煌的发展历程。她是中华文明的源点之一，“东夷文明”的源点之一，就迄今为止的考古发现而言，也可以说是“古薛国”文明产生的唯一原点。

依据中华文明“多源一体说”的理论和观点，古薛国文明是中华文明形成与发展的诸多起源点之一。它是生活在薛河流域的古代先民通过自身的区域文明发展并与华夏大地上其它古代先民所创造的文明交互碰撞，从而产生的地区文明。

“古薛国”文明的形成和发展，可以在薛河沿岸星罗棋布的历史遗迹中找寻到其中的轨迹。北辛文化遗址、西康留古城遗址、吕楼古城遗址、前掌大遗址、薛国故城遗址等等，就是其中最重要的典型遗址。它们从7300年前的北辛文化类型，历经6000多年前的大汶口文化类型、5000多年前的龙山文化类型、4000多年前的岳石文化类型，直至3000多年前的商、周类型，乃至2000多年前的春秋、战国、西汉……整个文明的发展轨迹，都能在此找到它残留的影子。

“古薛国”文明的形成应当是一个漫长的渐进过程，是一种文化积淀的结果，同时又是行政、社会和经济管理功能达到一定水准的结果。从众多的历史文献和近年来的考古发现来看，古薛国文明经历了中国古代社会由中心聚落形态走向邦国（初始国家）形态再走向王国形态这样三个演进阶段，独立地跨进了文明的门槛。

就目前的考古发现来看，北辛文化时期生活在薛河流域的远古先民应该是“古薛国”文明的最早创造者。我们根据地层学和类型学分析来建立本地考古文化发展序列时，就会很自然地复原和重建出如下的顺序：①北辛文化（北辛文化遗址）②大汶口文化（西康留遗址等）③龙山文化（吕楼遗址等）④岳石文化（薛国故城遗址等）夏商周三代文化（薛国故城遗址等）⑤秦汉以降的文化（薛国故城遗址等等）。

从这种序列中，我们大体可以再现出先民们创造数千年“古薛国”文明的艰辛历程。

古薛国文明的起源。在大约七八千年前，生活在气候湿润的薛河流域的北辛先民进入了考古学中的北辛文化时期。他们居住在带有“挡风墙”的半地穴式的房子里，虽然不是太坚固却足可以遮风挡雨，抵御野兽的侵袭，进入了定居生活。农业生产已进入锄耕阶段，种植作物是主要的生活来源，已进入原始农业社会。生产工具已趋于多样化，使用已达定型阶段的打制和磨制石器，有斧、铲、刀、磨盘、磨棒、锛、凿、弹丸、石杵敲砸器、盘状器、研磨器等。各种原始陶器已经走进了他们的生活，有手制的夹砂陶和泥质陶两种，已进入新石器时代晚期的有陶期。他们已经有了原始的审美意识萌芽，用划纹、压划纹、锥刺纹、篦刮纹、指甲纹、曲折纹、带状彩纹、堆纹等组成横列人字纹、正倒三角形、重叠“W”字纹构成各种图案，装饰他们的生活用具，釜形锥足鼎、敞口浅腹釜、小口短颈双耳罐、深腹圜底罐、浅腹或深腹平底钵、深腹红顶碗等等器物上面都留下了他们质朴的美学创造。某些器物中有了类似文字雏形的原始刻画符号，已呈现出文明的曙光。那时的社会基本是平等的，尽管有了些不甚明显的农耕、饲养、狩猎、捕鱼、纺织、制造等生产分工，但是大家在艰苦的生活环境中没有出现等级差别。总体来说，他们的社会形态已经是母系氏族社会发展到最成熟的阶段。

光阴荏苒，到了距今6000年前左右，北辛先民进入大汶口文化时期。此时的先民居住条件已经有了明显改善，大多数都是纯地面建筑，而且有了窗子。他们聚族而居，有了些公共空间，还挖了共同抵御外敌的壕沟的设施，出现了以现在的西康留遗址地域范围为中心的最初聚落形态模式。他们的制陶技术较前已有很大提高，学会了用轮制作黑陶、白陶等更为细腻的器物，种类也更为丰富多样，出现了较多的原始几何图形，接近文字系统的原始阶段。他们学会了在石器、骨器、玉器上雕刻，同时出现了较为复杂的陶器彩绘。他们的社会形态已经从母系氏族公社阶段发展到父系氏族公社阶段，男子已成为社会生产的主要担当者，而妇女则退居其次，从事纺织等家内劳动。私有制已经出现，出现富有者和贫穷者，而且贫富分化日趋严重，已经开始向阶级社会迈进。

又过了大约1500年，距今近5000年前左右，先民们进入了龙山文化的早期。制陶技术有了飞速的发展，已造出了薄如蛋壳的高温黑陶。在制作精美陶器的同时，他们开始尝试初始的冶金技术。族群规模进一步扩大，公共生活空间逐渐增加，出现了规模较大的聚落形态。社会分工趋于明显，出现了较为明显的社会阶层划分迹象。他们有了原始的伦理、宗教意识萌芽甚至开始盛行原始的巫术活动。父权得到尊崇，私有财产广泛出现，已经跨进阶级社会的门槛。这时的定居、农耕的社会形态已是所谓的“部落”“聚落”“族邦”阶段。这一时期，可以说是古薛国文明的启蒙阶段，即古文献记载当中的“黄帝时代”“颛帝时代”。

古薛国文明的形成。近 4000 多年前，也就是考古学中的龙山文化中晚期，先民们制造技术的发展已经由陶器向青铜器开始转移，建筑技术进一步发展，大型的聚落核心建筑开始出现。此时的阶级分化日趋明显，原始图形文字伴随宗教、祭祀活动广泛出现，以家族所有制为主体的生产关系得到进一步的巩固。他们的聚落具备了“中心聚落形态” 模式，出现了古薛“都市”的原始雏形。他们有了国的名字“薛”，建立在家族基础之上的分散权力出现集中的倾向并得到了普遍加强和发展，在“王权”的主导下，军事力量不断扩大，新的社会关系正在酝酿之中。社会形态已进入所谓“中心聚落”“酋邦”“邦国”“古国”的阶段，本地区的文明已开始形成并与华夏大地上不同地域的文明进行较为广泛的交流碰撞，同时地处中原的强势文明“夏”已经形成，古薛国文明在某种程度上已经为中原文明的强大引力所吸引。此时，即是古文献记载当中“尧、舜、禹时代”，“番禺为舟”“奚仲作车”的时代。

古薛国文明的发展。几百年后，先民们迎来了一个新的时代。在生产力快速发展的基础上，奴隶制的中央政权“商”在中原正式确立，历史进入“中心聚落”向“聚落联盟”、“古国”向“方国”的转变时期，阶级社会已经正式确立并得到政治、军事、宗教伦理力量的巩固。在古薛国的土地上“薛王”掌握了最高的权力，他有了等级分明的官僚机构和军队，驱使社会底层的人们为他劳作。社会分工已经很细，出现了各式各样的手工作坊用来制作精美的玉器、陶器、青铜器。古薛的马车最迟在此时已广泛使用，并且开始为贵族殉葬。古薛国文明已经进入相对成熟的历史时期，但是，地处中原的“商”文明此时已经发展得更为庞大、更趋成熟，更具包容性和吸引力，“薛”文明只能处于从属与被融合的地位。古文献中有了《左传》：“……仲虺居薛，以为汤左相……”《尚书·仲虺之诰》：“……汤归自夏，至于大坰，仲虺作诰……”《墨子·非命上》：“……仲虺之告曰：我闻于有夏，人矫天命，布命于下，帝伐之恶，龚丧厥师……”等等文字记载。另外在殷墟考古发掘出的许多甲骨文当中，人们看到了“命薛”“作薛”“往薛”“宅薛”“伐薛”“追薛”等文字记载。

在这种相对独立的“方国”状态下，先民们生活了近千年。其间，他们的文明发展与地处中原的“商”“周”中央王国保持了近似同步的水平，但是，就其社会关系层面的发展来看，是较为稳定、缓慢的，也就是社会制度发展的相对滞后。究其原因，也就是其区域政权的从属地位，区域文明的相对“守势”被“强势”中原文明所同化、融合的结果。同样，这种相对“守势”的文明也有其另外一个特点，那就是在其他区域文明发生激烈碰撞的近千年间保持了一种相对平稳与独立的存在，尽管由于人为或自然的原因，他们曾有过短暂的迁徙，但是古薛国的文明在此期间却从来不曾间断过。时至今日，古薛国地域上存留的大多数文化遗址也是这一时期留下的。

古薛国文明的融合。进入中国历史上的战国时期，华夏大地上的区域文明碰撞更趋激烈，武力征服已经成为文明融合的主要手段。新兴的社会阶层不断向传统的阶层体系挑战，割据的“方国”开始逐渐被瓦解、消灭，中国已经开始迈向它统一的历史进程。古薛国如同许多弱小的“方国”“王国”一样开始走向消亡。不过，随着任姓薛国的消亡，田婴、田文父子的田姓薛国应运而生，古薛国的文明也随之走向空前的辉煌。薛国都城的面积达到了68平方公里，城市人口数以十万计；生产力发展更趋完善，形成较为完备的分工区域；逐渐形成较为“强势”的综合竞争力，在一定时期内威胁到几个“大国”的争霸格局，促进完善了“养士”文化，薛国一时成为华夏大地的“人才库”，从而衍生出孟尝君与门客们“狡兔三窟”“鸡鸣狗盗”“毛遂自荐”“脱颖而出”等等脍炙人口的千古传奇。

随着秦汉两个帝国的建立，政治意义上的薛国已经不复存在，但是古薛国的区域文明依然具有顽强的生命力。此地作为郡县的中心，仍保持了相当强劲的吸引能力与创新能力，存留至今的诸多历史遗存和载入史册的历史人物可以很好地说明这一点。其中，薛国的儒生们对于儒家学说在中央王朝的统治思想地位的确立是做出过重要贡献的。

秦汉迄今，古薛国文明主体的独立性已经慢慢消失，但是，它的文明火种依然生生不息、绵延不绝，融入了辉煌灿烂的中华主体文明之中。

论证依据的探讨。当然，考古学也是有局限性的。首先，它发现的都是局部遗留的文化遗物并非古代社会生活的全部，依据这些局部的文化遗物复原出来的古代社会面貌在很大程度上是极其有限的。我们所作的学术复原和重建，也与当时的真正原貌会有一定的距离。其次，我们在研究这个地区的考古文化发展序列时，往往是根据地层学和类型学分析来建立本地考古文化发展序列的，这种文化发展序列和真实历史发展进程可能是有距离的。甚至可以说，薛河流域不同时期的文化遗存未必都是在北辛文化遗址生活过的先民族群遗留下来的，其他地区不同时期的文化遗存未必不是北辛先民族群后裔留下来的。

由于各种自然和社会的原因，造成族群的迁徙和逃逸，所以在分析考古资料和运用这些考古资料进行古薛国文明起源和形成问题的研究时，除了要做历时和共时的考察外，还应考虑族群是否迁徙、文化是否移动等诸多因素。就都市遗址的发现而言，在北辛文化遗址附近的薛河流域对史前时期大遗址和城址的系统探查，基本弄清了它们在古薛文明起源与早期发展中的作用与地位的认识。

同样，我们也应该正确认识古文献的历史价值，不能轻意肯定或否定古文献关于古薛国文明的记载。古薛国国家早期文明的产生，现已得到考古学家的证实，我们应该正确认识古文献记载的历史，不能把它看成是传说或者是神话。正如徐旭生先生在《中国古史的传说时代》一书中说："很古时代的传说总有它历史方面的素质，核心，并不是向壁虚造的"。

中国社会科学院考古研究所、山东省文物考古研究所等单位的许多专家学者曾长期从事关于古薛国地域的考古工作，他们对于古薛国的研究具有全局性的积累与认识，这些会对研究古薛国文明的起源问题产生深远的影响和重要的指导意义。

古薛国文明的特点

在对于古薛国文明的研究与探讨中，我们能大体地寻找到它的两个鲜明特点：

文明的创造能力。生产力方面的创新内容。在北辛文化时期出现原始的彩陶和盖鼎、半穴居的建筑形式、原始锄耕、原始驯养家畜等；在大汶口文化时期出现黑陶、白陶、具有城邑特点的中心聚落等；在龙山文化时期出现较大规模的原始城邑，手工业相对发达（舟、车的制造）；从商周至秦汉以来，出现功能较完备的大型城市。

思想文化方面的创新内容。在龙山文化时期奚仲造车及规范最初的礼仪、车服制度；夏末商初，仲虺等为商作出的贡献；战国时期孟尝君及其门客等在政治领域作出的贡献；秦末汉初叔孙通、公孙弘等儒生对于儒家思想在中央政权的统治思想的确立所做出的贡献。

顽强的生命力。古薛国文明正如她的母体中华文明一样，绵延数千年至今不曾间断，从夏、商、周，到秦、汉……这里一直就是历代方国、侯国、郡县统治的中心。

我们著文探讨薛河流域的地方文明的形成与发展嬗变，无意强调本地史前考古文化是中国文明起源和形成的源头的那种“满天星斗”起源论的说法。我们认同中华文明的起源和形成应是多源一体的，在中华文明形成的历史进程中，中原强势核心文化具有其他地区文化不可替代的中心地位和毋庸置疑的主导作用。正如“中华文明探源工程”在2005年末取得了阶段性成果时所说的那样：“多元起源的文明火种，在公元前2500年到公元前1500年之间会聚中原，成为中华文明长盛不衰的母体。”

总之，北辛文化的嬗变和古薛国文明问题的探讨方兴未艾，给我们留出的探索空间是相当广阔的。本文仅就北辛文化核心区域的考古发现和文明起源问题作简略讨论，有关文化学意义上对于北辛文化的讨论，我们将在《从北辛文化到北辛文化》一文中另行探讨。

北辛遗址诗词

北辛遗址寄情

姜宝昌

先民聚落惊初现，屈指动铲三十年。
骨簇蚌镰征渔猎，石斧陶鼎占隰原。
鸟足刻符隐壶底，手指印纹显钵肩。
东夷文明早河洛，当今吾侪解疑悬。

北辛遗址印象

姜宝昌

薛河故道北辛村，岱淮先民饶遗存。
石磨角锄农具类，陶坠骨镞渔器伦。
赭壶壁刻鸟足迹，灰钵颈饰人指纹。
文化命名三十载，考定东夷文明根。

姜宝昌，山东大学教授，曾任中文系副主任，国际教育交流学院院长等职。现任中国墨子学会副会长，中国诗词学会名誉会长等职。2008 年 11 月墨子学会期间专程到官桥考察历史景点并赋诗三首，此是其中两首。

北辛遗址怀古

黄文龙

一

地如平砥水如环，孕育文明出此间。
万古先民迹何在？薛河无语自潺潺。

二

薛河情性本疏顽，敬畏文明绕作湾。
古迹犹存层土在，几多岁月葬其间？

注：北辛遗址的堆积层厚达 1.5 米以上，表明北辛先民在这里生活了相当长的时间。他们以石铲、鹿角锄等工具翻松土地，从事农业生产。这时期的原始农业，已经进入锄耕阶段。

修志文件

北辛村委会关于成立村志编纂委员会的通知

（北辛村字〔2016〕1 号文）

各村民小组，村有关部门：

《北辛村志》编纂工作正式启动，为加强村志编修工作的组织领导，保证村志编修工作的健康有序开展，经村党支部、村委会研究决定，成立村志编纂委员会。现将其组成人员名单印发给你们，望积极配合支持工作。

主　任：

王德科　村民委员会主任

副主任：

张志合　村挂职党支部书记

孙井泉　镇文化站原站长、民俗专家

张庆海　村党支部副书记

任振堂　李作胜　王立洪

委　员：

高汉君　彭士坡　彭士民　彭成海　黄炳山　黄现伟　杨家忠　刘文斌

刘景玉　杜修海　夏允全　夏维才　蒋道松　姜德华　孙晋全　贾德成

张连善　张广文　张庆军　张庆会　李兴海　李世凡　李世清　李世德

李世岐　李道斌　李道广　李洪君　任振坤　任振群　任士兰　任士民

任士岩　任士政　任士安　任士琛　任士耀　任泽玉　任泽洪　任泽连

任泽善　王广荣　王传益　王立庆　王立玉　王立巨　王立涛　王立运

王洪祥　王汉仁　王文仁　王全仁　王迎仁　王恒仁　王芝仁　王科仁

王光辉　王斌仁　王　成　王坤仁　王德安　王德财

村志编委会下设办公室，具体承担村志编修工作，初步确定由孙井泉、张连善、王洪祥、任士琛、王光辉五人分头执笔，并根据实际需要随时进行人员调整。

主题词：村志编委会　组成人员　通知

官桥镇北辛村民委员会

2016 年 12 月 6 日印发

北辛村委会关于印发村志编纂工作实施方案的通知

（北辛村字〔2016〕2 号文）

各村民小组，村有关部门：

《〈北辛村志〉编纂工作实施方案》已经村党支部、村委会研究同意，现印发给你们，望认真组织实施。

二〇一六年十二月六日

《北辛村志》编纂工作实施方案

为深入贯彻落实习近平总书记等中央领导同志关于加强地方志工作的重要讲话和第五次全国地方志工作会议精神，根据山东省史志办有关加强名镇名村志工作的要求，结合村庄实际，制定本实施方案。

一、指导思想

深入贯彻落实科学发展观，全面、客观、科学地记述本村的自然、政治、经济、文化、社会等情况，充分反映改革开放和社会主义现代化建设的伟大历程，为振兴北辛提供历史借鉴和现实依据。

二、编纂体例

（一）书名为《北辛村志》，全志总字数大约 50 万字。

（二）志书所记内容上限自事物起始记述，下限至 2016 年。

（三）志书编纂采用述（概述）、记（大事记略）、志（即各分志，志书正文，指基本村情、村域经济等内容）、传（人物传、简介）、图（照片）、表（表格）、录（名录、附录）等体裁。采用纲目体结构，横列门类，纵述史实。文字言简意赅，不作修饰与评论，寓观点于记述之中。

（四）运用现代科学理论和方法，在继承传统的基础上创新，力求做到思想性、科学性和资料性的统一。

（五）行文规范严格按照国家语言文字、出版、计量等有关规定执行。

三、工作步骤

（一）组织准备阶段（2016 年 12 月上旬）。召开编修启动会议，成立专门组织机构，制定编纂工作方案，全面部署发动，分解落实任务。

（二）收集资料阶段（2016 年 12 月—2017 年 3 月）。收集、整理、鉴别各姓氏族谱、回忆录，村庄历年总结、专项调查报告、典型材料、报表，报刊发表的文章，镇以上各级档案资料，各姓氏知名人物传略、简介资料，各类图片、口碑资料等。

（三）形成资料长编阶段（2017 年 4—5 月）。对收集的资料进行分类，筛选有价值的资料，形成资料长编。对缺少的资料进行补充搜集。

（四）撰写初稿和征求意见阶段（2017 年 6—7 月）。各位编辑人员完成初稿，主编对初稿进行总纂，形成征求意见稿，发至有关单位和人员征求意见。

（五）形成评审稿阶段（2017 年 8—9 月）。广泛吸收各方面的意见、建议，对征求意见稿进行修订，形成评审稿，适时召开评审会。

（六）形成终审稿阶段（2017 年 10—11 月）。对评审意见进行梳理、吸收，形成村志终审稿，上报滕州市地方史志办公室终审。

（七）印刷出版阶段（2017 年 12 月）。印刷、出版发行，举办首发式。

四、工作要求

（一）加强组织领导。坚持“村党支部领导、村委会实施”的原则，成立以村民委员会主任王德科为主任，村挂职党支部书记张志合、镇文化站原站长孙井泉及各大姓知名人士为副主任或委员的村志编委会。村志编委会下设村志编纂办公室，聘请热爱地方志事业，有严谨治学精神和较强写作能力的退休教师张连善、任士琛等五人为执笔修志人员，特邀村情熟、热心公益事业的各界贤达人士任振坤、任士兰、王立洪、李世德、李世歧、任士跃、王文仁、任泽洪、张庆军等人为资料收集人员，协助执笔人做好资料征集工作。整个修志工作，应切实做到领导到位、机构到位、经费到位、人员到位、条件到位，保证编纂工作顺利开展。

（二）确保志书质量。志书成稿后，须经村党支部、村委会审核后，报滕州市史志办公室审查批准，方可进入出版程序。未经审查批准的志稿不得印刷和出版发行。

（三）妥善保存资料。在修志过程中搜集到的文字、图表、照片、音像资料、实物等以及形成的地方志文稿，由村委会指定专人统一管理，妥善保存，并整理归档；若时机成熟，成立村志资料展览室，免费向村民开放。

五、编纂分工

孙井泉：第三章　北辛文化、第四章　古迹遗存、第二十二章　民情风俗，总字数约10万字。

张连善：第二章　地理自然、第十章　中共基层组织、第十一章　村行政机构、第十二章　村民委员会、第十三章　群团组织、第十四章　政治生活，总字数约10万字。

王洪祥：第五章　农业、第六章　工业商业、第七章　建设建筑、第八章　道路交通、第九章　水利能源、第十五章　军事优抚，总字数约10万字。

任士琛：第十六章　教育、第十七章　文化体育、第十八章　医疗卫生、第十九章　人口与计划生育、第二十章　救助养老、第二十一章　通讯传媒，总字数约10万字。

王光辉：前言、凡例、篇目、概述、大事记、第一章　村域隶属、第二十三章　人物、附录、后记、索引，总字数约10万字。

主题词：村志编纂　实施方案　通知

官桥镇北辛村民委员会

2016年12月6日印发

告北辛村全体村民、父老乡亲的一封信

村党支部、村委会根据《山东省地方史志工作条例》文件精神，本着对历史、子孙后代负责的态度和服务当今、惠及后代的宗旨，顺应村内德高望重有识之士和广大村民的意愿，经慎重研究，决定编纂我村有史以来的第一部村志——《北辛村志》。

北辛村历史悠久、文化灿烂，迄今已有7300多年的历史，北辛文化已于1982年向全世界公布并编入历史教科书。历尽沧桑巨变，各姓氏祖先以自己的勤劳、智慧和勇敢生息繁衍至今，创造了我村的物质文明、精神文明和村史文化。将其发掘整理和编纂成册，就是一份宝贵的精神财富和文化遗产。村两委和我村的有识之士认为，当前正逢盛世，是修志的大好时机，是历史赋予我们这一代人的神圣使命和义务，是上对得起祖先、下对得起子孙后代的伟大事业。为了村志编纂工作顺利开展，现提出以下三点意见要求。

一、进一步充分认识编修村志的历史意义和现实意义

修志是中华民族的优良传统且源远流长。地方志具有“资政、教育、存史”的特殊作用，旨在借鉴历史，观古察今。既能为经济建设和社会发展服务，还能为进行爱国爱乡、革命传统教育提供良好的乡土教材。另外村志还可成为客居他乡异地的各姓氏学子、游子、同胞兄弟姐妹沟通信息、加强联系的桥梁，通过它可以加深其对故乡的悠思之情，激发其为故乡贡献的潜在力量，亦可以引发他们对故土的美好回忆、怀念和关爱家乡的深情厚谊，形成潜移默化的追远报本、敦宗睦族的精神力量。对于曾为我村发展作出贡献的前辈和各姓氏祖先来说，也是对他们昔日峥嵘岁月的重温、追思和最好的纪念。

二、积极行动起来，义不容辞地抢救和发掘我村宝贵的文化遗产

我村自建置以来，村境内的自然、地理、政治、经济、文化、教育、风土人情等各个领域，都发生了巨大的演变，由初建人口寥寥的小村落，发展到如今官桥镇乃至滕州市较大的村落之一。历代各姓祖先在这片生机盎然的土地上，和睦相处，崇尚诗书文化。他们勤耕躬读，团结互助，民风村风淳朴博大，忠孝仁义诚信善良，尊老爱幼乐善好施，许多志士仁人在各个不同历史时期在文化教育、政治、经济等领域英才辈出，颇有建树。厚重的历史文化积淀，有待父老乡亲积极行动起来，悉心抢救和发掘，把大量分散的、历史的、现实的各种史料整理出来。大力给予协助和配合是充分体现风格、弘扬传统文明精神的大好机会，为村志提供史料、线索是每位村民神圣而又光荣的职责和义务。务请广大村民朋友尽量提供史料线索，奉献个人收藏的族谱、村史、图片等文物、书刊资料，村志编修人员将择其精要予以查阅、摘抄或复制；凡从村庄走出的大中专生及经商、务农、打工等各类成功人士，务请百忙中提供个人 1000 字以内生平事迹简介、照片及相关回忆文章。

三、大力支持村志编修这项公益事业

编修村志是一项浩繁、责任重大的系统工程，必须投入一定的人力物力和时间。村志完成时间最快需要 1 年，所需资料征集、编纂、出版等经费最少需要 6 万元。自村志编修工作启动以来，两级市史志办及镇志编纂办积极关心支持我村的村志编修工作，委派我村一名村志编纂人员参加全省名镇名村志编纂人员培训班；村两委召开各族知名人士座谈会、资料征集会，并在村财力困难的情况下拿出了部分启动经费。随着村志编纂工作的进一步深入开展，编修经费面临较大缺口，如不妥善解决将会对下一步工作开展产生不利影响。为保证村志编修工作健康顺利进行和持续开展，村两委倡议村内外有识之士，发扬我村热心赞助公益事业、乐善好施的优良传统和村风，在力所能及、自觉自愿的前提下，慷慨解囊，众手成志。当《村志》面世，看到自己祖先业绩、包括自己的奉献载志而名垂青史时，你会感到无限的幸福光荣和自豪。赞助村志编修人人有责，希望大家积极行动起来，把咱们的好事办好！

北辛村党支部、村委会

关于广泛征集《北辛村志》文字资料的恳请信

北辛村各位父老乡亲：

全村有史以来的第一部村志《北辛村志》编修工作启动会议已于 2016 年 12 月上旬隆重召开，会上印发了《告北辛村全体村民、父老乡亲的一封信》《村志编纂工作实施方案》等一系列文件，成立了村志编纂委员会及其办公室，制订了村志编修目录，并邀请二轮《官桥镇志》主编、省民俗专家孙井泉等人进行了专题讲座。

按照村志编纂方案议程，从 2017 年 1 月起村志进入最为关键的收集资料阶段，时间为期 3 个月。此期正逢新春佳节，许多在外地工作的北辛游子将陆续回家过年，此时正是收集村志资料的大好时机。在此恳请诸位充分利用这一有利机会，广泛收集、整理各姓氏族谱及有关村庄的回忆文章、典型材料、调研报告等，提倡能动笔撰写资料的老年人积极提供书面资料，没有动笔能力的老年人采取口述方式让其家人或旁人帮忙记录提供文字资料。村庄里的老年人是村庄许多大事、要事的见证者、参与者，他们是村庄的活历史，是村庄的“宝贝”，村志编修人员应通过座谈会、家访等形式，尽可能地让老人们把保存在心中的重大事件讲出来，把陈年的记忆打开来，并当场做好记录或录音。这种以口述记录的形式将村里的事件记载在村志中，将会更有说服力和感染力。

我村历史悠久、文化灿烂、闻人众多，恳请诸位父老乡亲踊跃提供收入村志人物简介的人员（包括村庄已出嫁女儿、嫁入媳妇及在外地工作的的二代、三代北辛籍突出人才）名单，并动员其本人或家人代笔撰写 1000 字以内的人物简介资料。村志人物简介收录的标准：村庄党政主要负责人（任职一般在 10 年以上）；各姓氏口碑、人品、威望俱佳的代表人物；市一级劳动模范、先进工作者、中共代表、人大代表、政协委员等；副科级以上领导干部；中级职称以上专业技术人员；500 万元资产以上民营企业家；研究生以上高学历人才；其他为村庄发展作过一定贡献的出类拔萃人物。村志人物简介撰写内容：姓名、别名、字、号；性别；民族；籍贯；出生年月；政治面貌；学历、学位；职务或职称；工作单位；主要工作经历及工作成就、业绩、获奖情况；其他典型事例等等。人物简介的文字要求：实事求是，文责自负；文约事丰，言简意赅；不议论，不演绎，不浮夸，不掩饰；尽量选取典型性事件，让简介生动活泼一些；总字数一般在 400 字以上，最多不超过 1000 字；截稿日期为 2017 年 3 月底。人物简介的投递方式：本人或让家人转交村志编修人员，也可通过邮箱 zzszwgh@163.com 或手机号 13869408585 加好友微信传送。

各位父老乡亲，村志编修时间紧、任务重、资料收集异常困难，必须群策群力、众手成志，集全村人的心血和智慧才能完成，稍有松弛便可能前功尽弃、半途而废。

恳请诸位及时伸出援手，有心智的出心智，有资料的出资料，有财力的出财力，共同将村志编修这项有益于当代、惠及子孙后代的好事做好！

北辛村党支部、村委会

北辛村委会主任王德科在村志编修启动会议上的讲话

尊敬的孙站长、参加村志编修启动会议的村民同志们：大家下午好！

今天，我村郑重举办《北辛村志》编修工作启动会议，诚挚邀请二轮官桥镇志主编、镇文化站原站长、省市民俗权威孙井泉同志百忙中为我们传经送宝，我首先代表村委会对他的莅临指导，表示最热烈的欢迎和最衷心的感谢！参加今天会议的村民代表均是各姓氏具有重要影响的贤达人士，对村庄历史、家族变迁等十分熟悉和了解，能够为村志编修提供大量有价值的第一手资料和信息，为你们的大驾光临表示由衷的谢意！下面，我着重讲讲以下三点意见。

一、统一思想，提高认识，充分认识编修村志工作的重要意义

编史修志，是一项功在当代、利在千秋的文化系列工程，也是历史赋予的时代使命。大家知道，国家正史、地方方志、家族族谱是构成中华文明精神大厦的三大支柱。地方志是记录一定地域范围内的天文地理、历史现状、经济社会、人文自然等方方面面发展历程的书籍，被称为一方之全史，一地之百科全书。传统修志分为省、市、县三级，是三级政府的指令性任务。镇、村志是社会主义新方志的新生事物，也是新方志的重要组成部分，属两级政府的指导性任务。全市出版最早的村志是鲍沟镇《邢寨村志》，1997年出版。官桥镇《渠村志》历时四年编修，于2012年出版。张汪镇《大宗村志》等村志已出版，薛城区《奚村志》等村志正在加紧编纂。山亭区《红山峪村民俗志》影响最广，获得省、市社科成果奖。我村拥有7300多年的悠久历史，诞生了光辉灿烂、名垂青史的“北辛文化”，却至今没有一部村志，令人十分遗憾。“亡羊补牢”，为时未晚，我们有责任和义务，把这项工作做好。

首先，修好村志，可使村庄有一个追根溯源的原始记录。村庄是最小的行政区域，是社会构成的最小区域单元。通过追根溯源，从中能够看到本村经济社会发展的缩影和人口变迁的规律。我村历史上从没开展过村志编修，很多宝贵的村史资料只是存在于老人的记忆和世世代代村民的口传之中。如果不及时将这些存在于流传和记忆中的历史资料记录下来，随着时间的推移，这些资料很可能失传，成为各村后代人永远的遗憾。通过编修村志，全面、系统地记载村庄的历史和现状，留下一份政治、经济、文化、生活、习俗的村民、村事实录，为后人保存一份珍贵历史资料，其“存史”价值随时代推进将会显现。

其次，修好村志，可以使它成为村庄的百科全书。它记载村庄自然与社会的历史与现状，翔实记载村庄的地理环境、自然条件、民风民俗、建置沿革、村民村事、经济兴衰，从自然环境到人文活动，从政治生活到经济活动等各方面的情况均作全方位、多视角的反映，既有经验，也有教训。村志不但能成为各级领导者重要的决策参考书，而且村民通过阅读村志，能够明确村庄发展的曲折历程，更加坚定地拥护党和国家目前在农村的各项路线方针政策，从而充分调动村民参与社会主义新农村建设的积极性。

第三，修好村志，可让村庄有一个发展、变化的历史见证。村志所记的村民村事是村民看得见、摸得着的日常生活事例，这里有政治生活、经济活动、文化娱乐情景，村民感到特别亲切，特别有说服和感染力。村志以其特别生动翔实的材料为村民提供了热爱家乡的生动教材，能够正确而又适度地调动人的恋乡恋地情结，既可教育今人，又可启迪后代，教育效果透彻深远。

第四，修好村志，可让村庄有了宣传名片。村志发行后，不但可以流传本乡本土，还可以使更多的人了解村庄的历史与现状，从而宣传村庄的优势，为招商引资、发展经济打下基础，为本村带来丰厚的经济效益。

通过编修村志，能够增强一个村庄的凝聚力和向心力，增强村民的集体荣誉感和归属感，是对群众进行爱国主义教育、集体主义教育、社会主义教育的教材和阵地，为后人留下一份宝贵的、永不消失的文化遗产。

因此，编修村志就是留住历史的脉络，就是留住乡情记忆。这是历史赋予我们的时代使命，是一件功在当代、泽被后人的事情。

二、做好村志编修的启动工作，彰显时代和地域特色，力铸精品佳作

我村这次村志编修，正赶上全国、全省第二轮修志，枣庄市今年完成二轮市志编修工作，官桥镇志编修工作刚刚启动，随时可以对我们村志编修进行业务指导。希望村志编修把握以下两点：

一要把握好工作进度。按照“全面启动，分步实施”的原则，现在开始全面启动村志编修工作，力争用一年的时间，相继完成资料收集、形成资料长编、撰写初稿、形成评审稿、终审稿、印刷出版等工作阶段，时间紧、任务重，必须群策群力、加班加点，集全村人的心血与智慧才能完成，稍有松弛便可能前功尽弃、半途而废。

二要凸显村志特色。地方志的编纂应有自己的特色，没有特色的志书就没有光彩。北辛村的突出特色就是悠久历史、灿烂文化、众多闻人，村志应紧扣其特色下足功夫加以彰显。希望村志编写时，注意挖掘本村与其他村庄的不同之处，并予以详细记述，同时突出村庄的整体特色，浓墨重彩地记述本村特有、特多、特好的事物。当然，还要注意新技术的运用。随着数码技术越来越广泛应用，要求我们在编修村志时要注意图文并茂，要注意图片与正文的相互补充，相互印证。

三、深化村志编修，推进地方文化和精神文明建设

面对这项工作，若不付出艰苦努力，就会影响到村志工作的健康顺利开展。这是在座同志们义不容辞的责任。为此提出两点要求：

第一，要强化领导，组织到位。为确保村志编修工作健康有序开展，村委会下文成立村志编纂委员会，由村委会主任、挂职书记、各姓氏知名人士分别担任主任、副主任、成员，全力加强对村志编修的组织领导，保证领导到位、编写人员到位、办公条件到位。

第二，要监督把关，质量到位。村志编纂办公室作为全村修志工作的前沿阵地和指挥部门，一定要做好资料收集和志稿编撰工作，把好志书质量关。

一是把好人才关。村志编修人员首先考虑从本村文化素质较高的文人中选聘，特别是退休教师和干部等，这些人熟悉村里的情况，又有较高的文化素养，最适合开展编修村志工作。如果村里的文人不能胜任，也可以采用外聘的方法，邀请市、镇专家共同参与。

二是把好材料搜集关。在村里的部分老人家中，特别是退下来的老村干部和老先进家中，珍藏着许多有价值的资料，很有采用价值。要组织摄影人员拍摄照片，通过新老照片的对比，反映村庄发生的变迁，丰富村志的内容。要搜集采用口述记录。村庄里的老人是村里许多大事要事的见证者，但他们文字水平不高，对有记载意义的事件记在心中却不能写诸笔端。应当让老人们把村里的事情讲出来，做好记录，以口述记录的形式将村里的事件记载到村志中。还要抽出专人做好镇以上各级档案馆档案资料查阅工作，弥补村庄历史资料的空白。

三是把好编辑关。在村志编修中，不能照抄照搬其他市、县志书的做法，要重视对普通人的记载。村民是村志的主要读者，首先是要给村民看。多数村民想从村志中看到村中的名人和能人，也想看到自己的名字和家庭跃然书上。我们应当满足多数村民对村志的这一愿望，不但要记录村中出类拔萃的人物，还要以表格等形式尽可能地把每个普通村民家庭和村民的基本情况录入村志之中，让村志表现出强烈的亲和力。还要注意掌握文体和文字方面的生动活泼，不拘一格，避免枯燥乏味。

在编纂出版过程中，要依据规范，把握标准，切实抓好篇目设计、资料征集、长编编写、“三稿”审验等环节。成书后，要按程序上报市史志办公室审批把关，待批复后再正式出版发行。不得随便出书，贻误后人。

同志们，新形势、新任务对我们提出了更高的要求。希望大家振奋精神，以孜孜不倦的精神，求真务实的作风，圆满完成村志编修工作，努力把村志打造成我们对外宣传、展现形象的名片，对游子留住乡情乡愁、追思故乡的枕边书，让上级领导放心、让人民群众满意！

谢谢大家。

姓氏碑文祭文

任氏先茔御史林述略

康留任氏先茔御史林建于元代，迄今已历六百余载，曾被列为省级保护文物。林中有元代礼部尚书居敬公墓，太中公任钊公墓，户部尚书任荣公墓，中承宰翰林院编修择善公墓。太中公墓碑为龟趺雕龙碑。碑文出自元代著名学者国史院检阅官袁桷之手。朝廷荣禄大夫王毅书丹。衍圣公孔思晦篆额。太中公墓向南林道两侧依次布列为石翁仲四，石绵羊四，石虎四。最南石林门，横额六字：任氏先茔之门。

民国二十二年（公元一九三三年），龟趺雕龙大碑倾斜。枣庄族人声田公联系郭里集族人三才公，从枣庄中兴公司借来起重机械，请来操作技师。康留声渭公日夜操劳，带领北辛、南辛、王宫、韩村、轩辕庄、西任庄、郭里集等地族人紧急修复，经历多日始克竣工。一九六六年，"文革"动乱，御史林毁坏殆尽，而先祖墓碑尚存。今复将宋代贲叔公任宏及元代太中公任钊墓志铭镌于新石，立于村东唐槐北古庙前，以供后人观瞻。

北辛王氏宗亲首届清明祭祖祭文

惟公元二〇一二年四月四日，岁逢壬辰，大地回春；节届清明，万象更新。北辛王氏宗族三房各支嗣孙代表，谨具香帛、酒醴，拜祭于八世祖世芳公墓前。追远思祖，聊表衷肠。

始祖从善，源出明朝山西，躬耕大赵庄，卒葬角咀山前。居数世迁居后石湾，人丁兴焉。北辛始祖，八世世芳，薪火相传，历十五世，族人六千。九世祖成龙、成凤、成豹公，北辛王氏三房正宗，长房、二房居北辛，三房迁东王庄。十世祖"廷"字辈诸公七人，分居北辛、焦山头、青山前、东王庄等地。十一世祖"玉"字辈诸公十四人，十二世祖"士"字辈诸公二十三人，十三世祖"允"字辈诸公四十四人，十四世祖"敬"字辈诸公七十八人，十五世祖"秉""锡"字辈诸公一百二十四人，十六世"心"字辈诸公二百一十三人，十七世"广"字辈诸公二百九十人，十八世"立"字辈以下不再枚举。

北辛王氏族人以北辛村为大本营，各支枝繁叶茂，人丁兴旺。主要族居村除北辛、焦山头、青山前、柿树园、东王庄外，还有涝坡、西凫山、灵壁、齐村、十里泉、尖山子、陶庄、峨山口、红山峪、红山口、渴口、卓山前、朱楼、柯山、龙头、杜屯、小王庄、小郭庄、大西庄、望河庄、张范、小石楼、柴胡店诸村。北辛王氏俊杰之才不断涌现，有的官至地厅、县处级，技术职称达到教授、副教授级，家产累计数百万、上千万、过亿元，国内外名牌大学博士后二人、博士四人、硕士研究生十余人、大学生百余人。

适值清明佳节，倍感先祖创业艰辛。展望未来，吾祖后人当秉承祖志，谨记族训，以卓越成果回报社会，告慰于列祖列宗的在天之灵！苍柏凝翠，春花吐芳。巍巍巍龙山，滔滔薛河。敬慰拜告，伏惟尚飨！

北辛王氏宗族长房长支代表、十九世孙王成祭拜

二〇一二年壬辰年四月四日清明节

北辛王氏宗亲二届清明祭祖祭文

各位宗亲，各位来宾，大家上午好！

值此 2013 年清明之际，我们北辛王氏族人在这里举行第二届清明祭祖，为先祖祖碑揭幕拜碑仪式，在此，我以北辛王氏宗亲联谊会会长的名义，对今天前来参加祭祖、拜碑仪式的各位老前辈、兄弟姐妹、后辈人等，表示最热烈的欢迎！对前来观礼的各位朋友，表示最衷心的感谢！

公元 2017 年 4 月 4 日，农历乙酉鸡年三月，大地回春，节届清明，万象更新。在这个花红柳绿、风清雨润的时节，我们北辛王氏家族老三支代表，汇聚在八世祖、九世祖新迁墓前，燃香焚烛，呈上贡品，隆重祭奠我们的王氏先祖，缅怀追思他们的丰功伟绩，联谊今人的亲情友情，共谋王氏家族的发展大业，我们感到无比的自豪和荣光！在这个庄严而隆重的时刻，我们首先要感谢我们的先祖，是他们让我们这些从各地回来的同族宗亲凝聚、团结在一起，共同缅怀先辈，共叙宗亲情谊，共话美好未来。物有报本之心，人有思祖之情；饮水定当思源，为人不忘根本。我们王氏家族，乃中华之大姓，几千年来，屹立于中华民族之林。北辛王氏历经四个朝代更迭，由明朝万历年间的武秀才之家十几口人，发展到现在遍布 70 多个村庄、50 余座城市的 6000 余人，政商军界、教育卫生等各行各业，到处都有北辛王氏族人的身影。

今天，我们怀着一颗至诚至敬的心，来祭奠我们的先祖，就是要缅怀他们的英德，就是要感念他们的教诲。古人有云，国之大事，唯祀与戎。祭祀大地，报天地覆载之德；祭祀祖先，报先辈养育庇佑之恩。

斯人已乘黄鹤去，辉煌前程待后人。今天站在这里的我们王氏后人，当弘扬先祖美德，积极促进和加深宗族联谊，念血脉相通之情，思同宗共祖之谊。我辈当以全族利益为重，不分南北，不分支系，明礼诚信，精诚团结，互通有无，族亲融合，互帮互助，共谋发展。这就是我们今天站在先祖墓前，祭奠先祖的主要意义。

孔子说，慎终追远，明德归厚矣。不忘先人，追念先人，是为了后人更加腾达，是为了宗族更加辉煌。

尊敬的宗亲们，王氏宗族的发展历程告诉我们，只有自强不息才能把握命运，只有与时俱进才能紧跟时代，只有勤劳勇敢才能成就伟业，只有艰苦奋斗才能兴旺家族！“莫道今年春将尽，明年春色倍还人。”让我们携起手来，为我们王氏族人活得更幸福、活得更有尊严而不懈努力！

谢谢大家！

北辛王氏家族宗亲理事会会长、上海凯大建设工程有限公司总经理　王　成

异姓贵宾代表在北辛王氏家族贺碑祭祖典礼上的致辞

各位来宾、各位朋友：

细雨濛濛，惠风拂面。在这万物复苏、充满生机的阳春三月，作为异姓代表，我们应邀前来参加王氏家族的贺碑祭祖庆典。

有史以来，王氏家族人丁兴旺、英才辈出、群星璀璨。他们用勤劳的双手和聪明的智慧，在各系统、各部门、各行业积极进取、顽强拼搏，做出了突出贡献。在他们当中，有的身居高职，有的成为精英骨干，有的成为企业家、总经理、大老板。但他们亲情至上，念念不忘同祖同宗，时刻铭记血脉相连。在这里，我们看到了王氏家族的向心力、凝聚力，目睹了人与人之间的和睦相处、团结友善，领略了中华传统美德的加温升华，见证了民族文明礼仪的传承拓展。借此机会，我代表北辛村的其他族姓，衷心祝愿王氏家族日子红红火火、事业蒸蒸日上、青年前程似锦、老者幸福安康。长江后浪推前浪，一代更比一代强！

北辛异姓来宾代表、北辛村党支部副书记　张庆海

十世祖王大公讳廷英字俊杰德配田、刘孺人碑文

十世祖廷英公为八世祖世芳公之长房长孙，九世祖成龙公唯一爱子，北辛王氏重要传承人，育有六子、七孙、九曾孙、十四玄孙、二十六来孙，迄今繁衍生息十三代，人口二千余人。

廷英公长子仁公，育有二子、二孙、二曾孙、二玄孙，仅传至四代。二子美公，育有一子、一孙、二曾孙、一玄孙、一来孙，后裔由北辛迁徙至西凫山，已传至八代。其中，十六世孙心亭育有六子、十孙、四曾孙，担任村支书二十年，人脉广泛。三子太公，婚后无子。四子璐公，育有二子、四孙、五曾孙、十六玄孙、三十八来孙，后裔以北辛为中心传至十二代，人丁一千余人。后世子孙涌现革命烈士立琛，县级离休干部立启，枣庄矿务局劳模立玉，团级军官王真、王鹏，实力企业家王成、立运、德安、德科、德永，村级党政负责人汉仁、立灿、立巨、立运、德永、余仁、德科、芳仁等各类突出人才。五子立公，育有一子、一孙、四曾孙、六玄孙、六来孙，后裔以北辛为主，部分分支迁至齐村等地，已传至十代。其中，十八世孙立昌、彭兰台夫妇为新中国成立前老党员，分别担任乡武装工作队长、妇代会主任，后分任村大队长、妇联主任，育有三子、六孙、六曾孙。六子吉公，育有一子、一孙、一曾孙、一玄孙、五来孙，后世子孙一百多年前由北辛逃荒落户至小石楼，八十多年前又有分支由小石楼迁至张范，已传至十代。其中，十八世孙广山育有三子、八孙、九曾孙、四玄孙，十八世孙广荣育有三子、四孙、三曾孙，分别在张范、小石楼人丁兴旺、家道殷实。

三百余年弹指一挥间，历经三个朝代更迭、数次战争洗礼，社会进入改革开放的新时代。当年十世祖的安息之地，早已矗立王氏子孙的座座楼房，家家丰衣足食、生活幸福美满。此时此地，唯显得十世祖二米碑石陈旧老土，与其浩瀚祖恩、崭新时代极不相称。参天之树，必有其根；怀山之水，必有其源。物本乎天，人本乎祖。十世祖泽被后世、恩重如山，后世子孙当莫忘祖德、常思孝悌。经廷英公后裔代表立洪、立久、立运、迎仁、科仁、光辉、王成、海仁、坤仁、德安、德科、德永、德财等人商议，决计在廷英公茔前再立一通四米高碑，以实际行动告慰十世祖在天之灵。

值此改革开放盛世、百废俱兴之时，我北辛王氏后裔，更应该借此立碑契机：宏扬祖德，报本思源；遵纪守法，重德笃行；和邻友朋，励精图治；为国尽忠，为祖尽孝；重描锦绣，再创辉煌！

十七世孙广厚、十九世孙光辉　敬撰
公元二〇一七年清明

2017 年村庄户籍人口

2017 年 3 月起，《北辛村志》修志人员任士琛、王立洪、张连善等人，分头走访任姓、王姓、张姓、李姓等 16 个姓氏的 400 余户常住居民，分发、填写、收集、汇总《2017 年北辛村居民户籍情况登记表》。4 月起，又通过村委会保留的村民户籍簿，以及电话定向征集，基本补齐了不常在村庄居住的 100 余户村民户籍资料。至 5 月村志总撰稿付印时，全村 2017 年 540 户 3054 人的户籍资料基本收集齐全（详见表 5:《2017 年北辛村居民户籍情况登记表》）。

2017 年北辛村居民户籍情况登记表

表 5

序号	姓名	性别	年龄	户主或与其关系	备注
1	王纯存	男	44	户主	中共党员，任村庄电工多年，村民小组长
	张　华	女	43	夫妻	
	王宜正	男	23	父子	
	赵月丽	女	23	子媳	
	王沫琪	女	2	孙女	
2	王　密	男	40	户主	高中学历，在外务工
	自兆莲	女	65	母子	
	杨玉英	女	44	夫妻	在外务工
	王　潇	男	15	父子	高中在读
	王国栋	男	30	兄弟	初中学历，在外务工
	朱　玲	女	30	弟媳	初中学历，在外务工
	王昱皓	男	6	侄子	
	王艺菡	女	1	侄女	
	王兰兰	女	28	兄妹	初中学历，共青团员

续表

序号	姓名	性别	年龄	户主或与其关系	备注
3	王立刚	男	66	户主	曾任官桥农机修造厂铸造工 10 余年
	杜继秀	女	64	夫妻	
	王　涛	男	32	父子	初中学历，北京某大酒店餐饮配菜师
	孔德琰	女	30	子媳	初中学历，北京务工
	王　莉	女	38	父女	初中学历，大康留村从事大棚蔬菜种植
	王梦琪	女	10	孙女	
	王浩宇	男	1	孙子	
4	王立久	男	62	户主	初中学历，曾任生产队长多年，留庄煤矿退休职工
	曹宜兰	女	63	夫妻	初中学历，年轻时擅长唱戏
	王斌仁	男	32	父子	大专学历，青岛、合肥等地模具技师
	高长红	女	30	子媳	高中学历，上海务工
	王　玉	女	37	父女	中专学历，烟台南山集团务工
	王瀚卿	男	6	孙子	
5	王余仁	男	49	户主	中共党员，服兵役 7 年，曾任村委会主任 6 年
	李　珍	女	47	夫妻	初中学历，外地务工
	王　猛	男	29	父子	大专学历，临沂务工
6	王勤仁	男	47	户主	初中学历，八一煤矿职工
	张庆娥	女	48	夫妻	初中学历
	王　翔	男	27	父子	高中学历，上海货运驾驶员
	程蜜蜜	女	28	子媳	
	王　程	男	2	孙子	
7	王立杰	男	63	户主	
	王省仁	男	43	长子	中专学历，薛城经商
	闫　燕	女	40	长子媳	中专学历，薛城经商

续表

序号	姓名	性别	年龄	户主或与其关系	备注
	王振仁	男	39	次子	初中学历，薛城经商
	徐莉莉	女	38	次子媳	初中学历，薛城经商
	王兴仁	男	28	三子	初中学历，中共党员，服兵役 5 年，柴里煤矿职工
	王建峰	男	15	长孙	
	王翔庆	男	6	次孙	
8	王连仁	男	63	户主	高中学历，泥瓦工技师
	张宗莲	女	63	夫妻	
	王德过	男	36	次子	初中学历
	单爱莉	女	36	次子媳	初中学历
	王纯政	男	12	孙子	
	王纯财	男	4	孙子	
9	王德超	男	40	户主	从事建筑行业
	杨　梅	女	40	夫妻	
	王乾乾	女	14	父女	共青团员
	王纯法	男	11	父子	
10	王敏仁	男	55	户主	初中学历
	杨秀华	女	52	夫妻	
	王路路	男	28	父子	
	王变变	女	28	父女	
	刘　敏	女	25	子媳	
	王一凡	女	10	孙女	
	王浩纯	男	5	孙子	
11	王贞仁	男	73	户主	
	胡继云	女	68	夫妻	

续表

序号	姓名	性别	年龄	户主或与其关系	备注
	王　昆	男	39	父子	本科学历，柴胡店中心校教师
	葛行芳	女	37	子媳	
	王肖涵	女	9	孙女	
	王俊博	男	1	孙子	
12	王会仁	男	69	户主	高中学历，担任民办教师 13 年
	甘信凤	女	67	夫妻	
	王　林	男	42	父子	大学学历，滕州凤凰能源公司工作
	孙玉娇	女	43	子媳	居住滕州善国苑小区，滕州经商
	王雪璒	女	40	父女	
	王　宇	男	14	孙子	
13	王国强	男	28	户主	上海务工
	龚金霞	女	50	母子	
	赵晨晨	女	28	夫妻	
	王子函	男	6	父子	
	王国静	男	27	兄弟	
	邱静静	女	25	弟媳	初中学历
14	王立国	男	71	户主	
	李维英	女	70	夫妻	
	王领仁	男	44	父子	大专学历，中共党员，滕州龙泉街道干部
	李沛栾	女	43	子媳	高中学历，居住滕州荆善小区
	王玉翔	男	10	孙子	
	王艳红	女	42	长女	
	王　婷	女	28	次女	
15	王术仁	男	69	户主	中专学历，中共党员，曾任小学民办教师，服兵役 6 年，公社办企业务工

续表

序号	姓名	性别	年龄	户主或与其关系	备注
	房玉兰	女	67	夫妻	
	王　利	女	39	父女	初中学历
	王　建	男	37	长子	高中学历
	王　东	男	35	次子	初中学历
	马冠利	女	34	次子媳	初中学历
	王鹏智	男	9	孙子	
16	王得仁	男	39	户主	高中学历
	王秀娟	女	37	夫妻	高中学历
	王博伟	男	11	父子	
	王凤苓	女	49	大姐	
	王凤云	女	44	二姐	
	王智慧	女	39	三姐	
	王雪英	女	36	四妹	初中学历
17	王文仁	男	71	户主	初中学历，官桥煤炭公司退休职工
	陈庆英	女	67	夫妻	
	王德奭	男	37	父子	中专学历，枣庄烟草公司职工
	孙艳妮	女	35	子媳	初中学历，居住滕州振兴花园
	王纯正	男	12	长孙	
	王　喆	男	4	次孙	
	王　华	女	44	长女	
	王芳华	女	43	次女	大专学历，枣庄烟草专卖局职工
18	王方凯	男	14	户主	
	朱恒秀	女	76	祖母	
19	王　哲	男	32	户主	初中学历，枣庄务工

续表

序号	姓名	性别	年龄	户主或与其关系	备注
	张广荣	女	60	母子	
	唐　亭	女	29	夫妻	
	王雨晴	女	4	父女	
	王　超	男	29	兄弟	初中学历
	安　娜	女	27	弟媳	初中学历
	王安然	女	8	侄女	
20	王　涛	男	52	户主	上海务工
	魏永云	女	50	夫妻	
	王德志	男	28	父子	汽车维修
	冯海燕	女	26	子媳	
	王雨函	女	3	孙女	
	王　蒙	男	1	孙子	
21	王旭仁	男	60	户主	中专学历，滕州市水利局退休职工
	徐　英	女	55	夫妻	
	王德芝	男	33	父子	中专学历，枣庄烟草专卖局职工
	郭　晶	女	33	子媳	中专学历，枣庄烟草专卖局职工
	王潇梵	女	10	长孙女	
	王潇艺	女	1	次孙女	
22	王德军	男	57	户主	外地务工
	戚敬敏	女	59	夫妻	高中学历
	王亚东	男	27	父子	高中学历
	杨佩佩	女	28	子媳	初中学历
	王佳鑫	男	3	孙子	
23	王德洋	男	57	户主	高中学历，汽车运输

续表

序号	姓名	性别	年龄	户主或与其关系	备注
	李现英	女	55	夫妻	
	王纯政	男	31	父子	高中学历
	任　静	女	30	子媳	高中学历
	王贻楷	男	1	祖孙	
24	王纯友	男	39	户主	
	王纯幸	男	27	兄弟	
	陈培香	女	68	母子	
25	王法仁	男	31	户主	
	张洪秀	女	66	母子	初中学历
	王志强	男	27	兄弟	中专学历，徐州工作
	刘　曼	女	28	弟媳	大专学历，徐州工作
26	王宗仁	男	75	户主	
	王德喜	男	49	父子	
	王明明	男	24	长孙	
	王纯珠	男	8	次孙	
27	王德余	男	41	户主	外地务工
	王凤美	女	44	夫妻	
	王新茹	女	17	父女	
	王纯至	男	12	父子	
28	王　杰	男	50	户主	外地务工
	张庆荣	女	51	夫妻	外地务工
	王玉荣	女	30	长女	
	王玉华	女	29	次女	
	王淳圣	男	25	父子	

续表

序号	姓名	性别	年龄	户主或与其关系	备注
	张　甜	女	25	子媳	
	王鹏臣	男	1	孙子	
29	王富仁	男	61	户主	初中学历，理发师
	王艳荣	女	54	夫妻	初中学历
	王　宁	男	34	父子	初中学历，滕州理发师
	李丹丹	女	29	子媳	初中学历
	王子浩	男	3	孙子	
	王子然	女	7	孙女	
	王　梅	女	28	父女	初中学历
30	王君仁	男	74	户主	
	曹文兰	女	65	夫妻	
	王德伦	男	44	长子	外地务工
	满孝英	女	50	长子媳	
	王　鑫	男	26	次子	初中学历
	王纯源	男	14	孙子	初中学历
31	王亮仁	男	52	户主	初中学历，外地务工
	王德东	男	27	父子	初中学历，从事餐饮业
32	王德江	男	57	户主	高中学历，中共党员，汽车运输
	杨家美	女	56	夫妻	高中学历
	王大瑞	男	33	长子	本科学历，中共党员，枣庄市国税局干部
	王晓莉	女	30	父女	大专学历，滕州市移动公司工作
	王俊华	男	28	次子	大专学历，滕州市辰龙集团工作
	王　利	女	28	次子媳	大专学历，滕州市辰龙集团工作
	王梓源	男	1	孙子	

续表

序号	姓名	性别	年龄	户主或与其关系	备注
33	王德洪	男	55	户主	初中学历，承包经营北辛轮窑厂多年
	陈贵云	女	54	夫妻	高中学历，居住滕州市区
	王邦宇	男	27	父子	大专学历，滕州市汽贸公司工作
	王　慧	女	32	长女	本科学历，滕州市北辛司法所工作
	王　盼	女	29	次女	本科学历，滕州市药监局工作
	孔　娟	女	27	子媳	居住滕州市区
34	王立柱	男	84	户主	
	张兆真	女	83	夫妻	
	王宽仁	男	59	次子	初中学历，外地务工
	刘凤英	女	61	次子媳	
	王海涛	男	33	孙子	初中学历，薛城经营餐饮行业
	李会清	女	30	孙媳	初中学历
	王纯隆	男	12	曾孙	
	王茹雪	女	1	曾孙女	
35	王恩仁	男	65	户主	高中学历，曾任生产队会计、队长多年
	刘问芩	女	65	夫妻	
	王海峰	男	37	父子	高中学历，外地务工
	刘　艳	女	36	子媳	初中学历
	王晓倩	女	11	长孙女	
	王晓如	女	4	次孙女	
36	王立洪	男	64	户主	大专学历，曾任小学民办教师 10 余年，南沙河司法所法律服务工作者
	刘维兰	女	66	夫妻	
	王　鹏	男	44	长子	本科学历，中共党员，服兵役 22 年，副团职部队转业军官，南京市江宁区市场监督管理局工作
	王　举	男	42	次子	初中学历，临沂金锣火腿肠厂务工

续表

序号	姓名	性别	年龄	户主或与其关系	备注
	王 飞	女	40	长女	中专学历，枣庄中联水泥集团工作
	王 翔	女	38	次女	初中学历，居住滕州市区
	张 敏	女	38	长子媳	高中学历，南京市江宁区某公司工作
	沈 慧	女	42	次子媳	初中学历，临沂金锣火腿肠厂务工
	王德康	男	1	长子孙	
	王德熙	男	23	次子孙	大专学历，在校生
	王璐瑶	女	12	长子孙女	南京市江宁区初中正读
37	王立来	男	71	户主	
	李德荣	女	72	夫妻	
	王海仁	男	47	父子	初中学历，外地务工
	沈尚翠	女	49	子媳	初中学历
	任绪梅	女	26	孙媳	初中学历
	王德印	男	26	孙子	初中学历
	王大琪	女	2	曾孙女	
38	王德芝	男	37	户主	初中学历，汽车运输
	渠继芳	女	34	夫妻	初中学历
	王纯耀	男	11	父子	
	王清华	女	38	兄妹	初中学历
	王 娜	女	27	兄妹	初中学历
	冯大真	女	60	母子	
39	王学仁	男	70	户主	
	张学荣	女	70	夫妻	
	王德福	男	48	长子	高中学历
	王德虎	男	31	次子	高中学历

续表

序号	姓名	性别	年龄	户主或与其关系	备注
	王德龙	男	28	三子	本科学历，山东农科院工作
	梁　艳	女	46	长子媳	
	王　英	女	18	孙女	高中学历
40	王立怀	男	80	户主	中共党员，枣庄机械厂退休干部
	单明英	女	78	夫妻	
	王立水	男	75	兄弟	村庄最早的环境卫生保洁员
	王　东	男	44	父子	中技学历，滕州机械厂职工
	党秀梅	女	43	子媳	中专学历
	王泽雨	男	17	孙子	高中学历
41	王德胜	男	57	户主	初中学历
	徐德霞	女	56	夫妻	
	王纯玉	男	37	长子	中技学历
	曹长荣	女	29	长子媳	初中学历
	曹丽然	女	6	孙女	
	王泊然	女	1	孙女	
	王纯宝	男	31	次子	初中学历
	魏永红	女	31	次子媳	初中学历
	王宜耀	男	7	孙子	
	王德利	男	47	兄弟	
42	王德河	男	63	户主	高中学历，滕州市出租车经营者
	孙福兰	女	60	夫妻	
	王　强	男	34	长子	高中学历
	王　亮	男	32	次子	大专学历
	宋　伟	女	35	长子媳	高中学历

续表

序号	姓名	性别	年龄	户主或与其关系	备注
	苏长萍	女	29	次子媳	高中学历
	王子铭	男	8	长子孙	
	王俊宇	男	2	次子孙	
	王鑫艺	女	3	次子孙女	
43	王立文	男	74	户主	
	张宗秀	女	72	夫妻	
	王刚仁	男	43	父子	初中学历
	徐启云	女	45	子媳	初中学历
	王　玉	男	19	孙子	高中学历
44	王功仁	男	47	户主	上海务工
	刘　艳	女	39	夫妻	初中学历
	王颖辉	女	15	父女	初中学历
45	王厂仁	男	52	户主	官桥煤矿务工多年
	陈凤云	女	51	夫妻	
	王德干	男	27	父子	高中学历
46	王传仁	男	72	户主	
	王卫东	男	46	父子	初中学历，外地务工
	范召敏	女	46	子媳	初中学历，外地务工
	王　聪	男	25	孙子	高中学历
47	王庆仁	男	74	户主	曾任村庄会计等职，黄庄煤矿退休职工
	周保英	女	74	夫妻	
	王　鑫	男	40	父子	大专学历，中共党员，滕州春藤食品公司员工
	丁　莉	女	36	子媳	大专学历，中共党员
	王淑涵	女	12	长孙女	

续表

序号	姓名	性别	年龄	户主或与其关系	备注
	王淑淇	女	12	次孙女	
48	王科仁	男	60	户主	高中学历，滕州平板玻璃厂退休职工
	范淑苓	女	60	夫妻	高中学历，居住滕州市区
	王　深	男	33	父子	大专学历，滕州市区工作
	王文超	女	28	父女	本科学历，滕州市区工作
	刘真真	女	28	子媳	大专学历，滕州市区工作
49	王　斌	男	58	户主	高中学历，中共党员，滕州界河派出所离岗退养政治指导员
	吕传英	女	56	夫妻	高中学历，滕州市区工作
	王　晖	女	32	父女	大专学历，共青团员，鲁南水泥厂职工
	王　勇	男	54	兄弟	高中学历，中共党员，滕州市区工作
	康秀玲	女	52	二弟媳	高中学历，滕州市区工作
	王　康	女	32	侄女	大专学历，共青团员，滕州市交通局工作
	王　涛	男	52	兄弟	高中学历，中共党员，滕州市经信局党组成员
	张秀敏	女	52	三弟媳	高中学历，中共党员，滕州市物价局价格调节基金办公室主任、会计师
	王丰智	男	27	侄子	大专学历，中共党员，枣庄银行职员
	王丰慧	女	27	侄女	硕士研究生学历，中共党员，北京体育大学基建处工程师
50	王　真	男	42	户主	硕士研究生学历，中共党员，服兵役 25 年，北部战区组织局党建处处长，上校军衔
	张丹丹	女	39	夫妻	本科学历，居住沈阳军区
	王雨欣	男	8	父女	
51	王　斌	男	49	户主	外地务工
	周厚霞	女	49	夫妻	
	王　晴	女	24	父女	初中学历
	王晓平	女	16	父女	高中学历
52	王常仁	男	56	户主	中共党员，生产队（村民小组长）长多年，外地务工

续表

序号	姓名	性别	年龄	户主或与其关系	备注
	张秀兰	女	57	夫妻	
	王文晶	女	30	父女	初中学历
	王德将	男	19	父子	高中学历，正服兵役
53	王巨仁	男	53	户主	高中学历，中共党员，上海务工
	孙成荣	女	53	夫妻	初中学历
	王子杰	男	28	父子	本科学历，北部战区服兵役
	王雨嫣	女	32	长女	大学学历
	王　雨	女	30	次女	大学学历
	张宗兰	女	78	母子	
54	王子宁	男	32	户主	本科学历，临沂工作
	刘荣花	女	52	母子	大专学历，官桥镇小学教师
	许　花	女	32	夫妻	
	王墨阳	男	1	父子	
55	王原仁	男	59	户主	中专学历，上钢十厂退休职工
	闫国娟	女	58	夫妻	上海退休职工
	王明杰	男	30	父子	大专学历，上海工作
	王栋仁	男	57	兄弟	大专学历，上海外企工程师
	杨美娣	女	56	弟媳	上海工商银行退休职工
	王友嘉	女	28	侄女	大专学历，上海工作
56	王坡仁	男	55	户主	外地务工
	杜修凤	女	52	夫妻	
	王德帅	男	27	父子	初中学历
	严苓苓	女	29	子媳	初中学历
	王纯特	男	6	长孙	

续表

序号	姓名	性别	年龄	户主或与其关系	备注
	王纯佑	男	1	次孙	
	王文莉	女	30	长女	高中学历
	王文晶	女	28	次女	初中学历
57	王贵仁	男	64	户主	官桥煤矿务工多年
	王德运	男	34	父子	初中学历
	周　利	女	31	子媳	初中学历
	王新慧	女	4	孙女	
	王俊杰	男	1	孙子	
	王　平	女	36	父女	大专学历，中共党员，滕州市规划局工作
58	王纯甲	男	26	户主	高中学历，外地务工
	赵连美	女	66	母子	
	李　云	女	26	夫妻	大学学历
59	王德伟	男	61	户主	村庄最早的拖拉机驾驶员，后从事汽车维修
	李现云	女	62	夫妻	
	王丽华	女	35	父女	初中学历，枣庄工作
	王　振	男	38	父子	中专学历，枣庄工作
	王宜明	男	9	祖孙	
	王宜朋	男	5	祖孙	
60	王彦仁	男	72	户主	曾任生产队会计多年
	杜长英	女	74	夫妻	
	王　柱	男	29	父子	高中学历，滕州公交公司汽车维修工
	刘　娟	女	27	子媳	高中学历，滕州公交公司乘务员
	王宜明	男	2	祖孙	
	王德正	男	55	女婿	初中学历

续表

序号	姓名	性别	年龄	户主或与其关系	备注
	王领群	女	53	父女	初中学历
	王魏兴	男	17	祖孙	高中学历
61	王更仁	男	68	户主	官桥煤矿职工
	倪士云	男	63	夫妻	
	王德喜	男	26	父子	初中学历
62	王合仁	男	70	户主	
	赵怀菊	女	66	夫妻	
	王德启	男	32	父子	初中学历
	王玉梅	女	34	子媳	初中学历
	王一帆	男	7	祖孙	
63	王德增	男	49	户主	建筑务工
	侯秀英	女	50	夫妻	初中学历
	王楠楠	女	25	长女	大专学历，东营从事护理工作
	王巧巧	女	23	次女	初中学历
	王维维	女	17	三女	滕州高中正读
64	王　月	男	47	户主	大专学历，中共党员，服兵役12年，枣庄市市中区民政局工作
	严丽华	女	40	夫妻	中专学历
	魏延鸾	女	72	母子	
	王　瑞	男	17	父子	大学本科在读
65	王发仁	男	48	户主	初中学历，官地煤矿职工
	刘绍莲	女	48	夫妻	初中学历
	王　盖	男	25	父子	
	王新月	女	14	父女	
66	王有仁	男	57	户主	

续表

序号	姓名	性别	年龄	户主或与其关系	备注
	张凤英	女	83	母子	
	王阔仁	男	52	兄弟	
67	王　钧	男	30	户主	中专学历，临沂务工
	曹均凤	女	54	母子	
	赵晓娟	女	30	夫妻	中专学历，临沂务工
	王铭浩	男	4	父子	
	王璇璇	女	28	兄妹	高中学历，临沂务工
68	王德祥	男	60	户主	初中学历，济宁工作
	石兆香	女	60	夫妻	初中学历，济宁工作
	王媛媛	女	36	父女	中专学历，济宁工作
	王　涛	男	30	父子	
69	王德刚	男	56	户主	高中学历，武汉工作
	张胜梅	女	54	夫妻	大专学历，武汉工作
	王　路	男	32	父子	大专学历，部队服役
	周芳露	女	30	子媳	大专学历，武汉工作
	王　予	男	2	祖孙	
70	王立朋	男	65	户主	初中学历
	王厚凤	女	63	夫妻	初中学历
	王成成	女	24	父女	大专学历，参加工作
71	王立彬	男	65	户主	曾任生产队长多年
	黄振云	女	62	夫妻	
	王军伟	男	36	父子	初中学历，邓州从事餐饮业
	马兴秀	女	37	子媳	中专学历，邓州从事餐饮业
	王团团	女	32	长女	初中学历

续表

序号	姓名	性别	年龄	户主或与其关系	备注
	王　燕	女	32	次女	初中学历
	王浩鑫	男	11	长孙	
	王慧鑫	男	5	次孙	
72	王立青	男	57	户主	初中学历，外地务工
	倪玉花	女	51	夫妻	初中学历
	王省伟	男	31	长子	初中学历，外地务工
	王宝宝	男	29	次子	初中学历，外地务工
	王晓婷	女	27	父女	初中学历
	王冉冉	女	10	孙女	
	王　研	女	5	孙女	
73	王香仁	男	58	户主	初中学历，餐饮厨师
	刘延凤	女	56	夫妻	高中学历
	王　伟	男	32	父子	初中学历，外地务工
	任延秀	女	35	子媳	
	王淑贤	女	8	孙女	
	王浩铭	男	2	孙子	
74	王明仁	男	78	户主	初中学历，餐饮厨师
	马建莲	女	77	夫妻	
	王慧君	男	48	长子	初中学历，外地务工
	任秀英	女	49	长子媳	初中学历
	王纯志	男	26	长子孙	大学学历，北京务工
	王小文	女	28	长子孙女	大专学历，朝阳煤矿会计
	王备荒	男	45	次子	初中学历，外地务工
	时均娥	女	46	次子媳	初中学历

续表

序号	姓名	性别	年龄	户主或与其关系	备注
	王紫涵	女	6	次子孙女	
75	王久仁	男	57	户主	高中学历，北辛久仁饭店老板
	周兆英	女	55	夫妻	
	王　贺	男	32	长子	初中学历，部队服役2年
	商　英	女	33	长子媳	初中学历
	王　帅	男	30	次子	初中学历，中共党员，部队服役10年，沈阳军区汽车队上士
	王纯奥	男	9	长子孙	
76	王石仁	男	52	户主	初中学历，中共党员，担任生产队长数年
	曹以苓	女	48	夫妻	初中学历
	王　波	男	29	父子	初中学历
	王玲玲	女	29	子媳	初中学历
	王梓轩	男	3	祖孙	
	王趁趁	女	27	父女	高中学历
77	王广旭	男	87	户主	私塾学堂出身，曾为共产党部队战士，后因病在老乡家修养，与部队失去联系
	张以英	女	61	长子媳	初中学历
	王　岗	男	26	长子孙	大专学历
78	王德安	男	64	户主	初中学历，中共党员，木石供销社退休职工，滕州德安鸿源公司董事长
	张福兰	女	83	母子	
	马秀梅	女	61	夫妻	木石供销社退休职工，居住滕州市汇龙大厦
	王其超	男	39	长子	大专学历，滕州德安鸿源公司总经理，居住滕州市四方城小区
	李　蕴	女	38	长子媳	大专学历，中共党员，滕州市人民医院手术室护士长，居住滕州市四方城小区
	王韬宇	男	12	长子孙	
	王浠浠	女	1	长子孙女	
	王　旭	男	29	次子	本科学历，中共党员，居住滕州汇龙大厦

续表

序号	姓名	性别	年龄	户主或与其关系	备注
	刘希文	女	29	次子媳	本科学历，居住滕州市汇龙大厦
	王毅腾	男	1	次子孙	
79	王德全	男	60	户主	初中学历，曾任生产队长多年，居住滕州市颐和花苑小区
	闫广芩	女	59	夫妻	初中学历，居住滕州市颐和花苑小区
	王　振	男	31	父子	初中学历，居住滕州市颐和花苑小区
	邓　琳	女	29	子媳	高中学历，居住滕州市颐和花苑小区
	王姝涵	女	5	孙女	
	王铭晨	男	3	孙子	
80	王德华	男	53	户主	高中学历，滕州木石德安批发部经理
	陈宝玲	女	53	夫妻	初中学历，木石镇驻地经商
	王　辉	男	28	长子	高中学历，木石镇驻地经商
	朱芹芹	女	28	长子媳	高中学历，居住木石镇驻地
	王浩坤	男	4	长子孙	
	王潇晗	女	3	长子孙女	
	王　战	男	26	次子	高中学历，居住木石镇驻地
81	王吉仁	男	60	户主	初中学历
	高俊芳	女	62	夫妻	高中学历
	王亚运	男	28	父子	初中学历，曾在村庄经营百货超市数年
	王菲菲	女	26	子媳	初中学历
	王群成	男	8	祖孙	
82	王兴仁	男	48	户主	初中学历，曾任红炉师傅
	单巧苓	女	47	夫妻	
	王德山	男	16	父子	初中学历
	王慧茹	女	23	父女	初中学历

续表

序号	姓名	性别	年龄	户主或与其关系	备注
83	王信仁	男	55	户主	初中学历，出外务工
	孙福芳	女	55	夫妻	初中学历
	吴凤华	女	79	母子	
	王　强	男	24	父子	高中学历，出外务工
	李　慧	女	23	子媳	高中学历
	王艺橦	男	4	长孙	
	王子浩	男	1	次孙	
	王席席	女	28	父女	
	王兰秀	女	51	兄妹	
	王銮荣	女	49	兄妹	
	王銮英	女	46	兄妹	
	王銮芹	女	42	兄妹	
84	王恒仁	男	70	户主	高中学历，曾任小学民办教师多年，制秤行业枣庄市非物质遗产传承人
	唐安英	女	69	夫妻	
	王　磊	男	46	长子	初中学历，外出务工
	杨爱霞	女	48	长子媳	外出务工
	王　车	男	25	长子孙	初中学历
	王德辉	男	42	次子	初中学历，外出务工
	孙雪琴	女	40	次子媳	初中学历，外出务工
	王中秋	男	18	次子孙	初中学历
	王德伟	男	37	三子	初中学历，外出务工
	朱敬菊	女	36	三子媳	初中学历，外出务工
	王　申	男	15	三子孙	中专学历
85	王全仁	男	70	户主	曾任生产队长多年

续表

序号	姓名	性别	年龄	户主或与其关系	备注
	马洪玉	女	70	夫妻	
	王德鼎	男	40	父子	担任村委会委员数年
	李秀芳	女	41	子媳	初中学历
	王　纯	女	12	孙女	初中正读
	王秀清	女	44	父女	东营市经营餐饮业
86	王立军	男	51	户主	初中学历，外出务工
	刘允玲	女	54	夫妻	外出务工
	王　帅	男	23	父子	初中学历，外出务工
	胡桃桃	女	23	子媳	初中学历
	王馨苡	女	3	孙女	
	王浚博	男	2	孙子	
87	王平仁	男	70	户主	
	朱恒英	女	70	夫妻	
	王德年	男	46	长子	初中学历，外出务工
	周　翠	女	43	长子媳	初中学历，外出务工
	王金龙	男	42	次子	初中学历，外出务工
	杨　霞	女	40	次子媳	初中学历，外出务工
	王海营	男	39	三子	初中学历，外出务工
	张　颜	女	30	三子媳	初中学历，外出务工
	王浩明	男	9	长子孙	
	王一壹	女	13	次子孙女	
	王胜南	女	5	次子孙女	
	王　悦	女	3	次子孙女	
	王　欢	男	10	三子孙	

续表

序号	姓名	性别	年龄	户主或与其关系	备注
88	王汉仁	男	82	户主	高中学历，中共党员，曾任村庄支部书记等职务二三十年
	李　霞	女	81	夫妻	初中学历
	王德峰	男	46	次子	高中学历，中共党员，部队转业人员，滕州市广电局办公室主任
	倪　凤	女	46	次子媳	初中学历，滕州务工
	王旭东	女	20	次子孙女	本科学历
89	王德永	男	53	户主	高中学历，中共党员，曾任村委会主任、村党支部书记多年，滕州市成金机械制造公司入股合伙人
	狄德花	女	54	夫妻	初中学历
	王云龙	男	30	长子	高技学历，枣矿集团八一轮胎厂职工
	孙　会	女	31	长子媳	高技学历，枣矿集团总医院工作
	王玉水	男	29	次子	高技学历，枣矿集团八一轮胎厂职工
	殷　齐	女	26	次子媳	高中学历
	王墨涵	女	8	长子孙女	
	王大壮	男	5	长子孙	
90	王立瀛	男	93	户主	初中学历，退休职工，居住邹城
	王现仁	男	68	长子	初中学历，聊城电厂退休职工
	宋志荣	女	70	长子媳	聊城电厂退休职工
	王　晶	女	43	长子孙女	
	王　霞	女	40	长子孙女	
	王　超	男	37	长子孙	
	季洪伟	女	40	长子孙媳	大专学历
	王梓纯	男	10	曾孙	
	王瑞仁	男	65	次子	高中学历，泰安电厂退休职工
	荣念英	女	64	次子媳	初中学历，肥城电厂退休职工
	王源森	女	31	次子孙女	肥城工作

续表

序号	姓名	性别	年龄	户主或与其关系	备注
91	王珍仁	男	50	户主	初中学历，邹城工作
	田始云	女	50	夫妻	高中学历，邹城工作
	王　琳	女	26	父女	大专学历，邹城工作
	王　意	男	24	父子	大专学历，邹城工作
	程玉莹	女	24	长子媳	大专学历
	王凤莲	女	56	姐弟	初中学历，邹城退休职工
	王巧莲	女	53	姐弟	高中学历，邹城退休职工
92	王立庆	男	82	户主	兖矿集团三十二处退休木工
	刘绍英	女	78	夫妻	
	王永仁	男	55	长子	初中学历，邹城铁路处职工
	石　燕	女	54	长子媳	高中学历，邹城工作
	王冰仁	男	47	次子	初中学历，邹城煤矿职工
	陈宗慧	女	46	次子媳	初中学历，邹城工作
	王秀莲	女	57	长女	
	王　慧	女	41	次女	技校学历，邹城工作
	王德志	男	16	孙子	
	王　旭	男	19	孙子	
	王德润	男	14	孙子	
93	王东东	男	33	户主	初中学历，滕州市木石镇驻地经商
	钟士利	女	57	母子	居住滕州市木石镇驻地
	唐　滕	女	32	夫妻	中专学历，滕州市木石镇驻地经商
	王瀚晨	男	7	父子	
94	王　刚	男	42	户主	高中学历，北辛王刚饭店老板
	杨学霞	女	46	夫妻	初中学历

续表

序号	姓名	性别	年龄	户主或与其关系	备注
	王美超	女	22	父女	高中学历
	王滕超	男	15	父子	高中正读
	党同玉	女	78	母子	中专学历，原国营企业职工，三年经济困难时期自愿回乡务农
95	王祥存	男	49	户主	煤矿职工
	杨美红	女	48	夫妻	
	王彦杰	男	12	父子	
	王爱玲	女	19	父女	中学学历
	王立坤	男	46	兄弟	
96	王建建	男	33	户主	高中学历
	朱士莲	女	61	母子	
	庄青青	女	30	夫妻	大专学历
	王琪雅	女	7	父女	
	王浩宇	男	3	父子	
97	王水仁	男	53	户主	初中学历，苏州从事餐饮业
	倪桂英	女	53	夫妻	初中学历
	王称称	男	26	父子	中专学历
98	王海仁	男	49	户主	初中学历，滕州市木石镇驻地经营水果、酒类批发 10 余年
	范春艳	女	41	夫妻	初中学历，木石镇驻地经商
	王莉莉	女	23	长女	高中学历
	王浩楠	女	8	次女	
	王艺博	男	7	长子	
99	王金仁	男	53	户主	初中学历，从事面食经营
	任泽梅	女	55	夫妻	
	王　钮	女	24	长女	初中学历

续表

序号	姓名	性别	年龄	户主或与其关系	备注
	王德启	男	19	父子	高中学历
	王　玲	女	24	次女	初中学历
100	王都仁	男	55	户主	上海务工
	任言荣	女	55	夫妻	
	王德旭	男	34	长子	初中学历
	王德华	男	32	次子	初中学历
	倪文娟	女	34	长子媳	初中学历
	孙焕焕	女	33	次子媳	初中学历
	王志国	男	7	长子孙	
	王志强	男	10	次子孙	
	王馨恬	女	3	孙女	
101	王冬冬	男	32	户主	初中学历，外地务工
	朱成华	女	56	母子	初中学历
	王冬梅	女	35	姐弟	初中学历
	刘　聪	女	13	外甥女	正读初中
102	王锁言	男	53	户主	初中学历，从事家庭养殖
	张秋英	女	47	夫妻	
	王　彬	男	26	父子	高中学历
	王美娟	女	24	父女	高中学历
103	王芝仁	男	67	户主	八一煤矿退休职工
	孙长兰	女	64	夫妻	初中学历
	王德访	男	39	父子	中专学历
	王兆荣	女	37	子媳	初中学历
	王淑雯	女	14	孙女	

续表

序号	姓名	性别	年龄	户主或与其关系	备注
	王志奥	男	9	孙子	
104	王　成	男	52	户主	初中学历，北辛王氏家族宗亲理事会会长、上海凯大建设工程有限公司总经理
	赵厚英	女	50	夫妻	初中学历，上海工作
	王腾龙	男	30	父子	高中学历，上海工作
	倪丹丹	女	28	子媳	高中学历，上海工作
	王　飞	女	24	父女	大学学历
	王锦泽	男	7	长孙	
	王锦瑞	男	4	次孙	
105	王宝仁	男	66	户主	官桥煤矿职工
	邢友爱	女	65	夫妻	
	王德良	男	37	父子	中专学历
	张　利	女	35	子媳	初中学历
	王浩宇	男	10	祖孙	
106	王洪祥	男	53	户主	本科学历，中共党员，枣庄华夏专修学院工作
	刘家英	女	76	母子	
	王洪社	男	48	二弟	中专学历，中共党员，滕州牧工商工作
	赵意芳	女	46	二弟媳	中专学历，中共党员，滕州力华公司工作
	王俊博	男	19	侄子	大学在读
	王洪礼	男	44	三弟	中专学历，中共党员，枣矿集团工作
	张香迎	女	46	三弟媳	初中学历，居住滕州市区
	王信惠	女	17	侄女	高中在读
	王信雯	女	22	父女	齐鲁师范学院汉语言文学教育本科在读
107	王传善	男	68	户主	初中学历，服兵役 7 年，电气焊技师
	黄兆菊	女	66	夫妻	

续表

序号	姓名	性别	年龄	户主或与其关系	备注
	王洪超	男	31	长子	初中学历，外地务工
	史秋霞	女	29	长子媳	初中学历
	王洪存	男	29	次子	初中学历
	耿　鸽	女	28	次子媳	
	王丹丹	女	34	父女	
	王　勇	男	6	长子孙	
	王俊峰	男	3	次子孙	
108	王洪涛	男	36	户主	高中学历
	季心爱	女	61	母子	
	雷　历	女	30	夫妻	初中学历
	王　斐	女	6	父女	
	王　曦	男	2	父子	
109	王洪彬	男	31	户主	
	赵　莉	女	27	夫妻	
	王子浩	男	6	长子	
	王子铭	男	1	次子	
110	王洪亮	男	44	户主	初中学历，上海务工
	周传花	女	43	夫妻	初中学历，上海务工
	王秀娟	女	24	长女	初中学历，上海务工
	王　振	女	17	次女	高中学历，上海务工
	王俊杰	男	5	父子	
111	王传益	男	82	户主	中专学历，经商多年
	王洪福	男	56	长子	大专学历，枣庄建筑公司工作
	李宪霞	女	57	长子媳	初中学历，滕州市北辛街道退休

续表

序号	姓名	性别	年龄	户主或与其关系	备注
	王　辉	男	32	长子孙	大学学历，枣庄建筑公司工作
	陈现萍	女	31	孙媳	滕州工作
	王好伟	男	8	曾孙	
	王瀚臣	男	4	曾孙	
	王洪坡	男	43	次子	初中学历，上海务工
	李现苓	女	42	次子媳	上海务工
	王邦胜	男	22	次子孙	大学学历，青岛务工
112	王立运	男	56	户主	高中学历，中共党员，曾任村党支部书记 10 年，两届滕州市人大代表，滕州市成金机械制造公司法人代表
	杨传秀	女	77	母子	初中学历
	任士美	女	54	夫妻	初中学历，居住八一矿区
	王显仁	男	25	父子	大专学历，八一煤矿职工
	王颜霞	女	24	长女	本科学历在读
	王艺睿	女	12	次女	
	王立明	男	51	兄弟	高中学历
	李宪菊	女	51	弟媳	初中学历
	王　慧	女	30	侄女	大专学历，八一煤矿工作
	王媛媛	女	28	侄女	大专学历，八一煤矿工作
	王文鹏	男	24	侄子	本科在读
113	王廷仁	男	61	户主	初中学历，餐饮厨师
	周秀霞	女	62	夫妻	初中学历
	王德昂	男	31	父子	本科学历，枣庄科技职业学院教师
	王雨滕	男	3	祖孙	
114	王浩仁	男	54	户主	高中学历，木工出身，外地务工
	魏永霞	女	54	夫妻	初中学历

续表

序号	姓名	性别	年龄	户主或与其关系	备注
	王　湘	男	30	父子	大专学历，外地务工
	沈　凡	女	30	子媳	中专学历，外地务工
	王俊程	男	3	祖孙	
	王银萍	女	21	父女	中专学历，外地务工
115	王立堂	男	72	户主	大专学历，中共党员，中学一级教师
	王广文	男	93	父子	
	王　英	女	42	父女	硕士研究生学历，枣庄科技职业学院副教授
116	王立军	男	59	户主	初中学历
	孙井菊	女	57	夫妻	初中学历
	王　颖	女	34	长女	初中学历
	王　冲	女	31	次女	本科学历，青岛微电子有限公司工作
	王　芬	女	29	三女	初中学历
	王　晴	男	26	父子	初中学历
117	王立涛	男	57	户主	大专学历，中共党员，曾任滕州市羊庄镇文化站长等职
	朱光霞	女	55	夫妻	本科学历，中共党员，滕州市羊庄中心校小学高级教师
	王　哲	男	31	父子	本科学历，娃哈哈集团济南分公司员工
	霍文意	女	31	子媳	本科学历，济南车险公司员工
	王若梦	女	3	孙女	
118	王引仁	男	59	户主	初中学历，蔬菜种植能手
	朱明荣	女	58	夫妻	
	王　臣	男	33	父子	初中学历
	时秀菊	女	38	子媳	初中学历
	王誉颖	女	9	孙女	
	王翊霖	男	2	孙子	

续表

序号	姓名	性别	年龄	户主或与其关系	备注
119	王东仁	男	57	户主	初中学历，薛城经商 20 余年
	吴洪英	女	59	夫妻	初中学历
	王德帅	男	27	父子	大专学历，山东义纬电子科技有限公司员工
	李　德	女	27	子媳	大学学历，枣庄四十一中教师
120	王玉仁	男	66	户主	
	任振英	女	66	夫妻	
	王德瑞	男	41	长子	初中学历，擅长车辆维修
	井继华	女	38	长子媳	
	王纯浩	女	15	长子孙女	高中在读
	王俊哲	男	5	长子孙	
	王德强	男	35	次子	
	陈宝霞	女	31	次子媳	
	王纯波	男	7	次子孙	
	王纯雪	女	4	次子孙女	
121	王立财	男	58	户主	高中学历，机械化养鸡技师
	刘孝芹	女	57	夫妻	
	王大位	男	30	父子	初中学历，美容美发师
	李　倩	女	29	子媳	初中学历
	王德做	男	4	祖孙	
	王　诺	女	1	孙女	
	王丹丹	女	32	父女	初中学历
122	王立富	男	51	户主	初中学历，煤矿职工
	杨家兰	女	50	夫妻	初中学历
	王文仁	男	24	父子	初中学历

续表

序号	姓名	性别	年龄	户主或与其关系	备注
123	王迎仁	男	70	户主	担任生产队会计多年，曾与人合伙承包村庄轮窑厂
	孙晋真	女	71	夫妻	
	王德富	男	44	长子	中共党员，服兵役 5 年
	张翠平	女	43	长子媳	高中学历
	王　倩	女	20	长子孙女	高中学历
	王纯东	男	16	长子孙	
	王德强	男	38	次子	滕州市区经营品牌理发店多年
	马　利	女	31	次子媳	初中学历
	王　迪	女	8	次子孙女	
	王　博	男	4	次子孙	
	王利华	女	29	长女	
124	王柏仁	男	55	户主	初中学历，餐饮厨师
	张洪梅	女	86	母子	
	杨其荣	女	55	夫妻	高中学历
	王德旭	男	34	长子	初中学历
	倪　敬	女	34	长子媳	初中学历
	王文文	女	32	长女	初中学历
	王龙均	男	28	次子	初中学历
	王宇辰	男	9	长子孙	
125	王斌仁	男	54	户主	初中学历，餐饮厨师，担任生产队长多年，北辛成龙公支理事会副会长
	郭立美	女	55	夫妻	初中学历
	王　莉	女	31	长女	初中学历
	王　茜	女	27	次女	初中学历
	王德善	男	25	长子	初中学历，自由职业者

续表

序号	姓名	性别	年龄	户主或与其关系	备注
126	王德印	男	20	户主	高中学历，现服兵役
	李艳霞	女	51	母子	初中学历，滕州市区经营餐饮业
	王　利	女	23	姐弟	初中学历，滕州务工
127	王团仁	男	58	户主	高中学历，滕州煤炭公司退休职工
	刘继秀	女	60	夫妻	
	王普查	男	35	长子	初中学历，柴里耀翔公司员工
	周　琍	女	34	长子媳	
	王玉涵	女	7	长子孙女	
	王德平	男	32	次子	大专学历，鲁南装备集团员工
	王　艳	女	30	次子媳	大专学历，锐志药业公司员工
	王俊卿	男	5	次子孙	
128	王德夫	男	55	户主	初中学历，上海务工
	张计伟	女	55	夫妻	
	王纯熙	男	31	长子	上海务工
	任衍春	女	28	长子媳	上海务工
	王　悦	女	9	长子孙女	
	王　婷	女	6	长子孙女	
	王纯银	男	27	次子	在外务工
	徐明月	女	28	次子媳	在外务工
	王怡豪	男	8	次子孙	
	王怡萱	女	2	次子孙女	
129	王进仁	男	63	户主	滕州煤炭公司退休职工
	张开兰	女	61	夫妻	
	王德法	男	37	长子	初中学历

续表

序号	姓名	性别	年龄	户主或与其关系	备注
	王俊杰	男	12	长子孙	
	王德才	男	30	次子	
	王德艳	女	32	长女	
130	王普仁	男	50	户主	初中学历，枣庄出租车经营者
	杨　莉	女	49	夫妻	枣庄出租车经营者
	王大营	男	28	长子	本科学历，西安市环保局干部
	王二营	男	27	次子	初中学历，枣庄汽车装潢
	张晓桃	女	27	次子媳	初中学历
	王明泽	女	3	次子孙女	
	王洋洋	女	29	长女	初中学历
	王杜氏	女	89	母子	
131	王宜仁	男	54	户主	初中学历，建筑工人
	党向云	女	55	夫妻	
	王德龙	男	30	父子	
	孙　青	女	25	子媳	
132	王良仁	男	75	户主	
	刘守英	女	73	夫妻	
	王德顺	男	45	次子	
	赵金菊	女	45	次子媳	
	王欣茹	女	17	次子孙女	
	王德财	男	50	长子	高中学历，中共党员，北辛德财批发超市经理
	李存荣	女	50	长子媳	初中学历
	王　娜	女	27	长子孙女	大学学历
	王凯男	男	25	长子孙	高中学历

续表

序号	姓名	性别	年龄	户主或与其关系	备注
	王 婷	女	24	长子孙媳	初中学历
	王宜佑	男	1	曾孙	
	王诗扬	女		曾孙女	
133	王友仁	男	65	户主	
	韩成英	女	63	夫妻	
	王德峰	男	27	父子	高中学历
134	王广华	男	74	户主	
	刘振兰	女	74	夫妻	
	王立东	男	40	次子	初中学历，中共党员，在外务工
	王维霞	女	42	次子媳	初中学历
	王 萌	男	7	次子孙	
	王盼盼	女	11	次子孙女	
	王立春	男	45	长子	初中学历，从事淘豆芽制作
	高祖苓	女	46	长子媳	初中学历，中共党员
	王 勇	男	17	长子孙	高中学历
135	王敬仁	男	61	户主	初中学历
	王宝凤	女	59	夫妻	
	王 利	女	35	长女	高中学历
	王德敏	男	32	长子	初中学历
	关 利	女	31	长子媳	
	王纯镇	男	9	长子孙	
	王脂玉	女	7	长子孙女	
136	王德营	男	53	户主	
	刘凌梅	女	51	夫妻	

续表

序号	姓名	性别	年龄	户主或与其关系	备注
	王　瑞	男	27	长子	初中学历
	王纯艳	女	26	长女	初中学历
137	王韩仁	男	50	户主	初中学历，枣庄经商
	杨明凤	女	50	夫妻	初中学历
	王晓惠	女	28	父女	高中学历
	王焱成	男	18	父子	高中学历
138	王海燕	男	47	户主	初中学历，滕州出租车经营者
	吕传霞	女	76	母子	
	刘新芹	女	47	夫妻	初中学历，中共党员，村妇联主任
	王晓宇	女	24	父女	中专学历，共青团员，滕州市柴胡店　医院护士
	王　凯	男	18	父子	高中学历，现役军人
139	王德科	男	56	户主	参加对越自卫反击作战，因病回乡后在木石镇驻地创办北辛宾馆，现任村委会主任、北辛王氏理事会副会长
	任玉芹	女	53	夫妻	初中学历，木石镇经营餐饮、宾馆业
	王　飞	男	34	长子	高中学历，中共党员
	王　云	女	31	长女	高中学历
	王千一	女	9	长子孙女	
·	王宜众	男	7	长子孙	
	随传苓	女	35	长子媳	初中学历
140	王立巨	男	76	户主	初中学历，中共党员，担任村委会主任、村党支部副书记等职 20 年
	胡淑英	女	75	夫妻	
	王光辉	男	55	长子	本科学历，中共党员，枣庄市中区史志办原主任、编审
	董业秀	女	51	长子媳	本科学历，中共党员，枣庄市原电石厂退休职工
	王艳珍	女	53	长女	高中学历，曾经营粮食收购多年
	王光峰	男	43	三子	中专学历，留庄煤矿食堂职工

续表

序号	姓名	性别	年龄	户主或与其关系	备注
	王玉春	女	46	三子媳	初中学历，枣庄八中食堂务工
	王　祺	男	27	长子孙	本科学历，枣庄市中区卫生局职工
	庄　帅	女	23	长子孙媳	大专学历，枣庄经济开发区务工
	王秋鹏	男	20	三子孙	枣庄职业学院航空专业在读
	王梓萌	女	9	孙女	
141	王大军	男	47	户主	大专学历，中共党员，原滕州化肥厂生产厂长，应聘临沂金正大集团工作
	刘爱云	女	45	夫妻	中专学历，滕州化肥厂退休职工
	姬德凤	女	82	母子	
	王晓棠	女	54	姐弟	初中毕业，20 世纪 70 年代村庄文艺宣传队主要演员，曾获全县汇演二等奖
	王露旋	女	20	父女	青岛科技大学本科在读
	王子阳	男	8	父子	
142	王　恩	男	42	户主	中专学历，山亭区桑村镇驻地经商
	朱言英	女	43	夫妻	山亭区桑村镇驻地经商
	王　莉	女	50	姐弟	20 岁起在枣庄从事品牌服装经营
	王亚琪	女	18	父女	2017 年考入山东交通大学本科
	王永波	男	16	父子	高中在读
143	王立玉	男	80	户主	中共党员，枣庄矿务局劳模，柴里煤矿退休职工
	薛茂兰	女	78	夫妻	
	王文娟	女	54	父女	高中学历，柴里煤矿退休职工
	王　斌	男	49	长子	大学学历，中共党员，枣矿集团铁运处副总工程师
	陈　静	女	49	长子媳	大学学历，中共党员，枣矿集团财务处科长
	王天怡	女	23	孙女	中共党员，山东财经大学本科在读
	王坤仁	男	47	次子	大学学历，中共党员，枣矿集团盛源荣达实业公司副总经理
	张　莉	女	43	次子媳	中专学历，滕州华润煤气公司员工

续表

序号	姓名	性别	年龄	户主或与其关系	备注
	王天威	男	18	孙子	2017 年考入泰安医学院本科，共青团员
144	王立鉴	男	75	户主	
	徐传华	女	75	夫妻	初中学历
	王永生	男	47	父子	初中学历
	耿道云	女	48	子媳	
	王鹏成	男	26	祖孙	
145	王立钦	男	60	户主	高中学历，从事铁器加工
	郭子霞	女	61	夫妻	初中学历
	王全意	男	36	父子	初中学历，承包零星工程
	孙延静	女	33	子媳	初中学历
	王潇悦	女	11	长孙女	
	王嫊棋	女	3	次孙女	
	王晨旭	男	3	祖孙	
146	王德国	男	46	户主	初中学历
	张茂梅	女	48	夫妻	初中学历
	王纯政	男	23	父子	高中学历
	张举香	女	77	母子	
147	王立强	男	60	户主	枣矿集团柴里煤矿退休职工
	石正英	女	86	母子	
	彭建华	女	53	夫妻	
	王　露	女	29	父女	初中学历
	王　鹏	男	19	父子	高中学历
148	王立敬	男	51	户主	初中学历，滕州市弘大公司总经理
	王　宽	男	26	长子	高中学历，服兵役 2 年，滕州市滨湖镇政府员工

续表

序号	姓名	性别	年龄	户主或与其关系	备注
	王俊泽	男	4	次子	
	王立勤	男	47	兄弟	中专学历，青岛某酒店厨师
	朱　凤	女	47	弟媳	中专学历，青岛务工
	王　港	男	20	侄子	初中学历，青岛务工
	王　澳	男	18	侄子	初中学历，青岛务工
149	王光明	男	49	户主	鲁化危险、化学品货运驾驶员
	李　敏	女	47	夫妻	鲁化危险、化学品货运押车员
	王媛媛	女	27	父女	大专学历，公司会计
	王德玉	男	20	父子	大专在读
150	王德地	男	51	户主	初中学历，车辆运输
	赵成苓	女	52	夫妻	
	王　冲	男	27	父子	外地务工
	王　晨	女	26	父女	
151	王立标	男	83	户主	经营羊肉汤、淘豆芽等生意多年
	薛茂凤	女	82	夫妻	
	王金仁	男	57	长子	
	秦应荣	女	52	长子媳	
	王齐亮	男	7	祖孙	
152	王现仁	男	54	户主	江苏省常州市务工
	刘贤云	女	52	夫妻	
	王　蒂	女	30	长女	常州市营业员
	王　楠	女	29	次女	
	王　青	女	27	三女	常州市务工
	王　坤	男	25	长子	江苏省镇江市包工地

续表

序号	姓名	性别	年龄	户主或与其关系	备注
153	王英仁	男	70	户主	
	殷召荣	女	69	夫妻	
	王德响	男	39	父子	杭州百校食堂员工
	宋　伟	女	38	子媳	杭州百校食堂员工
	王纯雪	女	13	孙女	
	王进峯	男	7	孙子	
154	王会晶	男	63	户主	高中学历，中共党员，曾任北辛大队团支部书记，北辛供销社主管会计，滕州一建机械厂工程师
	王维荣	女	59	夫妻	滕州荆河街道新桥小区居民
	王璐璐	女	34	父女	共青团员，滕州市实验小学教师
	王亚青	男	31	父子	共青团员，广通有限公司主任
	徐佩佩	女	28	子媳	共青团员，广通有限公司会计
155	王全仁	男	77	户主	曾任生产队队长多年，蔬菜种植能手
	孙茂云	女	71	夫妻	
	王德华	男	46	父子	官桥煤矿工人
	王晓春	女	47	子媳	
	王天宇	女	8	孙女	
	王天晴	女	1	孙女	
156	王都喜	男	48	户主	从事装修工作
	刘道美	女	47	夫妻	从事装修工作
	王纯洋	男	18	父子	高中正读
157	王德明	男	46	户主	外地务工
	蔡成梅	女	47	夫妻	
	王　凯	女	27	父女	中专学历
	王　成	男	24	父子	初中学历

续表

序号	姓名	性别	年龄	户主或与其关系	备注
158	王存仁	男	67	户主	初中学历，曾任生产队长多年
	刘玉花	女	69	夫妻	
	王德银	男	46	长子	外地务工
	范友侠	女	46	子媳	
	王玉菲	女	23	长子孙女	大专学历，南京体育学院就读
	王　棵	男	15	长子孙	
	王德平	男	44	次子	
	杨尚苹	女	44	次子媳	
	王　淏	男	17	次子孙	
	王艺锦	女	3	次子孙女	
159	王荣海	男	39	户主	高中学历，居住滕州
	王腾辉	男	15	长子	
	王腾毅	男	16	次子	
	王　维	女	36	兄妹	
	王维利	女	35	夫妻	
160	王春仁	男	48	户主	外地务工
	任言凤	女	50	夫妻	
	王　震	男	25	父子	
	狄藤藤	女	26	子媳	
	王钰翔	男	3	祖孙	
	王语漩	女	1	祖孙女	
161	王景仁	男	55	户主	初中学历，合伙经营村轮窑厂数年
	杨尚云	女	57	夫妻	
	王　健	男	32	长子	大专学历

续表

序号	姓名	性别	年龄	户主或与其关系	备注
	史园园	女	28	长子媳	
	王　军	男	28	三子	中专学历
	李　甜	女	30	三子媳	
	王浩宇	男	8	长子孙	
	王梓淇	女	4	三子孙女	
	王梓赫	男	2	三子孙	
	柴计秀	女	83	母子	
162	王立喜	男	54	户主	外地务工
	刘玉霞	女	53	夫妻	
	王　强	男	30	父子	山东科技大学毕业，济南启辰汽车销售公司总经理
	王爱平	女	29	子媳	兰州大学法律硕士研究生，济南法院工作
	王　娟	女	28	父女	武汉理工大学毕业，济南腊山小学教师
163	王立传	男	56	户主	建筑职工
	关　利	女	54	夫妻	
	王海荣	女	6	父女	
164	王如仁	男	64	户主	轮窑师傅
	刘守凤	女	55	夫妻	
	王德峰	男	32	长子	大专学历，滕州食品厂职工
	王　成	男	25	次子	上海务工
165	王　芳	男	45	户主	大专学历，滕州光谱太阳能厂工作
	张　红	女	46	夫妻	大学学历，滕州姜屯镇中学一级教师
	王宝兴	男	20	父子	共青团员，泰安医学院本科在读
166	王　坤	男	61	户主	初中学历，中共党员，官桥煤矿退休职工
	张宜英	女	59	夫妻	

续表

序号	姓名	性别	年龄	户主或与其关系	备注
	王春发	男	33	长子	高中学历
	王春潮	男	28	次子	山东交通学院土木工程本科毕业，中铁二十三局一公司工作
	李洪霞	女	33	长子媳	高中学历
	王启榕	女	1	孙女	
167	王仁花	女	60	户主	
	殷召宜	男	63	夫妻	
	王　强	男	31	母子	
	张纪英	女	31	子媳	
	王晨旭	男	7	祖孙	
168	王立友	男	59	户主	高中学历，外地务工
	倪士花	女	60	夫妻	
	张家英	女	86	母子	
	王元元	男	35	父子	上海务工
	赵成敏	女	35	子媳	
	王军伟	男	12	祖孙	
	王燕雯	女	1	祖孙女	
169	孙晋山	男	73	户主	初中学历，柴里煤矿退休职工
	邵长荣	女	70	夫妻	居住柴里煤矿生活区
	孙大海	男	42	父子	中专学历，居住柴里煤矿生活区
	孙大霞	女	46	长女	中专学历，居住柴里煤矿生活区
	孙二霞	女	44	次女	高中学历，居住薛城生活区
	孙岩岩	女	40	三女	大专学历，居住柴里煤矿生活区
	刘　艳	女	40	子媳	中专学历，居住柴里煤矿生活区
	孙义蒙	女	11	祖孙女	

续表

序号	姓名	性别	年龄	户主或与其关系	备注
	孙晋全	男	54	兄弟	建筑务工
	杨凤花	女	57	弟媳	
	孙婷婷	女	32	侄女	中专学历
	孙　奇	男	30	侄子	高中学历
	王　蒙	女	29	侄媳	初中学历
	孙明威	男	1	弟孙	
170	李世怀	男	67	户主	曾任生产队长多年，曾制作木杆秤
	席远红	女	64	夫妻	
	李　祥	男	39	长子	初中学历，在外务工
	张月香	女	39	长子媳	初中学历，在外务工
	李　君	女	16	长子孙女	高中在读
	李　博	女	13	长子孙	
	李　春	男	35	次子	初中学历，临沂开车
	刘艳慧	女	34	次子媳	初中学历，临沂务工
	李洪来	男	6	次子孙	
	李洪财	男	2	次子孙	
	李　常	男	34	三子	初中学历，临沂务工
	宋亚芳	女	31	三子媳	初中学历，临沂务工
	李志成	男	6	三子孙	
	李沂蒙	男	1	三子孙	
171	李作胜	男	72	户主	北辛村卫生所医生，官桥镇煤矿卫生所退休大夫
	李冯氏	女	97	母子	
	刘守贞	女	70	夫妻	中专学历，北辛村卫生所医生
	李　伟	男	49	长子	高中学历，枣庄世涛建筑劳务有限公司董事长

续表

序号	姓名	性别	年龄	户主或与其关系	备注
	张　莉	女	48	长子媳	居住薛城燕山小区
	李静茹	女	27	长子孙女	硕士研究生学历，上海工作
	李　姿	女	23	长子孙女	本科学历，上海聚开建筑装饰工程有限公司设计师,2016年度中国一百位新锐设计师
	李　明	男	36	次子	大专学历，薛城安泰花园亿佰装潢公司经理
	刘　丽	女	29	次子媳	中专学历，居住薛城安泰花园
	李奕诺	男	8	次子孙	
	李　瑛	女	45	长女	本科学历，薛城区实验小学高级教师
	李　琼	女	45	次女	本科学历，上海第三航务局会计师
	李　珊	女	41	三女	硕士研究生学历，中共党员，国家知识产权局专利审查室主任
172	李道广	男	64	户主	高中学历，担任小学民办教师多年
	孙景菊	女	61	夫妻	初中学历
	李洪宽	男	34	长子	大学学历，滕州市中铁十四局员工
	李洪森	男	31	次子	大学学历，中铁北京房桥公司员工
	李　倩	女	26	长女	大学学历
	徐　丽	女	33	长子媳	大学学历，滕州市安华农业保险公司员工
	李　雨	女	28	次子媳	蒙古族，大学学历，北京房桥公司员工
	李珂羽	女	5	孙女	
	李伯渊	男	2	孙子	
173	李世坦	男	67	户主	初中学历，官桥镇煤矿退休职工
	王广荣	女	64	夫妻	
	李道河	男	39	父子	中专学历
	任士梅	女	42	子媳	高中学历
	李洪辉	男	10	长孙	
	李亚萌	女	15	孙女	初中正读

续表

序号	姓名	性别	年龄	户主或与其关系	备注
174	李道生	男	65	户主	建筑队队长
	徐德鎏	女	65	夫妻	
	李洪朴	男	34	父子	初中学历
	胡思洋	女	27	子媳	初中学历
175	李世阴	男	78	户主	
	姬德凤	女	72	夫妻	
	李金良	男	51	父子	初中学历，建筑承包工程
	张兆秀	女	52	子媳	初中学历
	李　凤	女	26	孙女	初中学历
	李晓东	男	25	孙子	初中学历
	李　玲	女	53	长女	初中学历
	李　莉	女	47	三女	初中学历
	李　艳	女	44	四女	中专学历，滕州北辛街道教师
	李　萍	女	40	五女	
176	李世洋	男	60	户主	高中学历，复员军人，滕州汽车公司退休职工
	孙开莲	女	85	母子	
	白雪芹	女	58	夫妻	高中学历，滕州汽车运输公司退休职工
	李泳龙	男	36	父子	本科学历，枣庄万达开发公司部门经理
	高　展	女	35	子媳	大专学历，熙城开发公司职工
	李世凤	女	62	大姐	高中学历，汽车站退休职工
	李世美	女	59	二妹	高中学历，滕州棉纺厂退休职工
	李晓莉	女	55	三妹	高中学历，滕州市政工程处职工
	李焕盈	女	51	四妹	高中学历，枣庄国棉一厂退休职工
177	李道勤	男	78	户主	高中学历，中共党员，薛城工商银行退休干部

续表

序号	姓名	性别	年龄	户主或与其关系	备注
	蔡可英	女	77	夫妻	
	李洪福	男	53	长子	中专学历，中共党员，服兵役 4 年，北京城建集团材料公司美工，专业画师
	李洪涛	男	45	次子	大学学历，薛城工商银行买断工龄
	李洪莲	女	43	长女	中专学历，薛城工商银行买断工龄
	李洪卫	女	41	次女	高中学历，枣庄市中工商银行买断工龄
	程建欣	女	50	长子媳	中专学历，滕州市工商银行买断工龄
	李明泽	男	30	长子孙	大学学历，上海工作
	李洪旭	男	20	次子孙	高中学历
178	李世凡	男	81	户主	中共党员，滕州农业银行主任退休
	孙晋兰	女	78	夫妻	
	张子霞	女	58	长子媳	高中学历
	李晓月	女	34	长子孙女	高中学历，青岛工作
	李　娜	女	33	长子次孙女	高中学历，青岛工作
	李晓霜	女	31	长子三孙女	大学学历，上海浦东工作
	李　政	男	30	长子孙	大学学历，中共党员，滕州七星跃进汽车公司工作
	段艳兰	女	29	长子孙媳	滕州市食品药品监督局工作
	李　兵	男	51	次子	高中学历，中共党员，滕州农业银行工作
	渠怀莲	女	53	次子媳	高中学历，滕州农商银行工作
	李　娟	女	28	孙女	大学学历，滕州农商银行工作
	李洪臻	男	20	孙子	山东师范大学在读
	李道田	男	50	三子	高中学历，滕州上海华联超市经商
	李　红	女	50	三子媳	高中学历，滕州上海华联超市经商
	李洪平	男	27	三子孙	高中学历，滕州苏宁电器工作
	李洪原	男	27	三子孙	高中学历，滕州跆拳道教练

续表

序号	姓名	性别	年龄	户主或与其关系	备注
	赵珊珊	女	27	孙媳	高中学历，滕州贵诚超市工作
	李亦林	女	5	曾孙女	
179	李世平	男	56	户主	高中学历
	冯永英	女	56	夫妻	初中学历
	李　帅	男	32	长子	硕士研究生学历，中共党员，烟台军工单位工作
	邵艳红	女	32	长子媳	硕士研究生学历，中共党员，烟台军工单位工作
	李洪文	男	2	长子孙	
	李　盖	男	29	次子	初中学历，共青团员，威海工作
	谷从艳	女	31	次子媳	大专学历，共青团员，威海工作
	李洪圣	男	2	次子孙	
	李　贺	男	18	三子	初中学历，共青团员，青岛工作
	张小苓	女	19	三子媳	高中学历，共青团员，青岛工作
	李　昂	女	31	长女	初中学历，青岛工作
	李　洋	女	28	次女	初中学历，青岛工作
180	李兴运	男	74	户主	曾任生产队长多年
	任士荣	女	72	夫妻	
	李怀全	男	52	长子	初中学历，曾任生产队长多年
	王玉环	女	50	长子媳	
	李怀玉	男	51	次子	初中学历
	刘井秀	女	61	次子媳	初中学历，青岛务工
	李茂祥	男	31	长子孙	青岛务工
	秦亚莉	女	28	长子孙媳	大专学历
	李彬彬	男	26	次子孙	青岛务工
	李　梅	女	26	长子孙女	青岛务工

续表

序号	姓名	性别	年龄	户主或与其关系	备注
	李　鑫	女	3	曾孙女	
	李　博	男	1	曾孙	
181	李兴福	男	65	户主	
	李德凤	女	66	夫妻	
	李怀春	男	44	长子	
	孟凡芹	女	45	长子媳	
	李　滕	女	20	长子孙女	中专学历
182	李全国	男	39	户主	服兵役 4 年，中共党员，滕州工作
	管焕凤	女	44	夫妻	外地务工
	李良辰	女	15	长女	
	李子浩	男	13	长子	
183	李国营	男	34	户主	初中学历，滕州务工
	高会娟	女	33	夫妻	初中学历，滕州务工
	李泓翰	男	10	长子	
184	李兴海	男	62	户主	井亭煤矿退休职工
	朱广兰	女	56	夫妻	
	李全启	男	32	长子	初中学历
	任士荣	女	34	长子媳	初中学历
	李欣怡	女	7	长子孙女	
	李全义	男	30	次子	高技学历
	关　鹏	女	28	次子媳	初中学历
	李明哲	男	1	次子孙	
185	李　伟	男	38	户主	初中学历，滕州工作
	渠继燕	女	39	夫妻	初中学历

续表

序号	姓名	性别	年龄	户主或与其关系	备注
	李明轩	男	14	父子	
186	李世银	男	63	户主	滕州磷肥厂退休职工
	郭恒爱	女	61	夫妻	
	李　朋	男	34	父子	长期务工
	李　利	女	32	子媳	
	李雨馨	女	7	孙女	
	李昊轩	男	2	孙子	
187	李　勇	男	41	户主	博士研究生学历，中共党员，中国政法大学资产管理处副处长
	张　芯	女	41	夫妻	大学学历，中国政法大学干部
	范祥恋	女	77	母子	
	李习习	女	11	父女	
188	李道元	男	54	户主	个体经营
	黄敬红	女	77	母子	
	朱永芳	女	54	夫妻	
	李　磊	男	30	长子	初中学历，曾部队服役
	李洪宏	男	28	次子	初中学历，曾部队服役
	李　娜	女	33	长子媳	
	王　腾	女	27	次子媳	枣矿集团医院工作
	李子荣	女	3	孙女	
189	李道平	男	57	户主	初中学历，个体经营
	孙贵苓	女	55	夫妻	
	李　增	男	30	父子	汽车运输
	朱丹丹	女	30	子媳	
	李祥宇	男	9	孙子	

续表

序号	姓名	性别	年龄	户主或与其关系	备注
	李佳瑶	女	6	孙女	
190	李　聪	男	21	户主	滕州经商
	陈家娥	女	44	母子	
	李　甜	女	25	姐弟	
	王浩宇	男	3	外甥	
191	李华东	男	34	户主	外地务工
	杨传花	女	66	母子	
	张　艳	女	36	夫妻	
	李宏印	男	9	父子	
	李　强	男	32	兄弟	外地经商
	李宏霞	女	30	弟媳	
	李宏博	男	7	侄子	
	李艳春	女	42	大姐	
	李艳秋	女	36	二姐	
192	李瑞吉	男	69	户主	
	冯秀荣	女	66	夫妻	
	李现军	男	41	长子	中共党员，本科学历，山亭区国土局工作
	刘　丽	女	40	长子媳	居住枣庄市中区
	李洪健	男	10	长子孙	
	李洪康	男	8	长子次孙	
	李现玉	男	37	次子	上海务工
	李洪福	男	13	次子孙	
	李洪乾	男	8	次子孙	
193	李世清	男	70	户主	大专学历，中共党员，曾任济宁市疾控中心科长等职，副主任医师职称，已退休

续表

序号	姓名	性别	年龄	户主或与其关系	备注
	吴志玲	女	68	夫妻	大专学历，济宁卫校退休教师
	李　鹏	男	42	父子	大学学历，服兵役 3 年，济宁疾控中心工作
	宫佟青	女	42	子媳	大专学历，中共党员，服兵役 3 年，济宁华润公司工作
	李唯佳	女	15	孙女	初中在读
194	李世传	男	88	户主	中共党员，服兵役 6 年，抗美援朝复员军人
195	李　政	男	30	户主	大专学历，广州王老吉有限公司渠道经理
	薛茂云	女	72	母子	
	谭丽丽	女	27	夫妻	本科学历，广州王老吉有限公司渠道经理
	李道芝	女	48	大姐	
	李　兰	女	42	二姐	
	李春芬	女	39	三姐	
	李道菊	女	36	四姐	
	李元元	女	33	五姐	
196	李　永	男	35	户主	初中学历，建筑装修
	朱常荣	女	36	夫妻	初中学历
	李秋颖	女	14	长女	初中在读
	李洪旭	男	5	长子	
	李世敏	男	64	父子	
	胡夫霞	女	65	母子	
197	李道斌	男	69	户主	大学学历，中共党员，副主任医师，原滕州市第一人民医院院长
	张正芬	女	67	夫妻	大学学历，滕州市中医院退休医生，居住滕州市春秋阁小区
	李国栋	男	40	长子	大学学历，中共党员，滕州市规划局测绘院工作
	黄　燕	女	40	长子媳	中专学历，中共党员，滕州市人民医院工作
	李国靖	女	38	次子	中专学历，滕州市人民医院急救中心工作

续表

序号	姓名	性别	年龄	户主或与其关系	备注
	王　闻	女	36	次子媳	中专学历，滕州银座商城工作
	李祥祎	男	17	孙女	高中正读
	李祥玖	男	12	孙子	
198	李世玉	男	65	户主	初中学历，曾任官桥煤矿职工
	肖桂兰	女	63	夫妻	初中学历
	李道红	男	34	长子	初中学历，枣庄电信局工作
	刘　红	女	37	长子媳	初中学历
	李道存	男	31	次子	初中学历，枣庄电信局工作
	闫春梅	女	30	次子媳	初中学历
	李　伟	男	29	三子	高中学历，共青团员，青岛餐饮工作
	李新成	男	11	长子孙	
	李朵朵	男	3	长子孙	
	李子涵	女	6	次子孙女	
	李子豪	男	1	次子孙	
199	李道坤	男	41	户主	服兵役3年，煤矿工人
	李雪梅	女	40	夫妻	
	李　彦	女	15	长女	
	李洪宇	男	7	长子	
200	李洪山	男	48	户主	滕州市残疾人互助会长
	马洪莲	女	46	夫妻	
	李季秋	女	23	长女	枣庄学院教师
	李祥瑞	男	21	长子	
201	李洪君	男	64	户主	中专学历，中共党员，枣庄建安公司副经理、一级建造师
	刘现兰	女	63	夫妻	

续表

序号	姓名	性别	年龄	户主或与其关系	备注
	李海燕	女	38	长女	中专学历，市贵诚购物中心工作
	李海蓉	女	36	次女	中专学历，中共党员，济南陆军学院教师
	李祥宝	男	34	父子	博士研究生学历，上海网络科技研究中心数据科学家、总工程师，年度首席科学家
	於宵芳	女	30	子媳	硕士研究生学历，上海远东国际经贸有限公司总监助理
	李传远	男	2	祖孙	
	李传娍	女	1	祖孙	
202	李世言	男	83	户主	邯郸煤矿退休职工
	李道云	男	59	父子	邯郸煤矿职工
	杨秀芹	女	60	子媳	居住河北邯郸市
	李洪迎	男	35	孙子	湖北武汉工作
	李洪卫	男	34	孙子	大学学历
	李道珍	女	52	长女	
	李道鸿	女	48	次女	河北邯郸工作
203	李现存	男	31	户主	外地务工
	孙琴美	女	31	夫妻	
	李现启	男	29	兄弟	
204	李世德	男	67	户主	高中学历，担任北辛小学民师及校长多年，后经营餐饮业
	郭长兰	女	68	夫妻	
	李　晶	男	40	父子	高中学历，居住滕州北辛街道
	岳　蕾	女	40	子媳	高中学历，居住滕州北辛街道
	李洪峰	男	18	祖孙	工作在读
	李作祥	男	86	叔父	居住福建三明市
	郭宝英	女	86	婶母	居住福建三明市
	李世来	男	54	兄弟	高中学历，居住福建三明市

续表

序号	姓名	性别	年龄	户主或与其关系	备注
	王桂玉	女	54	弟媳	高中学历，居住福建三明市
	李　红	女	24	侄女	高中学历，居住福建三明市
	李　娟	女	22	侄女	高中学历，居住福建三明市
	李玉荣	女	46	长女	高中学历
	李　惠	女	43	次女	高中学历
205	李洪伟	男	57	户主	高中学历，潍坊城建公司工程师
	张汉秀	女	57	夫妻	高中学历
	李　青	女	32	长女	大学学历，上海南翔医院医师
	李　静	女	30	次女	中专学历，上海天佑医院药剂师
	李　奇	女	25	三女	大专学历，上海天佑医院医师
	李祥庚	男	28	父子	大专学历，青岛机械设备公司工程师
	孙宁宁	女	27	子媳	大学学历，青岛山东信息科技有限公司工作
	李传永	男	1	祖孙	
	李传荻	女	1	祖孙	
206	李洪恩	男	44	户主	初中学历，餐饮技师，北京务工多年
	洪学凤	女	70	母子	初中学历
	任　丽	女	44	夫妻	居住滕州东外环樱花院
	李洪强	男	37	兄弟	高中学历，北京务工
	梁会会	女	35	弟媳	
	李祥玉	女	18	长女	高中正读
	李祥伟	男	16	长子	
	李万盈	女	7	次女	
	李祥睿	女	13	侄女	北京上学
207	李道法	男	64	户主	中共党员，服兵役 7 年，曾任生产队长（村民小组长）多年

续表

序号	姓名	性别	年龄	户主或与其关系	备注
	甄红侠	女	62	夫妻	初中学历
	李　勇	男	33	父子	初中学历
	尹衍玲	女	28	子媳	初中学历
	李琳睿	女	8	孙女	
208	李世歧	男	68	户主	高中学历，中共党员，服兵役 7 年，曾担任村党支部副书记等职
	孙永苓	女	67	夫妻	
	李华龙	男	40	长子	高中学历
	吴　纳	女	36	长子媳	大专学历，居住滕州远航小区
	李书通	男	11	孙子	
	李华虎	男	34	次子	硕士研究生学历，中共党员，上海市工作
	姜亚娟	女	34	次子媳	硕士研究生学历，上海市工作
	李清宁	女	1	孙女	
	李金光	男	24	三子	大专学历，中共党员，四川成都工作
209	李道友	男	47	户主	初中学历，汽车运输，村民小组长
	李成兰	女	47	夫妻	初中学历
	李天雯	女	19	长女	大学学历，共青团员
	李晨阳	男	15	长子	
	李晨光	男	15	次子	
210	李作太	男	84	户主	八一煤矿退休职工
	胡继平	女	80	夫妻	
	李世栋	男	48	长子	八一煤矿职工
	孙延云	女	47	长子媳	
	李亭臻	女	23	长子孙女	中专学历，滕州科技学院务工
	李金操	男	21	长子孙子	中专学历，务工

续表

序号	姓名	性别	年龄	户主或与其关系	备注
	李世良	男	46	次子	高中学历
	王　霞	女	43	次子媳	高中学历
	李晓涵	女	19	次子孙女	
	李心明	女	7	次子孙女	
211	李道才	男	64	户主	初中学历
	孙开菊	女	61	夫妻	初中学历
	李　涛	男	36	长子	初中学历
	赵秀琴	女	29	长子媳	初中学历
	李少祥	男	5	长子孙	
	李　奎	男	31	次子	初中学历
	李　丽	女	31	次子媳	初中学历
	李清玄	女	9	次子孙女	
	李祥墨	男	2	次子孙	
212	李作茂	男	55	户主	初中学历
	任衍芹	女	56	夫妻	高中学历
	李世超	男	33	长子	高中学历，薛城品牌理发店老板
	孙利华	女	31	长子媳	高中学历，薛城务工
	李　可	男	10	长子孙	
	李　乐	男	2	长子孙	
	李世峰	男	28	次子	大专学历，石油公司工作
	李作福	男	51	兄弟	初中学历，枣庄雨丝理发店老板
	李　娜	女	46	弟媳	初中学历，枣庄经商
	李　亲	女	28	侄女	大专学历，枣庄工作
	李　真	男	26	侄子	大专学历，枣庄工作

续表

序号	姓名	性别	年龄	户主或与其关系	备注
	李迦儿	女	4	孙女	
213	李作奎	男	55	户主	高中学历，个体老板，居住薛城清泉小区
	陈芳荣	女	57	夫妻	初中学历，居住薛城清泉小区
	李官政	男	33	长子	大专学历，青岛顶津食品有限公司济南办事处经理
	张　会	女	32	长子媳	大专学历
	李其轩	男	11	长子孙	
	李东明	男	31	次子	大专学历，华润怡宝山东分公司枣庄办事处经理
	董　敏	女	31	次子媳	大专学历
	李炳承	男	8	次子孙	
	李羽熹	女	1	次子孙女	
214	任振付	男	79	户主	
	刘大凤	女	77	夫妻	
	任士迎	男	46	父子	初中学历
	王均霞	女	44	子媳	初中学历
	任俊杰	男	25	祖孙	初中学历
215	任士全	男	53	户主	
	曹长花	女	56	夫妻	
	任泽伟	男	25	父子	初中学历
	任　敏	女	28	父女	初中学历
216	任士岭	男	45	户主	初中学历
	史德彩	女	48	夫妻	
	任泽英	女	25	父女	高中学历
	任泽东	男	18	父子	高中学历
	赵喜兰	女	77	母子	

续表

序号	姓名	性别	年龄	户主或与其关系	备注
217	任振水	男	78	户主	农民书画家
	任振德	男	75	兄弟	
218	任士允	男	49	户主	初中学历，建筑务工
	王祥苓	女	51	夫妻	
	任海防	男	28	长子	大学学历
	孙丽华	女	28	长子媳	大学学历
219	任士超	男	40	户主	
	华德秀	女	41	夫妻	
	任泽江	男	17	长子	高中学历
220	任泽学	男	33	户主	初中学历，外地务工
	杨学平	女	56	母子	
	衡志慧	女	31	夫妻	
	任晏莹	女	9	长女	
	任言胤	男	3	长子	
	任泽建	男	30	兄弟	初中学历
	刘红娟	女	28	弟媳	初中学历
	任言懿	男	9	侄子	
221	任士运	男	60	户主	初中学历
	李中花	女	59	夫妻	
	任亚楠	女	29	次女	
	任　玲	女	25	三女	大学学历
	任泽青	男	21	长子	大学学历
	任王氏	女	87	母子	
222	任士社	男	62	户主	曾任生产队长等职多年

续表

序号	姓名	性别	年龄	户主或与其关系	备注
	任泽波	男	33	父子	高中学历
	任泽豪	男	25	父子	大专学历
	任思雨	女	9	祖孙	
	倪玉辉	女	31	子媳	初中学历
223	任泽友	男	54	户主	初中学历，粮食经营
	杨支花	女	76	母子	
	巩光英	女	57	夫妻	
	任然然	女	30	父女	
	任欣欣	男	29	父子	硕士研究生学历，中共党员，安徽京东方公司高工
	任延成	男	28	父子	大学学历，中共党员，青海省火箭军上尉
224	任士涛	男	57	户主	外地务工
	王培娥	女	55	夫妻	
	任园园	男	41	长子	
	任帅帅	男	27	次子	初中学历
225	任士强	男	44	户主	外地务工
	周　静	女	44	妻子	
	任彦蒙	女	22	长女	初中学历
	任则融	男	20	长子	初中学历
226	任士琛	男	62	户主	本科学历，中学高级教师退休
	张景荣	女	96	母子	
	刘心兰	女	60	夫妻	
	任艳秋	女	77	姐弟	枣矿集团退休职工
	任泽舟	男	35	长子	本科学历，中共党员，枣矿集团铁运处电务段区长
	侯丹丹	女	35	长子媳	大专学历，枣矿集团铁运处职工

续表

序号	姓名	性别	年龄	户主或与其关系	备注
	任泽舫	男	32	次子	大专学历，中共党员，服兵役 5 年，二级转业士官，枣矿集团劳模
	赵　瑞	女	30	次子媳	高中学历，枣庄医疗消毒中心职工
	任妍睿	女	9	祖孙	
	任彦硕	男	4	祖孙	
227	任振亚	男	78	户主	大专学历，服兵役 3 年，云南个旧汽车站站长退休
	任士学	男	51	父子	本科学历，云南开远市军粮供应站站长、经理
	王宝济	女	49	子媳	大专学历，开远市第十四中学工作
	任嘉玲	女	20	孙女	云南师范大学本科在读
	任士象	男	49	父子	务工
228	任士安	男	69	户主	初中学历，兖州矿务局鲍店煤矿退休职工
	王广英	女	69	妻子	初中学历
	任　杰	男	37	父子	初中学历
	任衍志	男	16	祖孙	高中学历
229	任士朋	男	69	户主	服兵役 6 年
	李莲英	女	67	妻子	
	任泽国	男	39	父子	中专学历，威海市工作
	王雪飞	女	37	子媳	中专学历，威海市工作
	任滕威	男	12	祖孙	
230	任士兰	男	72	户主	中师学历，小学退休教师
	刘贵荣	女	70	夫妻	
	任泽延	男	33	父子	大专学历
	孟盼盼	女	31	子媳	大专学历
	任春萌	女	5	孙女	
	任衍旭	男	3	孙子	

续表

序号	姓名	性别	年龄	户主或与其关系	备注
231	任　伟	男	46	户主	大专学历，柴胡店镇小学教师
	王　静	女	46	夫妻	
	任延震	男	20	父子	大专学历
232	任泽松	男	48	户主	建筑务工
	杨凤清	女	47	夫妻	
	任延威	男	25	父子	大专学历，滕州务工
233	任泽玉	男	65	户主	
	闫庆苓	女	63	夫妻	
	任言迎	男	31	父子	初中学历
	朱慧慧	女	31	子媳	初中学历
	任子号	男	8	祖孙	
	任言军	男	38	父子	初中学历
	汪春梅	女	42	子媳	初中学历
	任利娟	女	15	孙女	初中学历
	任冲冲	男	9	孙子	
234	任泽国	男	51	户主	初中学历，建筑务工
	高爱先	女	53	夫妻	
	任亮亮	男	25	父子	初中学历
235	任泽强	男	56	户主	高中学历，经营养鸡场多年
	黄丙霞	女	55	夫妻	
	任衍霖	男	32	父子	中专学历
	张后蜜	女	33	子媳	
	任惠惠	女	39	父女	中专学历
	任子硕	女	9	孙女	

续表

序号	姓名	性别	年龄	户主或与其关系	备注
	任子跃	男	4	孙子	
236	任泽巨	男	55	户主	高中学历，曾任民师、交警、小队生产队长多年
	孟凡美	女	56	夫妻	初中学历
	任衍礼	男	31	长子	大学学历，中共党员，部队现役士官
	聂　莉	女	29	长子媳	大学学历
	任衍超	男	29	次子	淮南师范学院本科毕业，中学教师
	张玉真	女	29	次子媳	淮南师范学院本科毕业，中共党员，小学教师
	任思萌	女	3	孙女	
	任奕铭	男	1	祖孙	
	任奕瑞	男	1	祖孙	
237	任泽峰	男	46	户主	初中学历，中共党员，滕州经营餐饮生意10余年，居住滕州市区
	李　霞	女	46	夫妻	初中学历
	任衍昊	男	21	父子	大学学历
	任淑娴	女	8	父女	
	魏延荣	女	79	母子	
238	任　力	男	47	户主	建筑材料运输
	魏永华	女	50	夫妻	
	任言山	男	26	长子	初中学历
	巩常兰	女	87	母子	
239	任衍凯	男	34	户主	大学学历，重庆美术设计
	张　曦	女	31	夫妻	大学学历，重庆工作
	任子贤	男	6	长子	
240	任士民	男	71	户主	初中学历，经营餐饮店多年
	田振兰	女	67	夫妻	

续表

序号	姓名	性别	年龄	户主或与其关系	备注
	任泽庆	男	43	父子	初中学历
	陈　云	女	46	子媳	
	任　杰	男	22	祖孙	初中学历
241	任士金	男	62	户主	初中学历，建筑务工
	刘孝兰	女	62	夫妻	
	任　峰	男	37	父子	初中学历
	周丽华	女	39	子媳	初中学历
	任衍会	男	15	祖孙	初中学历
	任山岭	男	28	父子	初中学历
	邹婷婷	女	28	子媳	初中学历
	任子明	男	2	祖孙	
242	任超超	男	32	户主	初中学历，货物运输
	殷延苓	女	55	母子	
	谢　会	女	31	夫妻	初中学历
	任浩宇	男	9	父子	
	任姝颖	女	1	父女	
243	任士贝	男	52	户主	官桥农商银行务工
	年玉琴	女	54	夫妻	
	任泽胜	男	19	父子	初中学历
	任晶晶	女	22	父女	
244	任士伟	男	54	户主	初中学历，外地务工
	宫士侠	女	54	夫妻	初中学历
	任杭州	男	29	长子	大专学历
	赵　凤	女	30	子媳	大专学历

续表

序号	姓名	性别	年龄	户主或与其关系	备注
	任筱彤	女	3	孙女	
245	任士法	男	55	户主	曾任生产队长多年，外地务工
	倪玉兰	女	57	夫妻	
	任泽响	男	35	长子	
	任贺贺	男	27	次子	
	李瑞兰	女	35	子媳	初中学历
	任衍臣	男	11	祖孙	
246	任士峰	男	55	户主	初中学历，外地务工
	杨其珍	女	54	夫妻	初中学历
	任　冲	男	32	长子	初中学历
	程　娜	女	30	子媳	初中学历
	任俊企	男	10	祖孙	
247	任南岳	男	51	户主	高中学历，八一矿工
	刘秀玲	女	50	夫妻	初中学历
	任元申	男	25	父子	初中学历
248	任士华	男	48	户主	初中学历，八一矿工
	渠怀莲	女	48	夫妻	初中学历
	任文凤	女	23	长女	
	任建新	男	14	长子	初中学历
249	任士松	男	46	户主	高中学历，八一矿工
	董　芳	女	45	夫妻	初中学历
	任楚楚	女	18	父女	大专学历
	任泽干	男	12	父子	初中在读
	孙井勤	女	75	母子	

续表

序号	姓名	性别	年龄	户主或与其关系	备注
250	任泽海	男	56	户主	高中学历，部队转业士官，滕州交通局工作
	王心美	女	76	母子	
	孟庆英	女	57	夫妻	初中学历
	任泽均	男	49	胞弟	
	史红霞	女	37	弟媳	
	任少旭	男	28	长子	高中学历
	任云莉	女	32	长女	初中学历
251	任士常	男	51	户主	初中学历，货物运输司机
	孟现芹	女	53	夫妻	初中学历
	任　宁	女	32	父女	初中学历
	任　同	男	28	父子	初中学历
	倪彦莉	女	29	子媳	初中学历
	任延博	男	3	祖孙	
	任雨涵	女	5	孙女	
252	任士海	男	49	户主	煤矿职工
	王继红	女	49	夫妻	
	任　坤	男	26	长子	青岛科技大学本科毕业，青岛工作
	任泽义	男	25	次子	高中学历
253	任长河	男	40	户主	初中学历，货物运输
	彭保荣	女	41	夫妻	初中学历
	任　晴	女	16	长女	初中学历
	任潇雅	女	7	次女	
254	任振昌	男	65	户主	种子营销
	王德兰	女	64	夫妻	

续表

序号	姓名	性别	年龄	户主或与其关系	备注
	任士德	男	39	父子	大专学历，种子营销
	姚会彩	女	41	子媳	大专学历
	任媛慧	女	10	孙女	
	任泽毅	男	4	祖孙	
255	任　东	男	58	户主	
	张贵荣	女	56	夫妻	
	任　胤	男	31	长子	初中学历
	徐广菊	女	31	长子媳	初中学历
	任茗琪	男	6	祖孙	
	任泽闯	男	30	次子	初中学历
	王　芳	女	30	次子媳	初中学历
	任衍硕	男	4	祖孙	
	任衍睿	男	1	祖孙	
256	任士环	男	82	户主	出身捕鱼世家，擅长河湖捕捞
	朱绍荣	女	77	夫妻	
257	任泽付	男	46	户主	初中学历，经营钢铁铸造10余年
	杨其芳	女	44	妻子	
	任　娟	女	20	父女	高中学历
	任明洋	男	12	父子	
258	任振运	男	72	户主	初中学历，曾任生产队会计、队长20多年，经营种子营销
	张建秀	女	72	夫妻	
	任士印	男	47	父子	大学学历，中共党员，莱芜炼钢厂工作
	张化荣	女	45	子媳	大专学历，莱芜市钢城区工作
	任梦洁	女	19	孙女	

续表

序号	姓名	性别	年龄	户主或与其关系	备注
	任士信	男	45	父子	大学本科学历，中共党员，滕州世信农业科技公司总经理
	渠　丽	女	42	子媳	大专学历，山东兖矿国泰化工职工
	任仪铭	女	17	孙女	
	任仪成	女	17	孙女	
	任仪泽	男	4	孙子	
259	任振满	男	69	户主	初中学历，高级农艺师，中共党员，市九届人大代表，曾任大队长、村委会主任等职，枣庄种子配制、营销
	卢传荣	女	72	夫妻	
	任峰水	男	46	父子	大专学历，中共党员，市中区西王庄镇经管站工作
	杨洪艳	女	47	子媳	中专学历，居住市中区香港街
	任泽淼	男	24	长孙	大专学历，居住市中区湖西景苑
	刘海清	女	22	孙媳	中专学历，居住市中区湖西景苑
	任媛婧	女	22	孙女	大专学历，居住市中区香港街
	任梓萌	女	1	曾孙女	
260	任士红	男	57	户主	上海货物运输
	王维花	女	59	夫妻	高中学历
	任翠翠	女	27	父女	
261	任　磊	男	30	户主	上海务工
	杨　丽	女	30	夫妻	
	任俊语	男	9	父子	
	任明杨	女	4	父女	
	任语杨	女	1	父子	
262	任　浩	男	33	户主	货物运输
	孟　丽	女	36	夫妻	
	任俊杰	男	11	父子	

续表

序号	姓名	性别	年龄	户主或与其关系	备注
	任青青	女	3	父女	
263	任士录	男	51	户主	外地务工
	随传玲	女	51	夫妻	
	任方健	男	27	父子	初中学历
	程　燕	女	27	子媳	初中学历
	任艳茹	女	24	父女	初中学历
	任浩然	男	2	祖孙	
264	任士盈	男	50	户主	种子营销
	陈芳秀	女	50	夫妻	
	任泽新	男	26	父子	
	任泽闲	男	24	父子	
	杨金凤	女	26	子媳	
	任姝岩	女	5	孙女	
	任俊硕	男	2	祖孙	
265	任士白	男	53	户主	初中学历，外地务工
	刘新云	女	51	夫妻	
	任桂民	男	23	父子	初中学历
	任　静	女	26	父女	
	任艳霞	女	27	父女	
266	任士玉	男	45	户主	初中学历，外地务工
	吕高玲	女	40	夫妻	初中学历
	任壮志	男	18	父子	中专学历
267	任振干	男	87	户主	
	裴修玉	女	90	夫妻	

续表

序号	姓名	性别	年龄	户主或与其关系	备注
268	任士本	男	61	户主	初中学历，上海货运管理
	倪士英	女	59	夫妻	
	任宝栋	男	35	父子	中专学历
	任玉梅	女	34	父女	中专学历
	任海旭	男	28	父子	中专学历，上海货运
269	任士耀	男	56	户主	初中学历，木石百货经营
	蒋玉苓	女	65	夫妻	初中学历
	任星桦	男	32	父子	初中学历
	任海成	男	28	父子	初中学历
	任海琳	女	28	父女	初中学历
270	任中岳	男	42	户主	八一矿工
	孔德勤	女	47	夫妻	
	任文静	女	17	父女	中专学历
	任泽旭	男	14	父子	初中在读
271	任振存	男	81	户主	村庄从事木材加工几十年
272	任振亮	男	79	户主	
	高士苓	女	71	夫妻	
273	任　海	男	24	户主	高中学历，滕州工作
	齐金河	女	79	祖孙	
	刘　梅	女	48	母子	初中学历
	魏　倩	女	26	夫妻	高中学历
	任鹏宇	男	2	父子	
	任　静	女	25	姐弟	初中学历
274	宗素梅	女	75	户主	初中学历，任氏家属

续表

序号	姓名	性别	年龄	户主或与其关系	备注
275	任衍省	男	53	户主	初中学历，滕州食品加工
	唐安红	女	50	夫妻	初中学历，滕州食品加工
	任绪贞	女	26	父女	中专学历，滕州经商
	任绪凯	男	25	父子	中共党员，博士研究生学历
276	任延平	男	47	户主	初中学历
	王夫芹	女	72	母子	
	殷允琴	女	46	夫妻	
	任绪娟	女	26	父女	硕士研究生学历，济宁医院医师
	任绪妮	女	24	父女	初中学历
	任绪闯	男	22	父子	初中学历
	王晓娅	女	22	子媳	初中学历
277	任延景	男	43	户主	初中学历，曾任生产队长数年
	张　莉	女	42	夫妻	初中学历
	任彦儒	女	20	父女	初中学历
	任绪友	男	19	父子	高中学历
278	任泽汉	男	78	户主	建筑师
279	任延宾	男	44	户主	初中学历
	马西玲	女	43	夫妻	初中学历
	任绪梅	女	21	父女	初中学历
	任绪龙	男	19	父子	初中学历
280	任泽洪	男	65	户主	中师学历，中共党员，小学退休教师
	黄夫美	女	67	夫妻	
281	任延猛	男	41	户主	中专学历，居住滕州市区
	李艳娥	女	43	夫妻	中专学历

续表

序号	姓名	性别	年龄	户主或与其关系	备注
	任姝颖	女	15	父女	初中学历
	任建宇	男	11	父子	
282	任延强	男	37	户主	初中学历
	渠怀菊	女	38	夫妻	初中学历
	任洺辉	男	10	父子	
283	任泽柏	男	68	户主	
	胡继兰	女	67	夫妻	
284	任延永	男	42	户主	初中学历
	王菊荣	女	41	夫妻	初中学历
	任盈盈	女	17	父女	高中学历
	任子晴	女	9	父女	
	任辰浩	男	8	父子	
285	任延刚	男	41	户主	初中学历
	王　梅	女	41	夫妻	初中学历
	任　宇	女	18	父女	初中学历
	任齐鸣	男	11	父子	
286	任泽平	男	68	户主	初中学历
	李广霞	女	65	夫妻	初中学历
287	任延鹤	男	34	户主	初中学历
	王思真	女	35	夫妻	初中学历
	任欣如	女	10	父女	
	任硕硕	男	5	父子	
288	任延方	男	31	户主	初中学历，居住枣庄
	孔令敏	女	67	母子	初中学历，居住枣庄

续表

序号	姓名	性别	年龄	户主或与其关系	备注
	王　健	女	31	夫妻	初中学历，居住枣庄
	任　娜	女	9	父女	
	任俊臣	男	7	父子	
289	任泽巨	男	65	户主	初中学历
	姜德凤	女	64	夫妻	初中学历
	任延力	男	32	父子	初中学历
	张　利	女	32	子媳	初中学历
	任明珠	女	9	孙女	
	任明瑞	男	5	祖孙	
290	任泽伟	男	63	户主	初中学历
	黄振兰	女	62	夫妻	初中学历
	任延田	男	29	长子	初中学历
	王园园	女	28	长子媳	初中学历
	任绪洋	男	8	祖孙	
	任延利	男	26	次子	初中学历
	王　莉	女	25	次子媳	初中学历
291	任泽汶	男	54	户主	初中学历，居住滕州市区
	赵成玲	女	53	夫妻	初中学历，居住滕州市区
	任衍元	男	26	父子	中专学历
	任衍亨	男	24	父子	中专学历
292	任士民	男	64	户主	大学学历，中共党员，中学高级教师，曾任羊庄镇教委主任、滕州七中校长多年
	张美善	女	61	夫妻	中师学历，居住滕州市区
	任泽鹏	男	30	父子	中专学历
	林　婷	女	30	子媳	中专学历

续表

序号	姓名	性别	年龄	户主或与其关系	备注
	任子皓	男	7	孙子	
	任依诺	女	9	孙女	
	任　斐	女	27	父女	高中学历
293	任士京	男	62	户主	初中学历，曾为大队首批拖拉机驾驶员
	李明红	女	60	夫妻	初中学历
	任金龙	男	30	父子	大专学历，滕州五中教师
	任慧慧	女	31	父女	初中学历，居住枣庄市中区
294	任士奇	男	60	户主	初中学历，餐饮厨师
	王德荣	女	59	夫妻	初中学历
	任林林	女	31	父女	初中学历
	任选选	男	30	父子	中专学历
295	李开兰	女	80	户主	居住八一煤矿宿舍，任氏家属
296	任士年	男	53	户主	初中学历
	石　军	女	51	夫妻	中共党员，初中学历
	任娜娜	女	29	父女	初中学历
	任亚南	男	27	父子	初中学历
297	任士新	男	61	户主	初中学历，曾任八一煤矿仓库主任
	张井菊	女	60	夫妻	初中学历
	任泽涛	男	36	父子	初中学历
	周　璇	女	35	子媳	中专学历
	任慧同	女	9	孙女	
	任婷婷	女	23	父女	硕士研究生在读
298	任士利	男	67	户主	初中学历，中共党员，服兵役 6 年，曾任大队党支部副书记多年，滕州市区经商
	裴修华	女	65	夫妻	初中学历，居住滕州市区

续表

序号	姓名	性别	年龄	户主或与其关系	备注
	任　兵	男	41	父子	初中学历，鲁南化肥厂职工
	任　将	男	38	父子	大专学历，居住滕州市区
299	任士亮	男	64	户主	初中学历
	孙进芳	女	62	夫妻	初中学历
	任　涛	男	34	父子	初中学历
	李士霞	女	34	子媳	初中学历
	任延祥	男	10	祖孙	
300	任士明	男	54	户主	初中学历，服兵役 2 年
	李金兰	女	53	夫妻	初中学历
	任冠军	男	25	长子	初中学历
	任亚军	男	23	次子	初中学历
301	任振平	男	82	户主	初中学历，中共党员，居住滕州市区
302	任士专	男	46	户主	初中学历，居住滕州市区
	孙开霞	女	44	夫妻	初中学历，居住滕州市区
	任艳丽	女	22	父女	初中学历
	任泽伟	男	20	父子	初中学历
303	任泽井	男	51	户主	初中学历
	赵银焕	女	48	夫妻	初中学历
	任延腾	男	25	父子	大学学历
304	任延辉	男	39	户主	初中学历
	彭　莉	女	37	夫妻	初中学历
	任常源	男	15	父子	中专学历
305	任衍腾	男	34	户主	初中学历
	魏永伏	女	32	夫妻	初中学历

续表

序号	姓名	性别	年龄	户主或与其关系	备注
	任思萌	女	7	父女	
	任智尚	男	2	父子	
306	任泽军	男	63	户主	煤矿退休工人
	孔令凤	女	67	夫妻	高中学历
	任小青	男	30	父子	初中学历
307	任延磊	男	40	户主	初中学历，运输司机
	胡艳娥	女	36	夫妻	初中学历
	任慧萌	女	10	父女	
	任奕鸣	男	7	父子	
308	任延宝	男	34	户主	初中学历
	杨　霞	女	36	夫妻	初中学历
	任思童	女	10	父女	
309	任士水	男	88	户主	
	刘秀贤	女	79	夫妻	
310	任泽业	男	53	户主	初中学历，水泥厂工作
	刘传芝	女	52	夫妻	初中学历
311	任延芬	男	30	户主	中专学历
	王珊珊	女	33	夫妻	中专学历
	任小丽	女	5	父女	
	任小娜	女	2	父女	
312	任泽利	男	43	户主	初中学历
	周传兰	女	42	夫妻	初中学历
	任聪聪	女	21	父女	初中学历
	任延振	男	17	父子	高中学历

续表

序号	姓名	性别	年龄	户主或与其关系	备注
313	任泽连	男	66	户主	高中学历，中共党员，服兵役 6 年
	张怀凤	女	68	夫妻	
	任延彦	男	37	父子	初中学历，滕州开车
	张　凤	女	36	子媳	初中学历，出租车司机
	任子豪	男	13	祖孙	初中在读
314	任延山	男	31	户主	初中学历
	渠怀凤	女	59	母子	初中学历
	魏永环	女	28	夫妻	
	任彤彤	女	9	父女	
	任二妮	女	6	父女	
315	任泽华	男	58	户主	
316	任泽福	男	56	户主	初中学历，中共党员，服兵役 4 年，鲁南化肥厂保卫科长
	杨　莉	女	55	夫妻	初中学历
	任延明	男	27	长子	中专学历，山西榆林工作
	韩　露	女	29	长子媳	中专学历，山西榆林工作
	任　婷	女	3	祖孙	
	任延亮	男	25	次子	中专学历，服兵役 2 年，鲁化职工
317	任泽面	男	53	户主	高中学历，中共党员
	王　丽	女	52	夫妻	初中学历
	任延帅	男	24	父子	初中学历
	渠　敏	女	23	子媳	初中学历
	任　鑫	男	4	祖孙	
318	任泽勤	男	66	户主	初中学历
	王学娥	女	67	夫妻	初中学历

续表

序号	姓名	性别	年龄	户主或与其关系	备注
319	任延增	男	39	户主	大专学历，济南市工作
	牛玉娟	女	38	夫妻	大专学历，济南市工作
	任维娜	女	6	父女	
	任绪延	男	4	父子	
320	任振坤	男	81	户主	中专学历，曾任北辛小学民师 20 多年，后开办卫生诊所多年
	孙开兰	女	82	夫妻	
321	任士界	男	56	户主	初中学历
	戚敬英	女	56	夫妻	
	任　健	男	29	长子	初中学历
	刘增兰	女	28	长子媳	初中学历
	任二康	男	26	次子	中专学历
	任浩宇	男	5	祖孙	
322	任士磊	男	54	户主	中专学历，服兵役 5 年，北辛村卫生室工作
	蒋红花	女	51	夫妻	初中学历
	任壮壮	男	28	长子	大专学历，滕州市第一人民医院工作
	任壮利	男	26	次子	高中学历，外出务工
	王启花	女	28	次子媳	高中学历
	任福轩	男	1	次子孙	
323	任士申	男	50	户主	初中学历，上海务工
	杨　菊	女	50	夫妻	初中学历
	任泽勇	男	25	父子	中专学历，外出务工
324	任振社	男	60	户主	初中学历
	刘秀春	女	92	母子	
	史宝英	女	60	夫妻	初中学历

续表

序号	姓名	性别	年龄	户主或与其关系	备注
	任小军	男	35	父子	初中学历
	李明花	女	35	子媳	初中学历
	任华东	男	12	祖孙	
	任红翠	女	32	父女	
325	任振稳	男	71	户主	曾任生产队长多年
	任士庆	男	47	父子	初中学历，汽车运输
	倪培梅	女	48	子媳	初中学历
	任润发	男	24	孙子	初中学历
	杜慧贞	女	26	孙媳	中专学历
	任奕诺	女	6	曾孙女	
	任禹名	男	4	曾孙	
	任泉泉	男	22	孙子	大专学历，服兵役 2 年，汽车运输
	陈清浩	女	22	孙媳	中专学历
	任禹豪	男	1	曾孙	
	郭洪美	女	73	夫妻	
326	任士东	男	59	户主	初中学历，中共党员，曾任八一煤矿供应科车队队长、退管科副主任、工农关系办主任，居住薛城
	杨振杰	女	55	夫妻	初中学历，居住薛城
	任潇娴	女	33	父女	硕士研究生在读
327	任振芬	男	54	户主	初中学历，柴里煤矿职工
	徐现美	女	54	夫妻	初中学历
	任　涛	男	22	父子	中专学历
	任丹丹	女	25	父女	
328	任泽运	男	75	户主	担任民办教师多年
	俞守兰	女	78	夫妻	

续表

序号	姓名	性别	年龄	户主或与其关系	备注
329	任言申	男	52	户主	高中学历
	姬长艳	女	51	夫妻	
	任绪珂	男	26	长子	中专学历
	任祥祥	男	24	次子	中专学历
	孔令香	女	25	次子媳	中专学历
	任佳琪	女	3	孙女	
330	任延科	男	50	户主	初中学历
	张夫兰	女	50	夫妻	初中学历
	任艳芝	女	25	父女	
	任大东	男	24	父子	大专学历，济南教师
331	任延海	男	48	户主	初中学历
	赵秀敏	女	48	夫妻	初中学历
	任艳荣	女	23	父女	初中学历
	任兴铭	男	13	父子	初中学历
332	任延盈	男	43	户主	初中学历，中共党员
	朱永霞	女	48	夫妻	初中学历
	任栩君	男	20	父子	高中学历
333	任泽地	男	61	户主	
	王立兰	女	60	夫妻	
	任延强	男	35	父子	初中学历
	曹冬梅	女	34	子媳	初中学历
	任海纯	女	12	孙女	初中学历
	任海瑞	男	8	孙子	
334	任王氏	女	83	户主	任氏家属

续表

序号	姓名	性别	年龄	户主或与其关系	备注
335	任振柱	男	50	户主	初中学历
	徐传秀	女	50	夫妻	初中学历
	任玉娇	女	23	父女	初中学历
	任士茂	男	15	父子	初中学历
336	任士太	男	66	户主	初中学历，服兵役 5 年
	王祥娥	女	66	夫妻	初中学历
337	任　涛	男	44	户主	初中学历，中共党员，服兵役 4 年
	孙延凤	女	44	夫妻	初中学历
	任文文	女	15	长女	初中在读
	任丹丹	女	10	次女	
338	任朱氏	女	82	户主	任氏家属
339	任士强	男	53	户主	初中学历，建筑务工
	王振莲	女	56	夫妻	初中学历
	任泽礼	男	24	长子	初中学历
	周　娟	女	24	长子媳	初中学历
	任东升	男	4	孙子	
	任泽茂	男	23	次子	初中学历
340	任泽玉	男	68	户主	中共党员，大专学历，经济师，鲁南中联水泥公司退休干部
	郭淑萍	女	68	夫妻	中共党员，滕州市第三实验小学高级教师
	任滕波	男	41	父子	中共党员，本科学历，中学一级教师，滕州市教育局会计
	马艳红	女	41	子媳	中共党员，中学一级教师，江苏省艺术中学副主任
	任婧华	女	16	祖孙	高中在读
	任洪伟	男	49	兄弟	鲁南中联水泥有限公司职工
	马晓华	女	48	弟媳	滕州市界河镇范庄小学副校长

续表

序号	姓名	性别	年龄	户主或与其关系	备注
	任广钟	男	20	侄子	山东交通学院本科在读
341	任泽继	男	65	户主	初中学历，中共党员，服兵役 6 年
	渠怀美	女	62	夫妻	
	任文波	男	32	户主	大专学历
	张婷婷	女	32	夫妻	大专学历
	任芷卉	女	5	孙女	
	任慕航	男	1	孙子	
342	任泽富	男	58	户主	初中学历，建筑务工
	王艳荣	女	57	夫妻	
	任海波	男	26	父子	大专学历，居住滕州华苑小区
	李海敏	女	26	子媳	大专学历，居住滕州花苑小区
	任绪成	男	4	祖孙	
343	任　明	男	52	户主	中共党员，大专学历，服兵役 10 年，部队转业军官，枣庄盖泽炉窑工程公司经理
	吕庆霞	女	49	夫妻	大专学历，滕州中联水泥公司主管
	任腾飞	男	27	父子	硕士研究生学历，中国外贸金融租赁公司项目经理
344	任士元	男	68	户主	曾任生产队长数年
345	任泽利	男	39	户主	初中学历，肉食经营
	孙延艳	女	39	夫妻	初中学历
	任　雪	女	16	父女	初中学历
	任志强	男	10	父子	
346	任士兆	男	50	户主	初中学历
	孔祥娥	女	49	夫妻	初中学历
	任泽浩	男	22	父子	初中学历
	李白梅	女	21	子媳	初中学历

续表

序号	姓名	性别	年龄	户主或与其关系	备注
	任柏言	男	3	祖孙	
	任睿歆	女	4	孙女	
347	任士岩	男	70	户主	初中学历，大队果园专业队队长，经营百货店多年
	石仁芝	女	68	夫妻	初中学历
348	任东方	男	42	户主	大专学历，羊庄学区校长
	周　梅	女	41	夫妻	大专学历，滕州市区教师
	任延淦	男	17	父子	高中学历
349	任刘氏	女	90	户主	任氏家属
350	任士文	男	56	户主	高中学历，木工师
	王秀英	女	53	夫妻	初中学历
	任建中	男	31	父子	初中学历
	时洪花	女	31	子媳	初中学历
	任姝璇	女	8	孙女	
	任星臣	男	1	孙子	
351	任振海	男	62	户主	初中学历，服兵役 5 年，建筑工
	胡淑英	女	64	夫妻	
	任士恩	男	37	父子	初中学历，木工
	渠怀玲	女	36	子媳	初中学历
	任泽胜	男	13	孙子	初中正读
352	任振福	男	61	户主	高中学历，曾任北辛小学民师数年
	杨其真	女	61	夫妻	高中学历，曾任北辛小学民师数年
	任士义	男	31	次子	山东师大本科，务工
	李　芬	女	32	次子媳	初中学历
	任士成	男	36	长子	大学本科学历，东营市利津县工作

续表

序号	姓名	性别	年龄	户主或与其关系	备注
	陈景余	女	34	长子媳	中专学历，东营市利津县工作
	任泽坤	男	8	长子孙	
	任　艳	女	36	父女	大学本科学历，滕州五中教师
353	任振河	男	55	户主	初中学历，建筑工
	张爱华	女	56	夫妻	
	任士洋	男	31	长子	初中学历
	刘春艳	女	35	长子媳	初中学历
	任舒畅	女	6	孙女	
	任舒欣	女	4	孙女	
	任士超	男	27	次子	初中学历
	王秀荣	女	27	次子媳	初中学历
	任静曦	女	3	孙女	
354	任守全	男	56	户主	初中学历，建筑工
	甘信云	女	56	夫妻	初中学历
	任振朋	男	23	父子	高中学历
	任　艳	女	28	父女	初中学历
	孔祥明	女	23	子媳	高中学历
	任晗硕	男	1	祖孙	
	刘效方	女	87	母子	
355	任泽来	男	48	户主	初中学历
	张裕莲	女	51	夫妻	初中学历
	任延秀	女	24	长女	初中学历
	任灿灿	女	13	次女	初中正读
356	任振龙	男	47	户主	初中学历，建筑工

续表

序号	姓名	性别	年龄	户主或与其关系	备注
	倪玉美	女	45	夫妻	初中学历
	任慧慧	女	20	长女	初中学历
	任梦娇	女	10	次女	
	任新田	男	8	父子	
357	任振顺	男	52	户主	初中学历，建筑工
	宋申兰	女	52	夫妻	初中学历
	任滕州	男	23	父子	初中学历
	任滕霞	女	20	父女	初中学历
358	任振洪	男	50	户主	初中学历，建筑工
	李存霞	女	51	夫妻	
	任　磊	男	24	父子	初中学历，建筑工
359	任守安	男	72	户主	
360	任士强	男	48	户主	初中学历
	杨玉美	女	48	夫妻	初中学历
	任泽滨	男	28	父子	共青团员，本科学历
361	任振堂	男	89	户主	初中学历，徐州集团公司退休
	任士全	男	60	长子	初中学历，滕州市工商局退休
	时委君	女	58	长子媳	初中学历，滕州市建委退休
	任赛武	男	31	长子孙	初中学历，中共党员，滕州市环保局污管处工作
	刘　萍	女	29	长子孙媳	初中学历，滕州市环保局污染管工作
	任政用	男	14	曾孙	初中在读
	任　洵	女	28	长子孙女	中共党员，枣庄市薛城公安分局工作
	任士敏	男	59	次子	初中学历
	朱绍文	女	57	次子媳	初中学历

续表

序号	姓名	性别	年龄	户主或与其关系	备注
	任旭昇	男	24	次子孙	枣矿集团塑料厂工作
	刘若男	女	25	次子孙媳	初中学历，八一煤矿农办电务科工作
	任涵雨	女	3	次子曾孙女	
	任娜娜	女	23	次子孙女	初中学历
	任芬芬	女	22	次子孙女	初中学历
	任奖金	男	57	三子	初中学历，中共党员，曾服兵役，滕州市工商局工作
	杨尚莲	女	56	三子媳	初中学历
	任旭昊	男	27	三子孙	初中学历
	任品品	女	24	三子孙女	初中学历
	任艳芹	女	60	二女儿	初中学历，中共党员
	任艳花	女	50	三女儿	滕东办事处退休
362	任振果	男	66	户主	建筑工
	朱士花	女	65	夫妻	
	任　伟	男	41	父子	初中学历
	牛士兰	女	39	子媳	
	任冠宇	男	14	孙子	
	任思宇	女	1	孙女	
363	任士中	男	70	户主	建筑师
	任泽德	男	48	父子	初中学历
	潘文兰	女	49	子媳	初中学历
	任延龙	男	22	祖孙	初中学历
	朱广晶	女	23	孙媳	初中学历
364	任　浩	男	52	户主	初中学历
	任士聪	男	26	父子	初中学历，青岛务工

续表

序号	姓名	性别	年龄	户主或与其关系	备注
	任士霞	女	27	次女	初中学历，滕州务工
	杨　莉	女	50	夫妻	初中学历
	刘长兰	女	80	母子	
365	任士林	男	89	户主	
366	任泽善	男	68	户主	曾任生产队会计、队长多年
	王广花	女	68	夫妻	
	任延明	男	36	父子	初中学历
	李长燕	女	35	子媳	
	任星锴	男	11	祖孙	
	任芷萱	女	1	孙女	
367	任泽东	男	53	户主	初中学历
	周后玲	女	54	夫妻	初中学历
	任延伟	男	21	父子	高中学历
368	任延安	男	38	户主	初中学历，餐饮经营
	彭成兰	女	37	夫妻	初中学历
	任绪龙	男	14	父子	初中学历
369	任守洪	男	52	户主	初中学历，建筑工
	杨尚英	女	51	夫妻	初中学历
	任振民	男	28	父子	初中学历
	史海艳	女	28	子媳	初中学历
370	任士亭	男	45	户主	初中学历，中共党员
	范昭娣	女	46	夫妻	初中学历
	任凤英	女	21	父女	大专学历，共青团员
	任侧潼	男	16	父子	高中学历，共青团员

续表

序号	姓名	性别	年龄	户主或与其关系	备注
	朱宝荣	女	80	母子	
371	任士财	男	57	户主	初中学历
	曹君敏	女	57	夫妻	初中学历，务工
	任　龙	男	32	父子	大专学历
	任泽成	男	30	父子	高中学历
	任　静	女	34	长女	初中学历
	宋春艳	女	35	子媳	中专学历
	任梓郡	女	3	孙女	
372	任士青	男	52	户主	初中学历
	张延菊	女	57	夫妻	
	任　堃	男	31	长子	大专学历，务工
	任可可	男	29	次子	大专学历，务工
	任盼盼	女	27	长女	初中学历
	王　莉	女	36	子媳	初中学历
	任语涵	女	4	孙女	
	任俊宁	女	1	孙女	
	王亚南	女	27	子媳	高中学历
	任子萱	女	2	孙女	
	任喻扬	男	1	孙子	
373	任士存	男	67	户主	曾任生产队长多年
	王继云	女	68	夫妻	
	任新华	男	43	父子	中专学历，枣庄工作
	杨其珍	女	43	子媳	初中学历
	任祥瑞	男	14	祖孙	初中正读

续表

序号	姓名	性别	年龄	户主或与其关系	备注
	任祥雨	男	6	祖孙	
	任　静	女	33	父女	初中学历，居住北京
374	任士洪	男	62	户主	高中学历，曾任北辛小学民师数年
	秦景玲	女	60	夫妻	
	任泽峰	男	33	父子	高中学历
	任　震	男	28	父女	初中学历
375	任士来	男	59	户主	初中学历，曾经营供销社，门市部 20 余年
	祝存花	女	59	夫妻	初中学历，经营门市部多年
	任泽利	男	35	父子	初中学历
	任娟娟	女	28	次女	初中学历
	徐　娜	女	33	子媳	高中学历
376	任凯伟	男	42	户主	初中学历
	李春云	女	74	母子	
	刘　芹	女	41	夫妻	中学学历
	任诗文	女	1	父女	
377	任泽民	男	48	户主	
	李赐凤	女	48	夫妻	
	任言超	男	24	父子	初中学历
378	任士政	男	66	户主	初中学历
	马士美	女	64	夫妻	
	任泽明	男	37	长子	初中学历，济宁经营苏大姐火锅城
	常莺歌	女	36	长子媳	初中学历，居住滕州市区
	任鹏锦	男	12	祖孙	
	任泽辉	男	27	父子	大学学历，枣庄经营苏大姐火锅城

续表

序号	姓名	性别	年龄	户主或与其关系	备注
	任鹏程	男	3	祖孙	
	任艳菲	女	1	孙女	
	任泽艳	女	27	父女	高中学历
379	任士芳	男	47	户主	
	胡芹荣	女	45	夫妻	
	任　燕	女	20	长女	山农大本科在读
	任俊奥	男	13	长子	
380	任士迎	男	49	户主	高中学历，上海闵行区运输
	王广英	女	49	夫妻	高中学历，上海闵行区运输
	任泽宽	男	29	长子	初中学历，上海闵行区运输
	胡乐秀	女	29	长子媳	中专学历，上海闵行区运输
	任泽石	男	26	次子	大专学历
	姜涵潇	女	27	次子媳	中专学历，上海闵行区运输
	任延琛	男	2	祖孙	
	任思蕊	女	4	祖孙	
	任延航	男	2	祖孙	
381	任振伦	男	63	户主	初中学历
	王计霞	女	57	夫妻	
	任　忠	男	31	父子	初中学历
	任　义	男	29	父子	初中学历
	刘红菊	女	24	子媳	初中学历
	任欣琪	女	4	孙女	
	任欣文	女	2	孙女	
382	任士等	男	35	户主	务工

续表

序号	姓名	性别	年龄	户主或与其关系	备注
383	任泽华	男	49	户主	初中学历，汽车运输
	程家玲	女	49	夫妻	
	任晓倩	女	19	父女	初中学历
	任延驰	男	16	父子	初中学历
384	任士永	男	32	户主	初中学历，务工
	石思环	女	58	母子	初中学历
	任海英	女	31	兄妹	初中学历
	刘　宁	女	30	夫妻	初中学历
	任泽坤	男	6	父子	
385	任守平	男	61	户主	初中学历，建筑工
	曹冠莲	女	60	夫妻	
	任进步	男	33	长子	初中学历
	倪　菊	女	31	长子媳	
	任玉芹	女	32	长女	初中学历
	任振超	男	28	次子	初中学历
	高　翠	女	30	次子媳	初中学历
	任英豪	男	1	孙子	
	任锦贻	女	4	孙女	
	任芮宁	女	5	孙女	
386	任振朝	男	70	户主	大专学历，中共党员，服兵役 18 年，枣庄矿业集团第四工程处退休干部，居住薛城生活区
	张德兰	女	67	夫妻	大专学历，中共党员，枣庄矿业集团第四工程处退休干部
	任寰宇	男	41	父子	大专学历，枣庄矿业集团铁运处公安科干部
	李海燕	女	37	子媳	中专学历，蒋庄煤矿职工
	任泊霖	女	8	孙女	

续表

序号	姓名	性别	年龄	户主或与其关系	备注
387	任士彬	男	55	户主	初中学历，务工
	郭方彩	女	53	夫妻	
	任建华	男	32	长子	初中学历，中共党员，服兵役 12 年，济南工作
	路　美	女	32	子媳	初中学历，济南工作
	任延毓	女	4	孙女	
388	任士迎	男	48	户主	居住滕州市区
	任士幸	男	46	兄弟	初中学历，从事电线制造
	孟祥焕	女	46	弟媳	初中学历，居住滕州市区
	任文强	男	25	侄子	大学学历
389	任泽强	男	50	户主	初中学历
	季关玲	女	49	夫妻	
	任延红	女	27	父女	
	任延奎	男	25	父子	
390	任泽利	男	46	户主	初中学历
	倪士英	女	45	夫妻	
	任延萌	女	20	长女	大学学历
	任梦婷	女	13	次女	初中在读
	任延坤	女	11	父子	
391	任士臣	男	86	户主	
	倪道兰	女	82	夫妻	
392	任振路	男	76	户主	
	李庆銮	女	74	夫妻	
393	任士平	男	47	户主	初中学历，建筑工
	刘建美	女	48	夫妻	初中学历，建筑工

续表

序号	姓名	性别	年龄	户主或与其关系	备注
	任亚东	男	22	父子	
394	任士果	男	63	户主	
	王夫銮	女	63	夫妻	初中学历
	任海涛	男	34	长子	初中学历，务工
	任海东	男	29	次子	初中学历，务工
395	刘景祥	男	55	户主	高中学历，大屯煤电公司工作
	邢广春	女	89	母子	居住大屯煤电公司小区
	唐淑云	女	51	夫妻	大屯煤电公司退休职工
	刘　丹	女	28	父女	本科学历，上海昆山工作
	刘景瑞	男	49	兄弟	初中学历，上海煤电公司徐庄煤矿职工
	李怀芳	女	48	弟媳	初中学历，上海煤电公司徐庄煤矿职工
	刘若南	女	24	侄女	本科学历
	刘祥源	男	18	侄子	高中在读
396	刘守祥	男	54	户主	高中学历，经营个体加工业
	杨家苓	女	55	夫妻	初中学历
	刘明君	男	29	次子	初中学历，薛城轮胎厂工作
	徐海燕	女	28	次子媳	初中学历，居住八一煤矿
	刘金洛	男	3	次子孙	
	刘明惠	男	31	长子	高中学历
	孙亚苓	女	32	长子媳	初中学历
	刘金源	女	8	长子孙女	
	刘守华	男	47	兄弟	初中学历，滕州市区经营个人企业
	李玉秀	女	48	弟媳	滕州市区经营个体企业
	刘明东	男	24	侄子	淄博大学研究生在读

续表

序号	姓名	性别	年龄	户主或与其关系	备注
397	刘景君	男	46	户主	初中学历，入残疾福利院生活
398	刘庆才	男	61	户主	初中学历，南京务工
	王月娥	女	60	夫妻	初中学历
399	刘井玉	男	63	户主	初中学历
	张志侠	女	65	夫妻	
	刘　坤	男	39	长子	高中学历，滕州经商
	张　妹	女	41	长子媳	
	刘恒硕	男	12	孙子	
400	刘井福	男	53	户主	初中学历
	张效芹	女	49	夫妻	初中学历
	刘　磊	男	26	父子	初中学历
401	刘　伟	男	46	户主	本科学历，滕州第四实验小学教师
	杨传荣	女	70	母子	居住滕州涵翠小区
	刘　会	女	38	夫妻	本科学历，滕州东沙河中心校教师
	刘瀚泽	男	12	父子	
	刘井斌	男	70	父子	
402	刘文斌	男	64	户主	初中学历，出身红炉世家，官桥煤矿退休职工
	孟宜兰	女	66	夫妻	
	刘　萍	女	43	长女	大专学历，滕州羊庄镇教师
	刘明光	男	41	父子	大专学历，滕州电力设备厂助理工程师
	刘贤苓	女	39	次女	大专学历，滕州张汪镇教师
	孙　晶	女	41	子媳	中专学历，中共党员，滕州农商银行工作
	刘　冉	女	29	三女	本科学历，滕州东沙河小学教师
	刘馨遥	女	13	孙女	

续表

序号	姓名	性别	年龄	户主或与其关系	备注
403	杜修海	男	72	户主	官桥公社煤矿务工多年
	王传英	女	72	夫妻	
404	杜修山	男	55	户主	初中学历，曾任生产队长、村委委员等职，经营坝上加油站、洪林石料厂20多年
	张素珍	女	56	夫妻	
	杜　伟	男	32	长子	大学学历
	杜　强	男	31	次子	
	杜宜桂	男	27	三子	
	辛　焕	女	27	长子媳	
	贺　华	女	26	次子媳	
	李媛媛	女	27	三子媳	
	杜汪艳	女	6	三子孙女	
	杜梓睿	女	2	长子孙女	
	杜梓萌	女	1	次子孙女	
405	杜修水	男	39	户主	初中学历，居住滕州市区
	杜李氏	女	93	母子	
	王　璐	女	46	夫妻	初中学历，滕州市工作
	杜银优	男	23	父子	本科学历，共青团员
406	杜修兵	男	49	户主	八一煤矿职工
	刘玉苓	女	51	夫妻	初中学历
	杜成成	男	25	父子	初中学历，出租车司机
	刘桂兰	女	84	母子	
407	杜修河	男	57	户主	外地务工
	刘敬萍	女	57	夫妻	初中学历，外地务工
	杜宜平	男	34	长子	初中学历，外地务工

续表

序号	姓名	性别	年龄	户主或与其关系	备注
	王青青	女	31	长子媳	初中学历，外地务工
	杜宜强	男	28	次子	初中学历，外地务工
	朱琳琳	女	27	次子媳	初中学历，外地务工
	杜家琪	男	7	长子孙	
408	杜　永	男	28	户主	外地务工
	谢亚男	女	27	夫妻	外地务工
	杜肇越	男	5	父子	
	杜盼盼	女	30	姐弟	初中学历，居住滕州市区
409	杜修全	男	54	户主	上海工作，司机
	杨大云	女	56	夫妻	
	王志花	女	80	母子	
	杜宜田	男	28	长子	初中学历，滕州工作
410	杜修法	男	59	户主	建筑务工
	彭守銮	女	59	夫妻	
	杜程程	女	27	父女	本科学历
	杜杨洋	男	20	父子	本科学历
411	杜修伟	男	52	户主	建筑务工
	孙贵云	女	52	夫妻	
	杜宜超	男	25	父子	大专学历，共青团员
	杨传英	女	87	母子	
412	杜修启	男	64	户主	官桥公社建筑公司务工多年
	朱士霞	女	64	夫妻	
	杜宜锋	男	38	父子	初中学历
	王荣英	女	40	子媳	初中学历

续表

序号	姓名	性别	年龄	户主或与其关系	备注
	杜兆会	男	15	祖孙	
413	杜修均	男	42	户主	初中学历
	李爱花	女	40	夫妻	初中学历
	杜　辉	男	16	长子	中专学历
	杜　浩	男	1	次子	
	杜修敬	男	46	次兄	初中学历
	满金艳	女	47	次兄媳	初中学历
	杜宜飞	男	23	侄子	
	杜　坤	男	49	长兄	
	杨其霞	女	48	长兄媳	
	杜梦茹	女	23	侄女	
	杜梦鑫	女	7	侄女	
	杜明良	男	77	父子	
	张玉銮	女	75	母子	
414	杜明义	男	87	户主	
	刘广兰	女	77	夫妻	
	杜修俊	男	54	父子	初中学历
	薛兆花	女	59	子媳	
	杜　兵	男	27	祖孙	中专学历
415	杜宜柱	男	48	户主	
	孟祥英	女	48	夫妻	
	杜兆聪	男	24	父子	军校大学在读，服兵役 4 年
416	杜宜祥	男	50	户主	
	朱美玲	女	51	夫妻	初中学历

续表

序号	姓名	性别	年龄	户主或与其关系	备注
	杜兆闯	男	26	父子	初中学历
	杜兆芳	女	27	次女	初中学历
417	杨传贵	男	62	户主	初中学历
	季关爱	女	62	夫妻	
	杨家全	男	32	父子	初中学历，在外务工
	刘　娟	女	29	子媳	初中学历，在外务工
	杨其蕊	女	6	孙女	
418	杨家忠	男	64	户主	高中学历
	戚广苓	女	62	夫妻	
	杨　军	男	36	父子	大学学历，中共党员，滕州市木石镇政府调研室工作
	冯易兰	女	33	子媳	教师
	杨　莉	女	32	父女	教师
	杨博涵	男	3	祖孙	
419	杨家厚	男	54	户主	
	王秀真	女	48	夫妻	
	杨　宁	男	29	长子	
	裴宜英	女	27	长子媳	高中学历
	杨　猛	男	27	次子	高中学历
420	杨家乾	男	49	户主	高中学历
	张成美	女	47	夫妻	初中学历
	杨其亚	男	23	父子	大专学历
	杨晓霞	女	27	父女	天津医科大学在读博士
421	张庆德	男	47	户主	初中学历
	鞠　华	女	44	夫妻	初中学历

续表

序号	姓名	性别	年龄	户主或与其关系	备注
	张谢氏	女	82	母子	
	张潇月	女	18	父女	高中在读
	张琦昊	男	9	父子	
422	张庆文	男	60	户主	高中学历，曾在公社办企业工作多年
	王敦美	女	58	夫妻	
	张　坤	男	29	父子	高中学历
	马钰茹	女	29	子媳	高中学历
	张　琦	男	4	祖孙	
423	张庆峰	男	40	户主	初中学历，中共党员
	吕秋英	女	39	夫妻	初中学历
	张庆铭	男	37	兄弟	中专学历，中共党员，滕州物业管理
	党汉云	女	35	弟媳	高中学历
	戚广爱	女	65	母子	
	张万卿	女	12	父子	
	张万松	男	11	侄子	
424	张志昌	男	72	户主	服兵役 2 年，滕州焦化厂退休职工
	徐广秀	女	72	夫妻	
	张大兵	男	35	长子	
	张二闯	男	32	次子	上海务工
	张洪美	女	28	父女	
425	张广晶	男	54	户主	初中学历，外地务工
	任翠华	女	53	夫妻	初中学历，外地务工
	张　明	男	28	父子	
	冯　超	女	29	子媳	

续表

序号	姓名	性别	年龄	户主或与其关系	备注
	张若涵	女	2	孙女	
426	张志友	男	63	户主	高中学历，村委会会计，经营水泥产品加工多年
	刘加英	女	67	夫妻	
	张王氏	女	87	母子	
	张　豹	男	34	长子	高中学历，服兵役 3 年
	张　龙	男	28	次子	大学学历
	卢　艳	女	32	长子媳	硕士研究生学历，滕州中医院工作
	张欣诺	女	3	孙女	
427	张志臣	男	68	户主	中共党员，经营供销社、门市部多年，上海务工
	孔德翠	女	69	夫妻	高中学历
	张俊伟	男	35	父子	高中学历，上海务工
	张　晶	女	37	子媳	上海务工
	张蓓京	女	5	孙女	
	张俊芳	女	38	长女	
	张俊秀	女	36	次女	
428	张志皆	男	57	户主	高中学历
	王延华	女	59	夫妻	
	张东营	男	31	长子	初中学历，外地务工
	张俊冲	男	29	次子	初中学历，外地务工
	张俊松	男	27	三子	中专学历，外地务工
429	张广庆	男	54	户主	高中学历
	王广艳	女	50	夫妻	
	张亚洲	男	27	父子	
430	张广武	男	59	户主	初中学历，建筑队队长

续表

序号	姓名	性别	年龄	户主或与其关系	备注
	史在兰	女	56	夫妻	
	张　坤	男	31	父子	泰安学院本科毕业，山东汇丰集团公司工作
	崔　静	女	32	子媳	硕士研究生学历，淄博环保局工作
	张　春	女	29	父女	滕州市羊庄镇工作
	张君怡	女	1	孙女	
431	张　晶	男	39	户主	
	杨传玲	女	67	母子	
	张　瑞	男	31	兄弟	
	张　杰	男	12	长子	
	张玉杰	男	10	次子	
432	张志洋	男	57	户主	
	朱士菊	女	58	夫妻	
	张滕州	男	22	父子	
433	张志才	男	65	户主	高中学历
	孙振美	女	68	夫妻	
	张俊洪	男	41	长子	中专学历，滕州工作
	王　侠	女	39	长子媳	中专学历，滕州工作
	张　敏	女	40	父女	中专学历，上海工作
	张子欢	女	12	孙女	
	张子乐	女	12	孙女	
	张俊伟	男	37	次子	高中学历
	褚　伟	女	33	次子媳	高中学历
	张毅轩	男	8	祖孙	
434	张广思	男	56	户主	初中学历，建筑队队长

续表

序号	姓名	性别	年龄	户主或与其关系	备注
	任泽凤	女	59	夫妻	
	张　迁	男	34	长子	初中学历
	杨利利	女	33	长子媳	初中学历
	张馨月	女	8	孙女	
	张心如	女	2	孙女	
	张　稳	男	26	次子	中专学历
	王　婷	女	28	次子媳	初中学历
	张永祯	男	3	孙子	
435	张志平	男	60	户主	
	顾克荣	女	60	夫妻	
	张　强	男	33	长子	大专学历，郑州工作
	王甜甜	女	32	长子媳	大专学历，郑州工作
	张恩铭	女	3	祖孙	
	张　格	男	31	次子	
436	张广磊	男	40	户主	初中学历
437	张广斌	男	74	户主	中共党员，曾任村团支部书记、治保主任、民兵连指导员、革委会主任及官桥公社农场场长等职
	杨家銮	女	74	夫妻	
	张　华	男	47	长子	大专学历，中共党员，服兵役 14 年，枣庄日报社工作
	杨秀芳	女	44	长子媳	硕士研究生学历，中共党员，枣庄经济学院副教授
	张力凡	女	15	孙女	初中在读
	杨福宁	女	7	孙女	
438	张志洪	男	48	户主	
	潘永勤	女	46	夫妻	
	张哲宁	女	16	次女	

续表

序号	姓名	性别	年龄	户主或与其关系	备注
	张潇予	女	26	长女	
	张　龙	男	26	侄子	
439	张志标	男	55	户主	上海经营渣土运输等业务
	倪士凤	女	55	夫妻	
	张　耀	男	22	长子	
	孙庆霞	女	24	长子媳	上海务工
	张晓然	女	28	长女	上海务工
	张耀文	女	25	三女	
440	张志和	男	57	户主	高中学历，曾任北辛小学民师数年，后在滕州市区从事餐饮行业
	巩群凤	女	57	夫妻	
	张俊瑞	男	28	次子	大学学历
441	张志国	男	45	户主	初中学历
	杨金凤	女	45	夫妻	初中学历
	张　哲	男	20	长子	大学学历，共青团员
442	张志德	男	49	户主	
	唐安梅	女	45	夫妻	
	张文雪	女	22	长女	大专学历
	张馨月	女	14	次女	初中在读
443	张志恒	男	71	户主	初中学历，曾任生产队长多年
	李志花	女	67	夫妻	
	张　伟	男	45	长子	初中学历
	石秀玲	女	44	长子媳	初中学历
	张茂辉	男	20	长子孙	高中学历，服兵役 3 年
	张俊良	男	38	次子	初中学历

续表

序号	姓名	性别	年龄	户主或与其关系	备注
	朱恒敏	女	36	次子媳	初中学历
	张浩宇	男	5	次子孙	
444	张志全	男	60	户主	
	李玉芝	女	60	夫妻	
	张玉霓	男	33	长子	高中学历
	刘丽梅	女	31	长子媳	高中学历
	张冬晨	男	5	孙子	
445	张　伟	男	43	户主	初中学历
	李二妮	女	43	夫妻	
	张彭彭	男	13	长子	
	张玉芬	女	5	长女	
446	张广淼	男	37	户主	临沂务工
	张仁杰	男	7	长子	
447	张广苓	男	75	户主	曾任生产队会计 20 多年
	张志银	男	47	次子	高中学历
	姜庆侠	女	49	次子媳	
	张彤彤	女	21	孙女	高中学历
	张　鹏	男	17	孙子	高中在读
448	张广全	男	55	户主	初中学历
	黄爱平	女	55	夫妻	
	张志龙	男	30	长子	中专学历
	张志虎	男	30	次子	中专学历
	王　蕊	女	29	长子媳	中专学历
	张爱华	女	26	次子媳	高中学历

续表

序号	姓名	性别	年龄	户主或与其关系	备注
	张　锦	男	1	孙子	
449	张志忠	男	54	户主	初中学历
	神文英	女	55	夫妻	
	张俊东	男	27	长子	中专学历
	张　斌	男	26	次子	大学学历
450	张志金	男	51	户主	高中学历
	魏永恋	女	50	夫妻	
	张　宁	男	27	长子	高中学历
	张　杰	男	26	次子	初中学历
	潘　慧	女	24	次子媳	初中学历
	张哲晟	男	3	长子孙	
	张洛瑞	男	2	次子孙	
451	张留善	男	67	户主	柴里煤矿退休职工
	梁龙侠	女	63	夫妻	
	张庆宇	男	31	父子	初中学历
	张文华	女	33	子媳	居住滕州市区
	张历响	男	11	孙子	
	李　滕	女	21	外孙女	高中学历
452	张井尧	男	76	户主	中共党员，国营煤矿退休职工
	王翠英	女	78	夫妻	高中学历
453	张　静	男	37	户主	薛城区工作
	宋宜萍	女	37	夫妻	薛城区工作
	张玉浩	女	13	父女	
	张冠杰	男	8	父子	

续表

序号	姓名	性别	年龄	户主或与其关系	备注
	张传苓	女	66	母子	居住薛城区
	张　瑞	男	30	兄弟	薛城区工作
454	张　伟	男	43	户主	上海务工
	刘志英	女	42	夫妻	
	张钰芬	女	15	父女	
	张鲲鹏	男	13	父子	
	张广磊	男	41	二弟	
	成联珠	女	43	二弟媳	
	张梓琪	女	3	侄女	
	张广淼	男	39	三弟	杭州务工
	乔　娟	女	37	三弟媳	
	张仁杰	男	9	侄子	
455	张志启	男	61	户主	中共党员，中专学历，徐州车站工作
	侯　霞	女	60	夫妻	中专学历，徐州工作
	张　燕	女	30	父女	大学学历，列车服务员
	张　帅	男	25	父子	本科在读
456	张广忠	男	76	户主	中共党员，烈士后代，新疆建设兵团退休干部
	王修荣	女	74	夫妻	新疆建设兵团退休干部
457	张广文	男	73	户主	中专学历，中共党员，曾任北辛小学民师及村庄现金保管、会计等 20 余年
	白允荣	女	73	夫妻	初中学历
	张志涛	男	51	父子	高中学历，中共党员，服兵役 6 年
	王　琳	女	51	子媳	高中学历，任教多年
	张　慧	女	25	孙女	高中学历
	张　钊	男	21	孙子	高中学历

续表

序号	姓名	性别	年龄	户主或与其关系	备注
458	张志柱	男	63	户主	初中学历
	王培苓	女	64	夫妻	
	张　生	男	37	长子	中专学历
	张　芹	女	32	长子媳	高中学历
	张俊良	男	28	次子	大学学历
	张茂源	男	9	孙子	
459	张宗善	男	73	户主	初中学历
	张爱善	女	65	夫妻	初中学历
	张庆会	男	38	长子	大专学历，滕州官桥中心校教师
	闫继苓	女	38	长子媳	大专学历，滕州官桥中心校教师
	张上明珠	女	11	孙女	
	张庆春	女	46	长女	初中学历
	张庆苓	女	42	次女	高中学历
	张迎龙	男	30	次子	高中学历
460	张金善	男	75	户主	初中学历，乡镇企业退休职工
	杨家荣	女	73	夫妻	初中学历
	张庆忠	男	50	长子	初中学历，滕州市区经营百货批发
	宋光侠	女	51	长子媳	初中学历
	张大帅	男	28	长子孙	初中学历
	张庆华	女	47	次子	高中学历，服兵役 4 年
	王广爱	女	47	次子媳	高中学历
	张小玉	女	23	孙女	高中学历
	张一凡	女	16	孙女	
	张一宁	男	14	孙子	

续表

序号	姓名	性别	年龄	户主或与其关系	备注
461	张文全	男	30	户主	硕士研究生学历，中共党员，上海普陀医院主治医师
	刘金兰	女	82	祖母	
	郝玉芝	女	58	母子	
	张历响	男	28	兄弟	本科学历，中国铁路总公司北京铁路局工作
462	张遗善	男	73	户主	曾任生产队长多年
	王维兰	女	70	夫妻	
	张庆洋	男	48	父子	初中学历
	王宏英	女	49	子媳	初中学历
	张　建	男	26	孙子	大专学历，青岛务工
	张　钰	女	26	孙女	中专学历
463	张庆友	男	67	户主	初中学历，中共党员，曾在公社办企业工作多年
	倪家苓	女	68	夫妻	
	刘继英	女	89	母子	
	张历斌	男	43	长子	初中学历
	孙　晶	女	43	长子媳	初中学历
	张历文	男	40	次子	初中学历，滕州务工
	司　华	女	35	次子媳	高中学历，滕州务工
	张成明	男	18	长子孙	
	张馨宇	女	10	次子孙女	
	张恒祥	男	3	次子孙	
464	张庆伟	男	46	户主	大专学历，曹庄煤矿工作
	李　晶	女	41	夫妻	高中学历
	张　哲	女	18	父女	大专在读
	张开秀	女	70	母子	

续表

序号	姓名	性别	年龄	户主或与其关系	备注
465	张连善	男	75	户主	中师学历，小学退休教师
	王立兰	女	75	夫妻	
	张庆梅	女	50	父女	初中学历，居住微山城区
	张庆涛	男	48	三子	大专学历，薛城远通纸业公司工作
	张　红	女	46	三子媳	中专学历，居住薛城区
	张鑫茹	女	15	三子孙女	
	张庆柱	男	54	长子	高中学历，曾任生产队长数年
	刘宝莲	女	53	长子媳	初中学历
	张　珂	男	27	长子孙	本科学历，中共党员，烟台市委组织部工作
	王静谊	女	27	长子孙媳	硕士研究生学历，中共党员，蓬莱工作
	张留燕	女	26	二孙女	大专学历，滕州某幼儿园工作
	张晶晶	女	29	大孙女	初中学历，居住滕州市区
	张庆民	男	52	次子	初中学历
	周永荣	女	51	次子媳	初中学历
	张　盈	男	25	次子孙	初中学历
	张　敏	男	23	次子孙女	大专学历，烟台务工
466	张进善	男	78	户主	
	张庆华	男	54	长子	初中学历
	杨清华	女	55	长子媳	初中学历
	张　震	男	28	长子孙	初中学历
	张陆陆	女	24	长子孙媳	初中学历
	张　敏	女	30	孙女	大专学历，枣庄妇幼保健院工作
	张庆付	男	52	次子	初中学历
	朱西梅	女	49	次子媳	初中学历

续表

序号	姓名	性别	年龄	户主或与其关系	备注
	张万里	男	24	次子孙	初中学历
	连　利	女	21	次子孙媳	初中学历
467	张庆海	男	68	户主	初中学历，中共党员，服兵役 7 年，滕州官桥煤矿退休职工，村庄党支部副书记
	杨士兰	女	69	夫妻	高中学历，曾在村庄卫生室工作数年
	张　鹏	男	40	长子	初中学历，枣庄中国银行工作
	冯兆芳	女	30	长子媳	高中学历，枣庄三联工作
	张　琰	男	13	长子孙	
	张晨菲	女	2	孙女	
	张　鹤	男	35	次子	大专学历，中共党员，山亭区店子镇工作
	王苓苓	女	35	次子媳	中专学历，山亭区店子镇教师
	张欣怡	女	6	次子孙女	
	张祥旭	男	5	次子孙	
	张　强	男	31	三子	初中学历，三联水泥厂工作
	黄　贵	女	29	三子媳	大专学历，枣庄妇保院工作
	张祥治	男	2	三子孙	
	张　芹	女	31	父女	大专学历，枣庄市妇保院工作
468	张庆水	男	60	户主	初中学历，鲁南装备公司退休职工
	刘德香	女	63	夫妻	初中学历，中共党员
	张　帅	男	34	父子	初中学历，服兵役 3 年，付村煤矿工作
	郑秀苹	女	31	子媳	大专学历，山亭区交通局工作
	张津硕	女	6	孙女	
	张罡祥	男	5	孙子	
	张雯雯	女	35	长女	初中学历，枣庄鲁南装备公司工作
	张　倩	女	34	次女	初中学历，枣庄鲁南装备公司工作

续表

序号	姓名	性别	年龄	户主或与其关系	备注
469	张庆利	男	53	户主	初中学历，中共党员，官桥供销社工会主席
	朱思平	女	53	夫妻	初中学历
	张　增	男	20	父子	高中学历，济宁药厂工作
	张　娜	女	18	父女	中专学历
470	张立善	男	71	户主	初中学历
	刘玉荣	女	70	夫妻	
	张庆坤	男	45	父子	初中学历
	赵玉娟	女	42	子媳	
	张子清	女	12	孙女	
	张子行	男	6	孙子	
471	张新善	男	63	户主	曾在公社建筑公司工作多年
	刘胜英	女	60	夫妻	
	张　伟	男	35	父子	初中学历，服兵役 3 年，上海务工
	冯园园	女	35	子媳	初中学历
	张天琪	女	12	孙女	
	张　丹	女	2	孙女	
	张　博	男	1	孙子	
	张　丽	女	37	父女	
472	张林善	男	77	户主	服兵役 8 年
	赵厚英	女	73	夫妻	
	张庆伟	男	41	父子	
	裴宝兰	女	42	子媳	
	张　丹	女	16	孙女	
	张汉文	男	11	孙子	

续表

序号	姓名	性别	年龄	户主或与其关系	备注
473	张国庆	男	49	户主	大学学历，郑州银行解放路支行主任，居住郑州市金水区
	魏国武	女	49	夫妻	大学学历，安诚保险河南公司财务副总经理
	孔德荣	女	77	母子	大学学历，曾任工商银行郑州分行解放路支行主任等职
	张国强	男	46	兄弟	大学学历，工商银行郑州分行五里堡支行工作
	张安娜	女	53	姐弟	大学学历，河南省保险业协会综合办主任
	张欣悦	女	26	父女	大学学历，河南郑州经贸学校教师
	张欣阳	男	19	侄子	大专学历，河南铁路技工学校学生
	张欣诚	男	7	侄子	
474	张庆军	男	53	户主	高中学历，从事村庄机耕机收等工作
	吴玉霞	女	54	夫妻	高中学历，机种专业户
	张力荔	男	31	父子	中专学历，鲁化工作
	赵文文	女	32	子媳	中专学历
	张利纳	女	29	父女	泰安医学院本科毕业
	张姝娅	女	7	孙女	
	张言月	女	1	孙女	
475	侯庆新	男	39	户主	初中学历，21 世纪随亲戚居住的新增姓氏居民
	贾　敏	女	38	夫妻	初中学历
	侯召美	女	11	父女	
	侯博洋	男	4	父子	
476	姜立宽	男	78	户主	中专学历，官桥卫生院退休医生
	姜德华	男	56	长子	中专学历，北辛卫生室工作
	李君峰	女	55	长子媳	
	姜　涛	男	34	长子孙	中专学历，中共党员，服兵役 12 年，济南西城集团工作
	冯　军	女	34	长子孙媳	大专学历，共青团员，济南电力医院工作

续表

序号	姓名	性别	年龄	户主或与其关系	备注
	姜艺晨	女	4	曾孙女	
	姜然然	女	31	长子孙女	中专学历，共青团员，居住济宁金乡县
	姜德宇	男	54	次子	大专学历，中共党员，服兵役 35 年，副团职退休军官，居住济南天桥区绣花园
	孙　军	女	46	次子媳	中专学历，中共党员，济南热电厂职工
	姜　童	女	23	次子孙女	大专学历
	姜德朋	男	51	三子	初中学历
	王德艳	女	51	三子媳	初中学历
	姜宏强	男	33	三子孙	初中学历，中共党员，服兵役 2 年，居住济南历城区辛甸花园
	章晓寒	女	34	三子孙媳	高中学历，共青团员
	姜章奇杰	男	9	三子曾孙	
	姜苏文	女	28	三子孙女	大专学历，共青团员，居住济南历下区和平路
	姜上红	女	27	三子孙女	高中学历，共青团员，居住济南历下区和平路
	姜德友	男	47	四子	中专学历，中共党员，官桥镇卫生院理疗科医生
	杨三敏	女	47	四子媳	大专学历，中共党员，洪绪镇卫生院工作
	姜栋文	男	23	四子孙	中专学历，中共党员，洪绪镇卫生院工作
	刘　杰	女	23	四子孙媳	中专学历，中共党员，洪绪镇卫生院工作
	姜德玲	女	40	长女	大专学历，共青团员，居住济南槐荫区腊山路
477	姜立选	男	71	户主	中专学历，中共党员，服兵役 7 年，八一煤矿莱村医院退休医生
	王宜兰	女	72	夫妻	中专学历，北辛小学退休教师
	姜　伟	男	44	父子	中技学历，中共党员，柴里煤矿洗煤厂车间主任
	郭冬玲	女	44	子媳	中技学历，中共党员，柴里煤矿公司会计
	姜　维	女	42	父女	鲁南化肥厂高级技师
	姜　文	女	23	孙女	山东农业工程学院大专学生
478	姜得秀	女	60	户主	高中学历，中国工商银行退休员工

续表

序号	姓名	性别	年龄	户主或与其关系	备注
	姜得萍	女	51	姐妹	中专学历，菏泽市药材公司退休职工
	姜得霞	女	46	姐妹	中专学历，下岗职工
479	姜德福	男	56	户主	高中学历，菏泽玉思酒厂总经理助理
	刘　萍	女	53	夫妻	高中学历，菏泽图书馆高级经济师
	姜　楠	男	31	长子	大专学历，工程师，南京工作
	姜　涛	男	28	次子	南京理工学院博士生在读，
480	姜得隆	男	50	户主	中专学历，个体工商业者
	宋　萍	女	50	夫妻	中专学历，个体工商业者
	姜　琳	男	28	长子	大专学历，电信公司工作
481	贾德成	男	72	户主	20 世纪 70 年代随亲戚居住的新增姓氏居民
	王立云	女	63	夫妻	
	贾建华	男	43	长子	部队复员军人，经营客运等业务，居住滕州市区
	王启侠	女	46	长子媳	
	贾雨晴	女	20	孙女	
	贾兵政	男	17	孙子	
	贾雨新	男	8	孙子	
482	夏维财	男	70	户主	
	杨学兰	女	70	夫妻	
	夏允龙	男	44	长子	大专学历，中共党员，滕州市官桥镇计生委工作
	高　霞	女	38	长子媳	中专学历
	夏　波	男	12	长子孙	
	夏　颉	男	1	长子孙	
	夏允海	男	41	次子	中专学历，中共党员，滕州气象局工作
	韩　霞	女	39	次子媳	中专学历

续表

序号	姓名	性别	年龄	户主或与其关系	备注
	夏　昂	男	2	次子孙	
	夏　溪	女	13	次子孙女	
483	夏　东	男	34	户主	初中学历
	郑德莲	女	58	母子	
	夏　彬	男	28	兄弟	初中学历
484	夏允全	男	54	户主	高中学历，建筑队队长
	李洪美	女	53	夫妻	初中学历
	夏明明	男	29	长子	本科学历，滕州工作
	夏青青	女	27	长女	本科学历，烟台工作
485	夏允华	男	49	户主	初中学历
	曹长苓	女	52	夫妻	初中学历
	夏鄌文	男	25	长子	山东农业大学本科毕业，济南工作
	夏鄌浩	男	24	次子	烟台大学本科毕业，烟台工作
486	夏允松	男	63	户主	服兵役5年
	冯维兰	女	65	夫妻	
	夏国民	男	27	次子	大学学历，上海工作
487	夏允成	男	59	户主	
	孙晋秀	女	60	夫妻	
	夏　琦	男	33	长子	大学学历，青海工作
	李德娣	女	33	长子媳	大学学历，青海工作
	夏　塑	男	7	长子长孙	
	夏　瑞	男	1	长子次孙	
488	夏允富	男	47	户主	上海务工
	刘景英	男	46	夫妻	上海务工

续表

序号	姓名	性别	年龄	户主或与其关系	备注
	夏　琳	男	26	长子	高中学历
	徐　莹	女	26	长子媳	高中学历
	夏雨晨	男	3	长子孙	
	夏　雪	女	1	长子孙女	
489	夏允启	男	43	户主	高中学历，中共党员，兖州矿业集团工作
	刘凤芝	女	77	母子	初中学历
	夏秋爽	女	24	父女	大学生在读
490	高德先	男	69	户主	曾任生产队长多年
	彭志兰	女	69	夫妻	
	高　勇	男	48	长子	上海务工
	高祖启	男	39	次子	高中学历，黑龙江经营电器产品
	高祖艳	女	26	长女	高中学历
	倪桂云	女	45	长子媳	高中学历，上海务工
	程少敏	女	37	次子媳	高中学历
	高裕常	男	21	长子孙	高中学历，上海务工
	高赫一	女	7	孙女	
	高佳一	女	5	孙女	
491	高效先	男	57	户主	
	孙延荣	女	49	夫妻	
	高　莉	女	30	长女	初中学历
	高　震	男	25	长子	初中学历
	高　静	女	27	次女	
492	高汉君	男	87	户主	
	高善先	男	56	长子	初中学历

续表

序号	姓名	性别	年龄	户主或与其关系	备注
	刘宝珍	女	57	长子媳	年轻时做缝纫生意
	高　响	男	32	长子孙	高中学历，共青团员
	王思华	女	31	长子孙媳	初中学历
	高艺菲	女	4	曾孙女	
	高　亮	男	30	长子次孙	初中学历，共青团员
	鹿　园	女	33	次孙媳	
	高鹿洁	女	6	曾孙女	
	高艳梅	女	25	孙女	初中学历
493	高敬先	男	46	户主	初中学历，机电设备、水电暖安装经营业主
	张红芹	女	48	夫妻	初中学历
	高　林	男	22	父子	共青团员，青岛大学本科在读
494	高汉柱	男	78	户主	
	李开兰	女	76	夫妻	
	高文先	男	52	长子	初中学历，青岛经营海产品批发零售
	高迎先	男	49	次子	初中学历，青岛经商
	赵　静	女	53	长子媳	初中学历，青岛经商
	刘利平	女	46	次子媳	初中学历，青岛经商
	高祖龙	男	32	长子孙	大学学历，青岛经营传媒公司
	高清清	女	29	长子孙女	高中学历，青岛高速公路管理局工作
	高祖强	男	23	次子孙	初中学历，青岛车辆挂牌管理工作
	高凤娇	女	24	次子孙女	初中学历，北京车辆挂牌管理工作
	徐静宜	女	28	长子孙媳	大学学历，山东师范大学幼儿园教师
	高天佐	男	2	曾孙	
495	黄炳山	男	76	户主	

续表

序号	姓名	性别	年龄	户主或与其关系	备注
	张井美	女	75	夫妻	
	黄现斌	男	43	长子	大专学历，滕州落凤山水泥公司员工
	倪培苗	女	40	长子媳	初中学历
	黄文豪	男	14	长子孙	
	黄筱萱	女	2	长子孙女	
	黄现东	男	40	次子	本科学历，中共党员，服兵役 12 年，苏丹维和部队士官，枣庄市中区社区矫正工作管理中心副主任并主持工作
	冯银芳	女	37	次子媳	初中学历
	黄欣欣	女	10	次子孙女	
	黄浩宇	男	1	次子孙	
496	黄现明	男	70	户主	曾任村庄电工多年
	刘恒荣	女	66	夫妻	
	黄国营	男	35	父子	大专学历，中共党员，服兵役 5 年，浙江威能消防器材公司质量工程师
	陈彩霞	女	35	子媳	高中学历
	黄思博	男	1	祖孙	
497	黄现文	男	79	户主	曾任生产队会计 20 多年
	谢安荣	女	77	夫妻	
	黄文国	男	55	长子	
	黄文华	女	50	长女	
	黄文才	男	52	次子	初中学历
	张秀兰	女	51	次子媳	初中学历
	黄光峯	男	28	孙子	大专学历
	黄文霞	女	26	孙女	初中学历
498	黄现武	男	75	户主	
	戚德秀	女	72	夫妻	

续表

序号	姓名	性别	年龄	户主或与其关系	备注
499	黄现刚	男	70	户主	
	顾克荣	女	68	夫妻	
	黄文胜	男	46	父子	外地务工
	荆荣平	女	48	子媳	
	黄光宝	男	26	孙子	本科学历，中共党员，北京软件公司工作
	黄新惠	女	24	孙女	中专学历
500	黄现启	男	67	户主	初中学历
	杨其兰	女	67	夫妻	
	黄文庆	男	37	父子	
	曹　敬	女	35	子媳	
	黄光湛	男	10	孙子	
501	黄现法	男	57	户主	初中学历，滕州市区经营百货批发
	刘井花	女	57	夫妻	初中学历，滕州市区经营百货批发
	黄启波	男	34	父子	大专学历
	彭林林	女	34	子媳	
	黄滕滕	女	36	父女	初中学历，经营百货
502	黄现成	男	65	户主	初中学历，滕州务工
	黄文斌	男	40	长子	初中学历
	黄文营	男	38	次子	初中学历，服兵役3年
	黄河琛	男	16	祖孙	
	黄金浩	男	7	祖孙	
	李计凤	女	68	夫妻	
503	黄文斗	男	41	户主	初中学历
	张　苓	女	46	夫妻	初中学历

续表

序号	姓名	性别	年龄	户主或与其关系	备注
	李俐旋	女	19	长女	初中学历
	黄鑫宇	女	11	次女	
504	黄文祥	男	39	户主	初中学历
	李夫美	女	38	夫妻	初中学历
	黄　傲	男	12	父子	
505	黄文忠	男	47	户主	初中学历
	杨其霞	女	50	夫妻	初中学历
	黄艳茹	女	23	父女	初中学历
	黄光超	男	19	父子	初中学历
506	黄现春	男	60	户主	初中学历，服兵役 2 年
	张开英	女	63	夫妻	
	黄鹏鹏	男	33	次子	高中学历，临沂务工
507	黄文涛	男	34	户主	初中学历，建筑支架模具板
	杨翠翠	女	34	夫妻	
	黄玉鹤	男	10	父子	
	黄宇菲	女	1	父女	
508	黄现伟	男	61	户主	初中学历，曾与人合伙承包经营村庄砖窑厂多年
	吴秀丽	女	60	夫妻	
	黄文贵	男	32	父子	高中学历，中共党员，服兵役 5 年，肥城矿务局工作
	宋金华	女	31	子媳	大专学历
	黄正旭	男	4	祖孙	
509	黄现军	男	64	户主	初中学历，曾任生产队长多年
	刘念秀	女	61	夫妻	
	黄文波	男	37	长子	初中学历

续表

序号	姓名	性别	年龄	户主或与其关系	备注
	黄　艳	女	31	父女	初中学历
	黄文东	男	30	次子	初中学历
510	彭成太	男	76	户主	中专学历，中共党员，服兵役 29 年，副师职部队转业军官，枣庄市纪检委副书记、市监察局局长退休
	王秀琴	女	78	夫妻	枣庄市盐业局退休，居住枣庄新城
	彭春英	女	53	长女	大专学历，中共党员，服兵役 15 年，上海市虹口区四川北路街道人大副主任
	彭卫东	男	50	长子	大专学历，中共党员，服兵役 4 年，枣庄市人民银行办公室副主任科员
	彭卫民	男	47	次子	大专学历，中共党员，枣庄市建行市中分行行长
	张雪琳	女	45	长子媳	大专学历，中共党员，枣庄市血站工作
	刘　莉	女	43	次子媳	大专学历，枣庄市建行工作
	彭宇翔	男	21	长子孙	大学在读
	彭雨竹	女	23	孙女	大学在读
	彭忆南	男	9	孙子	
511	彭成海	男	63	户主	初中学历，中共党员，滕州市官桥煤机厂厂长
	李道玉	女	61	夫妻	中专学历，枣庄高新区建设局退休
	彭　堃	男	38	长子	中专学历，薛城区医药公司工作
	唐　莉	女	40	长子媳	中专学历，中共党员，薛城区医药公司工作
	彭国庆	男	36	次子	中专学历，枣庄烟草局工作
	陈　琦	女	34	次子媳	中专学历，枣庄公共汽车公司工作
	彭依凡	女	11	长子孙女	
	彭宝淦	男	4	长子孙	
	彭子杭	女	9	次子孙女	
	彭晨雨	女	3	次子孙女	

续表

序号	姓名	性别	年龄	户主或与其关系	备注
	彭　琳	女	30	父女	大专学历，枣庄高新区建设局工作
512	彭明宽	男	65	户主	初中学历
	戚广香	女	65	夫妻	
	彭宝印	男	38	父子	中专学历
	秦习习	女	38	子媳	
	彭晓蕊	女	11	长孙女	
	彭子芳	女	5	次孙女	
513	彭明珠	男	63	户主	初中学历
	李成侠	女	62	夫妻	
	彭宝强	男	35	次子	初中学历
	王　岩	女	33	次子媳	
	彭宝磊	男	37	长子	中共党员，服兵役 8 年，滕州五中工作
	杜　亭	女	34	长子媳	居住滕州市区
	彭子恒	男	9	长子孙	
	彭茂生	男	11	次子孙	
514	彭明广	男	46	户主	初中学历
	李　莉	女	47	夫妻	
	彭　浩	男	23	父子	大专学历，中共党员
	谢道真	女	86	母子	
515	彭明山	男	56	户主	滕州市官桥镰刀社工作

续表

序号	姓名	性别	年龄	户主或与其关系	备注
	邓一芳	女	56	夫妻	
	彭　超	男	32	父子	
	张文秀	女	28	子媳	
	彭　波	女	31	父女	
	彭丹阳	女	8	长孙女	
	彭雨阳	女	3	次孙女	
	彭宇杰	男	1	长子孙	
516	彭明月	男	63	户主	初中学历
	彭宝利	男	36	长子	初中学历，服兵役 2 年
	苗　芹	女	33	长子媳	初中学历
	彭宝征	男	31	次子	初中学历
	刘恒萍	女	29	次子媳	初中学历
	彭鑫宇	女	10	孙女	
	彭梓福	男	1	孙子	
	彭鑫爽	女	6	孙女	
	彭鑫奕	女	1	孙女	
517	彭明瑞	男	63	户主	初中学历
	朱恒兰	女	63	夫妻	
	彭宝刚	男	37	父子	初中学历
	王春利	女	37	子媳	初中学历
	彭传奇	男	10	孙子	
518	彭士民	男	73	户主	曾任生产队会计多年

续表

序号	姓名	性别	年龄	户主或与其关系	备注
	王兰英	女	72	夫妻	
	彭董氏	女	93	母子	
	彭守谦	男	48	长子	初中学历
	朱士红	女	50	长子媳	初中学历
	彭守刚	男	45	次子	中专学历，中共党员，地税局木石中心所工作
	倪　萍	女	47	次子媳	中专学历，枣庄现代学校工作
	彭微微	女	27	长子孙女	本科学历，共青团员
	彭　耀	男	26	长子孙	高中学历，共青团员
	彭　友	男	21	次子孙	山东政法学院大学在读
519	彭士喜	男	68	户主	
	裴修美	女	69	夫妻	
	彭　震	男	39	长子	大专学历，中共党员，莱阳市工作
	彭　亮	男	31	次子	中专学历，莱阳市工作
	张丽洁	女	38	长子媳	大专学历，莱阳市工作
	彭　香	男	4	长子孙	
520	彭士玉	男	57	户主	初中学历
	周士荣	女	59	夫妻	
	彭　真	男	30	父子	大专学历，居住薛城区
	杨　贝	女	27	子媳	大专学历，居住薛城区
	彭文博	男	2	祖孙	
	彭　楠	女	27	次女	中专学历，居住薛城区
521	彭士坡	男	82	户主	初中学历

续表

序号	姓名	性别	年龄	户主或与其关系	备注
	渐怀荣	女	85	夫妻	
	李桂苓	女	62	长子媳	居住薛城城区
	彭　飞	男	36	长子孙	高职学历，药材运输，居住薛城城区
	张艳芳	女	34	长子孙媳	高中学历，居住薛城城区
	彭　川	男	4	曾孙	
	彭　策	男	30	长子次孙	初中学历，药材运输，居住薛城城区
522	彭守锋	男	53	户主	
	李永美	女	52	夫妻	
	彭成龙	男	29	父子	大专学历，上海工作
	时玉珍	女	27	子媳	大专学历，上海工作
	彭海燕	女	27	父女	
523	彭守明	男	56	户主	大专学历，小学高级教师，滕州市官桥中心校工作
	钟汉敏	女	53	夫妻	
	彭成焕	女	25	父女	济南中医药大学本科在读，共青团员
	彭成帅	男	20	父子	潍坊工商大学专科在读，共青团员
524	彭守瑞	男	59	户主	初中学历，居住薛城永福街道
	倪玉英	女	55	夫妻	初中学历，居住薛城永福街道
	彭　静	女	32	父女	大专学历，共青团员
	彭　霞	女	30	父女	大专学历，共青团员
	彭　平	男	28	父子	大专学历，共青团员
	张中芳	女	28	子媳	大专学历，共青团员
	彭家辉	男	5	祖孙	

续表

序号	姓名	性别	年龄	户主或与其关系	备注
525	彭　标	男	46	户主	高中学历，居住薛城区
	李红英	女	48	夫妻	
	彭　威	男	24	父子	大学学历，居住济南
	彭思奇	女	11	父女	
526	彭明科	男	60	户主	初中学历，滕州官桥镰刀社退休职工
	朱明花	女	57	夫妻	初中学历
	彭保国	男	28	长子	初中学历
	彭保彦	男	26	次子	初中学历
	高祖玲	女	27	长子媳	初中学历
	彭　鑫	男	5	长子孙	
527	彭明合	男	52	户主	初中学历，八一煤矿职工
	杨秀云	女	54	夫妻	
	彭　杨	男	19	父子	
	彭娜娜	女	31	长女	
	彭甜甜	女	29	次女	
528	彭明水	男	46	户主	滕州务工
	朱恒平	女	47	夫妻	滕州务工
	彭浩峰	男	25	父子	初中学历，滕州务工
529	彭明才	男	64	户主	初中学历，中共党员，滕州市区经营百货批发
	王正苓	女	65	夫妻	初中学历，中共党员，滕州市区经营百货批发
	彭习习	女	37	长女	初中学历
	彭芬芬	女	36	次女	初中学历

续表

序号	姓名	性别	年龄	户主或与其关系	备注
	彭宝贺	男	34	父子	高中学历
	张　莹	女	32	子媳	高中学历
	彭笑笑	女	6	孙女	
	彭乐乐	男	5	孙子	
530	彭士太	男	65	户主	初中学历
	任振艳	女	64	夫妻	
	彭守卫	男	40	长子	初中学历，居住薛城
	李长红	女	37	长子媳	初中学历，居住薛城
	彭　森	男	16	长子孙	
	彭　伟	男	39	次子	大专学历，居住薛城
	王　迎	女	32	次子媳	初中学历，居住薛城
	彭怡诺	女	2	次子孙女	
531	彭明星	男	68	户主	高中学历，曾任生产队会计、村委会干部多年
	黄炳荣	女	65	夫妻	
	彭宝国	男	39	长子	大专学历，服兵役 3 年，山亭区店子派出所工作
	朱　敏	女	37	长子媳	大专学历，山亭区建筑设计院工作
	彭丽豫	女	10	长子孙女	
	彭宝伟	男	37	次子	大专学历，山亭贵城购物中心会计
	何光玉	女	33	次子媳	高中学历，山亭贵城购物中心工作
	彭丽霏	女	5	次子孙女	
	彭思淳	男	1	次子孙	
532	彭明亮	男	62	户主	

续表

序号	姓名	性别	年龄	户主或与其关系	备注
	胡继平	女	63	夫妻	
	彭宝莹	男	37	父子	大学学历，中共党员，山东能源新矿集团鄂庄矿运转工区副区长
	陈红梅	女	39	子媳	大学学历，居住莱芜市莱城区明润花园
	彭晨阳	男	8	祖孙	
533	蒋　国	男	45	户主	外地务工
	许兴美	女	66	母子	
	蒋道伟	男	43	兄弟	外地务工
	李玉华	女	43	夫妻	外地务工
	蒋梦瑶	女	18	父女	大专在读
	蒋佳宏	男	11	父子	
534	蒋道友	男	51	户主	
	王永梅	女	49	夫妻	
	蒋　虹	女	31	父女	硕士研究生学历，中共党员，在外务工
	蒋　涛	男	24	父子	本科学历，中共党员，上海市秦汉胡同国学书院书法教师
535	蒋　伟	男	48	户主	外地务工
	蒋勤勤	女	24	父女	
	蒋滕波	男	22	父子	
536	蒋道才	男	46	户主	
	樊后梅	女	47	夫妻	
	蒋宏旭	男	23	父子	大专在读
537	蒋道臣	男	48	户主	
	蒋文文	女	23	父女	初中学历

续表

序号	姓名	性别	年龄	户主或与其关系	备注
	蒋国庆	男	18	父子	高中学历
538	蒋道君	男	46	户主	
	李开云	女	46	夫妻	
	蒋宏静	女	17	父女	高中在读
539	蒋道锁	男	52	户主	八一煤矿职工
	孙长梅	女	54	夫妻	
	蒋飞飞	女	32	父女	
	蒋 帅	男	20	父子	
540	蒋全明	男	65	户主	柴里煤矿退休职工

（录自当年入户调查资料，空缺资料来源于村民户籍档案，以姓氏笔画为序。）

主要参考文献

官桥镇志编纂委员会编纂的《滕县官桥镇志》（1987 年版，40 万字。）

渠开选主编的《渠村志（约 1369—2010）》（2013 年版，16.3 万字。）

吴汝祚、万树瀛执笔撰写的《山东滕县北辛遗址发掘报告》（发表于 1984 年第 2 期《考古学报》）

燕云峰、李蔚的学术论文《从北辛文化到北辛文化》

孙井泉的学术论文《北辛文化的十六个文化之最、文明之源》《北辛文化遗址的保护与开发》

编后记

《北辛村志（约前5300—2017）》，为北辛村首部村志。2016年底开始酝酿，2017年春节前后转入材料搜集阶段，随后进入志稿总纂和资料补充修改完善阶段，历时一年，终于成书。北辛村这项前无古人的硕大立言工程，是继北辛遗址考古发掘、北辛遗址纪念碑亭建立、北辛遗址保护与整治工程兴建之后的又一件大事，值得庆贺。

北辛村历史悠久、文化灿烂，大约7300年前的新石器时代早期，即有先民在龙山脚下、古薛河畔繁衍生息，创造了璀璨辉煌的北辛文化。唐朝时期建立村落。自明朝初年大规模移民、各姓氏先民陆续到来，距今也有600余年的历史。在这漫长的岁月里，先民们在这片沃土里，辛勤劳作，繁衍后代。至2017年，已发展成为拥有540户3054人的全镇第四人口大村。

不容讳言，由于历史上封建社会的腐朽统治、兵荒马乱、水旱灾害，北辛村的经济、文化、卫生等一度处于相对落后状态。食不果腹、衣不遮体的农民，让子女健康成长都很困难，读书识字自然成了奢求。几百年中，全村人口增长缓慢，许多婴幼儿因缺医少药夭折，长大的孩子能上私塾读书的不到十分之一，考取文武秀才的也就区区20余人，更没有出过举人、进士等上层读书人。文化上的落后，不可避免地会出现部分人的思想保守、眼光短浅、跟不上时代的步伐，影响着政治、经济上的发展，由此形成恶性循环。这种局面，随着中华人民共和国的成立，尤其是改革开放的不断推进，经济、文化诸方面渐有好转，且有大展宏图之势，令人欣慰。今日我们编写的这部村志，本着“存史、教化、资治”的宗旨，直述其事，不作评论，让今人和后人读来从中回忆往事、引起思考、受到启迪、展望未来，从而产生推动北辛村全面发展的强大动力。

诚如前述，文化落后，也使一个村庄、数个家族在几百年中，未曾留下书面文字的只言片语，成为历史的遗憾。仅有的王氏、任氏、李氏、张氏等姓氏20世纪以来编修的几本族谱，以及王氏、李氏等姓氏祖林上的几碣碑文，确确实实也提供不了多少有价值的历史资料；至于枣庄市、滕州市、官桥镇档案馆（室），更没有北辛村的点滴资料；北辛村委会由于班子更迭频繁、人们没有存档意识，也鲜有保存下来的有用资料。尽管也有村民口头上的奇闻轶事传诵，但隔代即被丢失，且这些奇闻轶事也多有谬误。此外，在被征集资料的老年人中，又因为年事已高，多出现说法不一和讹错之处，特别是牵扯到的具体年代和数字不够统一，让编者无所适从、左右为难。由此造成村志编修的最大一个难题，以及在所难免的某些村志资料上的欠缺。这也从一个侧面说明，我们已是在做抢救性的工作了，如果早几年编写可能会好些，如果再晚几年编写，恐怕就更困难了。非常庆幸的是，我们此次编修村志正赶上互联网异常发达的信息时代，有关北辛文化的研究成果基本可以“唾手可得”，大大减轻了收集相关资料的车马劳顿，在此部村志出版之际，真诚感谢各位研究学者的辛勤劳动；又喜逢中国地方志指导小组、山东省史志办倡导的中国名村志、齐鲁名村志文化工程刚刚实施的强劲东风，编修村志由此获得技术等方面的大力支持。根据中国名村志文化工程办公室“记述地域范围以下限年份的行政辖区为主。为体现名村在更大区域内的意义，可以从更开阔的区域视野记述与该村相关的内容”等有关名村志编修的资料要求，村志编修立足北辛村，放眼官桥镇、古薛国，尽量吸收北辛文化、薛国文化的营养，特别是在“人物传略”“人物简介”中广泛征集奚仲、仲虺、孟尝君、毛遂、叔孙通、公孙弘、鲁班、墨子、任居敬等深受北辛文化影响的著名历史人物，以及高广仁、吴汝祚、胡秉华、万树瀛、孙井泉、翟力民、王剑锋等在北辛遗址考古发掘及北辛文化研究、传播等方面做出突出贡献的当代知名人物。

编写村志遇到的第二个困难，就是如何做好宣传发动工作，争取更多的人理解与支持。2016 年 12 月 8 日，《北辛村志》编修启动会议在村委会大院举行，近 50 名各姓氏知名人士应邀参加。会上，宣读了村委会 2016 年 1 号文件《关于成立〈北辛村志〉编纂委员会的通知》、2016 年 2 号文件《关于印发〈北辛村志〉编纂工作实施方案的通知》，散发了《告北辛村全体村民、父老乡亲的一封信》，并邀请二轮《官桥镇志》主编、著名民俗专家孙井泉等人做了专题辅导讲座。2017 年 1 月 17 日下午，首部《北辛村志》资料征集座谈会在木石镇北辛饭店召开，近 30 名各姓氏知名人士应邀参加。会上，印发《关于广泛征集《北辛村志》文字资料的恳请信》，并统一了村志人物简介资料收录标准。2 月 8 日上午，《北辛村志》主要编写人员李作胜、张连善、王立洪、任士琛、王光辉以及村委会主任王德科、村党支部副书记张庆海等7人不畏严寒，相聚一起举行第一次村志编纂工作会议，商定资料收集、编撰等细节问题。此后，几位主要编写人员排除万难，每周集中一二次入户搜集资料、拍摄照片、会商村志编修问题。3月、4月，分别向中国名村志文化工程办公室、山东省地方史志办公室，逐级上报了《中国名村志文化工程申报表》《齐鲁名村志文化工程申报表》，在得到积极回应后，按照其要求重新制订村志篇目并组织编写。此期，先后派出两名村志编写人员参加省史志办在淄博、济南举办的名镇名村志编纂培训班。5月，村志打印总撰稿一式5份，分别呈报枣庄市、滕州市两级史志办，特邀村志顾问史志专家渠开选、民俗专家孙井泉，以及村中部分老年人以及村党支部、村委会主要成员审阅修改。其间，主要编纂人员通过电话、短信、微信以及当面交流等方式，与任振堂、任振亚、任士合、任士民、任泽玉、李道斌、李世清、彭成太、彭成海、彭守明、高德先、黄炳山、黄现法、杜修海、王汉仁、王文仁、王迎仁、王德安、姜德宇、李勇、李珊、张华、黄现东等上百位村庄知名人士取得了联系，获得了大量珍贵信息与资料。滕州市第一人民医院原院长、内科副主任医师李道斌率先报送了个人简介，随后，部队恢复军事院校招生考试后第一个考上军校的姜德宇，村庄第一位共产党员、县级离休干部王立启，村籍第一位师级转业军官、曾任枣庄市纪委副书记兼监察局局长彭成太等人，亲自报送或由家人转送了个人简介。正是这些有识之士的大力支持，村志资料方能在如此困难的情况下短时间得以收集完成，并顺利编纂成书。

编写村志遇到的第三个困难就是经费问题。不可讳言，在当今的经济社会中，“动不动就得花钱”是有目共睹的事实。尽管北辛村近几年经济发展、人民生活水平有了不少提高，但村集体经济依然“一穷二白”。北辛村委会主任王德科之前已为村庄街巷硬化、城乡环卫一体化等垫付了不少资金，此次编修村志又为接待应邀参与修志的上级专家、各家族牵头人员等支付部分餐饮费用，这让李作胜等修志人员内心不安。他们一致商定，本着“不花钱办成事”“少花钱多办事”的原则，主要编纂人员自掏腰包每周集合一二次，会商资料收集等事宜，高效推进编修工作进度，尽量不给村里增加经济负担。从北辛走出的各行各业出类拔萃之才王成、张志彪、任士营、王广英、任士本、张志臣、王真、刘景祥、任士东、彭成太、李道斌、王立瀛、高敬先、杜修山、王立运、王德安、彭成海、任振满、任振朝、王玉玲、夏允全、李士清、张广武、任泽玉、王坤仁、王海仁、王功仁、李作胜、张连善、王立洪、任士琛、黄现法、李作福、李勇、张华、贾建华、彭宝国、黄现东、张鹤等人，闻听村志印刷经费困难，纷纷解囊相助，不长时间获得捐款 13 万余元。

在此，我们需要真挚感谢张连善、王立洪、任士琛、张庆海等热爱村志编修的中老年人，是他们的不辞劳苦回忆历史、细心收集及反复核对资料，才为村志打下了比较坚实的资料基础；我们也要诚心感谢李作胜、孙井泉、沙朝佩、徐守运等人为村志编修提供的精美历史与现实图片，这些图片最大限度地保证了村志的图文并茂效果；我们还要感谢许许多多生活在外地的北辛人，他们经常询问修志工作的进展情况，并通过电子邮件、微信、短信发来热情洋溢的感言，提出修改意见，给予村志编写者以支持和鼓舞，增强了他们克服困难的决心与信心；我们更不能忘记并十分感谢参与市、区志及部门志编修工作十余年的市教育局教研室中学高级教师、市专业技术拔尖人才渠开选，著名民俗专家、二轮《官桥镇志》主编孙井泉，山东省史志办市县志指导处调研员、博士李天程及主任科员罗毅，枣庄市史志办副主任、副编审张涛及编辑科副科长郑娟娟等人，正是他们对村志体例结构、语言文字等方面的精心修订、倾情指导，方使村志在内容安排和框架结构上再加充实和完善。

村志主编王光辉作为生在北辛、长在北辛并且近 30 年工作在修志一线的史志工作者，不管是在分内还是分外，无论出于情还是理，均应该义不容辞地承担起编修村志这份沉甸甸的担子和责任，并且为此不计报酬、呕心沥血，唯有如此才能对得起这片故土的养育之恩。尽管其中花了 200 多个日日夜夜不知疲倦的努力，尽管有许多人为此付出了极大心血，但在这薄薄的 50 余万字的村志中，一定还会存在不少错误和缺失。在此，恳切希望广大村民能够理解与谅解，并寄希望于后来人，能够在此基础上予以修正与完善，续写出北辛村更为辉煌的明天。

《北辛村志》编纂委员会

二〇一七年十一月

特别鸣谢

《北辛村志》是在没有编纂出版经费、档案文字资料、专职编撰人员的情况下，经由村党支部、村委会宣传发动，村庄热心人士李作胜、张连善、王立洪、任士琛等人自发组织，历经一年时间精心编纂而成，并获得山东省首批“齐鲁名村志”称号。

村志编修中，中国名村志文化工程办公室、方志出版社、山东省史志办、枣庄市史志办、滕州市史志办、官桥镇志办给予篇目审定、体例完善等方面的技术支持，山东黄氏印务公司给予印刷、出版方面的特别关照，省、市史志、民俗专家李天程、罗毅、张涛、渠开选、孙井泉、郑娟娟等人通审志稿并给予精心指导，彭成太、李道斌、任士合、任振朝、王立堂、王玉玲、姜德宇、张珂等上百人提供个人文字简介或信息，王成、张志标、张志臣、任士营、任士本、刘景祥、王真、高敬先、杜修山、李世清、彭成海、夏允全、张广武等60余人提供印刷资金襄助，仅募集善款即达13万余元。

村民委员会主任王德科在村志编修启动初期，为接待上级领导指导修志工作、召集村内知名人士座谈村志资料等，自掏腰包4000余元用于餐饮费用。出生在村庄的村志主编王光辉先后20余次回村征集入志资料、5次前往济南修改校对志稿，并自费打印文件、通知、信函、志稿等200余份20余万字，花费5000余元。张连善、李作胜、任士琛、王立洪等村志主要编写人员也都自费数百元至千元不等，用于打印户籍表格、购置笔墨纸张，甚至自付外出学习车票、工作用餐、手机通信等费用，没花村集体或村志筹集资金的一分钱。

远在上海工作的村籍民营企业家、上海凯大建设工程有限公司总经理王成，召集张志标、王广英等工程运输经理为村志印刷解囊相助，一次性筹集资金6万余元，其中王成3万元、张志标1.2万元、张志臣0.6万元、任士营0.6万元、任士本0.6万元。工作在沈阳的解放军新晋大校王真、大同煤电公司职工刘景祥、八一煤矿工农关系办主任任士东等人分别捐款0.5万元，兖州煤炭指挥部三十二处退休职工王立瀛、枣庄市纪委原副书记兼监察局局长彭成太、原滕州第一人民医院院长兼书记李道斌、村籍机电设备及水电暖安装经营业主高敬先、洪林加油站经理杜修山等人分别捐款 0.3 万元。

工作、生活在全国各地的其他村籍有识之士，也纷纷捐献善款。其中，任振朝、李世清、任振满、任泽玉、王德安、任士民、彭成海、王玉玲、王立运、夏允全、张广武、王海仁、王功仁等人分别捐款 0.2 万元，姜立宽、姜立选、李世洋、黄现法、李洪君、王立涛、李作福、张华、黄现东、贾建华、李勇（北京）、王鹏（南京）、王斌（枣矿集团铁运处）、王坤仁、张珂、彭宝国、王军、王帅等人分别捐款 0.1 万元，李世岐、蒋道友、彭守明、任泽海、任泽福、王德永、张鹤、张鹏等人分别捐款 0.05 万元，任振坤、高德先、孙晋山、任士盈、张广文、任振龙等人分别捐款 0.03 万元。

适值《北辛村志》圆满印刷、出版之际，谨向所有为村志编修工作付出艰苦劳动以及智力、财力支持的各级领导、广大村民致以最崇高的敬礼和最衷心的感谢！

编　者

二〇一七年十二月